소설 답

소설 답
빛의 시크릿 심화편

초판 1쇄 발행 2025년 3월 17일

지은이 소울디(SoulDe)
펴낸이 장길수
펴낸곳 지식과감성#
출판등록 제2012-000081호

교정 정은솔
디자인 정윤솔
편집 정윤솔
검수 이주희, 이현
마케팅 김윤길

주소 서울시 금천구 벚꽃로298 대륭포스트타워6차 1212호
전화 070-4651-3730~4
팩스 070-4325-7006
이메일 ksbookup@naver.com
홈페이지 www.knsbookup.com

ISBN 979-11-392-2469-6(03200)
값 25,000원

- 이 책의 판권은 지은이에게 있습니다.
- 이 책 내용의 전부 또는 일부를 재사용하려면 반드시 지은이의 서면 동의를 받아야 합니다.
- 이 책에는 네이버에서 제공한 나눔글꼴이 적용되어 있습니다.
- 잘못된 책은 구입하신 곳에서 바꾸어 드립니다.

지식과감성#
홈페이지 바로가기

소설

빛의 시크릿 심화편

소울디(Soul De) 지음

깨어나고 있는 영혼들에게
바치는 보고서

지구의 인간체험을 선택했던 한 영혼이
깨어나는 과정을 통해 얻게 된
생생한 답들을
소설 형태로 정리한 보고서입니다.

이 책을 소설로 읽든 사실로 읽든 당신의 자유입니다.
부디 당신의 영혼이 읽기를 바랄 뿐.

목차

1부 인간 보고서(지옥편)

1. 100가지 고통   9
2. 사랑했던 사람을 죽이고 싶은 감정   23
   - 종이 인형의 집   26
   - 외계인 엄마를 부탁해   37
   - 화성에서 온 전갈, 금성에서 온 돌고래   64
   - 지옥의 마지막 관문   78
3. 사랑해야 할 부모를 죽이고 싶은 감정   140
4. 사랑하는 자식과 헤어지는 고통   143
5. 슬픈 지구별에서 얻은 답   156
6. 카르마 프로그램 제거작업   164
7. 인간 보고서를 마치며   173

2부 영혼 보고서(천국편)

1. 천국의 첫 번째 관문   179
   - 영혼남자의 사랑   184
   - 그의 그녀 살리기   186
   - 그는 누구인가   191
   - 지옥을 천국으로 만드는 자   194
2. 람타의 초탈을 만나다   204
3. 에너지가 열리다   213
4. 신비체험   217
   - 기감현상의 진실   218
   - 메타의식(관찰자의식) & 창조의식   241

- 깨달음과 존재의 목적 　　　　　　　　　　　263
5. 지금 우리 지구는 　　　　　　　　　　　　　277
    - 지구동화 　　　　　　　　　　　　　　　277
    - 제2의 종교, 영성(깨달음) 　　　　　　　295
    - 대혼돈의 에너지와 역이용 　　　　　　312
6. 상승을 위한 길 　　　　　　　　　　　　　327
    - 에너지작업 　　　　　　　　　　　　　345
    - 영혼작업(에너지작업의 최종 목적) 　　364
    - 빛의 무기 작업(모든 카르마 프로그램의 근원) 　372
    - 소울디 사용법 　　　　　　　　　　　386
    - 신이 된다는 것 　　　　　　　　　　　405
7. 천국의 마지막 관문 　　　　　　　　　　　409
    - 마지막 퍼즐(지구마스터) 　　　　　　412
    - 창조의 모든 것 　　　　　　　　　　　419

3부 실천 보고서(심화편)

1. 감정 압축풀기 　　　　　　　　　　　　　442
    - Q&A 　　　　　　　　　　　　　　　　442
    - 고민 상담 　　　　　　　　　　　　　446
    - 분노 압축풀기 후기 　　　　　　　　　451
2. 몸의 압축풀기 　　　　　　　　　　　　　456
    - 육체적 고통 압축풀기 　　　　　　　　456
    - 식이요법 　　　　　　　　　　　　　　461
    - 지압과 림프마사지의 활용법 　　　　　462
    - 어싱/맨발걷기의 에너지적 기능 　　　471
    - 성에너지를 이용한 기쁨 느끼기 　　　478
3. 깨어나는 영혼들의 후기 　　　　　　　　494

　"지구의 인간을 체험해 본 내가 고향별로 돌아가 우주 전체에 보고서를 올린다면 나는 인간을 이 세 단어로 표현할 것이다. 무지, 기만, 폭력성.

　이 우주에 이토록 슬픈 별이 있을까? 이토록 고통과 무지로 버무려진 존재들이 있을까? 직접 인간 안에 갇힌 채 카르마 프로그램의 진흙밭을 뒹굴며 체험한 인간(종특) 보고서다. 총칼로 서로 죽이지 않아도 마음이 충분히 지옥이 될 수 있는 곳. 영혼이 망가질 수 있는 곳. 우주에 알려서 블랙리스트로 올려야 하는 위험천만한 별이자 외계 종족이다.

　나는 수많은 별 중에서 왜 지구를 선택했을까? 수많은 존재의 형태 중에 왜 휴먼을 선택했을까? 결코 인간적이지 않은 극심한 심신의 고통 속에서 인간 안에 갇힌 내 영혼이 깨어나 나를 찾고 답을 기억해 내는 모든 과정을 기록한다."

결국 나는 알게 되었다. 이곳에 답이 있기 때문에 우리가 왔다는 것을….

1. 100가지 고통

 나는 달랐다. 어릴 때부터 자신이 다른 별에서 지구에 불시착한 이방인이라 느끼며 지구 인간들이 잘 이해되지 않아 사람들과 소통하기 어렵고 자신의 별에서 자기를 데리러 올 것만 같아 밤하늘을 올려다보는 그런 4차원의 아이가 아니었다. 나는 10대 사춘기 전까지 고집 세고 욕심 많고 이기적인 인간이었고 사춘기를 지날 무렵, 집에 즐비한 책들을 읽으며 인류애적 의식이 깨어나 가난하고 존재감 없는 친구들을 챙겨 주는 휴머니스트가 되어 그 누구보다 모든 인간들을 이해하고 사랑하는 사람이 되는 것이 삶의 목표였던 사람이었다.

 어릴 때부터 남달리 영적이고 깨어 있어 일찍 출가하고 명상하고 기도하고 종교, 스승 등을 찾으며 세속과 현실을 등지고 깨달음을 얻은 고매한 존재들과는 달리 내가 착한 여자 신드롬에 걸린 사랑병 환자가 되어 누구보다 세속으로 깊이 그라운딩될 수 있었던 이유, 그렇게 제 발로 지구의 카르마 프로그램의 지옥 불 한가운데로 기꺼이 들어갈 수 있었던 데는 나의 어머니의 역할이 컸다.

나의 어린 시절, 어머니는 늘 분노에 차 있는 시한폭탄 같았다. 성격이 너무 세고 자기주장이 너무 강하며 가시 돋친 말들과 상대방의 마음을 묘하게 떠보는 이중메시지적 표현들로 사람들의 기분을 불편하게 하거나 초토화시키는 분이셨다. 내 인생 최고의 난제이자 인간 연구 대상이었다. 타인이었으면 벌써 손절각의 캐릭터가 미치도록 사랑하고 싶은 나의 어머니이니 나는 그렇게 생각했다. 내가 어머니를 이해하고 사랑할 수 있다면 이 세상 모든 사람들을 이해하고 사랑할 수 있을 것이다.

어머니가 터뜨리는 분노가 사람의 마음과 가정의 평화를 깨부수는 것을 보며 나는 분노하지 않는 사람이 되고 싶었다. 훗날 부부 상담을 받게 되었을 때 상담사가 내가 분노를 자신에게 허용하지 않는다는 진단을 내렸는데 그 시발점이기도 하다. 나는 정말 분노하지 않는 사람이 되고 싶었다. 분노는 저급하고 미성숙한 사람들이나 내는 것이고 분노의 표현은 많은 사람들에게 피해를 준다고 판단했다. 분노를 느끼지 않으려면 답은 간단했다. 사람과 상황을 이해하면 된다. 저 사람이 저렇게 할 수밖에 없고 상황이 이렇게 될 수밖에 없는 이유를 내가 다 이해하면 화가 전혀 나지 않게 될 것이다. 나는 그렇게 세상 모든 사람들을 이해하고 사랑할 수 있을 것만 같았고 그런 인간의 상태가 진심으로 되고 싶었다.

조용히 절에나 들어갈 것이지 깜냥도 안 되는데 살아 있는 부처가 되고자 했던 내 에고의 오만함이 판 함정이었을까…. 나의 그런 선택은 정확히 나 자신에 대한 무지와 기만에서 비롯된 것이었다. 인간의 자연스러운 감정인 분노를 아예 감각조차 마비시켜 버리는 것은 나에 대한 폭력성이기도 했다. 화가 발생되지 않게 만드는 대우주적 이해심과 아량을 동원해 온몸에 인간에 대한 사랑의 콩깍지를 쓰고 결국 분노의 감정을 고도로 회피하고 억압하며 내 안의 순수한 분노의 에너지를 직면할 기회를 유예시켰다.

내가 저항한 분노의 에너지는 결국 더 큰 화를 불러왔다. 분노 유발자 어머니를 교묘히 피했더니 그다음은 살해 유발자 남편이 기다리고 있었다.

당신의 영혼이 이번 생을 인간의 마지막 생으로 계획했다면 그리고 완전한 업장 소멸과 자유, 지금까지 없었던 엄청난 존재적 상승을 목표로 험난한 지구행을 선택했다면 당신은 지구에서 환생하는 내내 인간에 대한 연민과 온갖 마음공부와 명상과 기도로 잘도 눌러놓은, 당신 안의 분노와 고통과 슬픔 등의 부정적 감정에너지의 압축이 제대로 풀리게 될 것이다.

그래서 기어이 당신 안의 악마(어둠)와 직면하게 될 것이고 그렇게 무거운 쇠구슬이 인간노예의 발목에서 풀리게 될 기회를 얻게 될 것이며 그리하여 당신 안의 천사(빛)는 비로소 제대로 훨훨 날아오르게 될 것이다.

한마디로 당신의 삶이든 당신 자신이든 일단 무너지고 볼 것이다. 온갖 역할자들과 상황들이 들고일어날 것인데 하나같이 시험에 들게 할 것이다. "네가 이래도 화가 안 나니? 네가 이래도 살 만하니?"라며 당신의 멱살을 잡고 존재 전체를 뒤흔들 것이다. 지금까지 읽은 책과 마음공부와 불경, 성경, 온갖 성인들의 감언이설 따위는 어떤 효력도 없게 될 것이고 더 이상 당신을 스스로 기만하게 두지 않을 것이다.

이번 생이 인간의 마지막 생인데도 아무 일도 벌어지지 않고 그저 평화롭다면 더 이상 인간체험이 충만한 행복이 될 수 없는 영혼의 무료함과 지겨움이 또한 당신의 멱살을 잡고 뒤흔들 수 있다. 당신의 영혼은 우울증에 걸려 있을 가능성이 높기 때문이다.

당신은 당신의 인간 삶을 이따위로 설계한 무자비한 신이든 당신의 상위자아든 영혼을 원망하고 따지고 싶겠지만 정작 화나고 인내심이 바닥난 쪽은 당신 안의 신이자 영혼이다. 영혼의 목적은 자유다. 영원히 자신을 성장시키고 확장하는 자유, 신이란 무엇인가? 신의 존재상태는 그야말로 자신이 되고 싶은 모든 것이 되고, 가고 싶은 어디든 가며, 창조할 수 있는 모든 것을 창조하는 상태이다. 태초의 우주의식은 그런 신의 존재상태를 체험하고 싶어 자신의 의식과 에너지를 폭발시켜 의식의 분화와 개체화를 이루어 이 우주의 삼라만상과 다양한 차원과 존재의 형태와 수준들을 창조했다.

그야말로 우주의 모든 것이 되어 보고 싶었던 신은 그렇게 인간이 되어 본 것이고 그것이 우리다. 우주의 모든 것이 되어 보고 싶고 무한한 성장과 확장을 추구하는 본성을 지닌 우리 영혼 안의 신성이 가장 자신의 본성과 멀어질 때가 바로 하나의 존재상태 안에 갇히게 될 때이다. 반복되는 체험과 더 이상의 의미와 재미도 없고 가슴이 뛰지 않는 지루한 상태, 그것은 살아 있는 진정한 창조의 상태가 아니다. 당신 안의 신성과 영혼은 겨우 숨만 쉬고 있는 연명과 답보의 상태에 있게 된다.

　당신은 유치원 졸업반이다. 당신의 육체와 인지와 정서는 이미 중학생만큼 성숙해서 더 이상 유치원 의자에 엉덩이를 걸칠 수도 없을 만큼 커졌음에도 당신은 유치원을 나가지 않는다. 한 인간으로서 당신의 이번 생의 목표가 멋지고 훌륭한 유치원생이 되는 것이 아닌 것처럼 하나의 신이자 영혼으로서 당신 존재의 목적은 훌륭한 인간이 되는 것이 아니다.

　훌륭한 인간이 되어 보고 행복한 인간으로 살아 보는 것은 당신 안의 인간에고의 꿈이었다. 다양한 신적체험 중에 훌륭하고 행복한 인간체험을 하고자 당신이 만든 아바타인 멋진 인간에고의 꿈이다. 당신의 충직한 인간에고는 당신 영혼이 선택한 인간체험을 위해 헌신적으로 모든 것을 잘 수행했다. 그러나 당신의 인간에고가 본능적으로 집착하는 멋진 인간으로서의 꿈은 당신 영혼의 입장에서는 최종 목적을 향한 단계적인 단기 목표이자 꿈에 불과하다.

　당신 안의 신성의 입장에서 내려다보면 인간 육체와 에고 안에 갇힌 당신은 가관이다. 인간체험을 이끌고 있는 카르마 프로그램의 진흙탕 속에 잠겨서 목만 내어놓고 숨만 겨우 쉬는데 그곳에서 당최 나올 생각이 없어 보인다. 왜 진흙탕 속에서 나오지 않는 것인가? 왜 유치원을 떠나지 않는 것인가? 당신의 영혼이 당신의 인간 육체와 인간 정체성인 에고 안에 갇혀서 잠들어 있기 때문이다.

당신은 아주 오랫동안 인간으로서 카르마 진흙탕에서 생존하는 데 집중하느라 당신 영혼이 왜 이 지구의 진흙탕 속으로 뛰어들었는지 망각했기 때문이다. 당신은 너무 고되고 반복되는 인간 생존 게임에 익숙해졌고 그저 진흙탕 속에서 죽지 않고 살아 있는 것 자체가 대단하고 감사하고 행복한 존재목표의 전부가 되어 버렸기 때문이다. 왜 태어났고 왜 삶이 주어졌는지 모르지만 그 이유가 중요하지 않고 답을 얻을 수 없는 채로 그저 살아 내고 있는 인간 안에 갇혀 버린 것이다.

인간들은 적당히 먹고살 만하면 그냥 그렇게 살다가 병들거나 늙어 죽을 것이다. 다시 태어나도 마찬가지다. 이 책을 읽고 있는 당신도 별수 없을 것이다. 아무리 이런 내용에 관심이 갈 정도로 영혼이 깨어나고 있어도 온갖 영성서적을 읽으며 명상하고 기도하고 수행하고 한술 더 떠 영적으로 열리는 신비체험을 했어도 크게 다르지 못할 것이다. 그냥 또 그렇게 이냥저냥 살다가 죽게 될 것이다. 당신이 그 어떤 종류와 수준의 인간체험을 선택하고 진행해도 그것은 당신 존재의 자유다. 인간 삶의 모든 체험을 사랑하고 즐기고 싶다면 그게 당신 영혼의 여전한 꿈이라면 그런 삶은 언제나 옳다. 그 누구보다 뜨겁고 행복하게 인간 삶에 몰입하라.

　그런데 인간체험의 졸업반인 영혼이라면 말이 달라진다. 지구에서 체험의 마일리지와 스펙이 쌓여 버린 영혼은 이제 더 이상 환생했을 때 감정의 기억이 완전히 제로세팅 되지 못한다. 인간에고를 비집고 영혼이 깨어나기 시작하고 인간의 생들에서 상황과 사건과 역할자들은 바뀔 수 있으나 그 모든 드라마에서 체험되는 감정들이 반복되고 있음을 눈치채 버리게 된다.

　유치원생이 반복되는 수업에서 지루함을 느끼고 선생님 책상에 놓인 교육 프로그램을 보고 이미 숙지해 버린 꼴이 되었다. 더 이상 새로울 것이 없게 된 이때 영혼은 인간 육체의 체험에서 벗어나 자신의 존재 형태와 체험의 영역을 다양한 차원과 행성으로 확장시키고 싶어 한다.

　영혼이 이러한 상태임에도 당신 안의 인간에고가 영혼을 잠재우고 육체에 더 집중하게 만들며 진흙탕에 계속 잠겨 있으려고 한다면 참다못한 영혼은 당신 육체와 에고를 깨우기 위해 당신을 뒤흔들 것인데 그 방법은 당신 머리를 진흙탕에 처박는 것이다. 그제야 당신은 진흙탕에서 튀어 나오기 위해 온 힘을 다해 발악을 하게 될 것이기 때문이다.

　분노를 지하 저 밑까지 잘도 눌러놓은 내가 사랑의 철갑을 두르고 진흙탕에서 나올 생각이 없자 내 영혼은 참다못해 나의 머리를 100가지 고통으로 눌러 버렸다. 내가 체험한 인간의 100가지 고통 중 가장 강력한 몇 가지를 통해 내가 깨어나는 과정을 정리해 보려고 한다.

닭이 먼저인지, 달걀이 먼저인지 알 수 없지만, 그리고 100% 이렇다고 단정 지을 수 없지만 내가 파악한 지구와 인간 안의 모든 크고 작은 전쟁의 시작은 서로 맞지 않고 행복한 사랑을 나눌 수 없는 두 사람이 부부가 되는 것에서 시작된다. 내가 발견한 재미있는 사실이 있다. 이런 사실을 발견하고 보고서를 쓰라고 지구에 와서 이 고생을 하고 있나 싶기도 하다.

보통 부부가 성격 차이로 이혼을 한다고 하는데 성격이 달라도 이혼을 하지 않는 부부와 하는 부부의 차이는 무엇일까? 과연 참는 쪽이 승자가 된 것일까? 참을 수 있었다면 과연 무엇이 그 불편함과 고통을 허용하거나 버틸 수 있게 한 것일까? 내가 찾은 답을 한번 들어 보시라. 물론 모든 경우의 수가 다 해당되는 것은 아니다. 성격이 달라서 매사에 부딪치는데 평생 싸우면서도 이혼하지 않거나 못하는 부부에 대한 것이다.

성격이 달라도 두 사람의 에너지가 비슷하면 헤어지지 않을 수 있다. 여기서 말하는 에너지란 과학적으로는 진동수, 파동, 주파수 등으로 표현되고 좀 더 인문학적으로는 의식수준, 세계관, 가치관, 신념, 내제된 감정 등으로 표현될 수 있다. 성격은 본질적인 에너지라기보다 형태나 껍질, 그릇, 유형에 관한 것이다. MBTI로 성격의 유형을 구분해 놓았는데 그것은 그야말로 당신의 에너지가 표현되고 작동되는 방식, 사고와 언행의 습관에 관한 외부적 형태를 명명하고 분류해 놓은 것이다.

당신이 아프면 병원에 가서 병의 원인을 알고 싶지만 위가 아프고 소화가 안 돼서 병원에 갔더니 위염 때문이라는 진단을 받는 것과 비슷하다. 그것은 위가 아프고 소화가 안 되는 근본적 원인이라기보다 그 증상을 그대로 명명한 것에 불과하다. 당신이 위가 아프고 소화가 안 되는 위염 증상이 생겨나기까지 최소 5단계의 원인이 존재한다면 병원은 가장 표면적인 4~5단계에서 진단하고 대응하는 치료를 하게 된다. 대부분은 병원에 가서 직접적이고 근본적인 원인을 치료한다기보다 증상에 이름표를 달고 그 증상을 약화시키거나 누르는 약을 처방받게 된다. 위염을 일으킨 1~3단계의 원인은 제거되지 않았기 때문에 위염은 재발될 것이고 위염증상이 사라지더라도 1~3단계의 원인이 다른 증상과 병을 만들어 내게 될 것이므로 당신은 평생 병원에 가게 된다.

성격은 당신 안의 에너지가 표현되는 방식과 형태에 관한 것이지 에너지 그 자체는 아니기 때문에 설령, 성격이 비슷해서 분명 서로가 통하고 편하게 느껴지는 부분이 있음에도 에너지가 맞지 않으면 같이 살거나 오래 관계를 유지하기는 어려울 수 있다. 성격이 다르건 비슷하건 에너지 차이가 나게 되면 결국은 분리가 일어나게 되는 것이다.

성격이 달라서 매사에 부딪치는데 평생 싸우면서도 이혼하지 않거나 못하는 부부는 결국 서로의 에너지가 맞는 경우에 해당되는데 그 중 가장 강력한 에너지는 바로 양육에 대한 가치관이다. "자식 때문에 참고 산다. 내 자식에게 이혼가정을 만들어 줄 순 없어." 이것은 우리의 부모세대가 거의 인류집단무의식 프로그램 수준으로 당연한 상식처럼 여겼던 신념이자 가치관이다. 성격 차이를 넘어 배우자가 외도를 하든 도박으로 재산을 탕진하든 목에 칼이 들어와도 대동단결하며 결혼을 유지할 수 있는 독보적 에너지다. 이 에너지가 같으면 누구하나가 죽기 전까지 같이 살 수 있다. 설령 같이 살지 못해도 이혼서류에 도장 찍을 일은 없다.

여기서 한 단계 더 들어가 보겠다. 앞서 말한 에너지의 종류 중에서도 가장 핵심적인 에너지는 바로 당신 안에 내재된 감정에너지다. 당신 안의 감정에너지가 당신의 생각과 판단에 영향을 미치고 신념과 가치관을 형성하고 당신 존재의 진동수를 결정한다. 당신이 높은 수준의 평화와 행복의 지복감 속에 있을 때 당신은 높은 의식수준과 진동수에 맞춰지게 된다. 반대로 당신이 낮은 수준의 감정에너지인 두려움, 우울, 고통, 분노, 답답함 속에 있게 되면 당신은 낮은 의식수준과 진동수에 맞춰지게 된다.

즉, 성격이 다름에도 헤어지지 않고 살아지는 것은 부부 안에 내재된 감정에너지가 같기 때문이다. 특히 두려움! 이혼을 하게 될 때 벌어지는 모든 일에 대한 두려움! 내 자식이 상처받고 혼란을 겪고 나를 원망할 것에 대한 두려움, 경제를 책임지고 먹고사는 것에 대한 두려움, 아이를 홀로 키우는 것에 대한 두려움, 타인과 사회의 시선과 평가에 대한 두려움, 가정이라는 울타리가 사라지고 홀로 되는 것에 대한 두려움 등등. 부부는 이 두려움으로 공명하고 있고 에너지적 합일을 이루고 있고 이혼은 하지 않기로 하는 무언의 합의를 보고 있는 것이다.

그렇다면 이런 경우는 어떤가? 외도하고 도박하고 폭력까지 쓰는 남편을 연민의 마음으로 저 화상을 내가 아니면 누가 받아 주겠냐며 다 받아 주는 아내는 누가 봐도 망나니 남편보다 훨씬 의식수준이 높고 이해심이 바다 같은 살아 있는 부처이자 보살이 아닌가? 이렇게 에너지가 다른데 어찌 같이 살 수 있단 말인가? 기출 변형이자 심화 버전의 문제이다. 답을 찾을 수 있겠는가? 부부의 공통된 감정에너지를?

당신이 이 기출변형 문제의 답을 알고 있다면 그래서 자신을 알고 자신의 에너지를 바꿀 수 있다면 당신은 정말 나를 행복하게 해 주고 내가 행복하게 해 줄 수 있는 배우자를 만나 잘 살 수 있을 것이다. 최소한 나를 불행으로 몰고 가는 배우자를 피할 순 있을 것이다.

여기서 주목해야 하는 것은 연민의 감정이 파 놓은 함정에 관한 것이다. 엄밀히 말하면 연민은 사랑이 아니다. 우주의 순수한 사랑에너지가 지구 버전으로 변형되고 왜곡된 형태라고 볼 수 있는데 이 부분에 대해서는 나중에 에너지작업에 대해 설명하면서 지구에서 벌어지는 모든 체험의 모티브이자 원흉적 사건인 우주전쟁 이야기를 통해 제대로 다루게 될 것이다. 순수한 연민은 자연스러운 감정이다. 버려진 아기 고양이나 상처 입은 모든 작고 여린 것들에 대한 안쓰러움과 보호해 주고 싶은 감정.

그런데 이런 연민이 순수하지 않다면 말은 달라진다. 내가 타인에게서 느끼는 연민이 사실은 내 안에 나 자신에 대한 연민의 발로(發露)라면. 불쌍한 타인의 모습이 사실은 불쌍한 내가 투사된 거라면. 당신은 누구를 불쌍해하는 것인가? 진짜 불쌍한 쪽은 누구인가? 타인이 불쌍한 꼴을 보지 못하고 도와주고 싶고 일으켜 세워 주고 싶고 인간 구실 할 수 있을 때까지 성장시켜 주고 싶은 그 연민이 만에 하나 당신 안, 저 밑에 내재된 스스로에 대한 연민이 작동된 거라면, 당신의 구원 작업은 장기적으로는 도움을 준 당신도 당신의 도움을 받은 상대방도 결국 둘다 불쌍해지게 만들 것이다. 그 모든 행위를 일으킨 근원적 감정에너지가 사실은 바로 "나는 내가 너무 불쌍해."이기 때문이다.

남편한테 처맞으면서도 외도를 당하면서도 어린애 같은 남편이 언젠가는 철이 들고 성장하겠지, 정신을 차리겠지 하고 있는 당신이라면, 정신을 차려야 하는 것은 당신이다. 남편의 폭력성을 자신에게 허용하는 당신이 가장 폭력적이다. 남편에 앞서 당신 자신이 그 누구보다 당신을 존중하지 않으며 스스로를 지키고 보호해 주지 못하고 있다. 당신은 보살이 아니라 자기 암살자일 수 있다. 훗날 암과 같은 병을 얻게 되고도 남음이다.

사랑병 환자였던 나의 첫 번째 결혼이 폭망한 후, 나는 내 사랑이 도대체 뭐가 문제인가를 생각해 보게 되었는데 근본적인 오류와 결함이 발견되었다. 내가 생각하는 최고의 사랑은 "(나는 어떻게든 상관없어.) 내가 사랑하는 사람이 행복하면 나는 행복해."라는 생각을 전제하고 있었다. 그리고 그 받침생각은 정말 내가 어떻게든 상관없는 사람을 끌어당기게 된 것이다.

당신이 당신 안의 감정에너지를 잘 직면하여 각종 두려움과 자기 기만적 연민에서 벗어날 수 있다면, 그렇게 에너지를 바꿀 수 있다면, 당신은 당장의 표면적인 가정의 형태만을 지키려고 하는 책임감이 아닌 자신과 자녀들의 장기적 정신건강과 행복에 대한 책임감을 생각해 낼 수 있게 될 것이다. 두려움 속에서 아이들을 위해 이혼을 하지 않기로 선택했다면 두려움에서 벗어나 용기를 가지게 된 부모들은 반대로 아이들을 위해 이혼을 하기로 선택할 수도 있다.

다시 본론으로 돌아와 지구와 인간 안의 모든 크고 작은 전쟁의 시작은 서로 맞지 않는 두 사람이 부부가 되는 것에서 시작된다고 했는데 이 사안은 정말 중요하다. 최악의 조합으로 서로 성격과 생각 등이 맞지 않는 상태에서 오로지 부정적이고 저급한 진동수의 감정에너지에만 공명하며 매일 전쟁을 치른다면(여기서 전쟁은 말이 없는 내적 전쟁과 언행이 수반되는 외적 전쟁 모두 포함이다) 그 모든 에너지는 고스란히 자녀들에게 공명, 전이, 다운로드 된다.

부부의 부정적 감정에너지는 자녀들이 앞으로 살게 될 삶의 본질적 프로그램이 되는 것이다. 부모가 일상에서 발생시킨 분노와 폭력적인 에너지가 그 어떤 형태로든 아이의 삶을 지배하게 될 것이고 그 어떤 형태로든 세상 밖으로 흘러나오게 될 것이다. 그렇게 성장한 인간은 자신과 타인과 국가와 전쟁을 치르게 된다.

 그렇다면 가장 이상적인 부부는 어떤 형태일까? 성격에 상관없이 에너지 중에서도 높은 의식수준과 감정수준에 공명하는 부부이다. 높은 감정수준은 말 그대로 평화, 사랑, 기쁨, 행복 등 진동수가 높은 긍정적인 감정들을 말한다. 그렇다면 높은 의식수준은 무엇을 말할까? 높은 의식수준은 주로 태도와 매너로 드러난다. 따뜻함, 다정함, 신뢰감, 안정감, 공감, 이해, 칭찬, 존중과 배려, 비폭력성, 자기 성찰력, 무조건적 희생보다는 자기사랑이 포함된 균형 잡힌 이타심, 유머, 격조 있는 흥, 감정적 정신적 여유 등등. 높은 의식수준과 감정수준 이 두 가지가 합쳐지면 그야말로 시너지는 폭발적이다. 이 우주에서 가장 행복한 금상첨화 베스트 커플이 되는 것이고 부부와 그 가정의 자녀는 환생하는 내내 전생에 나라를 구했다고 보면 된다.

 이런 수준으로 에너지가 맞다면 성격이 달라도 그 다름이 불편함이나 고통을 유발하기보다 서로에게 다양함에 대한 흥미와 확장의 기회로 작용한다. "도대체 이해가 안 되네~"가 아니라 "우와~ 저렇게도 생각하고 접근할 수 있구나~" 그리고 자신이 지닌 기존의 편견을 깨게 되며 자유로워지는 신세계를 맛보게 된다. 상대방은 그런 신세계를 보여 준 백마 탄 왕자님이자 공주님이 된다. 얼마나 유토피아인가?

100가지 고통을 이야기하려다 유토피아까지 와 버렸다. 미리 말하건대 나의 보고서는 이런 식으로 자주 옆길로 새거나 의식의 흐름대로 사족들이 주렁주렁 붙게 될 것이다. 그래도 꼭 결론은 낼 테니 나의 체험과 의식이 얻은 답들이 곳곳에서 수확되는 과정을 즐기길 바란다.

이제부터 인간으로 살면서 가장 크게 나를 무너지게 했던 세 가지 고통에 대한 이야기를 하려 한다. 이 정도 급이어야 사랑과 빛으로 무장하고 있던 내 안의 어둠이 제거되고 정화되기 위해 제대로 건드려질 수 있었으며 영혼이 질식사 수준의 압박을 받으며 깨어날 수 있었으리라고 본다.

2. 사랑했던 사람을 죽이고 싶은 감정

나는 한 인간남자(전남편)와 사랑에 빠졌다. 첫 만남에서 우리는 강렬하게 끌렸는데 그것이 전생의 비극적 인연으로 누적된 카르마 에너지의 불꽃이 점화된 순간이라는 것을 알 길이 없었다. 우리는 이번 생에 그 카르마(해소되지 못한 부정적 감정에너지 프로그램)를 이어 가야 했다.

나를 깨우고 키운 8할의 바람, 그 바람의 8할을 또한 이 남자가 담당하게 된다. 내 인생 최고의 빌런이자 위대한 악역인 것이다. 지금부터 여러분은 나의 지옥 같은 결혼 생활과 이혼 과정을 관람하게 될 것이다. 미리 말하지만 나는 한 남자를 인간쓰레기로 만들고 비난하고 이혼의 유책 배우자로 만드는 진흙탕 싸움을 하려는 게 아님을 밝힌다. 모두가 알다시피 부부 사이의 일은 부부 당사자들만이 알며 어느 한편이 아닌 두 사람 입장을 모두 들어 봐야 하며 설령, 어느 한쪽이 명백히 악마여도 그 악마를 선택한 것은 바로 나인 것이니 가장 큰 실책은 나에게 있는 것이다.

사람은 고쳐 쓰는 게 아니고 잘 바뀔 수 없을지 모르지만 상황에 따라서는 바뀌기도 한다. 개과천선을 할 수도 있고 나에게 고통이었던 그 사람의 모습이 다른 사람에겐 아무런 문제가 되지 않을 수도 있다. 모든 것이 상대적인 것이라 나에게는 악역을 했지만 그 남자와 맞는 상대를 만난다면 그는 그 누구보다 천사 같은 남편과 훌륭한 아빠로 살 수도 있는 것이다. 실제로 그는 재혼해서 잘 살고 있다. 그 남자와 재혼을 해 주고 아이들까지 잘 키워 주고 있는 여자분께 감사와 존경을 보낸다. 그 사람의 인생에서 가장 큰 빌런은 자신과 아이를 떠난 내가 되는 것이다.

이 책에 등장하는 이야기는 그 남자의 현재가 아닌 과거의 모습이고 전체적이고 본질적인 모습이 아닌 나에 의해 체험된 부분적이고 상대적인 모습임을 밝힌다. 지금의 나에게 그는 나를 잘 보내 주고 나의 아이들을 너무나 잘 키워 주고 있는 위대한 사람이다.

예전에는 이런 나의 성향이나 운명 같은 게 너무 버거웠다. 모든 걸 솔직하게 드러내고 내가 깨닫게 된 것들을 설명하기 위해 나의 체험을 생생하게 공개해야 하는 나. 그래서 불필요한 오해와 논란을 일으키게 되고 비난을 받는 피로한 나의 삶. 투명한 어항 속의 금붕어처럼 내 모든 구차한 치부가 전시되는 삶. 이 보고서를 끝으로 이런 삶을 이제 끝내고 싶다.

지금은 산전수전을 겪으며 그리고 인터넷 덕분에 다른 사람들의 산전수전도 간접적으로 관전하며 체득되었다. 모든 것이 다 지나간다. 큰 것도 작은 것도 센 것도 약한 것도 한 100번쯤, 이 또한 지나가는 것을 계속 체험하고 보았다. 그래서 괜찮다. 아닌가? 괜찮지 않을 수도 있지만 그 또한 지나가는 건 확실하다. 내 책도 언젠가 사람들의 관심에서 멀어질 것이고 나에 대한 사람들의 판단과 평가들도 나를 오해하고 비난하는 사람들도 언젠가는 결국 죽고 이 세상에서 사라진다. 모든 것이 강물처럼 흘러간다.

그러니 그 무엇도 아무것도 아니다.

여러분들이 어쩔 수 없이 타인의 비난과 욕을 먹어야 하는 사회생활을 해야 할 때 꼭 기억해 주었으면 하는 말이다.

지금부터 펼쳐질 나의 막장 드라마, 사랑과 전쟁의 관전 포인트는 인간남자(전남편)가 아니라 그의 악역에 대한 나의 반응과 생각과 의식이 깨어나는 과정에 대한 부분이다. 한마디로 여러분은 답답하고 멍청한 사랑병 환자 하나가 엄청난 고통 속에서 흑화되는 과정을 보게 될 것이다. 미리 말하지만 내 모습을 보면서 혈압이 오를 수도 있다. 고구마 100개, 사이다는 없다. 사이다가 있었으면 내가 진흙탕에 머리를 처박힐 수가 있었겠는가? 나의 고구마 100개를 20년 만에 이렇게 이야기할 수 있는 것 자체가 나에겐 사이다이다.

꼬리에 꼬리를 물게 될 그날의 이야기를 지금부터 시작한다.

● **종이 인형의 집**

나는 그날을 잊을 수가 없다. 사실은 그 전날을 더 잊을 수 없지만 기억하고 싶지가 않을 뿐이다. 그 전날 나는 남편에게 제대로 맞았다. 지금까지는 욕설, 겁박, 손을 올려 때리려는 행동, 식탁 엎기, 선풍기나 물병 집어 던지기 등이었지만 결국 제대로 구타가 일어나고야 말았다. 90kg의 남자가 50kg대의 나를 가격했는데 정확히 어디였는지는 모르겠지만 귀가 멍멍했던 것으로 봐서 머리통 어딘가를 맞은 것 같았다. 나는 심신과 정신적 충격에 방으로 들어가 드러누웠는데 그는 사과와 함께 상담소로 당장 가자는 제안을 했다. 내일이 그의 여동생 결혼식이라 아차 싶었는지 내가 결혼식 불참 선언이라도 할까 봐 정말 발 빠른 조치들이 진행되었다. 결혼식이 아니었다면 사과도 상담도 없었을 것이다.

큰아이가 5살 때쯤, 게임을 하고 있는 그의 뒤에서 "아빠가 엄마 때렸지~"라고 말하니 그는 능청스러운 톤으로 "아닌데에~ 네가 잘못 본 거야~ 아빠 그런 적 없는데에~"라고 말하는 걸 들은 적이 있다. 그는 가해의 모든 순간을 삭제시키고 있었다.

우리는 마지막으로 이혼을 막아 보기 위해 부부 상담을 받고 있는 중이었다. 상담을 받으러 간 첫날, 성격검사를 마친 상담사가 종이에 수평으로 선 하나를 긋더니 선 중앙에 점하나를 찍고 0, 왼쪽 멀리에 점하나를 찍고 -100, 반대편인 오른쪽 멀리에 점하나를 찍고 +100이라고 적었다. 그리고 -100은 남편의 공감능력, +100은 아내의 공감능력이라고 말하며 상극인 둘이 만났다는 진단을 내렸다.

가정폭력의 개념과 범위에 대한 비디오 교육도 받았다. 폭력의 개념은 무력을 사용해 신체를 가격하는 것뿐 아니라 위해를 가하려는 위협적인 모든 행동과 타인에 대한 비난과 욕설인 언어폭력까지 모두 폭력의 범주에 들어간다고 했다. 상담사가 말했다. "때리지 않으면 폭력을 쓰지 않았다고 생각하는데 언어폭력도 폭력입니다." 자신의 고귀한 의사 아들에게 가정폭력이라는 표현을 썼다고 전화로 "피 났냐? 피 났어? 피도 안 났으면서 어디서 폭력이라는 말을 써? 부부가 살다 보면 좀 치고받고 싸울 수도 있지."라고 소리 지르시던 시어머니에게 이 비디오 교육을 받게 하면 좋았을 것이다.

어쩌면 나는 폭력에 대한 무개념이 시어머니보다 더했는지도 모르겠다. 분명히 결혼 전 그와 사귈 당시 폭력성에 대한 사인이 있었다. 첫 사인의 그날로 가 보자. 어디서부터 잘못되었는지를 찾아야 하므로.

결혼을 전제로 사귀고 있을 당시였다. 그가 나에게 은행 업무에 대한 일을 부탁한 게 있었는데 참고로 나는 은행, 투자, 주식, 기계, 자동차 이런 쪽에 많이 취약하다. 개념도 잘 안 들어오고 무슨 말인지 머리에 입력이 잘 안된다. 그가 나에게 부탁한 일은 내가 지금껏 하던 기본적 은행 업무와는 다른 뭔가 더 알아봐야 하고 뭔가를 개설해야 하는 거였는데 그 개념이 나에게 입력이 안 되고 이해가 잘 되지 않아서, 그리고 당장 급한 업무는 아니라고 생각해서 그가 부탁한 일을 미루고 있었다. 내가 자신이 부탁한 것을 이행하지 않았다는 것을 알게 된 그가 불같이 화를 내며 한 행동은 나를 너무 당황스럽게 했다.

나는 딱딱한 거실에 깔아 놓은 카펫 위에 앉아 있었는데 그 카펫을 순식간에 잡아당겨 빼 버렸고 내 몸은 순간 휘청하며 바닥에 나동그라졌다. 내가 보지 못하는 뒤에서 시도했다면 뒤로 넘어져서 머리를 부딪쳤을 수도 있었다. 짧은 순간 많은 느낌이 밀려왔는데 가장 큰 건 공포였고 나를 직접적으로 때릴 수 없어서 때린 만큼의 타격을 줄 수 있는 다른 방식을 썼다는 것을 직감할 수 있었다.

어린 시절 형제들이 장난삼아 하는 이불놀이 같은 게 아니었다. 우리는 성인이었고 진지한 상황이었고 그는 정말로 화를 내고 있었고 그리고 나는 넘어졌다. 나는 놀라고 슬퍼서 이불 속으로 들어가 떨면서 울었다. 그는 사과도 없었고 오히려 자신의 의사를 충분히 전달한 듯 그리고 잘못은 내가 한 듯 당당하고 태연하게 컴퓨터 게임을 계속했다.

　이불 속에서 한참을 울고 나자 무서움과 슬픔이 진정되었다. 그리고 생각이 정리되었다. 이해해 주시라. 나는 병에 걸려 있었다. 사랑병이라는 약도 없는 무서운 병에. 저렇게 아이처럼 거칠게 자신의 의사를 표현할 수밖에 없는 그 남자가 안쓰러웠다. 마치 어딘가 한참 미성숙하고 사회성이 덜 발달된 미숙아를 보는 것만 같았다. "내가 도와줘야지. 나도 은행 업무에 미숙한 것처럼 그도 자신의 분노를 조절하고 표현하는 것에 미숙하고 취약할 뿐이야. 사람은 누구나 장단점이 있고 장점은 누구나 사랑할 수 있지만 단점까지 사랑해야 그게 진정한 사랑인 거야."

　그렇게 나는 분명한 사인을 보고도 지나칠 수 있었다. 사랑에 눈이 먼 흔한 예다. 머리는 어딘가 세뇌되어 정신이 나갔다 해도 내 육체의 세포가 두려움과 슬픔으로 떨었음에도 나는 그 명백한 신호를 무시하고 말았다. 그것이 나의 첫 번째 실수였다. 나는 그 사람을 사랑했다기보다 남자의 폭력성까지 껴안은 숭고한 나의 사랑에 취하고 아무나 하지 못할 특별한 사랑체험 자체를 사랑했을지도 모른다. "나는 이런 위대한 사랑을 해내는 사람이야."라는 에고의 만취상태로 결혼은 감행되었다.

　결혼 후 아이를 낳고 두 번째 신호가 왔다. 내가 두 번째 신호에서 어떻게 대처했는지 구경이나 한번 해 보시라. 그는 누군가 자기 말을 안 들을 때, 자신이 듣기 싫은 말을 할 때, 상대방을 제압하고 상황을 통제하고 싶을 때 폭력성을 표출했다. 버럭하고 쌍욕이 섞인 말을 뱉고 물건을 던지고 손바닥을 올려 때리려고 하고 정말 어디 조선시대에서 온 상전이 하인을 대하듯 굴었다.

 나는 아이가 걱정되었다. 어린 아기는 말을 알아듣게 될 때까지 통제가 안 될 텐데 이 남자가 아기에게 버럭하거나 겁박하면 아기가 더 울게 될 것만 같았다. 그래서 그에게 밥상을 차려 주고 밥을 먹는 동안 아기는 아직 말을 알아듣지 못하니 부드럽게 표현해 줘야 한다고 말하는 순간 그는 식탁을 고대로 엎어 버렸다. 그 순간 유일한 나의 잘못은 밥을 먹는 동안 일종의 잔소리를 했다는 것인데 그는 밥을 먹고 나면 게임을 해야 해서 그 시간밖에 조용히 이야기를 나눌 시간이 없었다. 나는 아이를 업고 서 있다가 놀라서 그대로 주저앉았다. 다리가 후들거렸다.

 놀라서 우는 아이를 업은 채 깨진 그릇과 음식물들을 치우고 나는 다시 생각에 잠겼다. 두 번째 신호였는데…. 학폭 피해자들이 폭력을 당하는 자신이 어딘가 문제가 있는 게 아닌가? 오히려 스스로를 의심하게 되는 것처럼 이번엔 나를 의심하기 시작했다. 내가 예민한 것이 아닐까? 그러고 보니 그게 맞는 것 같았다. 나는 너무 여성스럽고 조신하며 예민하다. 남성의 거친 투박함과 몸싸움 정도는 놀이 수준인 그런 분위기와 성향에 익숙하지 않아서 너무 상황을 심각하게 받아들이는 것일 수 있다. 그 남자가 나의 발목을 두 손으로 잡고 거꾸로 든

적이 있었는데 그게 일종의 힘자랑이자 놀이였다. 정말 피가 거꾸로 쏠리는 느낌과 함께 괴로워서 내려 달라고 소리 질렀었다.

그런데 그의 남동생과 여동생 셋이 모이면 다 큰 성인임에도 거의 이종격투기 선수들처럼 레슬링을 하면서 놀았다. 나는 거기에 낄 수가 없었다. 그렇다. 나의 지나친 여성성을 좀 중화시킬 필요가 있다. 사람은 적당히 여성성과 남성성의 균형을 잡을 필요가 있다. 내가 몸싸움에 많이 노출되고 수컷의 문화 속에 익숙해지면 그의 거친 표현들이 아무렇지 않아질지도 모른다.

육아가 너무 힘들어 도움을 받고 싶었지만 그는 아무런 개념조차 없었다. 그의 대답들은 항상 나를 순간 벙찌게 만들었는데 도대체 어디서부터 설명해야 될지 아득해지는 말만 했다. 내가 육아가 너무 힘들다고 하니 "나도 힘들지만 잠자는 시간까지 아껴 가며(참고로 그는 머리만 대면 자는 사람이다) 게임이라는 취미 생활을 하잖아? 너무 스트레스가 심하면 너도 취미를 가져~" 제대로 잠도 못 자고 먹지도 못 하고 화장실도 못 가고 기본적인 의식주가 해결이 안 되는데 취미를 가지라니….

그에게서 내가 원하는 형태의 도움을 받을 수 없다면 그가 줄 수 있는 형태의 도움으로라도 대체해야 탈출구가 생길 수 있겠다 싶고 마침 몸싸움에 익숙해지고 싶었던 나는 그에게 취미 생활로 합기도를 배우고 싶다고 말했고 그는 수락했다. 24시간 아이와 전쟁을 하면서 잠도 못 자고 있었는데 2시간짜리 단기 베이비시터님의 도움을 받아 나는 태권도장에 나갔다. 소리 지르기, 몸싸움, 낙법, 타인이 나를 공격할 때 방어할 수 있는 호신용 합기도를 배우면 남편의 폭력성에 대한 공포와 위축됨이 좀 사라질 것만 같았다.

도움이 되었을까?

"도움이 되었겠니? 이 고구마야~"라고 말하고 싶다. 그날의 나 자신에게.

합기도를 배우는 두 달 동안 하루 2시간 아이와 분리될 수 있는 자유와 몸을 움직이는 운동은 산후 우울증에 도움이 되어 숨통이 조금 트였을 뿐, 근본적인 해결책은 아니었다. 결혼 생활 5년 동안 안 해 본 것이 없다. 부끄럽지만 나는 옛날 어머님들이 남편이 그렇게 속을 썩이고 때리고 바람피우고 하는데도 아이를 10명씩 낳는 상황이 이해가 되는 순간도 체험했다.

혹시 욕구불만 때문에 폭력성이 심해지나 싶어서 출산 후 만신창이가 된 몸으로 성욕이라고는 지하 저 밑까지 꺼져 버린 마음으로 잠자리를 가져 보기도 했다. 나는 남자, 섹스, 폭력 이런 것들이 점점 혐오스러워지고 있었다. (지금 생각해 보면 내가 이 땅의 여성들 안에 누적된 무거운 고통의 에너지들을 정화하기 위해 직접적으로 흡수하고 있었던 것 같다.)

폭력이라는 것을 직접 체험해 보고서야 알게 된 것들이 정말 많다. 어린 시절 형제들과 싸워서 엄마에게 종아리를 맞거나 학교에서 선생님께 과제를 안 해서 손바닥을 맞거나 하는 체벌과 남편에게서 당하는 폭력적인 행동은 완전히 느낌이 달랐다. 전자는 체벌을 가하는 주체들이 나보다 나이가 한참 많은 어른들이고 훈육을 위한 것이었다. 그런데 힘의 차이가 나는 동급 친구들이나 사랑하는 연인과 부부 사이에서 이런 폭력이 생길 때 이런 걸 "살다 보면 치고받고 싸울 수도 있지."가 될 수 있을까?

내가 당해 보니 폭력의 수준이나 정도의 문제가 아니었다. 자기 기분이 나쁘다고 타인이 자기 뜻대로 안 된다고 무력을 쓰려는 그 시도 자체가 이미 폭력이었다. 남편이 나를 때리지 않았지만 때리려고 손을 들어 위협하며 나를 무력으로 제압하려 했을 때 이미 모든 것이 끝나 버렸다. 나를 폭력의 위험으로부터 지켜 줘야 할 사람이 반대로 나의 신체를 위협하고 나를 무력화시키려고 물리적 힘을 행사하고 있었다. 짐승들이나 하는 방식이 아닌가? 나는 그때 저 마음 깊이에서 이 사람에 대한 모든 신뢰가 무너짐을 직감했다. 그는 선을 넘고 있었다. 이미 선이 존재하지 않았던 그를 내가 사랑하려 했던 것이다.

내가 흑화되는 과정에서 나를 깨운 건 그의 손이었다. 처음엔 때리려는 손짓 자체에 너무 충격을 받고 기세에 눌려서 알아채지 못했는데 그것이 반복되니 내 안의 무언가가 깨어났다. 드라마에 나오는 가장 이해되지 않는 장면이 길바닥에서 여자가 남자에게 얻어맞으면서도 바락바락 대들며 "그래, 때려! 때려 봐! 더 때려 보라고! 죽여 보라고!" 하며 소리 지르는 장면이었다. 속으로 생각했다. "저러니까 맞지. 왜 구타를 유발하게 남자를 자극하지?" 내가 그렇게 될 줄은 꿈에도 몰랐다. 그게 어떤 느낌이냐면, 일종의 미친 상태다. 남자가 선을 넘고 있으므로 나도 선을 넘은 것이다.

친구와 싸울 수 있다. 비슷한 체급과 힘의 크기로 누군가 나를 때리면 나도 때리면 되고 머리를 잡으면 같이 머리끄덩이를 잡고 끝장을 보면 된다. 그런데 상대가 여자인 나와 몸무게가 30kg 이상 차이 나는 운동을 좋아하는 남자다. 여기서 치고받고 싸우자가 가능하냐는 말이다. 누가 봐도 일방적인 힘으로 나를 누르려는 강압적인 무력행사다. 그가 손을 들어 때리려고 했을 때 순간 엄청난 공포와 함께 엄청난 치욕이 느껴졌다.

무력 앞에 위축되고 주눅 드는 내 자신이 너무 수치스럽고 굴욕적이었다. 이건 맛본 사람만이 안다. 기본적 생명의 존엄성이나 인권이 박탈당하는 느낌이고 지렁이도 밟으면 꿈틀거린다고 이 치욕감이 반복되면 육체의 공포와 고통의 두려움을 뚫고 내 안의 자존심과 존엄성 같은 게 고개를 든다. "이렇게 비굴하게 맞고 죽을 바에 죽더라도 움츠러들지 않겠다. 때릴 테면 때려라! 당신은 나를 움츠러들게 할 수 없어! 당신의 주먹으로 나를 제압할 수 없어! 나를 죽일 순 있어도 내가 살아 있는 한 나를 네 뜻대로 통제할 순 없어! 나는 죽더라도 저항할 거야!"

마지막 자존심이자 저항의지는 거의 일제 강점기 독립운동의 현장과 맞먹는다. 나는 나라를 뺏겼고 독립만세를 외치는데 총칼이 나의 생명을 위협할수록 위축되는 것이 아니라 더욱 들고일어나지는 마지막 존엄 같은 것이다. 죽어도 좋다. 나는 무력에 굴복하지 않는다. 무력 앞에 굴복하느니 죽는 게 낫다. 그렇게 나는 미쳐 가고 흑화되어 갔다. 물론 이런 흑화도 거의 이혼을 향한 막바지 결혼 생활 무렵에야 진행되었다. 우리에겐 아이들이 있었기 때문에 흑화도 마음대로 할 수 없었다.

 죽이니 살리니 해도 살을 섞고 아이를 낳은 부부고 부부 싸움은 칼로 물 베기라는 옛말대로 다들 그렇게 잘 살고 있는 것일까? 그렇게 살아야 하는 것일까? 내가 너무 오만했다. 세상 모든 고민과 의문이 들고일어나는 폭풍우 같은 10대를 보내고 20대에 마치 신이 답을 내려 주시듯 만난 책,《신과 나눈 이야기》. 그 책을 읽고 나는 모든 답을 얻었다고 생각했고 이 책의 내용으로 세상 그 어떤 사람도 사랑할 수 있을 것만 같았다. 그런데 내가 머리와 마음으로 세상 사람들을 사랑하는 것과 실제로 부대끼며 같이 사는 것은 완전히 다른 문제였다. 그리고 아무리 머리로 사랑을 배워도 실제로 사랑을 해 보아야 내가 어떤 사랑을 할 수 있고 누구와 가장 행복한 사랑을 할 수 있는지 알 수 있는 것이었다.

 나는 나에게 물건을 던지고 윽박지르고 "조용히 해, 씨발년아~"라고 말하는 남자와 살 수가 없는 여자라는 것을 직접 체험해 보고야 알았다. 세상 어딘가 존재할 이런 남자들을 나는 멀리서 불쌍히 여길 순 있어도 같이 살 수는 없는 사람이었다. 이런 표현을 하면서 나머지 90%를 다정하게 잘해 줄지언정 그것은 마치 내 몸에 키스를 붓고 아로마 마사지를 해 주고 나서 면도칼로 긋는 행위처럼 느껴졌다.

"면도칼로 한 번 그을 수도 있지, 10번이나 키스해 주었는데." 하며 살 수 있는가? 최소한 나는 그게 안 되는 여자였다. 어떻게 살아지지? 정이 뚝뚝 떨어지고 어느 순간 키스가 면도날처럼 느껴지고 그 사람이 먹는 밥에 독을 타고 싶어질 것 같은데…. 그리고 무엇보다 아이 때문에 아이 아빠로서 그를 어떻게든 이해하고 사랑해 보려고 발버둥을 칠수록 내 영혼은 균열이 가고 있었다.

오늘은 아가씨 결혼식이다. 어제 부부상담소에 가서 우리는 임시방편으로 봉합해서 돌아왔다. 부부상담은 그 누구의 편도 들어 주지 않는다. 편을 들어 주는 순간, 한쪽이 기분이 상하거나 특히 상담비를 지불하는 남편이 상담을 안 하겠다고 해 버리면 안 되니 그저 각자의 기분과 생각을 토로하고 좋은 게 좋은 거니 서로 이해하고 화해하도록 유도한다.

나는 화사한 한복을 차려입고 신부 화장 못지않은 화려한 화장을 하고 시어머니 옆에 서서 하객들에게 웃으며 인사를 한다. 나의 뒷모습은 구겨진 종이 인형처럼 울고 있었다.

● 외계인 엄마를 부탁해

　이 사람의 영혼을 깨우기 위해 혹은 이 사람 안의 영혼이 깨어나기 위해 모든 시련을 집중 공세해도 버티고 참고 수용하고 감당해 버린다면 최후의 방법은 뭐가 있을까? 바로 몸을 쓰러뜨리는 것이다. 몸이 아프면 정말 아무것도 할 수가 없다. 두통만 와도 명상에 집중이 안 된다. "네가 이래도 버틸 수 있니?"의 끝판왕! 바로 몸이 무너지는 시련이 드디어 내게도 왔다.

　나는 아이를 낳기 전까지 나의 꿈인 현모양처 행세를 해낼 수 있었고 우리는 완벽히 행복한 부부로 살 수가 있었다. 그렇게 현실이 굴러가고 지탱되도록 내가 모든 것을 그에게 최대한 맞춰 줄 수가 있었다. 출산 2달 전까지 기간제 교사로 학교에 출근을 했던 나는 새벽 5시 반에 일어나 아침을 차려 줄 수 있었고 (그가 아침 식사 대신 수면을 선택해서 아침은 나 혼자 먹었다) 청소며 빨래며 모든 집안일도 나 혼자 할 수 있었다. 그의 취미인 게임도 아무 문제가 되지 않았고 그는 수련의 생활과 게임만 하면 되었다.

　매일 싸우는 부모님을 보면서 남편을 사랑하는 아내가 되어 화목한 가정을 이루고 아이를 5명 낳는 것이 내 꿈이었다. 정말 아이를 낳아 잘 키울 수 있을 거라고 감히 장담했다. 나는 어릴 때부터 아이들을 좋아했고 아이들도 나를 좋아했으며 교육심리를 전공했고 학창 시절 내가 교육부 장관이 되어 주고 자신의 아이를 대신 키워 주길 바라는 친구도 있을 정도였다. 나는 양육과 교육에 재능이 있다고 철석같이 믿고 있었다. 그런데 그 꿈은 출산 후 한 달도 안 되어 무너져 버렸다.

 아이가 밤에 30분마다 깨기 시작했고 낮에는 바닥에 머리를 대는 순간 울었으므로 거의 24시간 아이를 안고 있어야 했다. 나는 아이를 낳아 보고서야 내가 정말 예민한 사람이었다는 것을 깨닫게 되었다. 이 정도일 줄은 정말 몰랐다. 나는 기숙사 생활 등 단체생활도 너무 잘해 냈으며 잘 먹고 잘 자는 편이었다고 생각했는데 다시 생각해 보니 타인에게 피해를 주지 않기 위해 그 모든 것을 잘 참아 냈고 그것을 당연하게 여긴 거였다.

 내가 얼마나 예민한 사람인지 스스로에게 무지했으며 나의 예민함이 타인을 불편하게 할까 봐 "나는 예민하고 까다로운 사람이 아니야." 하며 나 스스로도 철저히 숨기고 속인 것이다. 같이 사는 사람이 늦게 들어와서 자다가 깨게 되면 나는 그날의 잠은 포기해 버렸고 그래도 괜찮았다. 왜냐면 그다음 날 잠을 자서 만회하고 피로를 회복할 기회는 얼마든지 있었기 때문이었다.

 그런데 자다가 한 번만 깨도 전체 잠이 다 날아가는 내가 아이가 30분마다 깨기 시작하고 그런 밤이 3개월 이상 이어지자 그야말로 심신이 피폐해지기 시작했다. 육아는 머리만 대도 잠을 자거나 아이가 낮잠을 자는 시간이라도 눈을 붙일 수 있는 여성만이 가능해 보였다. 나의 경우, 잠을 못 잘수록 더욱 각성상태가 되고 낮에도 아이를 계속 안거나 업고 있어야 해서 잠을 잘 수도 없었다. 아이가 기적적으로 분리되어 잔다고 해도 아이가 자는 시간에 맞춰 마음대로 잠이 들어지지도 않았다.

 문제는 그것뿐만이 아니었다. 소설 속에 나오는 밭에서 감자를 캐다가도 애를 낳고 다시 감자를 캐는 그런 일은… 도대체 상상할 수가 없을 정도로 몸을 가눌 수가 없었다. 나의 경우, 첫째 아이는 그나마 한 번에 잘 나왔는데 둘째를 출산할 때는 아이의 머리가 골반에 걸렸고 그때 태어나서 처음 질러 보는 컨트롤을 잃은 짐승 같은 소리가 터져 나오며 동시에 나의 골반뼈가 쩍 갈라지는 느낌을 받았다.

 그야말로 피와 살과 뼈를 찢고 아이가 나오고 있었다. 출산 직후 여성의 밑은 거의 만신창이가 되어 한동안 어기적거리며 다녀야 한다. 출산 후 여성의 질에서는 오로(태반의 잔여물 핏덩어리)가 계속 나오는데 한 달 가까이 기저귀 크기의 생리대를 차고 있게 된다. (소설, 영화, 드라마에서 출산 직후 여자가 멀쩡하게 걸어 다니는 장면이 나온다면 그 작품은 아이를 직접 낳아 보지 않은 사람이 쓴 것이다.) 그 상태로 치질 방석에 앉을 수가 있는데 그나마 한쪽 엉덩이를 들고 앉을 수 있었다. 그 상태로 아이를 안고 모유수유를 해야 한다.

 문제는 이것뿐만이 아니다. 모유수유조차 처음에는 쉽지가 않았다. 브래지어 속에 아주 잘 보호된 문명의 여성들의 가슴은 정말 온실 속 꽃잎처럼 약하고 여리다. 그 여린 살을 아기가 온 힘을 다해 빨기 시작하는 순간 다 찢겨져 버린다. 얼마나 아픈지 소리를 지르며 수유를 해야 할 수도 있다. 피가 나는 젖꼭지를 물려 가며 잠도 못 자고 아이를 내려놓지도 못하고 치질 방석에 반쯤 걸쳐 앉아 하루를 그렇게 보낸다.

  화장실을 마음대로 갈 수도 없고 식사도 제대로 할 수도 없었다. 급한 대로 아이를 안고 아파트 밑에 내려가 슈퍼에서 두유와 빵을 사 와서 옆에 두고 그걸 먹으면서 하루 종일 젖을 먹이고 애를 재우는데 피 나는 가슴이 너무 아파서 옷을 제대로 입을 수도 가슴을 덮을 수도 없어서 그대로 내놓고 있어야 한다. 나는 인간이 아니라 한 마리 병든 젖소나 짐승이 된 기분이었다. 그 상태로 온종일 누군가 저 방문을 열어 주길 바라는데 오매불망 기다리던 남편이 드디어 방문을 열고 들어와 이렇게 말한다.

  "너는 집에서 하루 종일 뭐 하고 문 앞에 신문이 온 걸 들여놓지도 않고 있냐? 빈집인 줄 알고 도둑이라도 들어오면 어쩌려고 그러냐? 정신이 있냐? 없냐?"

  그의 말은 항상 나를 벙찌게 만드는데 저 사람이 왜 저런 말을 왜 이 상황에서 하는지 당최 알 수가 없는 말들을 해서 내 머릿속은 아득해지고 기분은 정말 시궁창이 된다. 문장으로만 보면 논리적으로 맞는 말인데 저 말이 지금의 상황과 맥락에 맞는 것인지? 그의 말들은 정말 거대한 수수께끼 같았다. 정말 오랜 시간이 흐른 후에야 그 사람의 의식수준과 가치관과 화법 같은 것이 파악되고 그래서 지금에서야 나는 그 사람의 그날의 행동을 해석할 수 있게 되었다. 장장 20년이 걸렸다.

그러니까 그는 기분이 몹시 안 좋다. 왜냐면 자신이 퇴근을 해서 집에 왔는데 아무도 내다보지도 않았기 때문이다. 방문을 열었더니 아내가 팔자 좋게 앉아서 쉬고 있다. 나는 힘들게 일하고 왔는데 처앉아서 내다보지도 않다니 자신의 책임을 다하지 않고 있다는 것을 지적해 줘야겠군. 어디 보자, 지적할 거리가 뭐 있더라. 맞아, 신문!

"너는 집에서 하루 종일 뭐 하고 문 앞에 신문이 온 걸 들여놓지도 않고 있냐? 빈집인 줄 알고 도둑이라도 들어오면 어쩌려고 그러냐? 정신이 있냐? 없냐?"

내 잘못이다 모든 게. 육아가 혼자하기에 너무 힘들다고 말했을 때 그는 나더러 나약하다며 선택에 대한 책임을 지고 약속을 지키라고 했다. "네가 교사일 대신 집에서 살림하고 애 키우기로 했으면 그거 해내야지. 네가 한다고 했으면 해." 그가 지적하기 전에 나 스스로도 나에게 몹시 실망하고 있었다.

나는 내가 정말 모든 걸 다 해낼 수 있을 거라 생각했는데 잠을 못 자고 몸이 만신창이가 되니 아무것도 제대로 해낼 수가 없었다. 아이 하나 때문에 살림도 제대로 해낼 수 없었고 남편 입장에서는 자신에게 제공되던 아내의 모든 서비스가 삐거덕거리니 육아를 도와주긴커녕 살림도 못하고 육아도 못한다고 오히려 비난할 수밖에 없었다. 내가 남편을 그렇게 길들여 놓은 것이다.

나는 그제야 깨달았다. 내가 타인에게 부탁을 잘하지 못하는 사람이라는 것을…. 나는 부탁을 하고 도움을 요청해야 하는 내 자신이 수치스럽고 무능하게 느껴지고 있었다. 나는 뭔가 처음부터 단단히 고장 난 사람이었다. 험난한 육아에 던져지지 않았다면, 이렇게 힘든 아이가 내게 와 주지 않았다면, 타인의 도움을 받을 수밖에 없는 상황의 연속에 내몰리지 않았다면, 내가 부탁이라는 것을 하지 못하는 고장 난 사람이라는 것을 알지 못하고 모든 걸 다 맞춰 주며 남을 행복하게 하는 것에 행복해하며 살아가고 있었을 것이다. 타인이 그걸 감사하게 생각하지도 않고 당연하게 생각하게 만들면서. 이게 바로 남용이라는 것이다.

정말 재미있지 않은가? 나는 이 시점에서 남용을 떠올리고 있는데 남편은 반대로 나를 보면서 무책임과 나약함을 떠올리고 있다는 사실이. 이 사람 옆에서 살다가는 온몸이 갈려서 죽어 나가야 모든 것이 끝날 것만 같았다.

출산의 고통과 육아의 난이도가 산모와 아이의 상태에 따라 차이는 나겠지만 정말 직접 겪어 보지 않고는 상상도 하지 못할 영역이라고 감히 장담할 수 있다. 진짜 고통의 신세계고 거의 고문에 가깝다. 나는 잠을 못 자고 눕지도 못 하고 하루 종일 서거나 앉은 채로 위로 아래로 피를 흘리며 젖을 물리는 생활 2주 만에 이 세상 모든 어머니들의 위대함을 실감했고 나를 그토록 힘들게 했던 어머니의 모든 것이 용서가 되는 순간을 체험했다. 이런 고통 속에서 나를 2주 동안 키워 준 것만으로 어머니는 나를 위해 자신의 목숨을 바친 것보다 더한 것을 한 것처럼 느껴질 정도였다.

 죽는 것이 차라리 나을 정도의 고문과 같은 고통의 연속이었다. 잠을 못 자는 날이 몇 달 동안 계속 이어지면서 나는 점점 미쳐 가기 시작했다. 수면 부족으로 아이를 출산한 아래쪽이 아물지를 못하고 사타구니 쪽에 대상포진 같은 현상이 진행되었다. 유리 파편을 뿌려 놓은 듯 가렵고 따가워서 팬티도 입을 수 없었고 고통이 이루 말할 수 없었다. 산후 우울증이 극심해져 갔다. 울음을 멈추지 않고 잠을 자지 않는 아이가 나를 죽이러 온 것처럼 느껴졌고 내일 아침이 오지 않았으면 좋겠다는 생각을 했다가도 "그러면 이 아이 젖은 누가 먹이지?"라는 생각이 들어 죽을 수도 없었다.

 공감능력 -100의 남편의 특징은 아프고 불쌍한 대상을 보면 나약하다고 생각하며 짜증스러워했다. 저것도 못 참고 아파한다는 식이었다. 슈퍼우먼처럼 모든 걸 척척 잘할 것만 같았던 아내는 반병신이 되어 아이 하나 어쩌지 못해 쩔쩔매며 매일 징징거리고 끙끙거리고 있었다.

 밤에 안방에서 아이를 재우기 위해 서서 아이를 흔들고 있는데 거실에서 총소리와 함께 폭탄이 터지고 전쟁이 난 것 같은 소음이 들려서 문을 열어 보면 남편이 거실 TV에 서라운드 입체 영상을 연결해서 게임을 하고 있었다. 아이를 재우고 있으니 조용히 해 달라는 말을 해야 했다. 이런 걸 일일이 말해야 될 정도니 내가 얼마나 많은 설명을 하고 부탁을 해야만 했을까? 결국 얼마나 많은 나의 잔소리가 일어나야 했으며 결국 얼마나 많은 남편의 폭력적 표현들이 진행되었겠는가…. 우리는 점점 지옥으로 걸어 들어가고 있었다.

 몇 달쯤 지났을 때였을까…. 나는 내 스스로가 너무 위험하다고 느꼈다. 남편한테 말하면 들어줄 것 같지 않아서 살기 위해 친정엄마한테 전화를 했다. "엄마… 내가 내 손목을 그을 것 같아…. 내가 너무 위험해. 며칠이라도 친정에 가 있고 싶어." 결국 엄마의 부탁으로 아이를 데리고 친정으로 갈 수 있었다. 내가 아이를 데리고 친정으로 바로 갈 수 있었다면 고구마가 아닌 것이다. 친정과 시댁이 같은 지역에 있는 관계로 나는 시댁부터 가야 했다. 친정에 가서 쉬고 싶은데 시댁에 얼마나 머물러야 될지 기약이 없었다.

 시부모님이 자는 방에서 젖먹이 아이와 같이 자는데 아이가 늘 하는 대로 30분마다 깨고 내가 그때마다 벌떡벌떡 일어나 수유를 하니 시어머니가 놀라서 "너 여태껏 어떻게 살았니? 어서 친정으로 가라." 해주시는 바람에 다음 날 바로 친정으로 갈 수 있었다. 아마도 당신들이 잠을 못 잘 것 같으니 친정으로 보내신 것 같았다. 친정에 있어도 낮에 시댁으로 왔다 갔다 해야 해서 쉬는 게 쉬는 것이 아니었지만 내가 혼자서 아이와 씨름하지 않고 그래도 단 몇 분이라도 친정엄마에게 맡길 수 있고 분리될 수 있어서, 그리고 밤에 30분마다 깨야 했지만 방해만 되는 남편도 없고 나 혼자가 아니어서 죽고 싶다는 생각에 집중되지 않을 수 있었다.

육아를 하면서 남편 때문에 힘들었던 순간이 100번도 넘지만 가장 큰 고통의 순간을 꼽으라면 이 사건이다. 둘째 임신 5개월 때쯤, 친정엄마와 함께 버스를 타고 고향으로 가던 중 버스 안에서 감기에 걸린 큰아이에게 해열제를 먹이다가 아이가 경기를 일으키며 호흡이 멈추었고 버스 기사님이 119를 불러 응급실로 가서 아이가 깨어난 적이 있었다. 그때도 나는 사람 많은 버스 안에서 짐승 같은 소리를 질렀다.

호흡이 멈춘 늘어진 아이를 안고 고속도로를 달려 이름 모를 어느 지방 응급실을 다녀온 후 불안해진 큰아이는 다른 누구에게도 업히려 하지 않았고 오로지 내 등에서 24시간 떨어지지 않으려 했다. 임신 5개월의 몸으로 2살짜리 아이를 24시간 업고 있어야 했다. 큰애를 업고 임신한 배를 포대기 끈으로 칭칭 감아 묶은 채 밤이고 낮이고 아이는 떨어지질 않았다. 내려놓을라치면 아이가 경기를 일으키듯 울면서 다시 업혔다. 그렇게 3일이 흐른 후 남편이 고향으로 내려와서 나는 시댁으로 가서 잠을 자게 되었다.

좁은 침대에서 남편과 내가 누워서 자야 되는 상황이었는데 당연히 큰애는 내 등에서 떨어지지 않아서 나는 거의 정신이 반쯤 나간 상태로 과호흡을 하며 아이를 업고 허리가 반쯤 접힌 채 겨우 서 있었다. 나는 몹시 헉헉대고 있었는데 내가 그런 호흡을 하고 있다는 것도 몰랐다. 당연하지 않은가? 임신한 배를 묶고 큰아이를 4일째 밤낮으로 업고 있는데 내가 살아 숨을 쉬는 것 자체가 기적인 상태였다. 아이가 칭얼거리고 내가 서 있으니 잠이 깬 똑똑한 의사 남편이(또 기분이 안 좋고 상황에 짜증이 났나 보다) 침대에 비스듬히 누워서 이렇게 말했다. "호흡을 조절해. 네가 그렇게 숨을 쉬면 애가 불안해하잖아."

가장 엿같은 사실은 무엇인 줄 아는가? 그의 비난은 마치 누군가를 몹시 위하는 의도로 포장되어 있다는 것이다. 집안의 안전! 아이의 안전! 당장 죽어 가는 나는 안중에도 없다. "모두를 위해서야. 내가 가족을 얼마나 염려하는지 알지?" 하면서 나를 계속 칼로 찌른다. 그게 진짜 도우려고 했던 의도였다면 핀트가 나가도 너무 나갔다. 어떻게 이 지경으로 나갈 수가 있느냐 말이다.

육아가 힘든 건 아이의 잘못이 아니다. 아이는 그렇게 해서 자라나도록 되어 있었고 어쩔 수 없는 일이었다. 아무리 아이가 내 피와 살을 뜯어 먹으러 온 것처럼 느껴져도 내 아이고 피와 살이 뜯기는 걸 유능하게 척척 못하고 있는 내 자신이 약하고 못난 엄마 같아 미안했다. 나는 왜 이렇게 예민하고 약하지? 왜 이렇게 잠도 못자고 체력과 멘털이 강하지 못하지? 초등학교도 안 나온 여인들도 척척 해내는 이 일을 왜 나는 이것밖에 소화해 내지 못하지?

스스로도 좌절감에 빠져 자책하고 있는 나를 가장 힘들게 하는 건 내 피와 살을 뜯고 자랄 수밖에 없는 아이가 아니라 그런 아내를 안쓰러워하고 저 힘든 걸 혼자 감당해야 하는 아내에게 미안해하며 도와주려는 시도라도 해 보기는커녕 자신의 맡은바 책무도 제대로 못 해내는 나약한 루저를 보듯 비난하고 이 와중에도 나의 잘못을 찾아내어 지적질을 하고 있는 저 남편새끼다.

 결혼 생활 5년 동안 이런 순간이 100개도 넘는다. 내 고통의 임계치가 점점 차오르고 있었다.

 출산과 육아를 하면서 가장 의아한 지점은 왜 아무도 현실 육아가 이 정도 수준으로 힘들 수 있다는 것을 상세하게 가르쳐 주지 않았을까? 왜 아무도 이 모든 고통의 디테일들을 드러내고 논하지 않는가? 아이를 낳아 기르는 것을 정말 위대하고 숭고한 일이라고 말하는데 그렇게 포장하기 전에 이 숭고한 일의 실상이 이런 형태와 수준의 처절하고 힘든 일이 될 수 있다는 것을 왜 아무도 자세히 말해 주고 적극적으로 가르치고 교육해 주지 않는가?

 아이를 낳는 건 고귀하지만 여자의 성기와 가슴 같은 육체의 은밀한 부분을 다루어야 해서인가? 그것은 여성의 치부인가? 우리 사회가 아직도 남성이 주도하고 영향력이 큰 사회이고 남자들에겐 도저히 출산과 육아에 대한 실제적 체험과 정보조차 없는 불모의 영역이라 그럴까?

 이거 진짜 심각한데… 잠을 안 재우는 채로 피와 살을 뜯기고 뼈가 뒤틀리는 고문 수준인데…. 왜 다들 괜찮은 척하는 거지? 왜 이걸 당연하게 여기는 거지? 남자는 몰라서 그렇다 치고 여자들은 왜…. 아니 도대체 이 땅의 여성들은 어떻게 이걸 해냈고 해내고 있는 거지? 다들 해내는 거니까 나도 해내야 하는 거고 힘들지만 또 지나가니 망각하기도 하고 그렇게 저렇게 살아가는 걸까? 의아해지는 것이 한두 가지가 아니었다. 정말 모든 상황이 뭔가 이상했다.

그건 마치 지구의 어느 미개한 부족에서 15살에 성기 일부를 잘라 내거나 불로 지지는 성인식을 하는데 아무도 그 성인식이 이상하다고 생각하지 않는 것처럼 느껴질 정도였다. 우리가 너무 당연히 받아들이고 전혀 다른 방안을 상상조차 할 수 없지만 고도로 발달된 다른 외계 행성에서 지구의 인간 여성이 아이를 임신하고 출산하고 키우는 과정을 본다면 미개한 부족의 성인식처럼 느껴질지도 모른다.
"저걸 저렇게까지 한다고? 저게 가능하다고? 저러다 죽는 거 아니야? 아이고 저런…."

단언컨대 장담할 수 있다. 여자 대신 남자들이 임신과 출산과 갓난 아기의 육아를 맡았다면 인류의 종족 번식은 이루어지지 않았거나 돈으로 대신할 수 있는 방법들(대리부 서비스: 임신과 출산에 특화된 남자들이 전문적으로 맡아서 애기를 낳아 주는 서비스, 베이비시터 서비스 등)이 발달되고 너무 당연하게 하나의 관습과 시스템으로 정착했을 것이다.

임신, 출산, 육아가 하나의 직종이라면 정말 사람의 심신이 피폐해지고 자살이든 뭐든 죽을 수도 있는 극한의 상황이 도사리는 위험천만한 업무다. 정말 교육과 시스템이 필요하다. 대리모까지는 아니더라도 이 업무의 특징에 대한 이해가 예비 부모가 될 모든 남성과 여성에게 정확히 이루어져야 한다. 사실, 나의 결정적 실수는 공감능력 -100 남편과 결혼해서 임신, 출산, 육아를 했다는 것이다.

공감능력이 풍부한 남편과 결혼하면 모든 게 해결될 일이기도 하다. 그 모든 일련의 업무들이 뭔지는 모르지만 내 아내가 너무 힘들어하고 있다는 것을 공감한다면 적극적으로 도와주려고 할 것이고 아내가 힘들 때 옆에서 같이 아파해 주고 위로해 주고 육아가 안 되면 집안일, 설거지, 청소 등 자신이 할 수 있는 모든 것을 해 주려는 태도만 보여도 아내는 몸은 힘들지라도 절대 우울증에 걸릴 일도 없으며 몸은 죽을 것 같지만 죽고 싶다는 생각까지 들진 않을 수 있다.

그래도 이 특수한 업무에 대한 이해를 돕기 위해 꼭 정리해 주고 싶은 것들이 있다. 참고로 나는 여성과 남성의 서로에 대한 이해와 화합과 시너지를 원하는 사람이다. 남성의 역할과 여성의 역할이 나뉘어 있고 돈은 남자가 벌고 집안일과 육아는 전적으로 여자가 해야 할 일이라고 생각했다기보다 개인적으로 인간의 교육에 관심이 많고 사랑이 많은 양육적인 성향을 지니고 있어서 내가 육아를 남편보다 잘 해 낼 거라고 생각해서 선택한 일이었다.

여기서 크나큰 실수는 내가 육아라는 것이 어떤 종류의 업무인지 제대로 깊이 파악이 안 된 무지한 상태였다는 것이다. 어린 시절 개와 고양이를 키우고 어린 사촌 동생들을 잘 돌보고 이것만으로 내가 아이를 잘 키울 것이라고 믿었다는 것이다. 여성인 나조차 이렇게 무지한

데 남성들은 얼마나 더 무지한 상태일 것인가?

　그래서 출산과 육아라는 것이 어떤 재질의 일인지 꼭 알려 주고 싶다. 직접 겪어 보지 않았으면(며칠 정도 아이를 돌보는 이모, 고모, 형제의 위치에서는 절대 알 수 없다. 그건 그 업무의 냄새만 맡은 것이다) 온갖 교육서적과 육아서적을 다독한 나조차 절대절대 알 수 없었던 지점들이다.

　일반 회사와 육아의 공통점이 있다. 업무의 양과 난이도를 떠나 직장 내의 복지와 상사와 동료들이 너무 좋다면 회사는 꿈의 직장이 될 수 있듯이 육아업무의 양과 난이도를 떠나 아기가 잘 자고 잘 울지 않고 순한 아기이고 거기다 자상하고 집안일이라도 도와줄 남편이나 다른 조력자라는 복지환경이 갖춰져 있다면 꿈의 육아가 될 수 있다.

　우리나라에 그런 복지의 모델이 한 분 계신다. 배우 정혜영 님의 남편 션 님이라고…. TV 방송에서 션 님이 출산한 아내를 어떻게 조력하는지 본 적이 있는데 정말 비현실적이도록 천국보다 아름다운~ 그 자체였다. 아내는 정말 누워서 아기에게 수유만 하면 되는 시스템이었다. 그것도 낮에만. 밤에는 남편이 밤중 분유수유를 맡아 해 주었고 아내는 밤에 잠을 잘 수 있어서 그 힘으로 낮에 아이들을 돌볼 수 있었다. 점심시간이나 저녁에는 남편이 밖에서 김밥이나 먹을 것을 사와서 어떻게든 아내를 먹여 주었다. 아내는 갓난아기와 자신의 몸 외에 그 어떤 집안일이나 식사 준비에 크게 신경 쓰지 않아도 되었다.

이런 복지 서비스를 아이가 그래도 2시간 이상 통잠을 자는 100일까지만 제공해 주어도 아내는 출산으로 만신창이가 된 몸을 추스를 수 있고 밤잠을 잘 수 있어서 몸의 회복 속도는 더욱 빠를 것이다. 그렇지만 안다. 이런 남편은 우리나라에 거의 존재하지 않음을. 지금부터라도 나라를 구하기 시작해서 10번의 환생 후에나 만날 수 있을 거라는 것을. 남편의 입장에서 그런 서비스가 힘들면 3개월간 아내를 친정으로 보내서 장모님의 도움이라도 받게 해 주든지 베이비시터라도 쓰게 해 주면 좋겠다.

군대 가고 직장에서 돈 버는 것과 아이 낳아서 육아하는 것 중에 어떤 것이 더 힘든지 논하는 것은 의미가 없다. 각자 다른 성격과 형태로 힘들 수 있고 두 쪽 다 경우에 따라 지옥이 될 수 있다. 다만, 육아 때만 체험할 수 있는 넘사벽의 상황들이 있다. 장담컨대, 특수부대요원이나 예수와 부처가 와도 못 버틸 것이다.

육아는 힘이 세고 머리가 좋고 성격이 좋고 마음이 착한 것과는 크게 관련이 없다. 이런 재능들은 잠을 제대로 못 자는 상황이 한 달만 지속되어도 아무런 쓸모가 없어진다. 내가 아는 어떤 분은 출산 후 3개월 만에 머리가 하얗게 백발이 되어 버리는 바람에 너무 놀라서 아이를 맡기고 직장으로 나와 버렸다고 한다. "애 보느니 밭 맨다."라는 표현이 괜히 있는 게 아니다.

이분은 육아의 시간들이 너무 고통스러웠기에 아이가 자라서 중학생이 된 지금까지도 아이에게 사랑하는 마음이 안 생긴다고 할 정도였다. 나의 경우, 첫째 아이가 1년이 훌쩍 넘도록 밤에 2시간 이상의 통잠을 자지 않아 다른 이상이 있는 건 아닌지 알레르기 검사부터 수면센터까지 데려가 볼 정도였다.

그런데 다른 업무와 확연한 차이는 이런 수면 부족 수준이 아니다. 다른 직업도 불면증 걸린 상태로 하면 수면 부족은 생길 수 있다. 넘사벽의 그것은 바로 모든 신경이 24시간 초긴장 상태에 놓이게 된다는 점이다. 아이가 태어나는 순간, 눈을 떼면 안 된다. 아이가 자고 있을 때조차도 엄마의 무의식적 감각과 신경세포들은 아이에게 가 있다. 작은 숨소리 호흡 하나에 즉각 반응해야 한다. 아니 반응하고 있다. 비몽사몽인데 항상 어딘가가 닫히지 않고 깨어 있는 각성상태가 지속된다.

거기다 더해서 우리의 뇌가 가장 손상이 많이 되고 나중에 치매에 걸리게 만드는 상태가 바로 여러 가지 일을 한꺼번에 처리하게 될 때라고 하는데 육아가 바로 그런 상태라고 보면 된다. 몸만 쉴 틈이 없는 게 아니라 머리도 감각도 정신도 쉴 틈이 없다. 거기다 아이가 계속 울기라도 한다면 아이가 계속 우는 상태로 일을 해야 한다.

아이가 하루 종일 울음을 멈추지 않아서 계속 흔드는데 흔드는 걸 멈추면 또 운다. 너무너무 샤워를 하고 싶어서 우는 아이를 욕실 문밖 바닥에 눕혀 놓고 울리면서 얼른 샤워를 한다. 내가 샤워를 하는 건지 아이를 고문하고 있는 건지. 화장실도 아이를 앞으로 업은 채 가야 한다. 내가 볼일을 보고 있는 건지 아이를 보고 있는 건지…. 모든 행위에 경계가 사라지고 뒤죽박죽 섞이고 모든 상황과 순간에 아이가 우선으로 배치되고 아이는 울고 잠은 못 잤고 화장실도 못 가고 씻지도 못하고 배는 고프고 뇌가 살기 위해 끈을 놓아 버리는 정신의 해리 현상이 일어나기에 충분하다.

  내가 밀폐된 아파트 안에서 우는 아이와 한 달을 살았을 때, 자살 충동이 일어나는 걸 경험했다. 나는 그때 뉴스에 나오는 갓난아이를 던지거나 안고 아파트에서 뛰어내리는 엄마들을 이해하게 되었다. 그들은 살려고 죽은 것이다. 자신의 아이를 더 이상 미워하고 싶지 않아서 죽은 것이다.

  실제로 애 보는 대신 애를 맡기고 밭을 매 본 적이 있다. 시댁에서 논에 흩어진 짚을 모아서 20kg짜리 짚단을 만들어 옮기는 작업을 도왔는데 그때 너무 행복했다. 무엇이 행복했는 줄 아는가? 아이에게 집중하지 않아도 되는 내 의식의 상태가 너무 행복했다. 나는 내가 어떤 생각과 판단을 하고 행위를 하는지 제대로 인지하고 자각하면서 존재할 수 있었다. 한마디로 내가 내 정신대로 있을 수 있었다.

  이게 짚이구나. 이게 트랙터구나. 이게 흙이구나. 아… 바람이 분다. 아… 노을이 아름답다. 아… 내가 이런 걸 느낄 수 있는 뇌의 여유가 생겼구나…. 반복되는 노동 후에 잠시잠시 휴식이라는 것이 주어졌다. 이동하는 동안 반복되는 행위가 잠시 멈춘다. 한마디로 행위 간의 포즈가 있다. 마치 글 속에 쉼표나 마침표, 띄어쓰기가 있는 것처럼.

　육아는 쉼표와 마침표가 없다. 계속계속 뇌와 신경세포들이 쉴 수가 없다. 쉴 수가 없는 정도가 아니라 멈춤이 없다. 멈출 틈을 주지 않는다. 그렇다고 그 업무들이 아무 생각 없이 할 수 있는 반복되는 업무도 아니다. 아이가 자칫하면 떨어지고 엎어지고 토하고 열이 나고 울고 할 수 있어서 무슨 일이 터질지 모르는 예측 불가의 문제를 계속 해결해야 하고 처리해 나가야 한다. 그것도 한 번에 하나가 아니라 한꺼번에 여러 개를…. 숨을 쉴 수가 없다. 뇌도 마음도 몸도. 극한의 노이로제 상태라고 보면 된다.

　내가 아이를 키우면서 가장 하고 싶었던 것은 아무것도 없는 절간의 작은 방에서 조용히 혼자 있어 보는 것이었다. 그 고요와 모든 것의 멈춤을 흠뻑 충전하고 싶었다. 내가 육아를 하면서 쏟는 에너지로 공부를 했다면 하버드에 들어갔을 것 같다는 생각이 들 정도였다. 살아오면서 이렇게 극심하게 전적으로 내 존재의 모든 에너지(영혼과 피와 살과 뼈와 육체의 모든 기관과 세포의 모든 신경과 감정과 생각과 감각과 인지 등등)를 소진한 적이 없었고 앞으로도 없을 전무후무의 일 같았다.

　인간 아기에 대해 몇 가지를 발견했다. 육아를 이토록 힘들게 만든 지점들이기도 하다. 알면 놀라울 것이다. 물론 내가 생물학자는 아니어서 다 파악을 할 순 없지만 지구상의 동물들 중에 가장 무력한 아기가 인간의 아기였다. 염소나 송아지 새끼는 태어나자마자 몇 분 내로 일어나 걷고 직접 어미의 젖을 물고 알아서 식사를 한다. 재우지 않아도 알아서 자고 아기띠로 업거나 안지 않아도 어미를 따라다닌다.

그런데 인간 아기만이 최소 1년은 울고 싸는 것 외에 혼자서 아무것도 하지 못한다. 걸음마를 시작하면 엄마가 아기를 따라다녀야 한다. 모든 동물의 최상위 포식자로 있는 고등생물인 인간이 태어나서 1년간은 모든 동물 중에 최하위의 상태로 미약하다. 도대체 왜 이렇게 설계된 것일까? 이걸 누구한테 물어봐야 되는 것인가? 이것도 진화론과 창조론적인 접근으로 해석이 가능한 지점인가? 복잡한 인체구조와 수명과 뇌과학과 관련된 영역인가?

치매가 와서 말도 못하고 인지기능이 거의 없고 대소변을 가리지 못하고 움직이지 못하는 성인 하나를 당신이 혼자 케어한다고 생각해 보라. 당신의 삶이 어떻게 될 것 같은가? 아기는 이것보다 더할 수도 있다. 밤새 안 자고 울기 때문이다. 치매 노인은 그래도 밤에 잠은 잘 수 있지 않은가?

인간의 아기는 그야말로 (먹고 싸고 걷고 자고 말하는) 의식주를 스스로 처리하는 최소한의 사람 꼴이 될 때까지 최소 생후 1~3년이 걸린다고 보면 된다. 그 기간 동안 누구 하나의 전적인 케어나 베이비시터, 어린이집 같은 교육기관, 옛날처럼 대가족 제도 속의 가족 전체나 마을 하나가 공동육아의 개념으로 동원되어야 할 만큼 많은 에너지를 필요로 한다. 이런 업무를 이 현대 사회에서 엄마 혼자 고립된 아파트 안에서 감당하기란 불가능하다. 육아의 특성상 한 번에 여러 가지 일을 동시에 해야 하고 위험천만한 순간들이 너무 많아서 아이와 엄마의 안전을 위해서라도 진짜 아빠의 도움이 절실하다.

　나는 심신이 너덜너덜해지는 정말 충격적인 고행의 출산과 육아를 경험하면서 왜 아무도 이런 수준의 고통이 올 수 있음을 말해 주지 않았을까? 묻고 싶었다. 마치 어딘가 이상하리만큼 봉인되어 있는 비밀의 숲처럼 모두들 쉬쉬하며 그 고행을 잘 수행해 내는 것에만 집중되어 있는 것처럼 보였다. 나는 나의 상태를 통해 인간 여성 안에 깔린 종족번식 프로그램 같은 것을 파악해 보게 되었다.

　"왜 나는 아이를 5명이나 낳고 싶어 했을까?"에서부터 시작해 보자. 예전에 〈아마존의 눈물〉이라는 다큐에서 이런 장면을 본 적이 있다. 남자의 능력은 그 남자가 잡는 물고기의 마릿수에 의해 결정되었다. 물고기를 많이 잡으면 그 남자에게 여자들이 몰려오고 그 남자는 여러 명의 아내를 거느릴 수 있었다. 여자 입장에서는 자신의 아이를 키우려면 식량이 필요했고 그 식량을 안정적으로 많이 공급해 주는 남자에게 갈 수밖에 없는 것이다.

　반대로 여자의 능력은 무엇이겠는가? 그렇다. 아이를 많이 낳고 잘 기르는 것이다. 동물의 가장 기본적인 프로그램인 종족번식을 위해서다. 그것은 모든 동물에게 본능과 본성의 형태로 프로그램화되어 있다. 그 프로그램은 그 사람이 교육을 못 받은 아마존의 여인이건 고등

교육을 받은 문명 속 여자이건 똑같이 진행된다. 그 프로그램은 여자의 뇌와 호르몬을 지배하고 종족번식을 위해 자신이 임신과 출산과 육아에 유능한 여자임을 그런 결정적 능력을 어필하게 된다. 이 모든 것이 무의식적으로 진행된다.

  고등교육을 받은 여자가 나는 번식을 잘한다는 개념으로 접근할 순 없다. 좀 더 고상한 문명적 개념과 표현이 필요하다. 남자친구와 데이트 중인 여성은 공원에서 아이를 보면 귀여워 어쩔 줄 몰라 하기도 한다. 내가 아이를 좋아하고 당신의 아이를 잘 낳아서 키워 줄 수 있는 여자라는 것을 자신도 모르게 간접적으로 어필하게 된다. 그것은 본능이다. 나의 경우, 물론 단지 종족번식을 위해 교육심리까지 전공한 건 아니지만 나의 전공이 남자에게 어필이 될 것이라는 느낌은 분명히 무의식적으로라도 가지고 있었을 것이다.

  여자에게 임신과 출산 그리고 육아의 능력은 남자에게 직업, 돈, 차, 시계 같은 경제력일 수 있다. 여자가 임신, 출산, 육아를 대놓고 힘들어한다는 것은 나는 능력이 없다는 것을 떠벌리게 되는 것일 수도 있다. 이 땅의 모든 여성들이 다 해낸 것을 나도 기꺼이 해내야 하는 것이다. 그게 안 되거나 유난히 힘들어한다면 나는 무능한 여성인 것이다.

  임신, 출산, 육아가 죽을 만큼 힘들었거나 자신의 능력치나 취향을 벗어났다면 조용히 1~2명만 낳고 포기한다. 3명 이상을 낳는 것은 본성에 엄청 충실하고 자신의 능력을 계속 어필하고 싶거나 그렇게 자신의 존재감을 찾고 싶거나 그게 가능할 만큼 임신, 출산, 육아의 진짜 능력자인 것이다. 그리고 아이를 많이 낳아서 키우는 것이 행복할 만큼 육아가 할 만한 것이다. 이런 여성들이 출산을 많이 하면 된다. 행복한 임신, 출산, 육아의 능력과 환경이 되는 여성이 하면 금상첨화인 것이다.

영화 〈루시〉에 등장하는 뇌과학 교수(모건 프리먼)의 강의에 이런 내용이 나온다. 지구의 생명체들이 영생을 위해 선택한 방법이 바로 번식이라고. 자신의 존재를 영원히 이어 가기 위해 자신 안의 정보를 유전시키고 자기를 닮은 개체를 복제시켜 내는 방법으로 번식을 선택했다고. 개인적으로 영생할 수 있는 다른 방법이 모색되었으면 좋겠다. (인류의 진화와 프로그램 업그레이드를 위해서라도 초탈과 상승이 필요한 지점이기도 하다.)

지금 지구는 하나의 문명이 종료되려는 시점에 와 있다. 과학자들이 말하는 지구 종말의 시간이 얼마 남지 않고 다가오고 있는 것이다. 지구에서 많은 종들이 퇴장하고 있고 멸종 위기의 동물들의 완전한 멸종이 계속 진행된다. 〈2부 영혼 보고서〉에서 더 영적인 이야기들을 하겠지만 인간이라는 종도 지구에서 퇴장하게 될 것이고 계속 대량의 죽음들이 진행될 것이다. 지구가 폐장을 준비하고 있고 영혼들이 인간 육체의 체험을 졸업하고 있기 때문이다.

그래서 인간 안의 프로그램도 우주 전체의 계획과 흐름에 공명하며 변형이 일어나고 있다. 여성 안의 종족번식의 프로그램도 변형이 일어나고 있다. 남녀 모두 종족번식이 더 이상 우선순위가 되지 않고(나 하나 먹여 살리기도 힘든 세상이 되어 버림) 삶의 큰 가치로 생각되지 않을 만큼 모든 현실적 상황들이 바뀌고 본능의 프로그램 자체도 바뀌고 있다.

모든 뇌의 판단과 호르몬과 육체적 환경들이 아이를 원치 않는 쪽으로 그리고 가지고 싶어도 임신이 안 되는 쪽으로 진행된다. 지구는 더 이상 인간 형태로 존재들이 체험을 진행시키기 부적합한 끝물의 막장 체험장이기 때문이다.

당신의 아이로 오게 될 영혼들은 심신의 고통 없이 더 행복한 체험이 가능한 곳에서 당신을 엄마로 만나고 싶어 할 것이다. 그러니 아이가 생기지 않는다고 슬퍼하지 말라. 아이의 영혼은 천국의 별에서 당신을 기다리고 있을지도 모른다. 당신이 그 천국의 행성으로 갈 수 있도록 자신을 준비시키면 된다. 물론 이 모든 이야기들이 이해되고 끌린다면 말이다.

둘째를 임신하게 되었을 때 나는 한편으로 공포스러웠다. 밤에 30분마다 깨면서 아이 둘을 케어할 자신이 없었다. 나는 육아에서 수면만 해결되면 다 될 것 같았다. 혹시나 잠을 자지 않고도 일상생활이 가능한 수행법 같은 게 있나 싶어 인도에 잠을 자지 않고도 사는 수행가에 대한 이야기를 찾아보았는데 관찰카메라로 녹화해 본 결과 거짓임이 판명이 났다고 한다. 나는 첫째를 키워 본 경험으로 미리 할 수 있는 만반의 준비를 해 보기로 했다.

우선 지역 주민센터 등에서 여는 산후조리 및 육아강좌를 듣고 책이 아니라 직접 체험한 선배들의 생생한 체험담과 노하우를 수집했다. 출산 전 3개월부터 유두를 올리브유로 마사지해서 단련시켰고 밤중 모유수유의 방식을 잠결에 벌떡 일어나지 않고 누운 상태에서 하는 방식을 시도해 보기로 했다. 첫째 아이 때는 이런 세세한 정보와 준비 없이 하는 바람에 너무 고통스러웠고 사타구니 대상포진증상 때문에 결국 항생제 치료를 하느라 6개월 만에 모유수유도 중단해야 했다. 둘째 아이는 꼭 완전한 모유수유를 성공해 내고 싶었다.

그리고 밤마다 뱃속의 둘째 아이에게 엄마 좀 살려 달라는 심정으로 "네가 부디 잠을 잘 자는 순한 아이였음 좋겠다."라고 기도했다. 그 당시 시크릿(현실창조)과 호오포노포노의 개념과 도구를 알고 있었더라면 나는 그 모든 방법을 동원했을 것이다. 아이를 가지기 전 이런 방법들을 아는 당신은 행운모(母)다.

정말 놀라운 일이 벌어졌다. 첫째 아이에 비해 완전히 순한 둘째가 태어난 것이다. 그때 깨달았다. "죽으라는 법은 없구나." 이래서 엄마들이 아이들을 키워 낼 수가 있었구나. 잠을 그나마 덜 깨는 아이가 태어나고 가슴도 아프지 않고 밤에 잠결에 누워서 젖을 물리다 잘 수 있었다. 육아의 고통이 거의 1/10로 줄어드는 느낌이었다.

첫째 아이는 하루 종일 안거나 업고 있어야 했는데 둘째 아이는 세상에나~ 바닥에서 잠을 자고 보행기에서도 저 혼자 고꾸라져서 잠이 들고 유모차에서도 잠을 잘 자는 아이였다. 첫째는 둘째가 태어나자 더 아기가 된 듯 나에게서 안 떨어졌다. 앞뒤로 첫째와 둘째를 동시에 업고 있기도 했고 둘째를 모유수유 하는 동안 첫째는 한쪽 손으로 내 겨드랑이 살을 잡고 다른 한쪽 손은 자기 입으로 빨고 이렇게 둘을 안고 수유를 했다.

첫째 아이가 어린이집에 나가고 순한 둘째를 집에서 보면서 나에게도 휴식이란 게 찾아왔다. 밤에 그나마 잠을 자고 아이가 어린이집에 다니고부터 육아의 행복 같은 것을 나도 느낄 수 있었다. 아이들과 나는 행복했다. 큰아이 어린이집 하원 시간에 맞춰 과일 도시락을 준비해서 유모차에 둘째를 싣고 큰애를 데리러 간다. 아이 둘을 데리고 공원 놀이터로 가서 나무 그늘의 벤치에 앉아 햇살과 바람 속에서 간식을 먹이고 그네를 태운다. 아이들의 웃음소리가 그네를 타고 하늘을 가른다. 여기가 천국일 것이다.

우리들의 천국은 남편이 집에 없는 평일에 한해서였다. 병원 일이 바쁘고 부부 사이가 좋지 않으니 잠시 떨어지는 주말 부부 생활을 해 보기로 하고 남편은 병원 근처에 방을 얻어 주말에만 집에 오곤 했다. 주말이라도 남편에게 제대로 된 밥상을 차려 주고 싶어 요리를 한다. 팬에 기름을 두르고 요리를 시작하는데 아이들이 나의 치맛자락을 붙잡고 놀아 달라고 보채기 시작한다. 아이들을 누군가 봐 주지 않으면 사실상 요리는 불가능하다. 나는 남편에게 도움을 요청한다.

　아무리 불러도 답이 없다. 기름이 튀는데 아이들의 얼굴이 바로 밑에 있다. 아이들이 위험하다. 아이들에게 아빠한테 가 있으라고 해도 말을 듣지 않는다. 계속 불러도 답이 없어서 요리를 멈추고 가 보니 또 게임을 하고 있다. 요리하는 동안 애들을 좀 봐 줘야 한다고 말하니 멈출 수 없는 게임을 하고 있다고 한다. 지금 멈출 수 없는 게임을 하면 어떡하냐고 하니 남편은 불같이 화를 내며 양손으로 키보드를 잡아들고 나를 내리치려고 한다.

　나는 둘째 아이의 모유수유를 하고 있다. 첫째 아이가 얼음물을 달라고 한다. 좀 기다려 달라고 해도 3~4살 아이들은 그 말을 알아듣지 못한다. 계속 보챈다. 또 게임을 하고 있는 남편에게 첫째에게 얼음물 좀 주라고 외쳐 본다. 아무런 응답이 없다. 첫째 아이는 울기 직전이다. "엄마~ 얼음물~ 얼음물~"만 무한 반복한다. 모유수유 중단이 어렵다. 이빨이 나기 시작한 둘째의 입에서 잘못 빼다간 젖꼭지가 다 날아간다.

　나도 안다. 혼자 있었으면 어떻게든 해결했을지도 모른다. 그런데 집에 남편이 있으면 아이 아빠로서 그에게 뭔가 정말 최소한의 역할에 대한 기대를 하게 된다. 이런 상황에서 그래도 이건 좀 해 줬으면 좋겠다는…. 사람이 없는 것도 아니고 다른 누군가가 있었다면 아이아빠가 아니어도 도와줬을 일을… 그에게선 아무런 도움도 받을 수가 없다.

"○○이 얼음물 좀 주세요~"라고 내가 마지막으로 외치는 순간, 다행히 그가 나와서 냉장고에서 물병을 꺼내자 아이가 "그거 말고 얼음물~"이라고 말했고 내가 "그냥 물 말고 얼음물 달라고 아까부터 그렇게 얘기했잖아." 하는 순간, 그는 들고 있던 물병을 거실 바닥에 내동댕이쳐 버렸다.

남자들이여! 게임을 너무 좋아한다면 결혼을 하면 안 된다.
여자들이여! 게임을 좋아하는 남자랑 결혼을 절대 하면 안 된다.

그는 자신이 직장 일을 문제없이 잘하고 있기 때문에 게임중독이 아니라고 했지만 그의 첫 번째 일은 가정을 돌보는 일이고 그 일에는 돈을 벌어오는 것만이 아닌 가정에서 아이들과 아내가 안전하고 행복하게 살 수 있도록 도와주는 일도 포함되어야 하고 그 일에 지장을 준다면, 그 일이 게임보다 우선시되지 못한다면 그것은 게임중독이라고 그날의 남편에게 말해 주고 싶다.

남편이 좋고 폭력성으로 신뢰가 무너지지 않았다면 그리고 이런 일상에서 도움을 받을 수 있었다면 나는 그의 아이를 계속 낳고 싶어 했을 것이다. 그런데 우리는 거기까지였다.

이혼할 때, "네가 집구석에서 애들을 위해서 한 게 뭐가 있냐?"라고 했던 그의 비난에 내가 애들을 키우면서 집 안팎에서 한 것들에 대해 100개 정도를 쓸까 하다가 이 책이 너무 길어지고 출산율이 더 떨어질 것 같아서 한마디로만 하겠다. "내가 집 안팎에서 애들을 위해 뭔가를 했기 때문에 지금 아이들이 저렇게 살아서 걸어 다니고 있는 거라고. 세상에 기적이라는 게 있다면 너 같은 남편 옆에서 아이들을 저 정도로 키운 것이 기적이라고."

● 화성에서 온 전갈, 금성에서 온 돌고래

남편의 폭력적 성향과 게임중독 외에 정말 힘든 건 따로 있었으니 그가 하는 말들이 이해가 되지 않는다는 점이었다. 갈등의 상황에서 그가 하는 말들은 나의 머리를 아득하고 아둔하게 만들 정도로 "도대체 저게 무슨 말이고 왜 저런 행동을 하는 거지?"의 연속이었다. 그의 말을 듣는 순간 나는 그야말로 고장이 나 버렸다. 한참을 생각하게 되는데… 정말 알 수가 없었다. 이게 단순히 남성과 여성의 생각이나 화법의 차이만이 아니라는 느낌을 받았다. 뭔가 단단히 차이가 나는 근본부터 다른 깊은 이질감…. 이게 도대체 무엇일까?

제주도 오름 사건

남편이 근무지 로테이션을 돌다가 제주도에 잠시 머문 적이 있었고 첫째 임신 5개월 정도 되었던 나는 여행 겸 남편이 있는 제주도로 가게 되었다. 남편이 나와 가고 싶은 여행 코스에는 오름이 두 군데나 잡혀 있었다. 첫 번째 오름, 괜찮았다. 초록초록하고 크게 힘들지 않은 완만한 경사의 아름다운 코스였다.

첫 번째 오름을 내려와 두 번째 오름으로 차를 타고 이동하는데 배도 고프고 왜 내가 임신한 몸으로 오름을 두 개씩 올라야 되는지 별로 가고 싶지가 않았다. 두 번째 오름 앞에 도착했을 때 철조망이 쳐져 있고 입산금지라는 팻말이 붙어 있었다. 나는 속으로 잘되었다고 생각했는데 웬걸, 사람들이 그 철조망을 뚫고 올라가고 있었다. 철조망을 벌리고 허리를 숙여 그 사이로 빠져나가는 식으로 통과하고 있었다. (정말 대단한 민족이다.)

나는 남편에게 오름은 한번 다녀왔고 두 번째 오름은 입산금지라고 되어 있으니 그냥 올라가지 말자고 제안했다. 몸이 힘들어서 가고 싶지 않다고. 남편은 입산금지라고 되어 있지만 사람들이 문제없이 드나들고 있고 애초에 가기로 약속했으니 가야 된다는 것이다. 정말 말이 안 통했다. "내가 지금 임산부라 힘들고 가기 싫어졌어. 그리고 왜 철조망까지 뚫고 가야 해?"라고 계속 말했지만 돌아오는 소리는 사람들이 다니고 있는 길이니 철조망은 문제가 되지 않으며 임산부도 운동을 해야 태아도 건강하고 약속을 감정에 따라 바꾸면 안 된다는 것이다.

내가 20년 만에 알아낸 이 사람의 시점을 좀 알려 주겠다. 부부상담에서 진행된 성격검사에서 남편에게 적합한 직업으로 군인이 있었는데 이 사람이 군인의 시선으로 나를 보고 있다고 생각하면 좀 이해될 수도 있다.

당신이 상병인데 2등병이 기합을 받다가 갑자기 벌떡 일어나서 "제가 지금 좀 배가 아프고 왜 내가 이 기합을 받아야 되는지 모르겠고 기분도 안 좋고 너무 하기 싫습니다." 이거 가능? 안 가능! 강한 군인의 입장에서 임산부라고 봐 달라고 하는 것은 더 벌을 주고 싶은 행동이고 갑자기 가기 싫어졌다는 감정의 변덕은 나약한 여성이나 아이나 하는 짓이기 때문에 내가 임산부라고 봐 달라고 할수록 그냥 가고 싶지 않다고 할수록 군인 남편을 더 자극한 꼴이 되는 것이다. "그런 건 나는 용납할 수 없어. 내 아내는 이렇게 나약하면 안 돼."

아마도 호르몬의 영향이었을 것이다. 생전 처음으로 나는 5살 아이처럼 길바닥에 앉아 서럽게 울며 "나 정말 가기 싫다고~" 하면서 소리를 질렀다. 정말 가기 싫었다. 임신한 배를 구부리고 철조망을 통과하고 싶지 않았다. 정말로. 그런데 아무리 말을 해도 말이 안 통하고 도저히 방법이 없고 미쳐 버릴 것 같았다. 다 큰 임산부가 길바닥에서 서럽게 우니 사람들이 쳐다볼까 봐 그는 어쩔 수 없이 차에 나를 태우고 그 자리를 떠났다. 어른으로서 길바닥에서 우는 게 너무 창피했지만 속에서 올라오는 불같은 답답함이 창피함을 눌러 버렸다.

나는 너무나 답답했고 이 인간남자가 주는 고통과 슬픔은 너무 심했다. 속이 터질 것 같았고 무엇보다 태아가 너무 걱정되었다. 이 불덩이를 빨리 빼야 될 것 같았다. 나는 그에게 해안 근처에서 내려 달라고 했다. 그리고 바다로 달려가 바다를 보며 하염없이 엉엉 울었다. 정말 너무너무 고통스럽고 답답하고 서럽고 저 속에서부터 창자가 다 쓰리고 아팠다. 울면서도 아이에게 "엄마가 미안해. 이렇게 울어서 미안해." 하며 또 울었다. 바다에게 나의 눈물을 다 가져가 달라고 부탁했다. 정말 30분 넘게 울었던 것 같다.

첫째 아이가 태어나 잠을 그렇게 안 자고 울음을 안 그치며 나를 힘들게 할 때 별의별 생각이 다 들고 혹시나 내가 이 제주도 오름 사건 때 너무 심하게 울어서 그 슬픔이 이 아이에게 가서 이렇게 되었나 싶은 생각까지 들었었다. 눈이 퉁퉁 부었지만 완전히 진정해서 차에 다시 타자 남편이 내게 이렇게 말했다. "오늘만 특별히 봐주는 거야. 앞으로 이런 식으로 애처럼 운다고 봐주는 일은 없어. 약속은 지켜야 해."

집으로 돌아오는 제주 국제공항은 기상악화로 항공편 연착, 결항 등이 발생하여 인산인해를 이루고 있었다. 마땅히 앉을 의자도 없었던 나는 공항의 차가운 바닥에 앉아 4시간을 대기하다 겨우 비행기를 탈 수 있었다. 아름다운 제주도는 나에게 눈물의 섬이 되었다.

모니터 선물 사건

친언니가 미국 유학 후 한국에 와서 작은 원룸에 정착을 하게 되었고 나는 언니에게 선물을 해 주고 싶었다. 우리는 양가 형제들의 기념일과 경조사를 어느 정도 챙기고 있었고 언니에게 필요한 걸 물었을 때 컴퓨터 모니터를 선물해 주면 좋겠다는 답을 받았다. 우리도 남편의 벌이가 아직은 빠듯해서 TV 같은 큰 가전제품은 부담이 되었지만 15만 원 정도의 모니터는 해 줄 수 있을 것 같았다. 남편에게 말했더니 해 주라고 해서 제품을 골라서 며칠 후 결제하기 직전에 남편에게 결제하겠다고 한 번 더 확인을 했다.

그랬더니 남편이 갑자기 이렇게 말했다. "그게 꼭 필요한지 다시 한 번 생각해 봐. 그리고 꼭 필요하면 구입해." 나는 또 벙쪄서 "그게 도대체 무슨 말이야?"라고 했더니 "말 그대로야. 그게 꼭 필요한지 생각해 보고 사라고." 도대체 이게 무슨 말인지. 이건 20년이 지난 지금도 해석불가다. 남이 필요하다고 하는 선물을 사 주는데 그 선물의 필요성을 왜 내가 결정을 하지? 언니한테 그게 꼭 필요한지 물어보고 사라는 뜻인가? 그것도 이상하잖아. 언니가 필요하다고 말하는데 그게 꼭 필요한지 생각해 보라고 말하라는 거야, 뭐야? 그냥 사 주기 싫다고 말을 하던가. 나는 결국 선물을 포기했다.

친정 부모님 마중 사건

내가 가장 열받는 사건 중에 하나다. 인간의 비열함의 극치를 맛본 사건. 친정 부모님이 아이들을 보러 지방에서 서울로 오시기로 되어 있었고 우리가 터미널까지는 못 나가더라도 집 근처 지하철역까지는 마중을 나갔으면 했다. 아이들을 데리고 나가면 옷도 입혀야 하고 너무 일이 커지니 내가 집에서 애들을 보고 남편이 차를 운전해서 마중을 나가서 집까지 모시고 와 주길 부탁했다. 친정 부모님은 자신들이 그냥 걸어가면 된다고 나오지 말라고 극구 사양하고 있는 상태였다. 그때도 남편은 게임을 하고 있었다. 나는 남편에게 계속 예상 도착 시간을 알리며 지금 나가야 된다고 알려 주었는데도 남편은 게임을 계속 했고 결국 부모님이 직접 걸어서 오시고야 말았다.

문밖에서 부모님이 탄 엘리베이터 문 열리는 소리가 들리자마자 누가 봐도 부모님이 다 들리도록 남편은 갑자기 나한테 엄청나게 화를 내기 시작했다. "왜 나한테 말을 안 했어, 어? 왜 부모님 오신다고 제대로 말 안 했어!" 나는 정말 어이가 없었고 내가 계속 말을 했다고 하니 자기는 못 들었다며 왜 정확히 안 알려 줘서 부모님이 걸어오시게 만들었냐면서 나에게 소리를 질렀다. 부모님이 다 들도록 나한테 소리 지르는 저 사람이 미쳤나 싶었다.

친정 부모님은 들어오시자마자 우리가 싸우고 있는 현장을 목격하시게 되었고 당신들이 애들을 볼 테니 밖에 나가서 대화하고 들어오라고 우리를 내보내셨다. 놀이터로 나온 우리는 싸워 보았지만 대화는 헛바퀴처럼 뱅글뱅글 돌기만 했다. 정말 죽고 싶었다. 그리고 죽이고 싶었다.

나에 대한 그의 불만

우리의 관계가 너무 안 좋고 이혼이 거의 결정되었을 때 남편의 주변 지인들에게서 전화를 많이 받았다. 대부분 내 편이 되어 주고 이혼을 만류해 보려는 시도들이었다. 남편의 친구 부인(남편과도 말을 놓는 사이)한테서 전화가 왔다.

"○○이 상태 심각하더라. 너 도대체 어떻게 살았니? ○○이가 너의 잘못을 얘기하는데 네가 자기의 팬티와 양말을 안 챙겨 준대. 내가 어이가 없어서, '야! 너는 손이 없냐 발이 없냐. 네 옷은 네가 좀 챙겨 입어! 애 키우는 게 얼마나 힘든 건 줄 몰라? 너까지 키워야 되니?'라고 내가 막 뭐라고 했어."

 내 비록 잠 못 자는 첫째 아이로 휘청했지만 아이 둘을 데리고 30평대 아파트 거실을 혼자서 리모델링한 여자다. 거실바닥의 나무가 벗겨져 아이들이 발을 다칠 것 같아 새로 깔고 싶은데 시공을 맡기면 너무 큰돈이 들 것 같아서 직접 데코타일을 주문해 소파와 식탁과 가전제품들을 옮겨 가며 손가락을 커터 칼에 베이면서 하나하나 새로 붙여서 교체했다. 내 꿈은 현모양처였던 것을 기억해 달라. 둘째를 아기띠로 업고 요리를 직접 하는 집들이를 치러 내고 거실을 새로 까는 여자가 남편의 옷을 안 챙겨 주었겠는가? 내가 그 작자의 옷에 손을 뗀 건 모든 신뢰가 무너지고 '내가 저놈을 내 손으로 죽일 수도 있겠다'까지 간 시점부터였다. 이미 물은 엎질러졌고 마음에선 이혼이 결정된 상태부터였다.

 부부상담사에게 남편의 평소 모습을 이야기하니 상담사가 고개를 절레절레 흔들며 "가르칠 게 한두 개가 아니네요."라고 했는데 아이러니하게도 심리검사결과 남편은 자존심이 강해서 누군가 자신을 가르치는 걸 극도로 싫어한다는 것이다. 그러면 답이 없지 않은가? 나는 답을 찾을 수 없었다.

 그와 대화를 하면 나를 자꾸 벙찌게 만드는 그 지점. 나는 정말로 그에게 뭔가를 알려 주고 싶은 것이다. 내가 시간이 많고 가르치는 걸 좋아해서가 아니라 그걸 알아야 아이가 살고 상황이 해결되고 삶이 살아지기 때문이다. 생존에 관한 것이다. 그런데 내가 알려 주는 모든 것을 그는 자기를 혼내고 비난하는 것으로 받아들이는 듯했다. 그리고 갑자기 남편이 나의 잘못을 지적하고 비난하는데 그게 맥락상 전혀 맞지가 않았다.

그 사람과 대화를 하는 느낌을 비유하자면, 유치원 아이가 유난히 양치질을 싫어하고 건너뛰려고 해서 교사로서 내가 양치질을 해야 하는 이유를 설명하는데 갑자기 아이가 나한테 이러는 것이다. "선생님 저번에 늦잠 잔 적 있죠?" "늦잠? 잔 적이 있던가? 아마도 있겠지?" "늦잠 자면 안 돼요. 일찍 자고 일찍 일어나야 되는 거예요."라고 하는 느낌이다.

이게 과연 단순히 남녀의 생각 차이나 화법의 문제 수준인가? 내가 발견한 답을 한번 들어 보겠는가? 나는 아주 놀라운 것을 발견했다. 지구에 사는 인간들을 이 두 가지로 분류할 수 있을지도 모른다.

힘의 논리로 세상을 바라보는 종족과 사랑의 논리로 세상을 바라보는 종족.

힘논세족은 세상의 모든 사람들을 힘이 있는 사람(강자)과 없는 사람(약자)으로 나눈다. 그들은 사람들과 나누는 모든 교류와 대화를 일종의 힘의 게임으로 접근한다. 누군가 자신에게 불편함을 호소하고 행동의 오류와 개선점을 알려 주며 변화를 요구할 때, 한마디로 잔소리와 비난을 들을 때 그 잔소리와 비난이 왜 생겨났는지 상대방이 왜 저런 말을 하는지 이해하려고 하기보다 그냥 자신을 향한 일종의 공격으로만 인식한다. 자신의 힘에 대한 도전인 것이다.

그리고 전략과 전술을 쓴다. 최선의 방어는 공격이다. 대화의 주제와 맥락은 중요하지 않다. 저 사람이 저 말을 하는 이유도 중요하지 않다. 나를 감히 비난(공격)해? 옛다! 나의 공격을 받아라! 그리고 뜬금포를 날린다. 그 뜬금포, 그의 총알과 폭탄은 지금 이루어지고 있는 갈등 상황의 주제와 실제로 아무 관련이 없는 그러나 어딘가 관련이 있어 보이는 듯 포장된 주로 일반론적인 사안들이다. 인간의 삶 저변에 깔린 일반적 도덕성과 양심, 책무의식에 대한 죄책감을 자극하는 일종의 가스라이팅 수준이다. 이건 그냥 전략적으로 상대의 비난을 막기 위한 비난, 비난을 위한 비난인 것이다.

힘논세족이 삶을 살아가는 데 중요하게 생각하는 힘은 주로 체력(스파르타 시대나 동물의 세계에 약육강식 성향이 뚜렷함)과 지능(현대문명사회에서 체력보다 더 힘이 있는 능력), 경제력(자본주의 사회의 절대적 힘), 그리고 사회적 지위(타인의 시선과 평가를 많이 의식하며 인정욕구가 강함, 타인이 인정해 주지 않는 것은 의미가 없고 힘을 발휘하지 못하는 무가치한 것들임)이다.

이 힘들이 제대로 갖춰 있지 않으면 약자로 인식한다. 힘이 없는 약자는 보호의 대상이 아니라 무가치한 대상이 된다. 상대가 나보다 힘이 세고 싸움을 잘하는지(혹은 머리가 좋고 일을 잘하는지), 나보다 돈을 더 잘 버는지, 나보다 잘나가는지 이 세 가지만 본다. 힘논세족은 주로 남자들이 많다. 그러나 여자들도 있다. 상대가 나보다 어리고 얼굴과 몸매가 예쁜지(종족번식을 위한 2세의 출산력에 기초한 힘), 나보다 돈을 더 잘 버는지(혹은 돈 잘 버는 남자를 만났는지), 나보다 인기 많고 잘나가는지 이 세 가지만 본다.

힘논세족은 전형적인 강약약강(강자에게 약하고 약자에게 강한)이다. 힘논세족 남편에게 나는 어땠을까? 나는 처음엔 강자였다. 애를 낳기 전까지 슈퍼우먼처럼 체력도 있어 보였고 외모도 나쁘지 않았고 직업도 있었던 강자였다. 그런데 아이를 낳고 직업은 사라졌고 체력은 바닥이 났으며 몰골은 최악이 되었다. 완전한 약자가 되었다. 무가치해졌다.

그 약자가 자기한테 불만을 말해? 감히 비난하고 지적하고 가르치려 해?

남편과의 불화가 심해지고 있을 무렵, 시어머니가 내게 이렇게 말했다. ○○이가 저러는 건 네가 직업이 없어서라고. 여자도 일을 하고 돈을 벌어야 무시당하지 않고 살 수 있다고. 힘논세족의 시어머니의 말씀이었다. 아마도 결혼 생활 5년 동안 내가 이번 생에 체험할 모든 모욕과 치욕을 다 경험했을 것 같다. 아… 내가 직업이 없어서구나…. 돈을 못 버니 언니에게 모니터 하나 사 줄 수 없구나. 나는 의사 남편에게 들러붙어 밥 빌어먹고 사는 기생충이구나.

여자들이 집에서 하는 가사업무와 아이를 낳아 키우는 양육업무에 대한 개념이 전무한 남성중심사회를 살아오며 직업이 없다고 온갖 무시를 당해 왔을 시어머니를 포함한 이 땅의 어머니들과 지금도 어디선가 업데이트와 진화가 덜된 남편으로 인해 고생을 하고 있을 이 땅의 모든 전업주부 여성들을 대표하여 한마디만 하고 싶다.

(2024년 10월 검색 기준) 입주가사도우미(입주해서 가사, 요리, 육아일에 관한 24시간 서비스를 제공하는 직업) 월급이 240~400만 원이라고 한다. 현재 초임교사 월급은 200만 원 초중반이라고 한다. (내가 근무했을 당시 초임교사 월급은 130만 원이었다.)

전업주부님들! 당신들의 경제적 가치는 교사보다 높습니다.

그렇다. 어떤 남자들은 여자들이 집안일하고 애 보는 건 당연하고 거기다 더해서 직업까지 있어 주길 바랄지도 모른다. 가사일과 육아는 당장 돈을 만들어 내지 않으니 그 어떤 경제력이나 힘으로 인정할 수 없다. 그건 여성들이라면 누구나 하는 당연한 기본 업무, 기본 옵션이다. 집안일하고 애만 보는 것은 그냥 일을 안 하고 노는 것이 된다.

아이를 모유수유 하고 키울 때 내가 할 수 있는 유일한 것이 TV를 틀어 놓고 드라마를 보는 것이었다. 모유수유 하고 잠든 아이를 그대로 안고 있어야 해서 두 손을 쓸 수가 없어 책을 읽을 수도 휴대폰을 볼 수도 없었다. 유일하게 가능한 것이 음소거 수준으로 작게 틀어 놓은 TV 시청이었다. 어느 날 아이를 안고 드라마를 보고 있었는데 남편이 내게 "너는 저런 드라마를 왜 보냐?"라고 해서 드라마를 비하하는 줄 알고 "저 드라마, 아가씨도 봐."라고 했더니 남편이 이렇게 말했다. "○○이는 직장을 다니잖아." 직장에 다니지 않으면 드라마 볼 자격도 없는 것이었다.

자신의 아내를 경제력이 없다고 돈을 못 벌어 온다고 조금이라도 그래서 무시한 거라면 무시를 당하지 않기 위해 돈을 벌어 그 사람과 사는 것이 답인가? 아니지. 돈을 엄청 버는 슈퍼우먼이 되어서 그런 사람과는 살지 않는 게 답이지. 그런 사람은 남편이 아니지. 군대나 직장 상사지.

요즘은 방송매체에서 남자가 가사일과 육아를 돕는 것을 리얼하게 보여 주고 다루고 있어서 과거보단 훨씬 나아졌을지도 모른다. 부디 여성과 남성이 누가 전업주부가 되든, 맞벌이를 하든 서로의 위치와 역할을 존중해 주고 도움이 필요한 부분들을 협업해서 행복한 가정을 이루길 바란다.

사논세족은 어떨까? 그들은 사람을 이해와 사랑의 대상으로 본다. 공감능력은 기본이고 힘논세족들은 타인의 상처나 부족한 부분을 약점으로 보고 공격하는 반면 사논세족들은 연민을 느끼며 치유와 도움을 주려고 한다. 그들은 모든 것이 사랑 표현의 기회이다. 힘논세족은 사랑조차도 전략적이고 정치적으로 이용한다. 사랑조차도 힘의 논리로 접근한다. 사실 이 지구에는 힘논세족들이 훨씬 많으며 사회의 구조 자체가 힘논세족이 생존게임에서 이길 수밖에 없는 약육강식의 정글이기도 하다.

대부분의 사람들은 힘논세족과 사논세족의 형질이 적절히 섞여 있다. 그래야 이 사회를 적당히 인간답게 잘 버텨 나갈 수 있기 때문이다. 내가 교사를 할 때 교실 풍경을 보면 정말 힘논세족 사회의 압축판이었다. 학생들의 힘(존재감)은 예쁘고 잘생기거나 힘세고 싸움을 잘함, 지능이 높고 공부를 잘함, 집안이 좋거나 부자, 이렇게 크게 세 가지의 힘이 아이들의 존재감과 교실의 질서를 지배했다. 사논세족 아이의 유일한 힘은 약자를 보호하고 눈치가 100단에 성격이 좋다는 것인데 이것만으로 힘논세족 사회에 엄청 성공하거나 살아남기는 힘들 수 있다.

그런데 신기한 건 눈치 100단의 원만하고 좋은 성격이 때론 힘논세족의 모든 힘보다 강한 힘을 발휘한다. 인간사회의 구조가 어떠하든 그 구조를 이루고 있는 건 결국 감정(사랑)을 가진 인간들이고 그들은 사논세족 사람들을 편안해하고 좋아하고 사랑하게 된다. 그래서 공부 잘하고 싸움 잘하고 집안이 좋은데 성격까지 좋으면 그는 천하무적이 되고 사기캐가 되고 반장이나 전교 회장이 된다. 사랑이 많고 성격만 좋다고 성공할 순 없지만 진정한 성공을 하려면 성격 좋음은 기본 옵션이다.

  문제는 극단적인 힘논세족과 사논세족이 부부가 되거나 같이 일을 하게 될 때이다. 삶과 인간에 대한 가치와 기준이 너무 다르기 때문에 서로 의사소통도 안 되고 이해하기 너무 어렵게 느껴질 수 있다. 힘논세족 성향이 강한 사람은 공감능력이 부족한 냉혈한이지만 힘에 굴복하는 성향이 있기 때문에 상대방이 자신보다 강자이거나 자신이 납작 엎드려야 할 상황이 오면 없던 공감력과 사랑도 흉내 내거나 만들어 이용할 수 있게 된다. 공감과 사랑도 그들에게는 전략이고 비축된 총알인 것이다.

  내가 이혼을 하면서 아이들을 남편이 키우게 되었을 때 어렴풋이 직감했다. 엄마를 잃은 자신의 아이들을 보면서 힘논세족 남편이 이번 생에 처음으로 진정한 연민과 사랑의 감정을 가슴으로 조금이라도 느끼고 체험해 보게 되리라는 것을.

  나는 인간남자(전남편)에게서 단순히 남성과 여성의 생각과 화법의 차이가 아니라 거의 종족이 다른 이질감을 느꼈다. 종이 다른 수준이다. 그는 전갈이고 나는 돌고래 같은 것이다. 누가 더 좋고 나쁘고 더 우월하고 열등하고가 아니라 그냥 정말 종이 다른 것이다. 아주 머나먼 어딘가부터 태생 자체가 완전히 다른 그래서 절대로 같이 공생할 수 없는 다른 에너지였다.

● 지옥의 마지막 관문

나는 이제부터 이혼을 해야 한다. 내가 이혼을 과연 해낼 수 있을까? 내게 결혼은 시작부터 기나긴 이혼을 향한 여정이었다. 나와 맞지 않는 에너지로부터 나를 분리시켜 내는 지옥의 레이스.

> 이혼을 하지 않기 위한 노력들

아이가 아직 어린 육아의 시기만 지나면 부부 싸움도 덜 하게 되고 좋아진다는 말대로 아이들이 좀 더 크면 모든 게 좀 좋아질까 하는 희망을 가져 보기로 했다. 내가 너무 집에서 아이하고만 있으니 더 예민해져서 남편에 대한 스트레스가 심해지나 싶어 카페에서 여유로운 차 한잔을 마시는 유모차 부대에 참여해 보려고 문화센터에 나가 보았다. 일단 첫째 아이는 유모차에 앉혀지지가 않았다. 유모차에 넣는 순간 튀어나오려고 발버둥을 치거나 울어 버려서 다른 엄마들처럼 아이를 유모차에 실어 놓고 커피를 마시는 사치는 부릴 수가 없었다. 밖에서도 아이를 계속 안거나 업고 있어야 해서 더 힘들었다.

나는 다른 아기 엄마들을 직접 만나서 교류해 보기 전까지 멀리서 아기 엄마만 봐도 눈물이 줄줄 흘렀다. 다들 얼마나 힘들까? 동병상련이 직통으로 가슴을 때렸다. 모두가 걸어 다니는 제2의 불쌍한 나였다. 그런데 아기들은 천차만별이었고 다 나처럼 힘든 건 아닌 것 같았다. 나의 첫째 아들과 비슷한 개월 수와 몸무게의 여자아이를 안아 보았는데 충격을 받았다. 어떻게 이럴 수가 있지? 정말 종이 인형을 안은 것처럼 아무런 무게가 느껴지지 않았다. 이렇게 부드럽고 깃털 같을 수가 있을까? 남자아이의 뼈와 근육의 상태 그리고 버둥거리며 저항하는 힘이 실제 체감 무게에 엄청난 차이를 불러온 것이다.

 같은 아파트에 사는 아기 엄마를 사귀게 되어 자주 왕래하게 되었다. 이웃집 아기도 우리 아들과 같은 개월 수였는데 정말 달랐고 역시 충격을 먹었다. 같은 남자아이였는데 너무 순해서 엄마가 아이가 낮잠을 자는 동안 백화점에 갔다 오는 게 가능한 수준이었다. 갔다 오면 계속 자고 있거나 깨어나서 울지도 않고 혼자 아기 침대에서 놀고 있다고 한다. 아기 엄마가 욕실 문을 열어 놓고 잠시 빨래를 하는데 아이가 욕실 쪽으로 기어 오다가 엄마가 '이노옴~' 하고 눈에 힘을 한번 주니 아이가 방향을 틀어 다른 곳으로 기어갔다. 보고도 믿기지 않았다. 있을 수 없는 일이었.

 우리 아이는 10개월 때부터 걷기 시작하더니 거의 날아다니는 수준이었다. 기어다닐 때도 욕실로 무조건 돌진이어서 문을 열어 놓는 건 상상도 할 수 없었다. 10개월 때부터 너무 날아다녀서 하루에 놀이터를 세 번씩 나가야 했다. 구름다리 같은 걸 잡고 계속 전진하는데 강철 부대가 따로 없었다. 한시도 가만있지 않는 우리아이의 격렬한 난(難)함에 이웃집 아기 엄마가 자기도 모르게 우리 아이의 기저귀 찬 엉덩이를 팡팡 때리며 "아이고야, 이 녀석아~ 좀 가만히 좀 있어라~ 너희 엄마 죽겠다. 언니! 도대체 이렇게 힘든 애를 혼자 어떻게 본 거야?"

그래, 차라리 모르는 게 나았을 수도 있었다. 모두가 가난하면 내가 특별히 가난함을 몰라서 덜 불행하듯이 모두가 힘들다고 생각했던 때가 차라리 나았다. 나의 아이가 유난히 더 힘들다는 걸 아는 순간 상대적 고통이 더 느껴지는 거였다. 그러나 아무리 힘들어도 아이는 내가 낳은 아이니 괜찮았다. 어쩔 수 없는 일이었다. 그런데 문제는 남편이었다. 이웃집 아기 엄마와 서로의 남편 이야기를 주고받다가 내가 나의 남편 얘기를 하면 그녀는 놀라며 이렇게 말했다.

"미친 거 아니야?"

그건 세 번째 신호였다. 그것도 제3자인 타인이 보내 준 정확한 분별이었다. 그런데 나는 그 말이 불편했다. 나는 이 핏덩이 같은 아이를 데리고 그 남자와 이혼할 자신이 없었고 아이에게 아빠가 없는 이혼가정을 만들어 줄 순 없는 노릇이었다. 최대한 이해하며 같이 살아야 되는 사람이었다. 나는 상대적 지옥을 선사하는 이웃집 아기 엄마를 끊어야 했다.

나는 남편의 입장을 헤아려 보기 위해 고군분투했다. 그래, 나도 나지만 그 사람도 얼마나 힘들까? 하늘에서 내려온 천사 같았던 아내가 아이를 낳더니 마녀가 되어 온종일 부탁과 잔소리를 해 대고 밥도 제대로 안 챙겨 주고 옷도 제대로 안 챙겨 주고 집에 와도 반가워도 안 해 주고 잠자리도 가지기 어렵고 혼자 얼마나 외롭고 불편하고 허탈하고 자신은 오로지 돈만 벌어 오는 기계인가 하고 생각이 들지 않았을까? 나도 이 정도일 줄 몰랐던 육아로 인해 엄청난 타격을 받아 정신을 못 차릴 정도가 되었지만 남편의 타격도 심하지 않았을까?

그 당시의 나는 학폭 피해자 학생이 가해를 당하는 원인을 자신에게서 찾고 있는 상태와 비슷했지만 지금의 나는 많은 것이 정화되고 정리가 되어 이제 그 상황을 제대로 된 판단력으로 잘 설명해 낼 수가 있게 되었다. 그래서 나처럼 생각하고 있는 아내나 자신이 더 피해자라고 생각하고 있는 남편들이 있다면 이 얘기를 꼭 해 주고 싶다.

힘든 육아의 시기에 부부가 각자의 위치에서 둘 다 힘들어질 수 있다. 그런데 피해와 타격의 정도가 정말 현격한 차이라는 걸 알아줬으면 좋겠다. 천사 아내가 마녀가 되기까지는 몇 번의 지옥 불에 담겨야 한다. 남편의 입장에서 박탈되고 포기되는 것들은 불편함, 외로움, 소외감 수준이지만 여자는 외로움 수준이 아니라 고문을 당하는 괴로움 수준이라는 것이다. 당신은 손가락이 베었지만 당신의 아내는 팔다리가 잘리고 성고문을 당한 상태라고 보면 된다. 나는 팔다리가 잘린 몸으로 손가락이 베인 남편의 고통을 헤아리고 걱정해 보고 있었다.

남편에 대한 장점을 적어 보면 어떨까? 그래도 뭔가 나한테 잘해 준 것들. 평소에는 잘 못하지만 기념일을 잘 챙겨 준다든가, 동남아 여행을 가는 등 한 번씩 통 크게 이벤트를 해 주는 부분들. 자상한 순간들. 예전에 책에서 읽었던 폭력을 쓰고 다음 날 꽃다발을 사 오는 남편에 대한 이야기가 생각났다. 그 정도로 기괴하진 않지만 아무리 정리를 해도 멀쩡함 90%에 면도칼 10%를 바꿀 수가 없었다. 그리고 직접 겪어 보니 나라는 여자는 면도칼이 1%만 섞여도 사랑이 아닌 사람이었다. 순금의 순도 99.9%처럼 순금에 금이 아닌 것이 1%만 들어 있어도 그건 금이 아닌 것이다.

두 번의 이혼 실패

첫 번째 이혼 실패는 첫째 아이가 18개월 때쯤이었다. 1년이 넘어도 2시간 이상 통잠을 잘 자지 않는 아이가 제법 걷고 뛰어다니고 말을 하고 주변에서는 이맘때 어린이집을 보낸다고 한다. 혹시나 어린이집에라도 보내면 낮 동안 조금이라도 휴식을 취할 수 있고 그러면 조금은 숨통이 트일 수 있을 것 같아 남편에게 아이를 어린이집에 보내고 싶다고 했더니 남편은 그러면 어린이집을 보내고 대신 나더러 직장에 다시 나가라는 것이다.

직장, 정말 나도 다시 나가고 싶다. 그때가 나의 리즈 시절이었다. 아이들에게 인기 많은 영어선생님으로 나도 다시 돌아가고 싶었다. 그런데 나는 몰골도 말이 아니고 이렇게 밤에 제대로 잠을 못 자는 상황에서 낮에 직장에 나가 일을 할 수 있는 그 어떤 정신상태도 에너지 상태도 아니었다. 정말 자신이 없었다. 이 상태의 나에게 다시 직장에 나가라고 하는 것은 마치 온갖 고문과 고초를 겪고 겨우 살아 돌아온 나에게 따뜻한 방을 내어 주면서 "여기서 쉬세요. 대신 일해서 방값을 벌어 오세요."라고 하는 것과 같았다. 그래, 좋다. 낮 동안 일해서 방값을 벌어 오고 밤이라도 따뜻한 방에서 잠만 편히 잘 수 있으면 고문당한 몸으로 낮 동안 일할 수 있다. 그런데 나는 밤에 한 번도 편안한 잠을 자 본 적이 없는 채로 18개월이 되었고 그런 밤은 일을 해도 계속되어야 하는 상황이었다.

하루에 조금이라도 아이와 나를 분리시켜 주고 쉬게는 못 해 줄망정 나에게 업무를 더 요구하고 있었다. 온 심신이 피폐되어 당장의 휴식이 필요한 나에게 직장에 나가라고 하는 그가 지옥에서 온 사자 같았다. 너무 절망스러웠고 영혼의 숨통이 막혔다. 차라리 이혼해서 아이를 친정 부모님과 같이 보면서 일하러 나가는 게 나을 것 같았다. 이혼하자고 했더니 그도 동의했다.

그렇게 이혼하기로 합의를 본 날, 정말 느낌이 너무 쎄했다. 화장실로 가서 임신 테스트기를 했더니 두 줄이 떴다. 둘째를 임신한 것이다. 남편한테 전화를 했더니 나한테 사과하는 등 애쓰지 않고 이혼을 안 할 수 있어서 좋아했다. 그리고 둘째가 태어나면 정말 자신이 달라질 거라고 나를 많이 도와줄 거라고 약속했다. 나는 그 말을 믿고 싶었다. 아이가 둘이 되면 그래도 좀 달라지지 않을까 하는 일말의 희망을 가져 보았다. 둘째를 임신해서 나는 첫째를 어린이집에 보낼 수 있었고 그렇게 임신한 몸이 되어서야 휴식을 가질 수 있었다.

이변은 없었고 아이가 둘이 되어도 그는 달라지지 않았다. 두 번째 이혼 위기가 왔고 우리는 또 한 번 이혼을 하기로 했다. 사논세족의 여인이 힘논세족의 사회에서 필요한 모든 힘을 잃었을 때 힘논세족의 남자가 전략적인 공격을 해 오면 정말 모든 판단력을 잃고 자존심도 잃고 모든 것이 무너진다는 것을 체험하게 되었다.

이혼이 결정된 후, 남편이 가장 먼저 한 행동은 생활비로 써야 하는 체크카드를 뺏는 것이었다. 나는 그만 앞이 깜깜해져 버렸다. 첫째 아이 하나만 있을 때랑 달랐다. 당장 내일 뭐 먹고 살지? 애들은 어떡하지? 같은 느낌으로 생존의 위협과 아득함이 공포로 다가왔다. 그리고 동시에 이 사람의 역할이 크게 다가왔다. 그래 이 사람이 우리를 먹여 살려 주고 있었구나. 내가 그걸 몰랐구나. 나는 바로 무릎을 꿇었다.

실제로 거실 바닥에 무릎을 꿇었다. 내 생에 최대의 굴욕이었다. 다시 한번 말하지만 이 인간남자와 5년의 결혼 생활 동안 나는 내 생애 모든 치욕을 다 맛보았다. 내가 자신 앞에 무릎을 꿇는 순간 힘논세족의 남자가 얼마나 쾌재를 불렀을지를 생각하면 치가 떨리는 수준이 아니라 억장이 무너진다. 모든 사논세족에게 미안할 정도로 나는 나를 완전히 잃었다. 힘논세족들의 가장 큰 쾌감은 모든 상황이 자기 통제하에 들어올 때이다. 저 사람과 이 상황을 자기의 전략과 뜻대로 좌지우지할 수 있을 때 그들은 자기의 유능함과 힘을 확인하며 존재감과 삶의 묘미를 느낄 것이었다.

이 사건으로부터 오랜 시간이 흐른 후 보게 된 드라마 〈스카이 캐슬〉의 한 장면을 잊을 수가 없다. 스카이 캐슬에 사는 윤세아가 전형적인 극힘논세족인 공감능력 제로에 이기적이고 권위적인 냉혈한 남편에게 이혼을 요구하자 그는 당장 아내에게서 카드를 뺏어 버렸다. 그다음 날 남편의 아침상은 평소 수라상 같은 건강식이 아닌 컵라면과 일회용 나무젓가락이 놓여 있었다. 그리고 모든 아내의 역할들이 철회되고 제공되지 않았다. 남편은 너무나 불편해했고 집구석에서 논다고만 생각했던 아내의 공기처럼 당연했던 역할들의 중요성을 체감하게 되었다.

그 장면을 보면서 나는 펑펑 울었다. 나는 왜 저러지 못했을까 얼마나 바보가 되어 있었으면…. 카드를 주고 양육비를 청구하면 되었을 것을. 그 남자의 빨래며 식사며 컴퓨터 게임방 청소며 집안일 일체를 중단하면 되었을 것. 남편을 신경 쓰지 않아도 되니 나는 오히려 편했을 것이었다. 그렇지만 그날의 나는 반병신이 된 사논세족의 여자에 불과했다. 나는 바로 무릎을 꿇었고 이혼은 카드 한 장으로 철회되고 그렇게 다시 한번 실패했다.

드디어 폭발

이쯤 되니 이 책을 처음부터 읽고 있는 독자들이 슬슬 걱정된다. 답답해서 혈압이 터지지는 않았는지…. 내가 말하지 않았는가? 고구마 100개라고. 미안하지만 아직 몇 개 더 남았다. 이제 막판 집중 공세가 될 것이다. 조금만 기다리면 내가 완전히 무너진다.

- 돈:
이런 말이 있지 않은가? 뭐 하나라도, 정말 단 하나라도 맞거나 만족이 되는 부분이 있다면 부부는 살아진다고. 그 하나가 없었다. 의사 남편임에도… 카드를 뺏는 것부터 시작해 돈으로 보인 그의 만행은 그가 아무리 나중에 돈을 엄청 벌어 나를 돈방석에 앉혀 주어도 회복되지 못할 상처와 절망을 안겼다. 수련의 시절 박봉으로 우리 가정의 경제가 넉넉지 않았을 때 그가 보인 행동들은 나중에 그가 돈을 잘 벌게 되었을 때 나에게 잘해 주게 된다면 더 나를 슬프게 만들 행동들이었다. 사람은 힘들 때 바닥과 본성이 드러나고 나는 그의 바닥과 본성을 다 보아 버린 셈이다.

내가 그와 이혼하길 원하고 이혼 사유에 대해 그에 대한 힘든 점을 주변에 말할 수밖에 없게 되었을 때 힘논세족 남편 역시 나의 잘못들을 주변인들에게 말하기 시작했다. 남편이 친정 엄마에게 자기가 월 200 좀 넘게 버는데 이번 달 카드 값이 300이 나왔다며 마치 내가 살림을 제대로 못 하고 경제관념이 없다는 식의 말을 했다는 것이다. 그는 나에게 어느 날, 직접적으로 그 얘기를 했다. 마치 직장 상사가 부하직원의 큰 실책거리를 잡은 듯 "내가 200 버는데 이번 달 카드값이 얼마 나왔는지 알아?" 나는 너무 억울했다. 처음 든 생각은 "더 이상 어떻게 아끼지?"였다. 아이들 옷을 인터넷 쇼핑몰에서 눈이 빠져라 10원, 20원이 더 저렴한 걸 찾아다니며 최소한의 긴축정책을 하고 있는데 너무 이상했다. 그럴 리가 없었다.

너무 억울해서 이번 달 카드명세서를 다시 꼼꼼히 살펴보았다. 두 아이들의 원비가 각각 40만 원이고 총 80만 원에 내가 네 식구를 먹이고 입히고 생활비로 쓴 건 정확히 45만 원이었다. 나머지는 남편이 쓴 것이었다. 남편이 쓴 항목 중에 아직도 잊히지 않는 게 있다. '감나무집 40만 원' 나는 이 감나무집이 무엇인지 모른다. 지금도 식당 이름 중에 감나무집이 나오면 체할 것만 같다. 나는 그 집이 무엇인지 묻지 않고 그에게 그냥 말만 해 주었다. 네가 감나무집에서 40만 원을 결제해서 300 가까이 나오게 된 것 같다고. 나는 한 가정의 한 달 생활비로 45만 원을 썼다고.

나는 남편의 직업이 의사가 아니어도 사실 상관이 없었다. 내가 사랑하는 사람이 무엇을 하든 그가 행복한 일을 하면 되는 거였다. 그리고 그 사람이 얼마를 벌든 최소한의 밥벌이만 되어도 웬만하면 맞춰 줄 수 있었고 돈을 못 벌어 온다고 잔소리해서 남자의 기를 죽이고 싶지 않은 착한 여자 신드롬 환자였다. 그런데 정말 나라면 말이다, 내가 남자라면 이 상황에서 월 200밖에 벌어다 주지 못하는 내가 아내에게 미안할 것 같다. 그리고 200으로 살림을 살아 주는 아내가 고마울 것 같다. 자신이 월 200 버는데 아내가 살림을 못한다고 장모님께 어떻게 저렇게 당당하게 말할 수 있을까…. 정말 어메이징한 남자가 아닐 수 없었다. 이 사람이 나중에 월 1억을 벌어도 복구될 수 없는 실망과 상처다. 그 돈 전혀 쓰고 싶지 않다. 이런 남자라면 의사 남편 한 트럭을 가져와도 싫다.

그의 만행은 여기서 끝이 아니다. 이혼 말이 오가는 과정에서 그가 결혼 전 내가 모은 천만 원도 공동재산이라 분할해야 한다고 말하는 바람에 나의 머릿속이 한순간 뜨거운 분노의 피로 채워져 버리기도 했다. 그 돈은 내가 결혼 전 교사 생활을 할 때 월 130만 원을 받으며 모은 돈이다. 월 130만 원을 받는데 한 달에 100만 원씩 적금을 넣어서 모은 돈이었다. 이런 자신의 발언을 뭐가 문제인지도 모르고 친구들에게 했다가 친구들이 당장 가서 아내한테 사과하라고 했다고 나에게 전했다.

이혼 과정에서 나는 도둑년으로 몰리기도 했다. 그는 이혼과정에서 어떻게 해서든 나를 애 키울 자격이 없는 부도덕한 나쁜 여자로 만들기 위해 온갖 구실을 다 찾았다. 이혼을 하는데 결혼 생활 5년으로는 재산분할이 불가해서 내가 받을 수 있는 재산이 아무것도 없었다. 나는 돈이 될 만한 모든 걸 찾아보다가 결혼 예물이 생각났다. 둘 다 평소에 반지나 시계 같은 액세서리를 착용하는 것을 불편해서 5년째 서랍 속에 방치되어 있는 예물이었다.

예물은 시어머니가 나에게 해 준 것이었고 그중에는 남편의 반지도 있었다. 커플들이 헤어지면 이런 물건들은 처치 곤란이니 어차피 쓰지도 못할 거, 저거라도 처분해서 돈을 모아 봐야겠다고 생각하고 예물을 팔았다. 나중에 남편이 그 사실을 알고 나더러 도둑년이라며 네가 이런 도둑이라는 걸 나중에 아이들이 알면 부끄럽지 않겠냐며 또 그 유치원생 같은 양심과 도덕성을 걸고 넘어지기 시작했다.

그 당시 나는 오랜 시간 남편에게 가스라이팅 수준의 도덕적 비난을 들어 오고 있었기 때문에 겁에 질렸고 정말 물건을 훔치다 들킨 도둑처럼 제 발 저려 하며 또 하나의 치욕을 느껴야 했다. 나는 되팔아서 얼마 되지도 않는 남편의 반지 값을 돌려주었다. 나는 도둑년이라는 굴레 속에 있다가 이혼 후 한참이 지나서야 그 예물의 비용이 시어머니 돈이 아니라 친정 쪽에서 시댁으로 보낸 예단비로 산 거라는 걸 깨닫게 되었다. 이 말을 못 해 준 게 아직도 한이다. "나는 도둑년이 아니야. 그 반지 우리 부모님 돈으로 산 거야. 이 나쁜 놈아."

예물을 몰래 판 나에게 남편은 합리적 의심이 든다며 지금까지의 통장 내역을 보여 달라고 했다. 그는 진짜 선을 제대로 넘고 있었다. 양가 부모님들이 아이들 생일 때 10~20만 원 단위의 돈을 부쳐 주시는데 그 돈을 내가 모아서 비자금이라도 형성을 한 거 아니냐며 내 통장 내역을 요구했다. 어이가 안드로메다로 사라지면서 치욕과 분노를 넘어 황당하기까지 했다.

억울함과 분노와 치욕과 황당함과 답답함과 죽이고 싶은 감정을 다 합쳐서 핵폭탄을 만들면 느껴질 감정이 나를 내리치니까 오히려 머리가 맑아지는 기이한 현상이 일어났다. 이게 바로 그건가 보다. 인간의 뇌가 극한의 스트레스 상황에 놓이면 살기 위해 도파민 같은 게 나와 준다는 그 지점. 나의 인내심은 사선을 넘고 사점을 넘어서고 있었다.

아이들 생일과 어린이날 등 기념일에 들어온 부수익으로 나는 아이들의 장난감 선물이나 겨울 외투를 구입했다. 평소 생활비로는 몇천 원짜리와 1~2만 원대 옷밖에 살 수 없으니 제대로 된 겨울옷 같은 건 그런 비상금으로 충당했다. 나는 죽여도 시원치 않을 그 남자 인간에게 이렇게 문자를 보냈다. [네가 무슨 재벌이라도 되니? 내가 비자금을 모을 만큼 나에게 어마어마한 돈을 가져다주기라도 했니? 이제 그만하길 바란다.]

- 여자:

나는 그에게 몇 명의 여자가 있었는지 정확히 모른다. 나와 이혼 후 만나 재혼한 여자는 그의 두 번째 여자로 알고 있다. 첫 번째 여자는 우리가 사이가 안 좋아 별거를 하며 주말 부부로 지내던 시기에 생긴 것으로 안다. 어떻게 알았냐면 그가 별거를 마치고 다시 집으로 들어왔는데 그가 가지고 온 살림 도구에 와인 잔이 2개가 있었다. 그걸 어떻게 들고 올 생각을 했을까? 버리기 아깝고 나와 쓰려고? 정말 어이가 없었지만 이젠 놀랍지도 않았다. 관계는 깨질 대로 깨져서 엄청나게 화가 나거나 가슴이 아플 만큼 사랑하는 사이도 아니고 이미 다른 데서도 충분히 신뢰가 무너지고 너덜너덜해진 상태라 큰 타격이 없었다. 그냥 이 모든 상황이 씁쓸했다.

완전히 발각이 된 것은 일정한 시간에 아침마다 울리는 남편의 휴대폰 문자 소리 때문이었다. 매일 울리는 문자소리에 이상한 느낌을 받은 내가 휴대폰 액정을 보는 순간 문자 내용이 그대로 떠 있었다. [잘 들어갔나요? 오늘도 좋은 하루 보내고 어쩌고저쩌고] 아… 자신의 존재를 알리기 위해 내가 보라고 일부러 보낸 문자라는 것도 직감적으로 알 수 있었다.

남편은 정말 당당했다. 우리가 이혼하려고 마음먹은 냉전의 상태에서 만난 여자기 때문에 마치 외도가 아니라는 식이었다. 나중에 우리의 이혼이 결정되고 마지막으로 양가 부모님이 서울까지 오셔서 모인 자리에서도 장모님 앞에서 아주 떳떳하게 여자가 있다고 말하는 남자였다. 정말 어메이징한 독보적 캐릭터이다. 순진한 힘논세족인가….

"이런 막장 드라마는 지금까지 없었다."에 한 스푼 더할 숨은 이야기가 있다. 사실 나는 남편이 바람이 나 주길 기도했다. 그래야 이혼이 쉬워질 것 같아서였다. 남편도 두려웠을 것이다. 아이는 아이의 엄마가 키우는 게 나을 것이고 이혼이라는 것이 자신에게 득 될 것이 없고 그 과정이 힘들기도 하고 부모님도 힘들게 하는 일이고 여러모로 이 여자만 이혼하자고 안 하면 될 것 같은데 이 여자의 마음을 돌리기 위해 사과를 하거나 저자세가 되긴 싫고 잘못은 자신이 아니라 아내한테 있는 걸로 해서 기를 눌러 이혼 말이 안 나오게 하고 싶은데 뜻대로 안 되는 것일 뿐이다. 그러니까 한마디로 내가 이혼을 안 하기로 하면 그는 이혼을 안 할 사람이다. 그리고 아내가 원하는 대로 바뀔 수도 없는 사람이다.

나는 어느 날 문득, 저 사람을 바꾸고 개과천선시키려면 피해자와 증인이 한 명 더 필요하다는 생각에 이르렀다. 내가 아무리 그 사람의 문제점을 말해도 자신이 잘못된 것이 아니라 내가 예민하고 내가 잘못된 것이라고 하니 답은 그와 직접 살아 보면서 그의 문제점을 말해 줄 다른 사람이 한 명 더 생기면 된다. 한 명의 말은 안 듣겠지만 같은 입장의 두 명이 같은 말을 하면 그래도 조금은 인정할 것만 같았다. 방법은 그것뿐이다. 이 사람은 나와 살면 영영 바뀔 수 없다. 그런데 내가 떠나 주면 그는 지능이 높은 사람이니 두 번의 실수를 하지 않기 위해 자신 때문에 아내가 떠난 게 아니라는 것을 증명해 내기 위해서라도 바뀔 수 있을 것이다. 우리 둘 다 구원되는 길은 이것뿐이다.

정말 사랑하는 사람이 외도를 하면 얼마나 가슴이 찢어지고 배신감을 느낄까? 내가 아무리 남편을 다른 여자에게 주고 싶을 만큼 상처받고 넌더리가 났어도 진짜로 떡하니 다른 여자의 문자를 확인하고 여자가 있음이 명백해지는 순간, 분노보다는 진짜 그를 놓아주고 이별을 해야 함을 깊이 느끼게 되는 순간으로 다가왔다. 그리고 그에 대한 일말의 미련도 다 내려놔졌다.

이제 정말 끝인 것이다. 나는 그것도 알았다. 남편이 외도를 하면 나는 그것으로 끝이 나는 여자라는 것을. 바람이 나도 한 번은 용서하고 데리고 사는 그런 게 안 되는 여자라는 것을. 그것은 잘못에 대한 용서와 이해 같은 문제가 아니었다. 그냥 모든 감정이 스위치가 꺼지듯 뚝 끊어져 버렸다. 사랑하는 연인으로서의 관계 체험이 완전 종료되는 것이다. 뒤도 안 돌아봐지는 그런 느낌이었다.

남편한테 확실히 여자가 생긴 걸 알았을 때 내가 어떻게 했는 줄 아는가? 가서 남편을 꼭 껴안아 주었다. 이제 정말 잘 가라고…. 나도 모르게 그렇게 되었다.

그리고 후폭풍을 겪었다. 내 남자의 마음이 나 아닌 다른 여자에게로 갔을 때 나는 버림받은 느낌을 받았다. 마치 내가 부족하고 열등해서 사랑과 선택을 더 이상 받지 못하는 느낌. 다 쓰고 버려지는 느낌. 존재감이 위축되고 자존감이 하락하는 느낌이었다. 태어나 처음 느껴보는 감정이었다.

- 폭력과 시어머니:

이혼을 한 후 돌아보니 시어머니의 주옥같은 명언들이 지옥의 레이스 곳곳에 말뚝처럼 박혀 있었다. 마치 이정표 같았다. 이곳을 어서 떠나라~ 속도를 내라~ 끝이 얼마 남지 않았다. 피가 안 나면 폭력이 아니라는 말에 이어 당신의 아들에게 다른 여자가 있다는 말을 전했을 때 시어머니는 세상 느긋한 목소리로 "얘야, 뭐가 문제니? 네가 조강지처인데~"라고 하셨다. 나는 순간 내 귀를 의심했다. 그리고 순간이동을 해서 조선시대로 온 것 같은 착각이 들 정도로 멍해졌다. 병찌게 만드는 것도 모전자전이었다.

자신의 아들이 폭력을 쓴다는 것을 전해 들었을 때 시어머니는 처음에 나를 달래기 위해 자신의 이야기를 들려주셨다. "얘야, 나도 맞고 살았다. 그런데 애들 다 자는 밤이나 없을 때 그래서 애들은 아무도 모른다. 다 그러고 사는기다. 남자들은 어린애 같아서 지 성질대로 안 되면 때리고 그란다. 어쩌겠노. 애들 아버진데. 네가 좀 참아라." 나는 시어머니와의 통화를 마치고 엄청난 구역감을 느꼈다. 토할 것 같았다.

결혼 후 시댁에 처음으로 가족들이 다 모였을 때, 시어머니는 문화 센터에서 배운 다도를 보여 주셨다. 우리는 시어머니가 우아하게 따라 주시는 따듯한 차를 마시며 하하호호 웃음꽃을 피웠다. 내가 성장한 매일 싸우는 우리 집에서는 한 번도 보지 못한 화목한 풍경이었고 나는 이곳이 천국이라고 생각했다. "내가 드디어 정상적이고 화목한 가정으로 들어오게 된 거구나." 했다.

　처음으로 차라리 모든 것이 표현되었던 솔직한 우리 집이 나아 보였다. 최소한 은폐된 위선과 기만은 아니었다. 누구 하나만 희생하면 그 집의 평화와 표면적 완벽성이 보장되는 집, 사람들은 그 집의 내막은 모른 채 의사 아들을 둔 화목한 집으로 알 것이다. 그리고 그것은 기만이나 위선이 아니라 숭고한 한 어머니의 희생적인 사랑의 힘으로 회자될 것이다. 나만 참으면 된다. 그 집에서 나만 모른 척하면 된다. 다들 그렇게 하고 그게 당연한 건데 나는 지금…. 토할 것만 같다. 나는 이 말도 안 되는 집구석에서 강력한 이방인이었다.

　나는 드디어 폭발했다. 일제 강점기의 총칼에 맞서는 수준으로 인간들의 미개한 무지와 뒤틀린 기만과 폭력성에 대한 저항이 내 몸의 온 세포를 진동시키고 나를 폭주시켰다. 나는 남편에게 달려가 베개로 바닥을 치고 그를 때리며 "나는 너희 부모님처럼 안 살 거야!"라고 미친년처럼 소리를 질러 댔다. "나는 안 맞고 살 거라고! 나는 안 맞을 거라고! 나는 너희 어머님처럼 안 살 거라고!" 그리고 대성통곡을 했다. 남편은 내가 드디어 정신 줄을 놓았다며 나더러 있지도 않은 일을 지어내어 자신의 부모를 모욕했다며 자신의 어머니가 한 말을 믿지 않았다. 나를 정신병자로 몰았다.

　부부상담은 남편의 폭력성을 교정하고 치료하지 못했다. 대신 나에게 대응책을 알려 주었다. 욕을 하면 같이 욕을 하라고 해서 남편에게 전화를 걸어 "이 씨발새끼야!" 하고 끊어 보았다. 살면서 처음해 보는 욕설이었다. 결과는 참담했다. 내 기분만 더 더러워졌다. 남편 입에서 씨발년이라는 욕이 나올 때 그의 인격이라는 것이 증발되어 버리는 느낌이었다. 씨발년이라고 말하는 그가 씨발놈으로 보였다. 욕설은 정말 내 취향이 아니었다.

　《빛의 시크릿(기본편)》에 소개된 부정적 감정의 압축풀기를 알게 된 나는 이제 욕도 잘한다. 정말 나를 함부로 하고 선을 넘는 자들에게 이제 욕도 할 수 있게 되었다. 그러나 이런 욕을 해야 할 정도의 상대라면 함께 교류하고 함께 살아선 안 된다는 것도 이젠 안다. 이 정도로 욕이 나오는 사람은 내 인생에서 피하거나 아웃시켜야 되는 사람들인 것이다.

　상담사의 두 번째 처방은 남편이 때리면 경찰을 부르라는 것이다. 남편은 사회적 지위가 있고 남들의 시선이 중요한 사람이기 때문에 경찰을 부르면 제어가 될 것이라고 했다. 이혼 막바지가 되자 나는 남편의 손찌검과 겁박에 주눅 들지 않고 더 대드는 시장 바닥의 거친 여자가 되어 있었다.

어느 날 그가 또 때리려고 할 때, 나는 그에게 내 몸을 갖다 대며 때려 보라고, 어디 때려 보라고 하며 맞섰다. 그는 정말 때렸고 나는 112에 신고했다. 경찰분들이 정말 빠르게 도착해 주셨다. 한 분은 아이들과 나를 따로 보호했고 한 분은 남편과 얘기를 했다. 상담사의 말이 적중했다. 남편은 경찰 앞에서 고분고분하고 점잖은 지성인처럼 굴었다. 다음 날 경찰서에서 안부 확인 문자가 왔다. 이 세상 누구도 궁금해하지 않는 나의 안전을 점검해 주는 그 문자가 너무 고마웠다.

그러면 이게 답인가? 이러고 살면 되는가? 남편이 욕하면 같이 욕하고 때리면 경찰 부르고 살면 되는가? 이건 답이 아니다. 이미 돌아올 수 없는 강을 건넜고 넘지 말아야 할 선을 넘은 것이다. 어느 순간부터 나는 칼을 드는 상상이 머리에서 멈추지 않았다. 부부상담사가 남편이 나에게 잘못을 했을 때 내가 장문의 편지를 쓴다는 것을 알고 나에게 그랬다. "이것 보세요. 화가 나면 그냥 화를 내세요. 이런 식으로 글로 주저리주저리 쓰면 남편이 당신이 화가 났는지 알 수가 없게 돼요. 메시지가 정확히 전달이 안 된다고요." 화가 나면 그냥 화를 냈어야 되는 그 화를 못 내서 나는 지금 진짜 칼을 들게 된 것이다.

나는 5살 미만의 아이들을 키우면서 온전한 수면과 심신의 휴식을 한 번도 제대로 충분히 쉬어 본 적이 없는 상태로 5년을 버텨 오고 있었고 남편이 가하는 극도의 긴장과 스트레스로 정신이 이상해져 감을 느꼈다. 어느 날 나는 설거지를 하면서 도마의 칼을 쥐고 있었고 3미터 거리에 남편이 소파에 앉아 TV를 보고 있었다. 나는 그 칼이 놔지지가 않았다. 그렇다. 이대로 계속 살면 나는 애들이 보는 앞에서 그를 죽일 것이다. 더 큰 비극과 지옥이 우리를 기다리고 있었고 이대로 간다면 위험함을 느꼈다. 아이들을 위해서도 우리 부부의 분리가 필요했다.

   사랑병 환자였던 내게 가장 큰 지옥은 누군가를 미워하고 죽이고 싶을 정도로 증오하게 되는 마음 그 자체였다. 내 마음이 지옥이 되었다. 나는 이 지옥에서 탈출해야만 한다.

   여기서 탈출하라는 시어머니의 마지막 이정표가 있었다. 여기는 내가 있을 곳이 못 되니 얼른 방을 빼라는 결정적 신호탄이었다. 시어머니께서 나에게 이런 표현을 하셨다. "네가 ○○이랑 결혼한다고 했을 때 내가 너를 받아들이기 얼마나 힘들었는 줄 아니?" 내 인생 최대의 수치와 모욕감이었다. 살다 살다 이런 말까지 듣게 될 줄은 몰랐다. 드라마에서나 그것도 재벌집 첫째 아들을 둔 재벌집 사모님 정도는 되어야 나오는 말인 줄 알았다.

   내 기억에 하나의 풍경이 떠오른다. 만삭의 몸으로 가축을 키우는 시댁 시골집의 마당을 쓸며 나는 그런 생각을 했다. "모두들 나를 의사 남편과 결혼한 팔자 좋은 여자로 알겠지." 그런데 현실은 이런 풍경이었다. 그래도 나는 워낙 정서가 소박하고 자연을 좋아해서 어른들이 시키지 않아도 마당을 쓸었고 그렇게 해 드리고 싶었다. 그리고 시어머니와 같이 콩을 털고 고추를 따고 하는 게 정겹고 재미있기도 했다.

시어머니의 그 말에 나는 정말 많은 생각들을 해 내야 했다. 가장 먼저 든 생각은 '결혼 전에 적극적으로 좀 반대하고 말려 주시지'였다. 물론 서로 콩깍지가 씌어 말렸으면 더 결혼을 밀어붙였을 가능성이 크다. 자신의 잘난 아들이 대통령도 부럽지 않았다는 말을 해 오셨던 분이었고 의사 아들을 진심 어디 엄청난 여자와 결혼시킬 거라 생각했는데 나는 기간제 영어교사밖에 안 되었으니 한참 실망하셨을 수 있다. "당신 아들 당신 많이 가지세요."라고 말하고 싶었다.

이혼이 완전히 결정되었을 때 양가 부모님들이 올라오셨고 시어머니께서 나에게 뭐가 그리 힘드냐고 했을 때 내가 한마디 하니 시어머니는 입을 닫으셨다. "어머님이 이 사람과 단둘이 어린애들 데리고 한 달만 살아 보세요." 나는 이 녹록지 않은 전두엽 발달장애인 남편이 성장과정에서 어떻게 했을지가 그려졌다. 자신의 아들을 누구보다 아는 어머님은 한마디도 못 하셨다.

만에 하나 시어머니의 저 표현이 힘논세족의 전략이라면, 그러니까 "네가 한참 부족해서 내가 받아들이기 힘든데도 받아 주었으니 고맙게 생각하고 힘들어도 그냥 살아라."라는 뜻이라면 나는 시어머니께 알려 드리고 싶다. 그런 전략이라면 나에게 역효과를 불러왔다고.

나는 사논세족이다. 시어머니의 저 말을 들었을 때 처음에는 엄청난 수치와 모욕감이 느꼈지만 곧 시어머니께 미안해졌다. 저 말이 진실이라면 시어머니는 일종의 양보와 희생을 하신 것이다. 생각해 보라.

남편한테 맞는 것도 철저히 숨겨 가며 뼈 빠지게 일해서 아들을 공부 시켜 의사까지 만들어 놓았는데 어디 되도 않는 기간제 교사가 아들을 뺏어 가 버린 것이다.

얼마나 박탈감이 심하고 서운했을까. 투자 대비 이익이 너무 없는 것이다. 아이가 일하고 빵을 배급받는데 자신만 작고 볼품없는 빵을 배급받고 너무 슬펐지만 그 서러움을 빵과 함께 삼킨 것이다. 얼마나 불쌍한가…. 어머니는 그 어려운 걸 해내신 것이다.

그런데 계산은 정확하게 했으면 좋겠다. 나는 결혼 생활 5년 동안 어디 가서 말하면 부끄러울 정도로 의사 남편 덕을 본 적이 없다. 차라리 노가다를 뛰는 성실하고 착한 남편과 살았으면 월 200보다 많은 돈을 벌어다 주며 행복하게 살았을 것이다.

나는 시어머니의 결정타를 맞으며 더 이상 설 곳이 없어졌다. 환영받지 못하고 억지로 받아들여진 며느리로 그 집에서 맞으면서까지 살 순 없었다. 어머니도 더 이상 희생해선 안 된다. 자신의 성에 차는 훌륭한 며느리를 새로 맞이해야 한다. 나는 이만 퇴장해 주겠다.

작전 실패

이제 진짜 이혼이 진행되었다. 친정 부모님의 반대가 심했지만 결국 이혼이 결정되자 제대로 된 이혼을 위한 현실적 개입이 시작되었다. 이혼을 처음 해 보는 나는 막막한 마음에 인터넷을 뒤져 보았고 이혼한 엄마들의 한결같은 조언은 이혼 과정이 힘들고 돈이고 뭐고 당장 남편이 꼴도 보기 싫겠지만 치사하고 더럽더라도 정신 차리고 그 어떤 비난을 듣고 자존심이 상하더라도 목숨 걸고 양육비를 제대로 받아 내라는 것이었다. 아이들이 커 갈수록 돈은 많이 들고 안 그러면 나중에 그 피해가 애들한테 가고 애들이 고생하게 된다는 것이다.

 남편한테 당한 돈에 대한 트라우마가 너무 세서 정말 돈이고 뭐고 마음 같아선 애들만 있으면 된다는 생각뿐이었다. 그 사람의 양육비를 받는 순간 얼마나 또 갑질을 하고 통제를 하려 들지 생각하니 숨이 막혀 왔다. 그런데 나는 당장 직업도 없었고 경력단절로 인해 직업을 가지기까지 준비할 시간이 필요했다. 애들을 생각하면, 이혼을 하지 않았으면 의사 아빠 밑에서 유복하게 자랐을 그 혜택을 나로 인해 박탈당하게 할 순 없었다. 이런 생각들을 가지고는 있었지만 나는 지치고 힘 빠진 사논세족의 여인이었다. 내가 돈도 필요 없고 당장 애들만 있으면 된다고 생각하며 양육비도 제대로 못 받아 낼 순진한 사논세족임을 아는 힘논세족 친정 언니가 나 대신 양육비 협상대에 나섰다.

 남편은 수련의 과정을 마치고 지방으로 취직하게 되면 월 천만 원을 벌게 될 거라고 나에게 말해 오고 있었고 우리는 그 돈을 기준으로 삼았다. 남편이 아이 둘에 200만 원을 제시했는데(나는 그 돈도 충분했다. 월 200으로 네 식구도 살았는데 세 식구는 충분했다) 그런데 언니와 이모는 300은 받아야 된다고 했다. (실제로 아이가 둘일 때 남편 월급의 30~60%까지 청구가 가능하다고 했다.)

양육비가 나에게 조금이라도 쓰이는 걸 싫어한 남편이 추가 100은 아이들의 보험금으로 내겠다고 했고 언니가 거부하면서 협상은 결렬되었다. 우리는 거대한 게임을 해야 했다. 아이들을 위해 자존심을 내려놓은 구차하고 비굴한 이 게임을 남편은 '아이들을 돈 장사에 이용했다'라고 표현하며 나에게 "엄마 될 자격이 없다."라고 말했다. 서로의 입장이 이렇게 달랐다. 나는 돈 장사를 해서라도 아이를 위해 돈을 받아 내야 했고 그 모습이 남편 입장에서는 아이를 이용해 자신의 돈을 빼내려는 도둑년으로 보였던 것이다. 자신의 여동생이 남편한테 처맞다가 아이 둘을 데리고 이혼을 하는 상황이었다면 어땠겠냐고 묻고 싶었다.

우리 쪽도 작전을 세웠다. "그냥 남편한테 애들을 키우라고 하면 한 달도 못 버틸 것이다."가 우리의 작전이었다. 남편에게 애들은 직접 키우라고 말했는데 힘논세족 남편의 패를 알지 못한 우리의 작전 실패였다. 그는 베이비시터를 고용했다. 그의 의지는 뚜렷했다. 아이들의 원비와 생활비 그리고 베이비시터 비용까지 하면 300이 넘을 수 있음에도 그 돈은 나에게는 못 주겠다는 뜻이었다. 줄 리가 없는 남자였다. 정상적인 아빠라면 부부가 안 맞아 이혼을 할 수 있어도 아이들이 받을 타격을 생각해 엄마와 살 수 있도록 배려해 줄 텐데 그는 냉혈한 힘논세족이었다.

베이비시터 이모님이 오시기로 한 전날, 나는 코앞까지 온 이혼의 현실에 대해 5살 큰애가 알아들을 수 있도록 설명을 시도했다. "○○아~ 엄마집과 아빠집이 따로 두 개가 생길 거야. 그러면 ○○이는 엄마집에도 살 수 있고 아빠집에도 살 수 있어. 두 집을 왔다 갔다 하면 돼." 나는 집이 분리된다기보다 두 개가 생긴다는 개념으로 접근하려 해 보았다.

그런데 아이는 뭔가 눈치를 챘는지 불안해하면서 이렇게 말했다. "그럼 나는 어떤 엄마랑 살아?" 이혼하는 과정과 아이의 반응이 드라마에서 우리가 봐 왔던 것처럼 진행되지 않았다. 울면서 "엄마, 가지 마~"가 아니었다. 아이들의 시선과 현실에서 당장 중요한 것들, 사는 집과 생활환경이 바뀌지 않는 게 중요했고 남들이 보기에 내가 엄마가 없는 아이만 아니면 되는 걸 수도 있었다. 중고등학생의 자녀들은 부모와 헤어지는 고통보다 이혼가정이 되었을 때 자신들이 친구들에게서 받을 시선 때문에 부모의 이혼을 반대하기도 한다. 이게 힘논세족 사회의 현실이다.

비록 아이의 말이 예상과는 달랐지만 나는 그 말조차 너무 아팠다. 그 어떤 엄마라도 되어 같이 있어 주고 싶었다. 나는 도저히 아이들에게 엄마 아빠가 분리되는 혼란과 불안감을 조금이라도 줄 수가 없었다. 아이의 그 반응으로 아이와 조금이라도 떨어질 수도 있는 이혼의 현실이 체감되자 나는 더럭 겁이 났다. 자신이 없었다. 나는 남편에게 가서 이렇게 말했다. 이혼을 하지 않겠다고 그 대신 나는 너의 아내가 아니라 아이들의 엄마로만 살겠다고. 남편은 이러든 저러든 이혼을 안 하게 된 것에 안도하고 신나하는 눈치였다. 다시 한번 그의 전략이 먹히는 순간이었다.

하아~ 나는 과연 이혼을 해낼 수 있을까? 끝날 때까지 끝난 게 아닌 나의 이혼 레이스~ 나는 이혼을 다시 안 하기로 하고 다음 날 아침, 베이비시터 이모님께 취소 전화를 드렸다. 이혼 실패 트리플 크라운 달성이다.

조력자 1

그래 이쯤 되면 내 인생을 관람하는 신도 답답해서 조력자를 보내 줄 만도 하다. 도저히 혼자서는 이혼을 못 해내니 누구라도 투입시켜야 한다. 여기서 등장하는 첫 번째 나의 이혼 조력자를 주목해 달라. 베이비시터 이모님의 역할은 마치 하얀 뱀과 같았다. 남편과 시어머니가 나그네의 옷을 강풍을 날려 벗기려 했다면 이분은 따뜻한 햇빛으로 어느새 내 옷을 훌렁 벗겨 가 버린 분. 나 스스로 그 옷을 벗게 만드신 분이다. 정말 독특한 악역이자 동시에 선역자이다.

나는 태어나 누군가에게 욕설을 해 본 적도 없지만 대놓고 저주를 해 본 적도 없다. 그런데 이혼 레이스 5년 동안 내가 아닌 모든 것을 다 해 보는 느낌이었다. 나는 고마운 베이비시터 이모님께 "정말 이모님 천벌 받으실 거예요."라는 말을 하게 된다. 내 입에서 어떻게 이런 말이 나올 수 있었는지 그리고 온통 착한 역할로만 점철된 천사 같은 분에게 그런 말이 나오기까지 그 설명할 수 없는 뒤통수를 나만이 안다. 나만이….

내가 이모님께 전화를 드려 베이비시터 서비스를 취소하게 된 자초

지종을 설명드렸다. 부부 사이가 안 좋아 이혼을 하려고 하는 과정에서 잠시 베이비시터님의 도움을 받으려고 했는데 이혼을 안 하기로 했다. 이렇게 설명을 드렸더니 이모님이 정말 자애로운 어머니의 톤으로 "이봐 아기 엄마, 많이 힘들었지? 무슨 사정인지 자세히는 모르지만 일단 나를 한번 써 봐. 아이 키울 때 힘들어서 이혼 생각 많이 하는데 이럴 때일수록 도움받아서 휴식을 취하고 하면 부부 사이도 좋아져."

뭐랄까? 그분의 얘기가 마치 모든 걸 다 통달하고 아시는 베테랑 엄마이자 주부가 아무것도 모르고 좌충우돌하는 미숙한 초보 엄마이자 주부인 나에게 가장 필요한 부분을 콕 집어 말씀해 주시고 해결책까지 알려 주시는 것 같은 느낌이었다. "그래, 내가 가장 필요한 휴식…. 이것만 채워지면 모든 게 해결될 수 있지 않을까? 예전에 남편의 모든 행동이 전혀 문제가 되지 않았던 그 시절로 갈 수 있다면."

지금 생각해 보면 당시의 나는 정말 모든 게 방전되어 마치 죽을병에 걸린 상태로 귀가 몹시 얇아져서 사이비종교나 생명수 같은 물을 지푸라기 잡듯 잡아 보는 상태가 된 것 같았다. 지푸라기 할아버지라도 잡고 싶었다. 결혼 생활이 지옥이지만 무슨 일이 펼쳐질지 모를 아직 해 본 적이 없는 이혼도 무섭긴 마찬가지였다. 아이들과 떨어지는 건 상상도 할 수 없었다. 목소리 톤이 너무나 안정적이고 따스한 이 분을 만나고 싶었다.

남편한테 이분의 이야기를 전했고 남편도 그렇게 해 보자고 동의

했다. 마치 이혼을 안 할 수 있다면, 아내가 자기가 알던 예전의 천사로 돌아올 수 있다면 자신이 바뀌는 것 외에 모든 걸 해 볼 의지가 있어 보였다. 드디어 이모님이 오셨다. 이모님은 인상도 너무 좋으셨고 독실한 기독교 신자였는데 종교를 강요하지 않는 유연함과 제법 열린 사고를 가지고 계셨다. 첫날부터 자신이 살아온 파란만장 이야기를 주욱 해 주셨는데 말씀을 너무 재미있게 하셨다. 솔직했고 소녀 같은 명랑함과 지혜로운 노련함이 균형 있게 잡혀 있는 멋지디멋진 분이셨다. 아이들을 너무 사랑하는 사논세족 같았다.

 이모님의 이야기 중에 자신의 딸을 이혼시킨 이야기가 나는 가장 감동적이었다. 어느 날 딸집에 갔는데 거실 바닥에 그릇을 던졌을 때 생기는 자국이 깊게 패어 있는 것을 보고 그길로 딸을 그 집에서 데리고 나왔다는 이야기. 이분이 나의 엄마라면 얼마나 좋을까…. 딸이 사위에게 맞고 사는데도 손자들을 애비 없는 자식으로 만들 수 없다며 이혼을 반대하시는 힘논세족 나의 어머니와는 다른 분이셨다. 단지 물건을 던진 것만으로 딸을 그 폭력의 에너지로부터 과감히 분리시키신 분. 그분은 내게 정말 한 줄기 빛이었다.

 이모님은 나의 이야기들을 찬찬히 들어 주시더니 내 편이 되어 남편을 같이 욕해 주시고 딸처럼 안쓰러워해 주시고 내 손을 잡고 이렇게 말씀하셨다. "아기 엄마도 진짜 자기를 아껴 주는 좋은 남자 만나야지." 나는 이때까지도 뭐가 잘못되고 있는 건지 전혀 알아채지 못했다. 잘못되기는커녕 진심 신이 나에게 수호천사를 보냈다고 생각했다. 나는 이 지옥에서 탈출하는 것만 생각했지 다시 사랑을 하는 사람을 만나는 미래를 현실로 감히 접목시킬 수 없었는데 그분이 와서 나를 태우고 꿈의 나라로 데리고 가 주시는 것만 같았다. 정말 다시 사랑할 수 있을까? 다시 누군가를 만날 수 있을까?

나처럼 가정폭력과 남편의 외도를 당해 보고 이혼까지 해 보신 베테랑 이모님은 나에게 말했다. "아기 엄마, 남자아이들은 엄마보다 아빠가 키우는 게 나아. 지금이야 어려서 어떻게 되는데 나중에 덩치 커지고 사춘기 오고 하면 아빠가 더 필요하고 아이들을 컨트롤 할 수 있어. 그리고 아빠가 의사잖아. 아기 엄마랑 사는 것보다 나을 수도 있어." 정말 단 한 번도 내가 접근해 보지 못한 부분이었다. 정말 현실적인 정보와 조언들이었다. 모든 것이 그럴듯했다.

나는 감히 애들을 아빠가 키우는 이혼의 가능성을 생각해 보게 되었다. 그리고 이모님은 계속 결정타를 날려 주셨다. "내가 애들 데리고 엄마 오리가 새끼 오리 달고 가듯 아기 엄마집으로 데리고 왔다 갔다 할게. 그리고 애들 초등학교만 가도 엄마 찾아가." 꿈의 현실이다. 나는 죽이고 싶은 남편과 같이 살지 않아도 되고 아이들만 볼 수 있다면 거기가 천국이다.

이렇게나 고마운 이모님은 정말 다 죽어 가는 딸 살려 내듯 나의 아침을 차려 주시고 나더러 마사지도 받고 쉬라고 해 주셨다. 남이 차려 주는 따뜻한 밥을 먹자 눈물이 왈칵 나왔다. 나는 뭔가 지금과는 다른 에너지가 충전되는 것 같았다. 의식이 많이 환기되었고 모두가 최대한 상처받지 않을 수 있는 거리에서 행복한 삶이 진행될 수 있을지도 모른다는 꿈을 꾸게 되었다. 그리고 베테랑 이모님의 실제적 방안이 제시되었다. 아이들과 서서히 분리되는 작업. 그러니까 수개월에 걸쳐 아이들의 일상에서 내가 사라지는 시간을 서서히 늘려 가는 것이다. 이모님은 이러면 자연스럽고 거의 타격이 없다고 하셨다.

내가 이모님의 이런 조언들을 신뢰할 수밖에 없었던 이유는 이모님이 너무 육아를 잘하셨기 때문이었다. 정말 최고라는 말밖에 나오지 않았다. 통제도 안 되고 나만 보면 응석받이로 징징대던 아이들이 이모님의 당근과 채찍에 일사분란하게 의젓해져 버렸다. 정말 보고도 믿기지 않았다. 내가 책으로 배우고 혼자 낑낑대던 사랑만 가득한 초짜 육아는 개나 줘 버려야 될 만큼 프로페셔널 그 자체였다.

아이들을 어떻게 조련해야 하는지 과자를 줄 때와 안 줄 때, 교육과 훈육. 한없이 따뜻할 때와 단호할 때를 거의 감각적으로 조절하며 아이들을 손바닥 안에서 가지고 노셨다. 정말 엄마인 내가 필요가 없었다. 이모님이 오신 이유로 아이들은 정말 나를 잘 찾지 않았다. 큰아이가 말했던 "나는 어떤 엄마랑 살아?"의 최고의 엄마가 온 것이다.

이모님은 그렇게 나도 조련하고 계셨던 것이다. 나는 아이들을 전적으로 맡고 있는 이모님을 의지하고 따를 수밖에 없었다. 이모님이 하는 모든 말들이 옳았고 그 이상으로 지혜로워 보였다. 나는 그렇게 감히 이혼을 준비할 수 있게 되었다. 나는 이모님이 집에서 나가라면 나가고 들어오라면 들어오고 모든 계획을 따라갔다. 나는 그렇게 아이들의 일상에서 서서히 사라져 갔고 그렇게 서서히 헤어져 갔다.

이렇게 이혼을 진행하는 기간에 남편은 여자가 있었다. 아마도 새벽에 문자가 오던 그 여자로 알고 있는데 그 여자에게 아이들의 새엄마 역할(어린이집 행사에 아이 한복을 구입하는 일)을 기대하다가 그 여자 쪽에서 나가떨어진 걸로 알고 있다. 드디어 집이 분리되고 아이들을 데리고 이모님과 함께 남편이 지방으로 가는 그 순간까지도 나는 그것이 아이들과의 마지막이 되리라고는 생각하지 못했다. 이모님이 계시고 나는 언제든 보러 갈 수 있을 거라고 믿었다.

이혼 후 남편과는 거의 연락을 끊었지만 나는 아이들의 소식과 사진을 보내 주는 이모님만 있으면 되었다. 이모님은 고맙게도 아이들의 일상을 친절하게 알려 주셨고 사진도 많이 보내 주셨다. 남편과 이모님은 아이들이 새로운 환경에 적응하고 있는데 엄마를 만나면 또 혼란이 올 수 있고 마음이 약해질 수 있으니 아이들이 완전히 적응할 때까지 만나지 않는 게 좋겠다고 했다. 그게 아이들한테 더 도움이 되는 거라면 내가 애들을 보고 싶어도 참아야 한다. 나만 참으면 된다.

아이들이 나와 헤어지는 시기를 정말 아무런 타격 없이 해낸 것이 아니다. 아이들은 그것이 무엇인지도 모르고 엄마가 사라짐을 당한 것이었다. 어른들이 아이들을 속인 것이다. 큰아이와 작은아이가 힘들어하는 그 절절하고 아린 순간들을 이모님이 엄마처럼 함께해 주셨고 지금도 그건 평생의 은혜이다. 정말 아이들에게 둘도 없이 따뜻하게 잘하시는 분임에는 틀림없었다.

아이들과 헤어진 후 1년 정도 이모님이 보내 주시는 아이들 사진을 보며 눈물 콧물을 줄줄 흘리며 초등학교만 가도 찾아간다는 말을 지푸라기 잡듯 잡고 버티고 있는 와중에 어느 날, 이모님이 보낸 문자 한 줄에 순간 잠시 뇌 정지가 오면서 지금까지 벌어진 일련의 모든 과정들의 퍼즐이 다시 맞춰지기 시작했다. [애들 보고 싶지? 걱정 마. 애들 중학교만 가도 엄마 찾아가.]

중학교라고 했다. 이게 바뀌었어. 원래 초등학교였는데…. 그러니까 이게… 이게….

그러고 보니 처음에 취소했던 베이비시터를 이모님은 부부 사이가 좋아지게 해 주겠다고 자기를 고용하라고 했는데 오셔서는 내 편을 들어 주시면서 나의 이혼을 적극 지원해 주셨고 나는 이혼을 했는데 아이가 내 곁에 없다. 그러니까 나는 저 가정에서 서서히 제거된 것이었다. 그 자리에 이모님이 들어가 계셨다. 내 아이를 보고 가사일을 하고 내가 하는 일을 하는데 숙식 제공에 돈까지 받는다……. 이게 어떻게 된 것인가?

그제야 언니가 했던 말이 생각났다. 당시엔 이모님께 내가 너무 종교처럼 믿고 빠져 있어서 하나도 들리지 않았던 말들.

"언니, 이모님이 너무 좋으신 분이야. 애들한테 너무 잘해 주시고 완전 전문가야."
"야! 정신 차려. 그러다 애들 뺏겨. 이모님은 돈을 벌어야 되니까 애들한테 당연히 잘하고 애들이 자기 편이 되게 만들어서 자기를 찾게 해야지 안 잘리지. 넌 왜 그렇게 순진하니?"
"아니야. 이분은 달라. 그런 분이 아니야."

그런데 언니 말이 맞았다. 나중에 알고 보니 내 앞에서는 내 편이 되어서 남편을 안 좋게 이야기하고 남편 앞에서는 나를 안 좋게 이야기했다는 것을 알게 되었다. 그러니까 이모님은 어린 시절 어머니가 일찍 돌아가셔서 엄마가 없는 아이들을 보면 그렇게 불쌍하고 애들을 지켜 주고 싶은 사람이라고 자기를 소개했었다. 그리고 이혼 후 주거지가 안정치 않아서 숙식이 가능한 상주 베이비시터 자리를 알아보고 있었고 당장 일자리가 급한 분이셨다.

아이 아빠 직업이 의사라 잘하면 장기 상주를 할 수 있을 것이고 엄마랑 이혼을 할 위기이니 엄마가 없어지면 아이들은 더욱 자기에게 의지하게 되고 아이 아빠도 재혼하게 될 때까지는 자기에게 모든 것을 의지할 수밖에 없는 아주 괜찮은 자리였던 것이다. 우선 아이 엄마를 달래고 자기 편으로 만들어야 되니 남편 욕을 같이 해 주고 남편은 자기에게 돈을 주는 사람이니 당연히 남편의 편을 들어 주어야 하는 것이었다. 아무리 어린 시절부터 눈치가 100단에 생존게임에서 살아남는 법을 통달했다 해도 이 정도로 고수일 수 있을까? 모두를 자기편으로 만드는 사논세족을 통달한 진정한 포식자 힘논세족이었다.

   이모님이 초등학교를 중학교로 바꾸는 실수를 하지 않았다면 나는 이 모든 전말을 전혀 눈치채지 못했을 것이다. 그러니까 나는 제대로 작업을 당했다. 나는 아이들을 아예 볼 수 없게 된 것이었다. 애초부터 아이들이 나에게 오는 일은 없었던 것이다. 그건 나를 안심시키기 위한 진정제였던 것이다. 이 모든 전말을 파악하게 된 나는 나도 모르게 이렇게 문자를 보냈다. [처음에는 초등학교만 가면 아이들이 찾아갈 거라고 하더니 이제는 중학교만 가면으로 바뀌었네요. 이모님 정말 천벌 받으실 겁니다.] 종교를 초월한 나에게서 천벌이라는 말이 나왔다. 그것도 독실한 기독교 신자인 이모님한테…. 세상에서 엄마와 아이를 떼어 놓는 짓은… 정말 천벌을 받을 것만 같았다.

   모든 버려진 아이들을 구원하겠다는 종교적 신념에 가까운 소명의식, 자신이 받고 싶었던 엄마의 사랑과 양육의 재능, 힘논세족의 사회에서 살아남기 위한 생존력과 정치력까지 더해져서 기이한 천사가 탄생했다. 모든 버려진 아이들의 어머니가 되고 싶었던 하얀 뱀 천사는 많은 가정을 다니며 아직도 많은 아이들을 구원하고 있다. 기이한 천사 덕분에 나는 이렇게라도 이혼을 할 수 있게 되었다. 남편은 나의 약점이 아이들이라는 것을 알고 있었고 내가 아이랑 헤어질 수 없는 여자라는 것을 알고 있는 전략가였다. 그런 내가 이혼이 가능할 수 있으려면 신은 이모님이라는 기이한 천사를 보내야 했을지도 모른다.

아이들이랑 이렇게 영영 헤어지게 된 것을 이모님 탓만 할 순 없었다. 이모님은 이모님의 생존을 위해 자신의 재능을 사용했을 뿐이고 나는 그 재능이 먹히기 좋도록 너무나 허점이 많았다. 그 허점을 파고들고 뒤흔들었을 뿐이다. 나는 내가 아이를 남편에게 보내는 순간 남편은 직업이 의사라 어렵지 않게 재혼을 하게 될 것이고 그렇게 되면 아이들이 새엄마와 새 가정에 집중하고 적응할 수 있도록 나는 완전히 물러나 줘야 될 수도 있다는 것을 막연하게라도 예상하고 있었을 것이다. 인정하기 싫었을 뿐이다.

그렇게 나는 아이들을 버린 나쁜 엄마가 되었고 이모님은 버려진 아이들을 잘 키워 준 엄마보다 더 훌륭하고 고마우신 분으로 남게 되었다.

모두를 위해서 좋은 게 좋은 거라고 타인을 미워하지 않기 위해, 타인이 미워지는 마음의 지옥으로부터 나를 구원하기 위해 긍정마인드를 풀가동시켜 동기야 어떻든 나 대신 아이를 보살펴 준 고마운 이모님에 대한 해석을 바꾸었다. 이모님도 처음엔 부부가 잘 살게 해 보려고 왔더니 상황이 생각보다 심각하고 잘 살기에는 힘들어 보이고 딸 같은 아기 엄마도 아들 같은 애기 아빠도 그리고 아이들도 다 같이 각자 행복할 수 있는 최선의 방법을 찾아 도와주신 거라고. 그분의 이런 역할이 없었다면 나는 이혼을 결국 하지 못했을 것이고 이미 갈 때까지 간 내가 아이들 앞에서 칼을 들고 아이 아빠를 죽이게 되는 비극을 막아 주신 거라고. 그렇게 우리 가정을 모두 구원해 주신 천사라고.

조력자 2

나에게 조력자가 이모님뿐이었다면 나는 이혼을 그래도 못 했을 것이다. 이 사람이 없었다면. 이혼의 두 번째 조력자인 이 남자를 주목해 주기 바란다. 남편이 인간남자였다면 이 사람을 나는 영혼남자라고 부르겠다. 남편이 영혼이라고는 찾아 볼 수 없었던 힘논세족이었다면 이 영혼남자는 영혼으로 가득 찬 사논세족이었다. 이 영혼남자가 훗날 내 영혼을 구원하게 된다.

어쩌면 이 영혼남자를 만나게 된 것은 남편의 행동 하나에서 비롯되었다고도 볼 수 있다. 남편은 자기와의 결혼 생활을 힘들어하며 이혼을 요구하는 아내인 나를 달래 보기 위해 나름의 노력을 했다. 그중 하나가 나에게 명품백을 선물한 것이었다. 동료 여의사들이 그 방법을 추천했다고 한다. 참고로 나는 명품에 관심이 없는 사람이다. 나는 어떤 물건이든 디자인이 중요한 사람인데 디자인이 촌스러운데도 그게 비싼 명품이라고 들고 다닐 순 없었다.

명품백을 사 주면 내 기분이 풀릴 거라고 생각한 남편은 정말 나를 몰라도 너무 모르는 거였다. 나는 촌스러운 명품백을 보고 어이가 다시 안드로메다로 갔다. 생활비 45만 원 쓰고도 카드값 초과했다고 잔소리 듣는 마당에 명품백이 다 무슨 소용이란 말인가? 때리지나 말지. 폭력 쓰고 꽃다발 바치는 남자와 다를 게 무언가? 나는 다른 걸로 바꿔 달라고 했다. 넷북으로. 작은 노트북인데 글을 쓰고 싶었기 때문이었다.

나는 명품백 대신 넷북을 들고 아이들이 어린이집에 간 사이 카페에 가서 글을 쓰기 시작했다. 그 글은 나의 유서였다. 그 당시 나는 거의 매일같이 죽고 싶다는 생각을 하고 살 때여서 막상 죽으려고 했더니 내 삶이 너무 허무하고 억울했다. 그래서 죽기 전에 내 삶을 돌아보고 정리해 보는 형태의 유서를 써 보기로 했다. 지금은 비록 처참한 몰골과 무능한 육아 실력으로 아무런 존재감이 사라져 버린 바보가 되어 있지만 내가 그래도 반짝이던 시절, 남들로부터 인정과 사랑을 받던 순간들을 죽기 전에 기록해 보기로 했다.

그 유서를 정리해 내고 나는 신께 절규했다. 단 한 사람만 보내 달라고. 나와 소통되는 단 하나의 사람만 보내 주면 내가 살겠노라고. 이 지구에서 버티겠노라고. 그런데 놀라운 생각이 하나 떠올랐다. 20대 때 내게 모든 답을 주었던 영성책 한 권이 떠올랐고 그 책을 나만 읽은 것은 아니라는 사실을 생각해 냈다. 그리고 어딘가에 혹시 이 책을 읽은 사람들의 모임 같은 것이 있는지 검색해 보게 되었는데 정말로 독자모임 카페가 존재하고 있었다. 나는 그 카페를 검색해서 들어가게 되었고 그곳에서 나의 두 번째 조력자를 만나게 된다.

이혼도 못 해내고 죽음 근처를 빌빌거리고 있는 나를 보다 못한 내 영혼이 나를 구하기 위해 인도했다고 본다. 나는 영혼의 숨통을 찾아야 했다. 사랑이 넘치던 사랑병 환자의 가슴은 배우자의 폭력성을 경험한 이후로 계속 메말라 가고 있었고 사랑의 에너지는 증오의 에너지에 잠식당하고 있었다. 뭔가 긍정적이고 공감과 이해, 칭찬, 격려 등 사랑 비슷한 그 무엇이라도 허겁지겁 먹고 싶었다. 나는 온라인 카페에 글을 올리기 시작했고 내 글은 사람들의 많은 관심을 받게 되었다. 인터넷상의 카페 활동이나 동호회 활동 같은 걸 처음 해 보는 나로서는 신세계였다.

　내가 엄청난 의식 확장과 감동과 감탄을 연발하며 읽었던 책을 같이 읽은 사람들이라는 사실 하나로 그곳의 회원들이 모두 내 고향별 가족 같다는 생각이 들 정도로 반가웠다. 이 험난하고 외로운 지구에서 동족을 만난 느낌이었고 그 동족들이 나의 글에 호응해 주고 나를 격하게 환영해 주니 씨가 마르고 있던 나의 자존감에 싹이 트기 시작했다.

　모두들 온라인상에서 닉네임을 쓰고 있어서 내가 지금 교류하는 사람이 여자인지 남자인지 어른인지 아이인지 알 길이 없었는데 그게 훨씬 자유롭고 좋았다. 지구에서 설정한 남녀노소의 기준과 벽이 사라지고 그저 존재 자체로 교류하며 존재 자체로 사랑할 수 있었다. 나의 사랑병이 드디어 다시 도질 수 있었고 에너지를 풀 대상을 찾아낸 듯 활기가 살아나기 시작했다. 글만 올리고 있는 나를 당시 독자모임 회원들이 만나고 싶어 했고 나 역시 그들이 보고 싶었다.

　자존감이 조금 채워진 나는 남편에게 합기도를 배우고 싶다는 취미 생활을 제안했듯이 당신이 게임을 하고 게임 오프라인에 가끔 나가는 것처럼 나도 독자모임 카페 오프라인 모임에 나가고 싶다고 당당하게 말하고 남편은 허락했다. 남편은 내가 뭔가 스트레스 해소 창구를 찾은 듯 밝아지고 상태가 괜찮아지는 것을 보고 자신이 애들을 보고 나를 2박 3일의 캠프에도 보내 줄 정도로 적극 지원해 주었다. 사실 2박 3일 캠프의 주제가 이혼에 대한 것이었다. 내가 나의 상황을 대충 알리고 내가 이혼을 해야 할지 의견을 구한다는 글을 올렸는데 그게 주제로 채택이 되어 나는 남편에게 답을 찾아오겠다며 캠프에 참석할 수 있게 되었다.

나는 그곳에서 나보다 더 심각한 결혼 생활을 겪었거나 겪고 있는 사람들의 이야기를 듣고 '나는 아무것도 아니구나~'라고 결론을 내리고 이혼을 하지 않기로 결정을 했었다. 그런데 그곳에는 힘든 결혼 생활 끝에 이혼을 해내신 분들이 더 많았다. 그리고 정말 아름다운 커플들이 있었다. 그분들과 교류하고 시간을 보낼수록 나는 뭔가 눈이 뜨이기 시작했다. 내가 얼마나 힘든 결혼 생활을 하고 있고 고통받는지에 집중되는 것이 아니라 "아~ 저게 진짜 사랑하는 부부의 모습이구나."의 실례를 보게 되면서 나의 의식이 열리기 시작한 것이다.

아내가 두통이 있을 때 나약하다고 짜증스러워하는 게 아니라 걱정해 주고 발을 주물러 주는 남편, 서로 얕은 주제부터 우주로의 깊은 주제까지 모든 이야기를 다 나눌 수 있는 남편, 아내가 차를 탈 때 문을 열어 주고 짐을 들어 주는 남편…. 이것이 내게는 진정한 신세계였다.

이웃집 애기엄마가 "미친 거 아니야?"라고 하는데도 우물을 벗어날 수 없었던 내가 갑자기 단숨에 우물 밖으로 끄집어내져 버렸다. 하늘이 이렇게 클 수가…. 풀들이 이렇게 많을 수가…. 바람이 이렇게 싱그러울 수가…. 경종이 울리고 또 울렸다. 영혼이 가슴 뛰기 시작했고 이 세계가 한없이 옳아 보였다.

이런 느낌이었다. 분명한 고통과 스트레스가 느껴짐에도 남편의 문제를 그게 문제인지 아닌지를 고민하며 끊임없이 내 자신을 의심하고 질책하며 문제를 안고 끙끙거리다가 그냥 모범 답안을 봐 버리는 순간, 문제가 확실한 문제로 제대로 인식이 되면서 어떻게 해야 될지 그려지는 느낌이었다. 나의 현실의식이자 인간에고는 여전한 두려움에 싸여 있었지만 영혼은 확실한 문제의 확실한 답을 향해 첫걸음을 내딛기 시작했다. 두려움으로 가득 찬 나의 이성이 드디어 영혼의 성소인 가슴을 따르기 시작했다. 이혼이 답이다. 두려움에 찬 중생이여 용기를 내어라! 너를 구원할 자는 너 자신밖에 없다.

나는 인터넷 동호회에서 그렇게 의식이 확장되며 내 존재감을 알아주는 사람들과 글로 사랑의 에너지를 교류하며 깊은 우울증이 치료되고 있었다. 그런데 아주 오랜 시간이 흘러 돌아보면 그곳에서 지금의 내 남편인 영혼남자를 만난 건 정말 기적 같은 일이라고밖에 설명이 안 될 정도로 위험이 도사리고 있는 곳이었다. 그건 마치 원효대사의 해골 물처럼 너무나 사랑이 고팠던 내가 위험한 물을 생명수처럼 벌컥벌컥 마시고 있었던 것과 같다.

정말 죽을 것같이 피폐된 우울증과 그냥 조금 단조로운 우울증의 차이가 무엇인지 아는가? 그것은 바로 성욕의 유무이다. 사람이 진짜로 죽을 것 같으면 성욕 자체가 사라진다. 갱년기가 되어 호르몬 변화가 오거나 나이가 들어 성기능이 저하되는 데서 오는 구조적 문제를 제외하고 육체가 멀쩡함에도 너무 스트레스가 심하고 죽을 것 같은 우울이 지속될 때 성욕은 지하로 꺼져 버린다. 그런데 성욕이 있다. 이성을 보고 가슴이 설렌다면 아직은 살 만한 것이다.

성욕, 즉 성에너지는 종족번식을 해야 하는 인간 몸에 기본 옵션으로 세팅된 프로그램이다. 정신분석학자 지그문트 프로이트는 성에너지를 인간 생활의 중요한 동기부여 에너지로 정의하고 인간의 전 생애를 성에너지로 설명하는 심리성적 성격발달이론까지 만들어 냈을 정도이다. 프로이트가 아무리 지나친 해석을 했다 치더라도 그것만은 확실하다. 성욕은 당신이 살아 있고 살고자 하는 최소한의 의지의 지표가 된다는 것. 성에너지는 생명에너지와 직결되어 있고 성에너지를 통해 생명이 탄생되도록 되어 있다. 당신의 성욕이 사라진다는 것은 육체를 입은 인간으로서의 생명에너지의 불이 꺼진다고도 볼 수 있다.

성에너지는 꼭 육체적 교류가 아니더라도 말이나 표정, 감정과 정신적 소통으로도 이루어질 수 있다. 그리고 더 깊이에는 남성과 여성을 넘어 존재 대 존재로서 사랑의 에너지 교류로도 확장될 수 있다. 우리가 여성과 남성으로 성이 나눠진 인간 육체 안에 갇혀 있어서 그렇지 고차원에서 에너지몸의 상태에서는 성을 넘어 그저 존재 대 존재로 육체적 섹스가 아닌 에너지 전체를 교류하는 섹스를 해 왔기 때문이다. 이것 때문에 사실 동성애도 양성애도 가능하게 된다. 그러나 보통의 인간들은 여성과 남성으로 나뉘어 정자와 난자가 만나야만 종족번식이 되는 프로그램 속에서 동성애는 거부감을 느끼게 될 수밖에 없다.

 우리는 지구가 아닌 고차원 행성에서 영화 〈아바타〉의 판도라행성의 나무들처럼 모두 연결됨 속에 있다가 왔다. 그야말로 모두가 하나인 그 일체성과 합일의 느낌은 결코 외로울 수가 없는 상태였다. 그런데 지구에 와서 우리는 육체로 스킨십, 악수, 포옹, 키스, 섹스를 해서 연결되고 합체되거나 나와 생각과 마음이 통하는 느낌을 받는 대화를 하는 등의 교류가 없이는 그 어떤 연결의 체험을 할 수가 없게 된다. 엄청난 단절과 고립과 외로움을 느끼게 된다. 단절과 고립과 외로움은 영혼도 피폐하게 만들 수 있다.

 영혼은 그 무엇이든 사랑의 연결됨 속에서 가장 행복을 느낀다. 여러분이 당장 만날 상대가 없다면 내가 나 자신을 무지하게 아끼고 사랑만 해 주어도 영혼은 죽지 않을 수 있다. 그런데 보통 사람들은 내가 나를 공감해 주고 존중해 주고 아끼고 사랑하는 것부터 고장이 난 상태로 타인과의 관계에서도 사랑을 나누지 못함으로 철저히 더 고립되게 되는 것이다. (육체의 성에너지와 오르가즘을 활용해서 행복 스위치를 켜는 방법에 대해 책 후반부의 '몸의 압축풀기'에서 다루게 될 것이다.)

 주부들이 로맨스 드라마를 보며 가슴 설레 하고 사람들이 아이돌 그

룹을 보며 일상의 활기를 얻고 하는 모든 것들이 성에너지 활성화와 생명에너지를 보충하기 위함이다. 이건 너무나 자연스럽고 안전한 방식의 성에너지 표출방법이다.

모든 동호회 활동에는 성에너지가 제대로 해결되지 못한 결핍되고 고립되고 외로운 사람들이 주로 모이게 된다. 육체적 결핍이든 배우자와 말이 안 통하고 마음이 안 통하는 정신적 정서적 결핍이든 외로운 사람들이 그야말로 살고자 오는 것이다. 최소한의 성에너지와 생명에너지, 삶의 의욕과 활기를 충전하기 위해.

자전거 동호회는 자전거를 타며 (육체적, 정신적, 감정적)섹스를 하고 등산 동호회는 산을 타며 (육체적, 정신적, 감정적)섹스를 하고 독자모임은 읽은 책에 대해 논하며 (육체적, 정신적, 감정적)섹스를 하는 것이다.

나에게도 바로 그 성에너지가 활성화되면서 내가 극한의 우울에서 벗어났다는 것을 알게 되었다. 지독한 육아를 겪으면서 나는 섹스가 두렵기까지 했었다. 사랑하는 사람과 행복을 나누는 행위가 임신을 하게 해서 이토록 힘든 지옥의 상황을 불러올 수 있다는 걸 알게 되니 섹스가 더 이상 즐겁지가 않게 된 것이다. 대참사를 불러오는 불상사에 가깝게 되어 버렸다. 임신과 출산이 마치 섹스에 대한 벌처럼 느껴지는 수준이었다. 그리고 나는 참혹한 이혼 레이스에서 깨지고 깨져서 심신이 너덜너덜해지고 있었던 관계로 성욕 그리고 남자에게 사랑하는 마음이 다시 생긴다는 건 상상도 하지 못할 일이었다. 섹스와 남자에 대한 트라우마가 심했다.

그런데 정확히 섹스와 남자에 대한 트라우마가 깊을수록, 즉 결핍이 심할수록 두려움과 함께 외로움도 심했다는 것이다. 나는 굉장히 취약하고 위험한 상태였다. 너무 큰 상처가 있지만 너무 큰 결핍도 있었기에 남자와 사랑에 빠지기도 쉬운 상태였다. 게다가 너무 나를 힘들게 한 남편 덕분에 나의 남자를 보는 눈이 지하 저 밑까지 낮아져 있었다. 솔직히 말하면 의사고 뭐고 돈도 없고 아무것도 없어도 좋으니 착하고 나를 때리지만 않으면 모두 천사로 보이는 수준이었다.

내가 글을 올리면 많은 댓글들이 달렸고 개인적으로 남자 회원들로부터 많은 쪽지들이 왔다. 내가 유부녀이고 애가 있고는 중요하지 않아 보였다. 처음에는 그 관심들이 내 자존감의 마른 대지에 빗방울이 떨어지듯 생명수처럼 나를 가슴 뛰게 했고 정말 이성에 대한 사랑의 감정을 소생시켜서 누구와도 사랑에 다시 빠질 수 있는 상태로 만들어 주었다. 그런데 문제는 내가 아직 아무것도 정리되지 않은 상태라는 것이다.

이렇게 취약한 상태로는 또 아무에게나 사랑에 빠져서 제2의 전남편이 창조될 것이 뻔했다. 한마디로 바람나기 딱 좋았다. 바람이 나도 이곳의 남자들도 나의 상태도 그다지 좋은 상태가 절대 아니었다. 모두가 사랑과 성에너지, 생명에너지에 굶주린 외로운 사람들이었다. 위험했다. 이곳도 위험했고 나도 너무 위험했다. 일단 나는 혼자가 되어야 하고 정신을 차리고 마음도 차리고 몸도 차린 후 사랑이든 뭐든 해야 한다.

그사이 나는 조력자 이모님과 이혼을 진행시키고 있었다. 내가 이혼을 한다는 것이 독자모임에 알려지면 뭔가 더 많은 남성들의 접근이 올 것 같아서 알리지 않고 일단 이혼을 해내는 것에 집중하기로 했다. 내가 실제 이혼을 하는 과정에서 가장 큰 관문은 숙려기간에 아이들이 보고 싶어 다시 백기를 들고 남편이 있는 집으로 기어 들어가게 되는 것이었다. 누군가 의지할 곳이 필요했다. 이혼 과정에서 친정 부모님은 내 편이 아니었고 나는 절벽에 매달려 혼자 싸우고 있었다. 이혼을 마무리해 낼 때까지 내 마음을 잡아 줄 수 있는 그 누군가, 나와 소통될 것 같은 누군가가 절실했다.

나는 그때 한 남자가 떠올랐다. 그를 독자모임 때 처음 봤을 때 전남편을 만났을 때처럼 불꽃이 튀는 강렬한 끌림이 오지는 않았다. 오히려 이혼한 지 8년이 되었다고 하는 그가 미심쩍었다. 이혼한 남자는 어딘가 문제가 있지 않을까 하는 편견을 가지고 있었기 때문에 "그도 어딘가 까다롭고 성격이 이상하니 이혼을 했겠지."라고 생각했다.

그런데 그는 내 글에 항상 1번으로 댓글을 달았다. 그 댓글에는 이성적으로 접근하는 느낌이 전혀 깃들지 않은 정말 건전하고 정성이 가득한 글이었다. 진심으로 내 글을 통해 나라는 여자가 아닌 사람 자체와 글의 내용 자체에 반응하는 댓글이었다. 그리고 그는 단 한 번도 이성적으로 호감을 보이거나 접근하는 개인적 쪽지를 나에게 보내지 않았다. 모두가 볼 수 있는 댓글로만 자신을 표현했다.

　훗날 그때 왜 내 글에 1번으로 댓글을 달았냐고 물어봤더니, 일단 내가 글을 너무 잘 썼고 그 글에는 힘이 있었고 나의 성장 스토리가 자신의 성장 환경과 너무 달라서 여자라기보다 한 인간으로서 신기하고 모든 게 궁금했다고 한다. 그는 정말 연재 소설의 순수한 팬처럼 1번으로 댓글을 단 것이었다. 내가 아이가 있는 유부녀인데 이성의 감정을 가질 수 없었다고 했다. 나에겐 이게 정상처럼 느껴졌다. 그에겐 이 힘난한 지구 문명에서 내가 안정적으로 그라운딩해 낼 수 있는 즉 내가 안정감을 느낄 수 있는 기본적 선들이 장착되어 있었다.

　그가 딱 한 번 개인적 쪽지를 보낸 적이 있었다. 내가 이혼을 해야 하는지 조언을 구하는 글에 정말 거의 모두가 댓글로 이혼을 하라는 식으로 반응하고 있을 때 그는 조용히 개인적 쪽지를 보내 이혼을 하지 말라고 했다. (지금과 같이 구체적인 폭력성이나 상황들을 내가 글에 표현하지 않았기 때문에 이혼의 유무로만 접근해서 내린 결론) 자신이 해 보니 남자로서도 힘든데 여자로서는 더 힘들 것이라며 마치 친정 오빠가 현실적 경험이 담긴 진심 어린 조언을 해 주는 것 같았다.

　그 남자가 생각났다. 나에게 그 어떤 이성적 부담도 주지 않고 부탁하면 숙려기간 동안 나와 소통을 해 줄 것 같았다. 나는 그에게 쪽지를 보내 이혼이 접수되었고 숙려기간을 내가 버텨 내야 함을 알리며 그 기간만이라도 나와 문자를 주고받아 주면 내가 홀로서기를 해내는 데 도움이 될 것 같다고 말했다. 그는 알았다고 말하며 자신의 전화번호를 알려 주었다.

지금 생각해도 내가 어떻게 그런 행동을 할 수 있었는지 설명이 되지 않는다. 나는 그가 실제로 어떤 사람인지도 몰랐고 개인적으로 따로 만나 본 적도 없었다. 그 동호회에서 뭔가 가장 위험하지 않는 이성으로 느껴졌고 나에게 무해한 존재로 느껴졌다. 그의 글은 따뜻하고 안정감을 주었고 나는 그런 그의 에너지에 끌렸을지도 모른다.

나와 맞지 않는 에너지와의 분리작업을 5년에 걸쳐 해내고 있는 과정이었고 마지막 구간이었다. 진정한 마지막 관문이었다. 내 영혼은 본능적으로 자신이 떨어져 나가야 할 에너지와 반대편에 정확히 나와 같은 에너지 하나를 더 추가해서 그곳으로 무게중심을 이동시켜야 함을 알았던 것 같다. 그는 나의 탈출을 도울 마지막 안전 고리가 되어 주었다. 나는 그 남자라는 안전 고리에 내 생명줄을 걸고 나를 이동시켰다. 절벽에 걸려 있었던 나는 반대편으로 넘어가 안전하게 착지했다. 숙려기간이 끝나고 이혼이 마무리되었을 때 아이를 잃어버린 내 옆에 그 남자가 있었다. 그가 바로 지금의 나의 남편 영혼남자이다.

이혼은 이렇게 마무리되었고 모두가 아는 역사의 기록에 나는 이렇게 단 한 줄로 기록되었다.

"남자와 바람이 나서 아이를 버린 여자"

전남편은 내가 동호회 활동을 하더니 바람이 나서 아이를 버리고 집을 나간 거라고 모든 이혼의 사유와 유책을 나에게 뒤집어씌웠고 나를 아는 모든 사람들에게 나는 바람이 나서 애를 버린 천하의 나쁜 년이 되었다. 누가 봐도 정황상 그렇게 볼 수밖에 없었고 나조차도 그 어떤 반박을 해낼 수가 없었다. 이런 상황에서 졸지에 순진한 나를 꼬드겨 가정을 파탄 낸 내연남이 되어 버린 영혼남자에게 미안할 따름이었다.

꼬리에 꼬리를 무는 그날의 이야기. 아무도 궁금해하지 않고 혹은 누군가 궁금해해도 제대로 말할 수 없었으며 제대로 정리조차 해낼 수 없었던 이혼의 내막과 나의 진실에 관한 이야기.

더 재미있는 사실이 무엇인지 아는가? 지금의 SNS와 같은 미니홈피 시절 나는 미니홈피에 아이들의 사진을 기록하고 있었는데 그 사진에는 전남편이 아이들을 업고 안고 찍은 사진들만 남아 있다는 것이다. 육아를 하는 동안 머리카락이 너무 빠져서 횅해진 머리와 몰골이 너무나 피폐했던 나는 웬만하게 꾸미고 차려입은 행사 속 차림이 아니고는 사진 찍히는 걸 싫어했고 나의 모습을 남기고 싶지 않아서 아이들만 찍었고 주말에 아주 가끔 전남편에게 아이를 업고 안게 해서 사진들을 남겼다. 그가 집에서 육아를 도와주는 다정한 남편이란 걸 보여 주고 싶었고 훗날 아이들이 자신의 아빠가 이렇게 자신들을 사랑한 따뜻한 사람이었다고 알려 주고 싶었기 때문이었다.

인간의 역사적 기록들, 입으로 전해 내려오는 구전들, 문헌과 사진 같은 자료들이 누가 어떤 의도와 관점으로 소문을 내고 기록하고 찍었는지 그 진실이 무엇인지는 아무도 모르는 것이다. 그 정보와 자료 하나로 실제 현실과는 반대의 역사가 기록될 수도 있다. 누군가에게 돌을 던지고 비난하는 사람들에게 단 한 마디만 하고 싶다. 그 사람이 되어 그 상황에서 그 체험을 직접 해 보지 않은 이상 정말 우리는 아무것도 모르는 거라고.

한 가지 상황이 벌어졌을 때, 표면적인 한 가지 잣대, 한 가지 도덕적, 윤리적 잣대만으로 보면 그 사람은 천하의 죽일연놈이 되지만 그 안에는 수많은 이해관계와 힘의 논리와 가해자와 피해자가 뒤바뀔 수도 있는 더 실제적 기준들과 내막의 내막들이 크루아상의 내부처럼 겹겹이 내재되어 있을 수 있다. 모든 것이 그렇게 단순하지 않으며 사실상 절대적 선과 악이 나뉘지도 않는다. 각자의 사실과 진실이 존재할 뿐이다.

인간 역사의 진실은 무엇인가?
인류와 지구의 진실은 무엇인가?

그리고 무엇보다 인간인 당신 안의 마음의 진실은 무엇인가?

피날레와 화룡정점

나를 아이를 버린 나쁜 엄마로 몰고 가려는 힘논세족 전남편의 비난

전략은 이혼 과정이 완전히 끝나는 마지막 순간까지 그리고 그 이후로도 이어졌다. 대놓고 비난하는 것이 안 먹히니 함정을 파고 덫을 놓듯이 진행되었고 당할 때는 몰랐는데 시간이 지나고 보니 그 사람의 최악이 내가 본 것이 다이길 바라게 되었다. 그 사람의 함정은 마치 초등학생이 짝꿍 몰래 책상 위에 일방적으로 혼자 선을 그어 놓고 선이 있는지도 모르는 짝꿍이 선을 넘자 "너는 선을 넘은 나쁜 년이야." 하는 것과 비슷하게 느껴졌다. 정말 이해할 수가 없는 전략과 계략들이었다. 자신이 그러고 있는지도 모르고 나의 허점을 파고 만들어 내려다보니 그 지경이 되는 것 같았다. 나는 영락없이 걸려들었고 나도 모르는 사이 정말 나쁜 엄마가 되어 있었다.

1억 원의 위자료

5년의 결혼 생활 동안 재산분할을 할 수 없는 상황이 뭔가 억울하고 불합리하게 느껴졌다. 그래서 전남편에게 조목조목 따졌다. 결혼할 때 양가에서 돈이 들었는데 너의 부모님의 돈은 전셋집을 마련하는 데 쓰여서 그대로 보존이 되었는데 우리 부모님의 돈은 자동차, 시어머니 모피 코트, 각종 혼수와 예단, 예식비용에 쓰느라 모두 증발해 버렸다. 너랑 결혼하는 데 쓰인 그 돈은 의사사위와 결혼시키는 데 쓰인 우리 부모님 돈이니 돌려받고 싶다. 이 말을 나는 사실 악에 받쳐서 덜덜 떨면서 말했다. 이 돈이라도 받지 못하면 나는 살 집도 마련할 수 없게 된다.

그리고 딸이 처맞고 사니 혹시나 처가에서 집을 안 해 줘서 그런 건가 싶어 힘논세족 친정어머니가 나 몰래 보냈던 전세자금까지 돌려주라고 했다. 기가 막히지 않는가? 딸이 맞고 살면 당장 이혼을 시켜야 되는데 거기다 돈을 준 것이다. 폭력을 행사한 사람한테 돈을 주다니…. 이것이 우리 어머니다. 그때는 그 모든 상황이 너무 가슴이 아팠다.

그 모든 것을 합치면 1억이 넘는데 1억을 돌려받기로 했다. 소송이 혼에 들어갈 경우 정황상 뭔가 불리함을 느꼈는지 순순히 그 돈을 주겠다고 했다. 주면서도 원래는 법적으로 안 줘도 되는 돈인데 주는 거라면서 생색을 냈다. 나는 그 돈으로 경기도에 전세 빌라를 하나 얻을 수 있었다. 전남편이 아이들을 데리고 지방으로 이사 가기 전에 내게 그런 말을 했다. 자신이 지금 지방으로 가면 병원에서 사택도 나오고 혹은 40평대 아파트에서 살 수도 있다. 같이 가지 않겠냐고.

그 사람의 그 제안이 마치 지금까지 자신한테 시집와서 경제적 혜택도 누리지 못하고 고생만 했는데 지방 가면 좀 더 윤택하게 살 수 있으니 나랑 내려가서 넓은 집에서 그냥 같이 살지 않겠냐는 제안으로 나는 이해했다. 그래도 마지막까지 물질로라도 나를 잡아 보려는 시도가 안타깝지만 조금은 따뜻하게 느껴졌다. 나는 그에게 이렇게 말했다. 내가 살아 보니 나는 그런 물질적 풍족함만으로 행복해질 수 있는 여자가 아니었다. 의사도 좋은 집도 다 필요 없고 나는 마음이 편하고 행복한 게 우선인 사람 같다고.

그리고 우리는 완전한 공간분리까지 마치게 되었고 그로부터 시간이 흐른 후 그가 또 나를 비난하기 시작하는데 갑자기 내가 아이들에게 해서는 안 될 짓을 했다는 것이다. 내가 1억을 가져가는 바람에 아이들이 작은 병원사택에서 살게 되었다며 내가 아이들에게 피해를 주고 고생을 시키고 자기만 좋은 집에 산다는 것이다. (곰팡이 핀 집을 나의 환경미화 실력으로 청소하고 감추고 꾸며서 사진을 올려 놨더니 굉장히 좋은 집으로 이사 갔다고 생각하고 열받은 듯) 이게 다 무슨 소리인지. 정말 이혼을 했는데도 이 병찜은 끝이 안 났다.

그러니까 그게 나에게 같이 지방으로 가서 40평대에 살지 않겠냐고 했던 제안이 내게 하는 마지막 따뜻한 제안이 아니라 네 돈 1억을 더하면 40평대 큰 아파트로 갈 수 있으니 같이 가자는 의미였던 것이다. 내가 필요한 게 아니라 1억이 필요했던 것이다. 나는 그런 상황인 줄도 모르고 이혼을 했는데 다시 갑자기 40평대에 같이 살자는 제안이 좀 뜬금없다는 생각만 했었다. 전남편은 그렇게 또 나를 나쁜 엄마로 만들었고 1년 후에 아이들은 큰 집으로 이사를 간 것으로 안다. 정말 지독한 진흙탕이다. 나도 이미 진흙은 튈 대로 튀었고 더러운 진흙탕에 뒹굴고 있었다.

양육권포기각서

숙려기간이 끝나고 마지막 최종 조정일 날 가정법원 앞에서 헤어지면서 갑자기 전남편은 또 내가 아이들에게 해서는 안 될 짓을 했다며 평생 후회하게 될 거라며 가 버렸다. 나는 그 사람이 왜 저런 말을 하는지 당최 알 수가 없었다. 내 입장에서 마지막 최종 도장을 찍기 전 전남편의 행동은 역대급 악마여서 저 사람과 이혼을 한 게 정말 잘한 일이라고 생각하던 중이었다. 그런 놈이 나더러 오히려 비난을 하다니…. 나중에야 또 그 사람의 함정을 알게 되었다. 내가 족족 걸려든 것이다.

나는 그날을 아직도 후회한다. 정말 이혼이라는 걸 처음 해 보니 모든 게 서툴렀다. 이제 마지막 도장만 찍으면 모든 게 끝난다. 저 사람과의 부부의 인연이 끝나고 나는 저 사람의 이해하기 힘든 난해하고 유치하고 폭력적이고 거친 에너지와 분리된다. 그런데 갑자기 그 사람이 나더러 제안을 했다. "양육권을 포기합니다."라는 문구를 추가해서 넣으라는 것이다. 지금 같으면 내가 어떻게 해야 할지를 안다. "왜 내가 그런 말을 써야 해? 이건 사전에 합의된 상황이 아니고 오늘 갑자기 제안한 거니 나는 동의할 수 없어."라고 말했을 것이다.

그런데 그날의 나는 벙찜의 트라우마 속에서 판단이 흐려져 버렸다. 이혼서류 접수할 때 아이가 있는 부부에게 보여 주는 교육용 비디오가 있는데 거기서 본 내용이 생각났다. 친권, 양육권이 엄마 아빠 따로 분리되어 있을 경우 나중에 아이가 휴대폰을 만들거나 할 때 불편할 수 있으니 아이를 키우게 되는 부모에게 몰아주는 게 낫다는 것이다. 양육권이 없어도 면접교섭권이 있으면 애들을 볼 수 있고 현실적으로 달라지는 것은 없고 아이를 양육하는 부모의 (서류문제 등) 편의를 최대한 도와주는 것이 낫다는 것이다.

나는 남편이 처음에 양육권을 포기한다는 문장을 쓰라고 했을 때 그런 의미인 줄 알았다. 나중에 양육권과 친권이 분리되어 있으면 불편해지는 일이 발생할 수 있으니 그냥 포기한다고 써 달라는 의미로. 그런데 나는 정말 너무 가슴이 아팠다. 아이도 뺏기는데 그냥 법적으로라도 남은 양육권까지 포기하라고 하는 저놈이 악마처럼 보였다. 너무 잔인하다. 진짜 괴물이라고 생각했다. 그런데 아이가 아빠 쪽에 있으니 이게 아이를 위해 도움이 된다면 해 줘야 한다고 생각하며 답답하고 억울하고 슬픈 가슴으로 전남편을 향해 이렇게 말하며 그 문장을 써 내려갔다. "그래도 면접교섭권이 있으니 나는 아이를 만날 수 있어."

자기가 나한테 양육권을 포기하게 만드는 만행을 저질러 놓고 나더러 양육권까지 포기한 나쁜 엄마라며 해서는 안 될 짓을 했다는 것이다. 그 사람 입장에서는 일종의 또 다른 전략이었나 보다. 양육권을 포기하라고 하면 내가 무서워서 이혼을 철회할거라고 생각했든지 아니면 양육권을 포기하게 해서 포기한 여자라는 비난을 하려고 했든지…. 나도 도대체 그 사람 심중을 정확히 알 수가 없다. 머리가 뽀개질 것 같다.

그렇게 또 나는 멍청하게 양육권까지 스스로 포기하게 된 엄마가 되어 버렸다. 정말 그는 나그네의 옷을 바람이 아닌 태풍으로 벗기려는 사람 같다. 지겨운 힘논세족. 제발 다음에는 그 사람의 모든 전략이 무리 없이 이해되고 먹히는 여자를 만나길 바랄 뿐이다. 금성에서 온 돌고래는 화성에서 온 전갈을 도저히 이해할 수가 없다. 돌고래의 몸은 온통 물리고 뜯기고 독이 퍼진 채 죽기 일보 직전이다. 죽더라도 바다로 돌아가 죽고 싶었다.

반쪽짜리 사과

이제 그와의 마지막 에피소드다. 이혼 후 1년쯤 지났을까, 재혼을 앞둔 그가 한번 만나고 싶다고 연락이 와서 만나게 되었다. 나는 혹시나 아이들 문제인가 싶어 달려 나갔다. 사실 그가 연락이 오기 전에 나는 시부모님께 편지를 써서 제발 내가 아이들을 키울 수 있도록 전남편을 설득해 달라고 부탁했다. 재혼을 하면 새 아내에게 아이가 생길 텐데, 그러면 새 아내도 아이들도 힘들지 않겠냐고. 전남편이 부모님께 무슨 말을 전해 듣고 만나자고 하는 것 같았다.

전남편이 뭔가 좋은 식당을 검색해서 오고 편안한 느낌을 연출해 줬는데 만남의 의도를 모르겠는 느낌이었다. 내가 떠나고 아마도 여동생이 결혼해서 아이를 낳아 보고 육아의 노고에 대해 알려 주었는지 대뜸 나더러 자신한테 힘들다고 왜 이야기하지 않았냐고 했다. 한 대 치고 싶었는데 겨우 참으면서 "내가 힘들다고 말했고 네가 나더러 나약하다고 말했어."라고만 했다. 뭔가 사과를 하러 온 것도 같았는데 그렇지, 그가 온전한 사과를 할 리가 없지. 그는 바로 내가 아이들에게 잘못한 점을 말하기 시작했다. "나도 잘못했지만, 너도 잘못했잖아."라는 식이었다.

나도 인정하는 실수가 하나 있다. 둘째 아이의 치아가 부식된 일이다. 첫째를 너무 예민하게 키운 것 같아서 둘째 때는 너무 예민하게 키워 보지 않기 위해 좀 느슨하게 키웠다. 첫째 아이는 유치가 났을 때 유아용 양치티슈로 닦아 주었는데 그런 행위조차 전남편은 유난 떤다고 생각하며 손이 모자랄 때 부탁하면 귀찮아했다.

육아서적에 이론적으로 모유에는 충치를 예방하는 성분이 들어 있어 따로 양치를 해 주지 않아도 된다는 말이 있었다. 둘째 아이는 모유수유를 24개월 동안 했기 때문에 그렇게 해 보기로 했는데 오판이었다. 이유식도 들어가고 유아과자도 먹으면서 모유만 믿고 치아관리가 제대로 이루어지지 않아 결국 이빨이 누렇게 변색되어 버렸는데 치과를 데려가니 아이가 너무 어려서 지금은 어찌할 수 없고 조금 더 크면 전신마취를 해서 표면을 벗겨 주어야 한다고 했다. 내가 떠나고 아이가 그 수술을 받은 것이다. 아이가 얼마나 힘들었을까….

남편은 내가 아이를 그렇게 만들었다며 또 직장 상사나 군대상관처럼 나의 잘못을 지적하기 시작했다. 나는 더 이상 참을 수가 없어서 울면서 카페를 뛰쳐나왔다. 우리는 길바닥에서 싸웠다. 나는 아이를 보고 싶다고 말했다. 아이들이 커 가는 걸 볼 수 없다는 건 나의 작고 어린아이들을 완전히 잃어버린 거나 마찬가지라고. 나는 이제 어떡하냐고. 목이 메어서 말도 잘 나오지 않았다.

그는 조금 미안했는지 아니면 할 말이 더 남았는지 지하철역으로 걸어가는 나를 자신의 차에 태워 대화를 시작했다. 재혼을 하려는 여자가 아이는 키우기가 힘들 것 같다고 했다는 것이다. 나는 갑자기 희망이 생기면서 "그래, 그 여자는 무슨 죄니? 나이도 어린데 남의 아이들을 키우는 게 힘들 거야. 자기 애기도 곧 생길 테니 우리 애들은 내가 키울게. 제발 나한테 보내 줘." 그랬더니 그는 조선시대 사람처럼 이렇게 말했다. "내 씨를 다른 남자 밑에서 키우게 할 순 없어. 내가 죽고나 그렇게 해."

그리고 내게 마지막 벙찜을 선사했다. 화룡정점이었다.

"그런데 너는 어떻게 한 번 갔다 온 이혼남이랑 만나냐? 나는 처녀랑 만나는데." 나는 순간 내 귀를 의심했다. 그리고 마지막으로 제대로 고장이 났다. 아무 말도 할 수가 없었다.

정말 최근에 깨달은 사실인데 이 사람이 나에게 수치감을 주려고 하는 말들에 나는 분명히 수치감을 느꼈는데 그 수치감이 내가 아니라 저런 발상을 가지고 수치감을 주려고 하는 그 사람 자체가 수치스러웠을 수도 있겠다는 깨달음이 왔다.

항상 그랬듯이 고장 난 나는 그 자리에서 아무 말도 못 하고 집에 와서야 "그게 중요하니? 사람이 중요하지. 너도 그 여자에겐 한 번 갔다 온 이혼남이야."라고 말해 줬어야 했는데 하고 후회했다.

그는 나를 내려 주며 내가 한심한 듯 이렇게 말했다.
"너는 내가 오늘 왜 왔는지 모르는구나."

"어, 몰라 알고 싶지 않아. 어서 꺼져 버려~"라고 말하고 싶었다.

나는 집으로 돌아와 그에게 문자를 보냈다.

[너는 사과도 하나 제대로 하지 못하는구나. 네가 한 것은 사과가 아니라 거래다. 사과는 나도 잘못했지만 너도 잘한 거 없잖아~ 가 아니다. 그건 반쪽짜리 사과다.]

사과는 사과하는 사람이 자신의 잘못만을 충분히 진심으로 사과하면 되고 그 사과를 받고 상대방의 마음이 풀리고 용서가 일어나면 상대방이 화가 풀린 여유 있는 마음으로 자신의 잘못도 돌아볼 수 있게 되었을 때 네가 아니라 그 상대방 입에서 "생각해 보니 나도 이런 건 잘못한 거 같아."라고 나와야 되는 게 사과고 화해라는 거다. 이 ○○○야.

에너지 분리

나는 그렇게 나와 맞지 않는 에너지와 분리되었다. 여러분이 아셔야할 게 있다. 여러분의 온전한 에너지와 빛이 발현되기 위한 전조증상 내지 선행 작업이 바로 나와 맞지 않는 에너지와의 분리작업이다. 많은 과거의 인연들이 정리되어 갈 것이다.

이게 되지 않으면 여러분은 완전히 제대로 깨어날 수 없거나 깨어나더라도 여전히 어둠과 지옥 속에 발이 묶인 채 이도 저도 아닌 어정쩡한 상태가 된다. 이런 구조적 깨달음도 지금에서야 알아채고 정리해 낼 수 있었지 그 당시의 나는 그저 살려고 발버둥 치다가 떠밀려 지옥 속을 관통했을 뿐이다.

내가 전남편을 나와 맞지 않는 에너지로 힘들어하고 어려워하고 고통스러워했다면 과연 전남편에게 나는 어떤 사람이었을까? 그저 나약하고 밟아 눌러서 이혼을 못 하게 해야 하는 여자였을까? 그는 내가 편하고 이해하기 쉬웠을까?

이혼이 마무리되고 공간분리를 위한 이사 날짜가 남은 상태로 우리는 잠시 같은 공간에 머물게 된 적이 있었다. 아이들은 이모님이 데리고 외출한 상태였고 나는 혼자 집에 있었는데 주말운동을 나갔던 전남편이 발톱이 반쯤 덜렁거리는 부상을 입은 채 절뚝거리며 귀가했다. 혼자 상처를 처리할 수 없고 도움이 필요한 난감한 상황이었다. 나는 상황상 어쩔 수 없이 부상당한 적군을 치료하듯 그의 발을 닦아 내고 연고를 바르고 밴드를 붙이고 응급처치를 해 주었다. 그는 그 상황이 자신이 봐도 스스로 뭔가 한심함을 느꼈는지 허탈한 웃음을 지으며 나에게 이렇게 말했다. 정말 새로운 병찜이었다. "그래, 너는 고차원이고 나는 저차원이다. 어쩔래?"

내가 그 사람에게 고차원이니 저차원이니 하는 소리를 한 적이 없었던 것 같은데 저런 말이 어디서 나오는지 정말 놀랐다. 그가 말했다. 언젠가 내가 자신은 이해할 수 없는 세상과 자유를 찾아 새처럼 날아가 버릴 것만 같았다고.

남편은 내가 읽은 책(《신과 나눈 이야기》) 같은 것을 언급하면 한심한 듯 이렇게 말했다. "너는 그런 걸 믿냐? 그런 책을 비판 없이 읽으면 안 돼. 조심해." 나는 내가 이해하고 알고 있는 세상에 대한 그 어떤 이야기도 그와 나눌 수가 없었다. 그리고 그가 그런 말을 할 때 비판 없이 그런 책이 모두 사실처럼 느껴지고 이해가 되는 내가 순진한 건가 의심될 정도로 위축되어 살았다.

　내가 그를 이해하기 어려웠던 만큼 그도 내가 이해하기 어렵고 자신의 통제하에 들어오지 않고 강하게 하면 할수록 자기 손에 쥐어지는 지금까지의 사람들과 달라서 당혹스러웠을 수도 있다. 그는 이해할 순 없지만 뭔가 자신이 가질 수 없고 도달할 수 없는 따뜻하고 말랑한 에너지를 가진 새를 새장 안에 가두고 그 새가 날아갈까 봐 새를 묶어두고 때리고 다리를 부러뜨리게 되었고 그 새는 참다못해 탈출시도를 거듭하다 만신창이가 된 몸으로 겨우 탈출에 성공한 것이다.

　그는 내가 자신이 만나 본 여자 중에 가장 착한 것은 인정하나 철이 없다고 했다. 기어이 이혼을 해서 양가 부모님과 아이들에게 피해를 준다는 것이었다. 그의 비난은 늘 이런 식이다. 내가 이혼을 선택하게 된 원인과 경위는 중요하지 않고 그 선택 자체에 모든 죄를 씌우는 사람. 내가 철이 없어서가 아니라 죽지 않고 살려고 그리고 너를 죽이지 않고 살리려고 아이들을 더 큰 지옥으로부터 구하기 위해 이혼한 것이라고 말해 주고 싶다.

　나는 이혼 레이스였던 결혼 생활 5년 동안 전남편의 말에 의식이 고장 나 제대로 아무 말도 하지 못했다. 나는 그 사람의 의식수준을 도저히 따라잡을 수가 없었다. 누가 높고 누가 낮든 너무 다르다는 건 확실했다. 내가 이혼의 과정을 그나마 이 정도로 정리해 낼 수 있는 것은 《빛의 시크릿(기본편)》에 소개된 부정적 감정의 압축풀기 덕분이다. 두려움, 고통, 분노, 슬픔, 답답함 등을 풀어내니 조금은 고통을 담담하게 성찰하며 정리해 낼 수 있었다.

그리고 나의 십자가의 크기를 인정하는 과정도 필요했다. 나는 나의 십자가가 다른 사람들의 십자가보다 너무 작아 보여서 힘들어하면 안 된다고 생각했다. 나는 유복하게 자랐으며 재능도 많고 숨 막히는 사랑이었지만 엄마의 사랑도 많이 받았으며 특별히 아픈 데도 없고 교사라는 직업도 가졌었고 의사 남편과 결혼했으므로 이런 조건 속에서 내가 고통을 느낀다면 그건 나의 문제고 나보다 더 열악하고 참참한 조건의 사람들에게 미안한 일이라고 생각했다.

그러나 십자가의 크기는 남과 비교하는 것이 아니라는 것을 알게 되었다. 모든 사람들의 상태와 상황들이 100% 같은 조건이 아니기에 그 고통의 부피와 질량이 같을 수 없으며 상대적 무게가 존재한다는 것을. 내 십자가의 크기는 작으나 나에게는 나무가 아니라 돌로 된 십자가일 수도 있었던 것이다. 내가 느낀 고통을 있는 그대로 인정해 주기까지 10년이 넘게 걸렸다. 쇼생크 탈출 후에 나는 자유롭게 외쳤다. 누가 뭐래도 나는 힘들었다고. 나는 죽을 것 같았다고. 이게 나라고.

당신도 그렇게 자신의 고통을 작든 크든 인정해 주길 바란다. 그렇지 않으면 당신의 십자가는 점점 커질 것이다. 당신은 당신의 십자가(고통)의 크기를 타인으로부터 인정받기 위해 더 많은 고통과 피해를 끌어당길 것이고 그렇게 결국 암과 같은 모진 병들을 창조해 낼 것이다. 그렇게 나뿐만 아니라 가족들에게 그 십자가를 기어이 나눠 지게 만들게 된다. 그것은 에너지 균형에 의해 정확히 무의식적으로 진행된다. 그러기 전에 모두를 위해서라도 부디 당신의 십자가로부터 자신을 스스로 구원하길 바란다.

  이 글을 정리해 내기까지 15년 동안 나는 아이를 두고 온 나쁜 엄마라는 프레임 속에 스스로를 가두고 천벌을 받고 있었다. 그리고 사랑 많은 내가 누군가를 미워하고 증오하고 죽이고 싶다는 마음을 품게 되는 것이 바로 내가 만난 최고의 벌이자 지옥이었다.

  결혼 생활 중 가장 힘들었던 것은 남편의 폭력성도 있지만 사실상 내부는 산산이 부서진 가정임에도 주말에 유모차에 애들을 싣고 남편과 산책을 다니면 사람들이 우리를 완벽하고 행복한 가정으로 볼 때의 그 괴리와 위선과 기만이 나를 더 참을 수 없게 했다.

  독자들은 내가 어떻게 그 모든 상황의 대화와 말들을 다 기억하고 있는지 궁금할 것이다. 문장의 정확한 디테일과 어미조사 같은 것은 차이가 나더라도 80% 이상 다 그대로다. 이 모든 대화와 문자의 문장들을 내가 기억하는 이유는 피해자가 가해자의 언행 하나하나를 비수처럼 꽂고 살기 때문이다. 기억하고 싶어서가 아니라 잊히지 않는 것이다.

비수가 빠지지 않으니 비수를 계속 생생하게 느끼며 사는 것이다. 가해자는 아무 생각 없이, 큰 감정 없이 아무 말을 하지만 피해자는 그 모든 말들을 감정과 함께 입력하게 된다. 엄청난 모욕감, 두려움, 긴장, 분노, 슬픔, 아픔을 독처럼 잔뜩 묻힌 비수가 심장에 꽂히는 것과 같다. 그래서 토씨 하나 안 틀리고 똑똑히 기억한다는 말이 나오게 되는 것이다. 잊고 싶어도 잊히지가 않는 것뿐이다.

이 보고서를 쓰는 것 자체가 나의 마지막 압축풀기가 아닐까 싶다.

이제 정말 나는 초탈이 얼마 남지 않은 것일까? (어여 가고 싶다.)

이런 무거운 쇠구슬까지 나와 줄 정도면 정말 인간체험의 끝이 오고 있는 것일까?

3. 사랑해야 할 부모를 죽이고 싶은 감정

10대 때 학교도서관에서 발견한 정신과의사가 쓴 책의 제목이 너무 가슴에 와닿았다. 《자식을 미치게 만드는 부모들》 이건 말로 설명하기 어렵다. 그냥 우리 엄마와 5분 정도 대화를 해 보면 된다. 얼마 전 엄마가 선풍기 줄에 걸려 넘어져 고관절 수술을 받으시고 간병서비스를 받으셨는데 마지막 날 간병이모님께 내가 "힘드셨죠?" 한마디 하니 고개를 절레절레 흔드시면서 "내가 웬만한 사람 다 해 봤거든. 이것만 알아 둬. 나니까 버틴 거야. 아이고 … 살다살다."

내가 성장 과정에서 힘들었던 것은 엄마의 성격은 기본이었고 거기다 더해 그 성격으로 교육학을 전공하시고 학교 수학교사보다 더 수학을 잘하셨던 똑똑함으로 직접 영어, 수학을 가르치며 나의 학업성적을 관리했기 때문이었다. 숨이 막혀 죽을 것 같았고 중학교 때 이미 극심한 우울증 상태로 손목을 긋는 상상을 했었다.

엄마가 주는 학업 스트레스로 나는 결국 고등학교를 자퇴하고 1년 후 다시 들어가고 대학교도 전공이 4개나 될 정도로 격동의 청소년기를 보내게 되고 성인이 되어 그동안 엄마를 너무 속 썩여 드린 게 미안해서 엄마가 좋아할 것 같은 직업을 가지고 의사 남편과 사랑에 빠지고 결혼을 하게 된다.

(우리 부모님 가게에 물건을 사러 온 전남편에게 내 전화번호를 준 사람이 나의 엄마다) 그리고 내가 엄마로 인해 뭐가 힘들었든 출산 후 2주 만에 엄청난 육아의 고통을 겪으며 엄마를 용서하게 된다. 그리고 다시 나는 엄마를 죽이고 싶게 된다. 그 사건은 이렇게 벌어졌다.

딸이 사위에게 맞고 사는데도 나의 엄마는 손자들을 애비 없는 자식으로 만들 수 없다는 이유로 이혼을 반대하고 계셨다. 나는 세상에 내 편은 아무도 없는 느낌이었다. 그러던 어느 날 갑자기 엄마가 이혼에 동의하시면서 친정으로 내려오라고 하셨다. 나는 짐을 바리바리 싸서

두 아이들을 데리고 친정으로 갔다. 그때의 기분은 마치 적진에 붙잡혀 있다가 아군기지로 넘어가는 순간이었다.

아이들을 데리고 친정에 머물고 있는데 어느 날 밤중에 이상한 느낌이 들어 엄마의 휴대폰을 보게 되었다. 엄마는 사위와 작전을 짜고 있었던 것이다. 일단 친정으로 보내면 내가 데리고 있다가 잘 구슬려서 다시 보내겠노라고. 나는 그 문자를 확인하는 순간, 피가 거꾸로 솟으면서 자고 있는 친정엄마의 멱살을 잡았다. 그리고 멱살을 놓지 않은 채 "당신이 엄마야? 당신이 엄마냐고. 당신이 엄마야? 당신이 엄마냐고."를 무한 반복했다. 엄마와 나의 카르마는 그렇게 정점을 찍었다. 전남편보다 엄마에 대한 배신감과 상처가 훨씬 컸다.

전남편은 남이고 남을 미워하는 것은 그나마 낫다. 그런데 나를 낳고 키워 준 엄마를 죽이고 싶은 이 감정은 내가 인간으로서 겪어 본 감정 중에 가장 비극적인 감정이었다. 이 인간 세상에 발붙일 그 어떤 곳도 없게 만드는 느낌이고 발붙이고 싶은 생각도 없게 만들며 내가 그 어떤 행복을 누린들 나는 어딘가 구멍이 영원히 나 있는 상태가 되는 것 같았다. 패륜이었다. 나는 패륜아가 되었다.

더 괴로운 것은 배우자는 이혼이라도 해서 연을 끊을 수라도 있지 이런 엄마를 영원히 보고 교류하며 살아야 된다는 것이다. 이곳은 또 다른 지옥이었다.

4. 사랑하는 자식과 헤어지는 고통

　내가 마지막 교사직을 하고 있을 때였다. 어느 날 교무실 창밖으로 운동장을 바라보며 차를 마시고 있는데 깨달음이 왔다. 내가 담임을 맡고 있었던 중학교 1학년 남자아이들이 중2에 점점 가까워지자 사춘기가 오는지 너무 말을 안 들어서 골머리를 앓던 중이었다. 정말 뭘 해도 안 되었다. 타일러 보고 혼도 내 보고 채벌도 해 보고 편지도 써 보고. 아무리 사랑을 해도 안 되었다. 그 어떤 문제아도 내가 사랑하면 다 될 줄 알았는데 사랑을 10을 주면 1이라도 결과물이 생길 줄 알았는데 그 어떤 아웃풋도 없었다. 절망적이었다. 그러고 있던 찰나 깨달음을 얻은 것이다.

　어차피 이 시기의 아이들은 정상이 아니다. 뇌 구조 자체가 변하고 있고 호르몬의 문제고 엄청난 사춘기를 겪었던 나를 생각하면 이해가 되었다. 나 역시 내 머릿속에 생각들이 너무나 많고 복잡해서 어른들이 질문을 하면 생각을 정리해 내기도 어려워서 침묵으로 일관할 수밖에 없었다. 내가 무슨 말을 하는지 무슨 행동을 하는지 스스로도 통제가 안 되고 객기, 똘기, 4차원기 충만이었다. 이런 상태의 아이들이 행동이 교정되고 바뀌길 바란다는 것은 욕심이었다.

　나는 내가 생각하는 좋은 선생님이라고 하는 기준을 아주 많이 낮추기로 했다. 나는 내가 사랑으로 교육하면 아이들의 문제의 행동이 바뀌고 성장하리라 기대했는데 그것은 지금 당장 이루어지지 않을 수 있음을 받아들이고 그냥 저 아이들이 온갖 애먹임의 지랄을 떨 때 옆에 있어 주는 교사가 되어 보기로 한 것이다.

모든 게 내려놔졌다. 너희들은 지금 말을 안 듣고 어른들에게 반항하고 지랄을 떨어야 어른이 되는 시기를 거쳐 가고 있으니 그 지랄을 내 옆에서 떨어라. 그냥 내가 옆에 있어 주겠다.

그렇게 그 시기를 나 역시 넘길 수 있었다. 내가 학교를 떠나온 후 스승의 날 아이들에게 편지를 받았는데 아이들은 나와의 1년을 자신의 학창 시절 통틀어 가장 최고의 해로 기억하고 있었다. 그해의 제자들이 내가 그 아이들을 가르쳤던 나이가 되어 나를 찾아온 적이 있었다. 거의 15년 만이었다. 그중에는 우리 반 아이가 아닌 다른 반 아이도 있었는데 그 아이가 내게 "선생님 진짜 레전드"였다며 그때 모든 반이 우리 반 아이들을 부러워했다고 말했다. 당시 자신이 남자친구와 헤어져 힘들어했을 때 내가 연애상담까지 해 주었다고 하는데 나는 하나도 기억이 나지 않았다.

내가 기억나는 레전드가 있긴 있었다. 나는 우리 반을 환경미화 1등, 체육대회 1등, 성적 1등으로 만든 적이 있었다. 환경미화는 내 전문분야였고 체육대회는 토너먼트 경기가 진행되는 동안 대표 선수들이 혼자 뛰게 하지 않았다. 피켓을 만들어 주며 남학생이 여학생을 여학생이 남학생들 응원하게 했다. 우리는 최종 1등으로 승리했다. 마지막 계주에서 반장 녀석이 1등으로 들어오며 결승선의 하얀 테이프를 끊는 순간, 응원석에 앉아 있던 우리 반 모두가 소리를 지르며 뛰어나가 서로 얼싸안고 방방 뛰었다. 선생님들이 담임교사인 나를 찾았는데 찾을 수 없었다. 나는 아이들과 똑같은 체육복을 입고 아이들과 섞여서 같이 뛰고 있었기 때문이었다. 우리는 그 승리의 순간을 잊을 수 없었다.

나는 아이들의 성적을 올리기 위해 보상을 내걸었다. 우리 집에 그렇게 오고 싶어 하는 아이들에게 초대권을 내걸고 (평균 80점 이상 이런 게 아니다. 그러면 평소 20점 받는 애들은 가망이 없게 된다) 지난번 시험의 평균보다 15점 이상 올라간 사람을 모두 초대하기로. 그 결과 기적이 일어났다. 평소 40점을 받던 아이가 60점, 70점을 받는 사태가 벌어졌고 학급 절반에 가까운 아이들이 우리 집에 오게 되었고 우리 반은 그 시험에서 전체 1등을 하게 되었다.

모든 대회에서 아이들이 피땀 흘려 받아 낸 상금을 한 번의 피자로 날리긴 아까워 (피자는 내 돈으로 사서 먹이고) 차곡차곡 따로 모아 뒀다가 마지막 날 정확이 n분의 1로 나눠서 모두에게 돌려주었다. 내가 나의 반, 나의 제자, 나의 금쪽이들에게 쓴 마지막 손 편지에는 그렇게 소정의 돈이 같이 들어 있게 되었다. (이 돈을 10년이 넘도록 쓰지 않고 간직하고 있는 제자도 있었다.)

분명 한없이 무능하고 실수투성이인 부분도 있었음에도 그리고 내가 다 포기하고 내려놨음에도 나의 모든 노력의 에너지들을 아이들은 기억하고 있었다. 그 아이들은 다 알고 느끼고 있었지만 어른들이 좋아할 만한 방식으로 표현이 안 되었던 것뿐이었다.

지랄 총량의 법칙: 지랄은 마구 법석을 떨며 분별없이 하는 행동을 속되게 이르는 말로, 지랄 총량의 법칙은 사람이 살면서 평생 해야 할 '지랄'의 총량이 정해져 있다는 의미다.

누군가는 지랄을 사춘기에 할 수도 있고 사춘기에 못 하면 뒤늦게 어른이 되어 오춘기로 겪을 수도 있을 것이다. 나는 나의 아이들이, 특히 첫째 아이가 그 지랄을 나와 함께할 때 총량을 다 채웠길 바란다. 그 아이가 성장하는 동안 어른들을 힘들게 할 모든 애먹임의 지랄을 내가 함께할 때 다 부렸길 바란다. 그래서 나를 떠나서는 어디에서라도 사랑받는 아이가 되길 바란다.

전남편도 마찬가지다. 그 사람 인생의 가장 폭력적이고 지질한 흑역사 그리고 큰 고통(그 역시 스트레스를 받았을 것이기에)을 나와 함께 했길 그리고 나를 떠나서는 어디서든 제대로 행복하고 사랑하고 사랑받으며 살길 바란다.

그러고 보니 내가 창밖을 바라보며 깨달음을 얻을 때 놀랍게도 나는 큰아이를 임신하고 있었다. 아이는 엄마의 주문을 들어준 것일지도 모른다. 그 지랄 나한테 떨라는. 네가 너의 가장 힘든 시기의 지랄을 떨 때 내가 옆에 있어 주겠다는 그 말을 잘 들어준 착한 아들이었다.

둘째는 정말 미안할 정도로 첫째보다 손을 덜 타서 많이 업고 안아 주지 못했다. 대신 나의 모유를 24개월간 먹였다. 둘째 덕분에 나는 가슴이 완전 짝짝이가 되었다. 여성으로서의 모든 것을 잃었고 그냥 엄마의 몸이 되었다. 내 피와 살을 뜯어 먹건 내 모유를 먹건 무엇이라도 먹어서 다행이다. 힘논세족 아빠와 살게 되겠지만 아이들 안엔 분명히 사논세족의 피가 흐를 것이고 힘 있는 사논세족이 되어 약자를 돕고 사회에서 성공도 하는 균형 잡힌 지구의 새로운 종족이 되길 바란다.

참고로 사회적 성공이 행복의 필수 조건은 아니다. 가장 베스트는 내가 행복한 일을 하다 보니 사회적 성공도 따라오게 되는 것이다. 우리 아이들도 그렇게 되길 바란다.

함께할 때 아이들과 제대로 된 대화라도 할 수 있었으면 좋았겠지만 오히려 다행일 수 있다. 나에 대한 기억이 없는 게 더 나을 것이다. 인간이 고통을 받는 근원적 이유는 고통의 감정 그 자체가 프로그램처럼 돌아가며 고통을 일으키는 상황을 불러오기 때문이지만 우리가 인지할 수 있는 구조적인 관점에서 보면 고통은 주로 뇌의 기억과 심리적 기대에서 발생된다. 아이들에게 나에 대한 기억이 사라진다면 그리고 기대조차 사라진다면 아이들은 고통받지 않을 수 있게 된다. 나는 아이들의 뇌에서 나의 기억이 완전히 삭제되길 바랐다. 한 톨의 기억이라도 가지고 있게 되면 그것이 아이를 힘들게 할 것이기에.

그리고 그 일은 일어날 것이다. 아이들의 뇌가 성장하면서 3살 이전의 기억은 많이 사라질 것이기에. 아이들과의 기억으로 인한 고통은 나만 받으면 된다.

　아이들이 나를 잊게 될 수 있다는 것을 예상은 했지만 전남편으로부터 직접 그 말을 들었을 때 너무나 가슴이 아팠다. 전남편이 둘째 아이는 나를 완전히 잊었고 새엄마를 그냥 엄마로 안다고 했다. 그리고 아이들이 새엄마 품에 안겨 있는 사진을 보냈는데 그때의 기분은 정말 잊을 수 없지만 잊고 싶은 기분이었다. 일종의 충격 같은 게 느껴지면서 눈물이 하염없이 흘렀다. 아무리 그게 사실이더라도 어떻게 저런 말을 저렇게 나한테 할 수 있을까? 아무리 공감능력 -100이라도.

　전남편이 너무 잔인하게 느껴졌지만 화를 낼 수가 없었다. 나는 이혼 후 시어머니에게도 남편에게도 말을 강하게 할 수 없었다. 그들이 나의 아이들을 데리고 있는 이상 내가 그들의 기분을 건드려 미움을 샀다가 그 미움이 아이들에게 조금이라도 갈까 봐 심기를 건드리지 않으려고 했다. 나는 전남편에게 분노를 삼킨 채 "네가 나의 입장이 되어 보지 않아서 하는 말이라고 알겠다."라고 했다. 원래 하고 싶었던 말은 "어떻게 그런 말을 할 수가 있니? 이 잔인한 놈아! 내가 너한테 '아이들은 너를 완전히 잊었다. 새아빠가 진짜 아빠인 줄 안다.'라고 하면 좋겠니?"라고 하고 싶었다.

　그러고 보니 전남편이 마지막 화룡정점을 찍은 그날에도 나는 전남편에게 사과를 했었다. 너를 사랑할 수 있을 거라 생각했던 내가 오만

하고 주제를 몰랐다고. 너를 끝까지 사랑해 주지 못해서 미안하다고.

  이혼을 하면서 남편은 나에게 아이들에게 떳떳한 엄마가 되라고 했다. 나는 떳떳하지 않은 적이 없다고 말하고 싶었지만 나는 당시에 직업도 없고 아무것도 없는 무능한 엄마였다. 이모님에게 전해 듣기로 전남편이 아이들에게 엄마는 미국에 공부하러 떠났고 너희들이 공부 열심히 해서 훌륭한 사람이 되면 엄마를 볼 수 있다고 말했다고 했다. 나는 아이들에게 말해 주고 싶었다. 너희는 이미 존재 자체로 훌륭하다고 공부든 뭐든 너희가 행복할 수 있는 일을 하라고.

  아이들과 헤어지고 5년 정도 지났을까. 첫 번째 전원주택으로 이사 가게 되었을 때 450평의 드넓은 잔디 마당과 주변의 국유림을 보자 아이들이 생각났다. 대자연에서 뛰어놀게 해 주고 싶었다. 전남편한테 미친 척 문자를 보냈다. 새 부인이랑 아이들이랑 모두 같이 놀러 오면 안 되냐고. 그렇게라도 아이들을 볼 수만 있었으면 했다.

  그리고 또 시간이 지나 혹시나 아이를 보내 달라는 말이 그 사람의 의식수준에서 아이들을 데리고 돈 장사를 하려고 하는 것처럼 전달되나 싶어 [양육비는 주지 않아도 되니 제발 내가 아이들을 키우게 해 주면 좋겠다.] 이것이 그에게 보낸 응답 없는 나의 마지막 문자였다.

  지금부터는 아이와 헤어지는 고통에 대한 묘사를 해 보려고 한다. 내가 그 어떤 행복을 누린들 나는 어딘가 구멍이 영원히 나 있는 상태가 되는 것은 기본이다. 우리 모두에게 대국민적인 집단적 고통을 선사한 세월호 사건 때 내 아이가 죽어 가는 장면을 지켜보는 엄마의 마음을 나는 조금은 알 수 있었다.

첫째가 버스 안에서 경기를 일으키며 호흡이 멈추었을 때 나는 모든 것이 정지되는 느낌을 받았다. 머리(판단)도 가슴(감정)도 나의 호흡(생명)도 스위치가 꺼지는 그야말로 엄청난 고압의 진공상태가 된다. 내 입에서는 나도 모르게 "안 돼! 안 돼! 안 돼!"라는 절규가 짐승처럼 터져 나왔다. "이 아이가 죽으면 나도 죽는다."라는 느낌밖에 들지 않았다. 아이가 죽는 게 아니라 내가 죽는 순간이었다.

(이 글을 쓰는 지금도 나는 오열 중이다. 안경 안에 눈물이 고이고 콧물이 눈물처럼 나와서 노트북 옆에 휴지가 쌓이고 있다. 이 감정은 거의 PTSD/외상 후 스트레스 장애 수준이라 내가 감히 감정의 압축풀기의 영역으로 끌어낼 수 없었던 지점이다. 이건 말이 아니라 그냥 울어 내야 하는 에너지 덩어리 그 자체다. 그래서 그냥 계속 울 수밖에 없다.)

아이랑 헤어진 채로 산다는 것은 강도는 약하지만 이 상태가 '띠… 띠… 띠…' 심정지 기계음처럼 길게 지속되는 것이다.

죽음이란 무엇인가? 죽음이 왜 사람들에게 슬픔을 안기는가? 그것은 단 하나, 그 사람을 다시는 볼 수 없다는 사실 때문이다. 그 사람의 얼굴, 눈빛, 표정, 입술, 웃음, 목소리 나의 에너지가 실리고 반응이 오고 그렇게 내가 교류될 수 있는 사랑의 대상 하나가 완전히 사라진다는 것이다. 내가 알던 내가 섞인 그와의 모든 시간과 추억과 기억이 사라지고 그 채널의 드라마는 끝이 나 버리고 주인공들은 영영 볼 수 없다는 것이다. 하나의 우주가 사라진다는 것이다. 보고 싶어도 그리워도 볼 수 없고 그 사람과의 모든 감각을 다시 느끼고 싶어도 다시는 체험할 수 없다는 것이다.

3살, 5살의 나의 아이들이 내 눈앞에서 사라졌다가 20살에 만난다면 영원히 만나지 못하는 것보다는 낫지만 3살, 5살의 아이들이 20살이 되기까지 볼 수 없다면 나에게 그 아이들은 3살, 5살의 나이에 사라지고 죽은 것이나 마찬가지가 된다.

아이들과 헤어지고 2년을 악몽에 시달렸다. 매일 밤 꿈속에서 아이들을 잃어버리는 꿈을 꾸다 오열하며 깨어났다. 그리고 아이들이 보고 싶어 전남편이 있는 집으로 기어 들어갔는데 내가 목을 매고 자살하는 꿈, 아마도 내 영혼이 그 집에 들어가면 질식사하게 될 거라는 것을 미리 보여 주는 꿈인 것 같았다. 나는 저 집에 들어가면 죽는다는 강렬한 직감 속에서 선택을 해야 했다. 당장 보고 싶어 지옥의 불구덩이로 들어가 아이들을 한 번 보고 죽을 것인가? 아니면 당장 보고 싶은 마음을 참고 나부터 회복시켜 아무도 죽지 않을 수 있는 상태에서 만날 것인가?

보통 이혼가정에서 자란 아이들이 이혼가정이 주는 고통이 힘들었다면 성인이 되어 결혼을 했을 때 그 어떤 고통이 와도 이혼만은 하지 않으려고 죽을힘을 다하게 될 것이다. 자신이 받은 고통을 아이들에게 물려주고 싶지 않기 때문이다. 나도 이혼가정에서 자라 고통을 받았다면 그런 선택을 했을 수도 있다. 그러나 나의 고통은 서로 맞지 않는 부모님이 이혼을 하지 않고 매일같이 싸우면서 뿜어낸 미움과 고통의 에너지에 의한 고통이었으므로 나는 반대로 그 고통을 아이들에게 절대 물려주고 싶지 않게 된다. 그 고통을 겪지 않았으면 몰라도 안다면 절대 무시할 수가 없게 된다.

정말 이놈의 지구는 모든 것이 핑퐁게임 같다. 내가 죽지 않으면 저 사람이 죽고 저 사람을 죽이지 않으면 내가 죽고 누구 하나 죽어야 사는 곳! 중간이 없다. 정말 슬프고 고단하다.

나는 아이들과 나의 행복을 장기전으로 보았다. 당장은 아이를 잃어버린 나도 힘들고 엄마를 잃어버린 아이들도 힘들다. 각자의 아픔과 상처가 분명히 존재한다. 그런데 아이들은 엄마의 빈자리에 이모님이 계셨고 그리고 곧바로 새엄마와 새로운 가정이 생겼다. 동화책이나 뉴스에 나오는 새엄마만 아니라면 아이들을 먹이고 입히고 옆에 있어만 주어도 그것 자체가 큰 사랑이 되어 아이들은 잘 자랄 것이다. 이렇게만 되어 준다면 아빠가 폭력을 쓰고 그 폭력에 상처받고 흑화되어 버린 예민하고 무능한 생모와 매일 다투고 칼부림이 일어나는 가정에서 사는 것보다 백배 나을 것이다. 힘논세족 세상을 살아가기엔 존재감 없는 가난한 엄마보다 의사아빠가 훨씬 든든한 울타리가 되어 줄 것이다.

그리고 나처럼 깨어나는 영혼의 예민한 상태가 아니라면 웬만한 일반적인 인간들은 시어머니 말대로 부부가 치고받고 가끔 거친 욕도 하면서 "그게 다 사람 사는 거지." 하면서 살아질 수도 있다. 그렇게 살아진다면 그래서 큰 사랑은 아니지만 겉으로라도 평화와 화목이 지탱될 수 있다면 나처럼 기만과 위선을 느끼지 않고 그 모든 것에 함묵적 동의가 된다면 그보다 더 완전할 순 없을 것이다.

내가 아는 것은 단 하나뿐이다. 장기적으로 엄마가 행복해야 아이들도 결국 행복해진다는 것. 아무리 곁에 있어도 부모가 불행하다면 그 에너지는 아이들에게 다운로드되고 그 아이들은 아무리 발버둥을 쳐도 웬만해선 결코 행복하게 살기가 어렵게 된다. 겉으로만 멀쩡하고 진정한 행복의 알맹이가 없는 속 빈 강정의 삶이 되기 쉽다. 그렇게 되면 또 그들은 외로움과 결핍 속에 동호회와 각종 모임을 찾게 될 것이다.

나는 나를 찾아오는 내담자들에게 이렇게 말한다. 사랑은 내가 사랑이라고 생각하는 것을 일방적으로 주는 것이 아니라 상대방이 사랑이라고 생각하는 것을 주는 게 사랑이라고. 나는 정작 내 아이들에게 이런 사랑을 해내지 못한 빵점엄마다. 아이들이 엄마를 필요로 하는 시기에 아이들은 곁에 있어 주는 엄마의 사랑을 원했을 텐데 나는 그 사랑을 주지 못한 무정하고 무능한 엄마다. 이 부분은 아이들에게 평생 사죄해도 모자란다.

그리고 가장 큰 죄는 내가 나의 아이들을 안정과 사랑의 에너지 속에서 키울 수 있는 제대로 된 배우자를 선택할 수 있는 상태가 애초에 되지 못했다는 것이다. 정말 나와 맞는 에너지의 배우자와 부부가 되어 나의 아이들을 자녀로 만났다면 얼마나 좋았을까? 내가 나를 사랑하고 내가 나를 행복하게 할 수 있는 에너지부터 회복한 상태로 나처럼 공감능력+100인 남자를 만나 가정을 이루어 아이를 낳았다면 좋았을 터인데 이런 엄마가 되어 주지 못해 너무나 미안하다.

　부디 나 하나만 빠지는 것으로 아이 아빠도 아이들도 새엄마도 행복한 가정이 되었다면 너무나 좋을 것 같다. 그렇게 우리 아이들이 내가 제공할 수 없었던 안정과 안락과 사랑과 행복 속에 살 수만 있다면.

　이혼 직후, 아이를 잃어버리고 자다가 울면서 깨는 나를 보면서 영혼남자는 나를 붙잡을 수 없었다. 그는 내가 여자이기 전에 아이 엄마라는 사실과 아이들은 엄마가 필요한 어린 나이라는 것을 알고 있었다. 그도 전 부인이 아이들을 키우고 있는 아이들의 아빠였기에 그 어떤 욕심도 내지 않았다. 그는 나더러 아이들이 보고 싶으면 언제든 돌아가라고 해 주었다.

　너무 힘들면 가서 애들이 클 때까지 애들 곁에 있어 주고 오라고. 자신은 이 자리에서 나를 기다리겠다고. 우리는 시간이 지나도 언젠가 다시 만나게 될 거라고. 할아버지가 되어 만나도 좋다고. 그는 정말 나에게 그 어떤 부담도 신경 쓰임도 주지 않은 무해하고도 드넓은 초원 같은 사람이었다. 그림자 같은… 그런데 따뜻한 빛이 나는…….

나는 그에게 내가 그 집으로 들어갔다가 목을 매달고 자살하는 꿈을 여러 번 꾸었다는 이야기를 해 주면서 내가 돌아갈 곳이 없음을 알렸다. 돌아가면 안 된다는 것을 알려 주었다. 내가 애들 앞에서 자살을 할 수도 있음을. 죽어도 여기서 죽어야 함을. 피투성이가 된 돌고래가 죽고 싶어도 바다에서 죽어야 함을.

아이들과 헤어지는 고통은 사랑하는 배우자를 죽이고 싶어지는 감정과 나를 낳아 준 엄마를 죽이고 싶은 감정이 주는 고통과 차원이 달랐다. 정신적 고통, 감정적 고통 수준이 아니라 피와 살이 뜯기는 고통처럼 온몸의 세포와 심장이 뜯겨 나가는 고통. 일본의 원숭이가 자식을 잃어버리고 몇날 며칠을 슬피 울다 죽었는데 그 원숭이의 배를 갈라 보았더니 창자가 다 녹아 있어서 유래한 표현, "애간장이 녹다"와 같다.

지구에서 느낄 수 있는 고통의 최고봉, 내가 죽는 고통보다 내 앞에서 자식이 죽어 가는 것을 보는 것이 더 고통인 관계가 주는 고통. 내가 이 고통에 장기적으로 노출되자 드디어 애간장이 녹듯 나의 인간 껍데기가 녹고 내 영혼이 깨어나기 시작했다. 내 영혼의 기억과 감각이.

나는 불현듯 고통이라는 감정이 예전과 다르게 느껴졌다. 고통은 늘 인내와 극복의 대상이었고 고통을 이겨 내지 못하면 나약한 존재가 되는 감정의 대상이었는데. 나는 처음으로 이 고통을 힘들어서 참을 수 없는 것이 아니라 지겨워서 참기 싫어지는 느낌을 받았다. 고통이 지겨웠다. 이 고통이 처음이 아니라는 감각이 살아나 버렸다. 내가 이 고통을 환생을 통해 반복하고 있다는 느낌. 고통이 힘든 게 아니라 지겨워 죽을 것 같은 느낌.

그리고 무엇보다 내가 다음 생에 다시 태어나 이런 고통을 다시 겪는다면 그땐 정말 미쳐 버릴 것 같은 느낌. 도저히 못 해낼 것 같은 느낌. 다시는 하기 싫은 느낌. 지겨움에 돌아 버릴 것 같은 느낌. 죽는 것보다 더한 느낌.

여기서 끝내야 한다. 이 고통의 쳇바퀴, 고통을 무한 생성하는 카르마의 무한 루프를 끊어 내야 한다.

나는 절대로 인간으로 다시 태어나지 않겠다. 다시는!

인간체험을 졸업하려는 나의 영혼이 이제 깨어난 것이다.

그렇게 나는 초탈을 꿈꾸게 되었다.

5. 슬픈 지구별에서 얻은 답

인간으로 살아 본 내가 깨달은 가장 슬픈 사실은 내가 인간 몸을 입고 인간들 속에서 인간으로 사는 한 나 역시 누군가에게 무지하고 기만하고 폭력적이게 될 수밖에 없다는 사실이다. 지구는 내가 생존을 위해 의도하게 되든, 의도하지 않든 내가 아무리 조심해도 누군가에게 가해자가 될 수밖에 없는 구조 속에 있다. 우리는 모두 똑같이 지구 인간의 체험 프로그램인 카르마 프로그램 안에 갇혀 있기 때문이다.

내가 잘나가고 행복한 모습이 누군가에게 상대적 박탈감을 일으키며 누군가를 불행하게 할 수도 있다. 지구는 내 존재가 누군가에게 슬픔과 상처를 유발할 수 있는 별이라는 사실이 나를 가장 슬프게 한다. 우리 아이들에게 엄마를 잃은 슬픔을 주었다는 사실이 내게 이곳을 지옥으로 만든다. 내가 못나도 거슬려서 불편함을 주고 잘나도 거슬려서 불편함을 주는 곳. 내가 어떻게 살아도 누군가에게 거슬림과 불편함을 줄 수 있다는 사실이 나는 슬프다. 나는 이런 상황이 정상적으로 느껴지지 않는다. 왜 모두가 어떻게 살든 행복할 수 없을까? 무엇이 문제일까?

왜 이곳은 서로 맞지 않는 에너지 수준의 존재들이 모여 서로 상처를 주며 공생하게 되었을까? 누군가와 완벽히 소통될 수 없고 이해와 생각이 다름의 답답함이 단순한 차이와 다양함을 넘어서 괴로운 수준이고 고통의 지옥을 만들어 내는 수준이라면 뭔가 문제가 있는 것이다. 이곳은 결코 정상이 아니다. 결코 조화롭지 못하며 조화를 위한 시도를 취해 보지만 그조차도 이해타산적인 정치적 시도들에 불가하다.

지구는

독재를 막기 위해 독재를 해야 하는 곳이며

폭력을 막기 위해 폭력을 써야 하는 곳이며

전쟁을 막기 위해 전쟁을 치러야 하는 곳이다.

'나는 인간이 아니다'를 인간이 되어 알게 되는 곳이며

'우리는 신이다'를 신이 아닌 상태로 말해야 되는 곳이다.

'말은 오해의 소지가 많다는 것'을 말로 전해야 하는 곳이며

'글로 모든 것을 담기에 한계가 있다는 것'을 글로 써야 되는 곳이며

인간의 도그마를 믿지 않아 그 어떤 책도 읽지 않고 오로지 자연을 보며 깨닫고 초탈했다는 람타의 가르침을 책으로 읽어야 하는 곳이다.

자신의 피해사실을 알리는 것이 누군가를 또 다른 피해자로 만들 수 있는 곳이며 외부의 메시아(구원자)는 없다는 것을 메시아가 되어 알려야 되는 곳인 것이다.

이런 곳에서 그 누가 절대적 진실과 진리를 고수할 수 있으며 오해와 비난과 논란과 내로남불과 딜레마와 자가당착과 자기기만과 위선과 상처 주고받기와 혼란을 피할 수 있겠는가?

우리가 이루어 놓은 인간문명과 인간사회는 불완전한 인간들의 창

조물로써 언제나 서로에 대한 상처와 피해와 파괴를 불러올 수밖에 없다. 그런 순환구조를 나는 매일 쌓이는 플라스틱과 비닐 등의 재활용쓰레기를 보면서 확인한다. 절대로 분해될 수 없는 저 많은 쓰레기들이 내 눈앞에서만 사라지지 이 지구 어딘가에서 쌓일 것이고 자연은 계속 파괴되어 갈 것이다. 지구의 70%를 차지하는 생명의 에너지 보고이자 원천인 바다도 언제까지 버틸 수 있을지 모른다.

물질문명 속 인간으로 숨 쉬는 것만으로 지구 반대편의 이름 모를 원주민이나 다른 종과 개체들에게 가뭄과 홍수를 일으켜 피해를 주게 된다. 나는 회사의 일원으로 열심히 일할 뿐인데 내가 속한 회사가 다른 영세한 회사로부터 폭리를 취할 수 있는 구조 속에 놓일 수도 있다. 내가 일하는 결과물이 누군가에게 피해를 주게 되는 것이다.

대부분의 사람들은 "사람 사는 것이 다 그렇지, 살다 보면 그럴 수도 있지." 하며 이런 문명의 시스템을 받아들이고 당장 자신의 일이 아니면 그냥저냥 살아갈 것이다. 마치 부부가 살다 보면 치고받고 싸울 수도 있지, 내가 돈 벌다 보면 누군가는 망할 수도 있고 내가 술 좀 마시고 운전하면 누구 하나 죽을 수도 있지, 내가 바나나우유 하나 먹고 빨대 버리면 바다거북이 콧구멍에 꽂힐 수도 있지, 전쟁이 일어날 수도 있고 핵폭탄이 터질 수도 있지, 다리 하나 잘릴 수도 있고 천 명이 대량으로 학살될 수도 있지. 인간들은 역사 이래 다 그러고 살아왔고 그렇게 살아가는 거지. 그게 인간이 사는 거지.

이게 된다고? 이게 아무렇지 않다고? 지금의 나는 안 될 것 같다. 부부가 한 대 치고받고 싸울 수도 있지가 안 되는 것처럼. 그건 연결성이 끊기면 할 수 있다. 자연과 인간의 연결성이 끊겨서 인간의 발명과 창조물에는 자연과 함께 공생할 수 있는 지점들이 생략된다. 인간의 머릿속엔 자연이 중요하지 않다. 자연과 차단된 고도의 물질문명 속에 갇혀서 돈을 더 버는 것이 중요한 상태가 되어 버렸다. 그 결과 자연의 파괴를 불러오고 우리가 자연을 생각하지 못해도 우리는 거대한 자연의 일부이므로 결국 자연을 파괴한 것은 우리 자신을 파괴한 결과로 되돌아올 것이다.

한 지역에서 전쟁이 일어나는데 바로 이웃나라에서는 축제가 일어난다. 이게 아무렇지 않다고? 그런데 정말 아무렇다 해도 달리 방도가 없을 만큼 인간들의 삶은 무질서 속에 질서를 창조해 버렸다. 무질서를 어쩔 수 없이 수용하면서 무질서에 적응하고 그것이 어느새 질서처럼 느껴 버린 상황이라고나 할까? 아이가 태어났더니 집구석이 허구한 날 전쟁이라면 아이는 그것이 당연하고 자연스러운 정상적 가정이라고 생각하고 사는 것처럼.

영혼이 깨어나 버린 나는 지구의 인간들의 삶이 너무나 기괴하게 느껴진다. 지구가 감옥 별인데 인간들은 자신들이 감옥에 갇힌 줄 모른다. 오히려 감옥을 편안하게 생각하고 감옥의 규칙과 질서를 수용하며 잘 따르려고 한다. 1번 감방에서는 고문을 당하며 죄수가 고통의 비명을 지르는데 2번 감방에서는 식사에 치킨이 나와서 행복하고 즐겁다. 삶과 죽음을 당연하게 받아들인다. 왜 사는지 왜 죽는지 아무도 궁금해하지 않고 모두들 그래 왔고 그러고 있고 그럴 거니까 그 모든 규칙을 따를 뿐이다.

"어느 날, 왕의 아들이었던 싯다르타가 자신의 모든 부와 권력과 명예를 뒤로하고 집을 떠나려 하자, 왕인 아버지가 그를 붙잡았다. 하나 아들인 싯다르타가 한마디 하자, 그는 아들의 손을 놓아주었다. 그 한 마디는 바로 '아버지는 행복하십니까?'였다."

인간들에게 묻고 싶다. 진짜 행복하냐고. 이 기괴한 감옥 별의 삶이 내가 당장 고문당하지 않고 치킨을 먹을 수 있으니 괜찮고 지루하지 않고 재밌고 행복하다면 이곳에서 인간으로 계속 살면 된다. 당신은 아직 이곳의 게임과 체험이 행복한 영혼인 것이다. 그리고 설령, 행복하지 않아도 당장 어쩔 도리는 없을 것이다. 지금 이 환경에서 누릴 수 있는 최선이자 최고의 행복은 치킨을 뜯는 것이기에 그것으로 행복하다면 그런 행복이라도 누릴 수 있음이 오히려 다행일지도 모른다. 인간들은 그 이상의 행복의 개념과 감각으로부터 철저히 차단되어 있다.

그러나 당신이 깨어나는 영혼이라면 더 이상 치킨에 집중이 되지 않을 수도 있다. 옆방의 고문당하는 소리가 신경이 쓰이게 될 것이고 내가 들어 있는 방만이 아닌 감옥 전체를 느끼고 보게 될 것이다. 여기는 어디고 나는 누구고 여기서 내가 무얼 하고 있는지 궁금해지기 시작할 것이다. 그리고 여기가 좁고 불편하고 지겹게 느껴질 것이다. 한 번도 감옥이라고 느껴 본 적이 없는 이곳이 갑자기 감옥처럼 느껴지며 탈출하고 싶어질 것이다. 왜냐하면 당신의 영혼은 더 자유롭고 광활한 장소로 체험을 확장하고 싶어 하기 때문이다.

지구를 감옥으로 느끼는 것은 부정적인 것인가? 모든 것을 긍정적으로 만족하고 감사하게 생각하지 못하는 하수인가? 《초인들의 삶과 가르침을 찾아서》라는 책에는 "마음이 가난한 자는 복이 있나니"라는 성경구절을 이렇게 해석했다. "그것은 욕심이 없고 소박하고 가난한 자가 천국에 간다는 뜻이 아니라 마음에 결핍을 느끼는 자가 결국 그 결핍을 통해 자신이 채우고 싶은 것들에 대해 노력하고 창조를 해내서 과거의 결핍된 상태에서 벗어나 성공하고 풍요롭게 될 것이고 그렇게 발전의 기회를 얻게 될 것이기에 복이 있다는 뜻"이라는 것이다.

지구를 감옥으로 느끼며 매일 불평불만만 하고 감옥에 계속 산다면 당신은 저주받은 투덜이가 맞다. 그러나 감옥으로 느낀 그 결핍을 이용해 탈출을 해낸다면 당신은 스스로를 구원한 신이 되는 것이다.

나는 초탈을 해낼 때까지 인간으로서도 잘 살아 낼 것이다. 육체를 입은 한 나의 육체적 삶도 소중하기 때문이다. 그러나 계속 인간으로 살고 싶진 않다. 인간사회의 많은 문제들을 인간의 상태로 해결하겠다는 것은 문제를 일으킨 의식으로 문제를 해결하겠다고 하는 것과 다를 바 없다. 영원히 해결해 내지 못할 것이다. 해결될 것 같은 희망적인 논리와 시도들이 진행되겠지만 안 될 것이다. 안 된 채로 계속 아등바등 살며 인간의 문명은 표류하듯 끝을 향해 영속될 것이다.

 인간들의 마음이 지옥인데 이 지구에 문제가 없는 천국이 건설되겠는가? 누군가 어떤 문제를 해결할 수 있는 해결책을 생각해 내서 문제가 해결되었다고 해도 그것은 일시적인 해결책이 되고 그 해결책은 시간이 지나면 또 다른 문제와 재앙을 불러올 것이다. 그 해결책을 고안해 낸 인간의 몸, 의식, 능력, 지능, 시야, 에너지 모두 제한되어 있기 때문이다.

 완전히 다른 상태가 되는 것만이 답이다. 내가 바뀌어야 세상이 바뀐다. 내면이 바뀌어야 외부가 바뀐다. 나의 내부에너지가 바뀌어야 외부물질의 상태가 바뀐다. 내가 완벽한 상태가 되면 세상이 완벽해진다. 나부터이다.

 인간의 상태로서는 답이 없다. 초탈이 답이다. 나의 에너지 상태와 몸의 형태를 바꾸는 것. 인간 몸의 입자성 안에 갇혀 있지 않고 어떤 에너지 상태와 어떤 차원이든 갈 수 있는 자유로운 에너지몸 상태가 되고 내 안의 모든 권능을 다 쓸 수 있는 상태가 되는 것이 답이다. 아니 답일 수 있다. 하나의 답에 갇히고 싶진 않다. 지금의 내가 생각해 낸 최선의 답이라고 표현하고 싶다.

 그 모든 가능성에 대한 설명을 이 책을 통해 해내게 될 것이다.

6. 카르마 프로그램 제거작업

《빛의 시크릿(기본편)》에는 내가 알게 된 카르마의 개념에 대한 설명이 등장한다.

내가 알게 된 카르마는 불교에서 말하는 단순한 업보의 개념이 아니라 인과의 법칙 안에서 부정적 체험을 끌어당기는 즉 원인으로 작용하는 부정적 감정 그 자체이다.

우리의 에너지장 안에는 카르마, 즉 부정적 감정 그 자체가 어느 지점에서 생성되어(부정적 감정이 최초로 생성된 사건인 우주전쟁에 대한 이야기는 책 후반부에 등장) 마치 프로그램처럼 깔려 있는데 이 프로그램이 인간으로 환생하는 동안 매 생의 체험을 끌어당기는 주 프로그램처럼 작동한다.

여러분이 우울증으로 심리 상담을 받으러 가면 주로 어린 시절 원부모와의 관계에서 그 원인을 찾을 수 있다. 예를 들어 당신은 어린 시절 강압적이고 폭력적인 부모로부터 받은 트라우마로 인해 우울증에 걸렸다는 것이다. 그런데 아니다. 당신은 이미 당신의 에너지장에 전생부터 처리되지 못한 분노, 우울, 억울함 등의 부정적 감정 즉 카르마를 가지고 이번 생에 다시 태어났으며 그 결과 그 감정들이 끌어당기는 모든 관계의 체험을 주로 태어나자 만나는 부모와 먼저 시작했을 뿐인 것이다.

부처가 말한 인간의 생(生)이 고(苦)인 이유는 주로 고통스러운 부정적 감정 즉 카르마가 주 프로그램처럼 작동하며 매 생의 체험을 끌어당기며 창조하고 있기 때문이다.

여러분의 전생들은 서로의 배역과 상황만 바뀔 뿐 그 역할과 상황에서의 감정체험은 똑같이 반복될 뿐이다. 전생에 나의 아버지로 태어나 나를 힘들게 했던 사람이 이번 생에 나의 자식으로 태어나 나를 힘들게 하고 배역과 상황만 달라질 뿐 내가 그 관계에서 체험하는 감정은 비슷하다.

왜인 줄 아는가? 여러분 안에 감정은 눌려지고 억압될 뿐 결코 사라지고 처리되지 않은 채 여러분의 오라인 에너지장 안에 그대로 기록되어 다음 생에 여러분의 잠재의식이자 무의식을 가득 메우게 되고 그 감정 에너지인 카르마가 결국 삶의 체험들을 끌어당기고 창조하기 때문이다.

당신이 카르마의 프로그램에서 벗어나는 길은 감정에너지를 풀고 제거하는 것이다. 전생부터 압축되어 온 부정적 감정을 있는 그대로 직면하고 소리에너지에 실어 표현해 내는 것. 부정적 감정의 압축풀기 방법을 구체적으로 상세히 설명해 놓은 책이 바로 《빛의 시크릿(기본편)》이다.

이 방법을 누가 알려 준 것은 아니다. 전혀 새로울 게 없어 보이는 이 방법은 어느 날 갑자기 내 몸에서 터져 나왔다고 볼 수 있다. 그리고 이 방법이 내 몸에서 터져 나오게 해 준 역할자는 나의 위대한 빌런 전남편이었다.

 그 전에 한 번의 전조증상이 있었다. 이웃집 아기 엄마가 "미친 거 아니야?"라는 분별을 해 주었음에도 전남편이라는 강한 부정적 에너지 속에 갇혀 있었던 나는 분별을 거부할 정도로 완전히 잃고 있었다. 즉 전남편의 에너지 안에서 벗어나지 못하고 있었다. 그런 내가 영혼남자와 함께 살게 된 지 3년이 흘렀을 때쯤, 그러니까 정상적이고 맑고 바르고 안정적이고 온전한 남자와 살게 되자 엄청난 분별이 일어나면서 갑자기 전남편이 자행한 모든 가해의 순간들과 답답하고 억울했던 벙찜의 순간들이 들고일어났다. 그야말로 엄청난 분노가 깨어났다. 이혼 후, 전남편에 대한 분노보다 아이들을 두고 온 슬픔과 고통에 압도되어 분노가 묻혀 있다가 갑자기 폭발을 해 버린 느낌이었다.

 그때 바로 답해 주지 못했던 말들도 3년이 지나서야 생각이 났으며 뭐 그런 놈이 다 있는지 미치고 펄쩍 뛸 것만 같았다. 정말 당장 가서 죽여 버리고 싶었다. 안 그러면 내가 죽을 것 같고 죽여도 모자랄 것 같았다. 내가 3일 밤낮을 분노로 화닥거리자 영혼남자가 그렇게 힘들면 생각으로라도 죽여 보라고 해서 상상으로 죽여 보는데 그래도 성에 차지 않았다. 정말 걷잡을 수 없는 분노의 에너지였다. 그래서 나는 재활용수거함에 있는 종이박스를 돌돌 감아서 이불 속에 집어넣고 부엌칼로 찌르면서 "죽어라 죽어라~"를 반복하며 분노를 풀어내고 그 순간을 넘겼다.

그리고 그 이후 나는 2년간의 초탈명상 끝에 에너지가 열리는 신비체험을 하게 되었다. 신비체험 이후 나는 높은 진동수의 에너지가 몸을 장악하고 있었고 아마도 그 높은 진동수의 에너지로 인해 그 진동수와 맞지 않는 저급한 진동수의 에너지가 빠져나오려고 그 일이 벌어졌다고 본다.

내가 저진동 압축풀기의 개념과 방법을 처음 만난 그날을 기억한다. 그 방법은 나에게서 저절로 그냥 벌어졌다. 신비체험 후 내 개인적 에너지작업이 스스로 계속 진행되며 고진동 만트라(소울디~ 고마워 사랑해)를 열심히 하던 어느 날, 나는 가슴 안에서 슬픔과 함께 분노와 증오가 일어나는데 처음엔 그게 뭔지 모른 채 "집 안에만 있어서 햇빛을 받지 않아 우울해지는 건가?" 하고 햇빛을 쬐기 위해 마당으로 나가게 되었다.

그런데 거의 반 트랜스 상태로 나도 모르게 내 입에서 "그 새끼 죽여 버릴 거야."라는 말이 거의 수백 번을 반복해서 나왔다. 내가 과거 특정인에게 가지고 있었던 분노가 수년이 지난 어느 날 불현듯 터진 것이다. 나는 분노와 증오가 가득 찬 그 말을 멈출 수가 없었고 1시간이 넘어서고 있는데도 분노와 증오가 좀처럼 진정되지 않았다. 오히려 더 진해지고 세지고 증폭되고 있었다. 뭔가 심층적인 압축파일이 터지기 시작한 느낌이었다.

그때 내가 한 가지 깨달은 것은 "이 감정을 제대로 처리해 내지 않으면 살면서 계속 올라오겠구나."였고 "또 이런 감정을 나에게서 유

> 발하고 체험시킬 비슷한 인연들과 상황을 끌어당길지도 모른다."라
> 는 생각에 이 감정을 한번 제대로 다루고 처리해 보기로 결심하게 된
> 다. 이것이 저진동 압축풀기의 시작이었고 지금 책에서 소개하고 있
> 는 방법이 탄생된 계기였다.

《빛의 시크릿(기본편)》에 나왔던 이 내용 속의 과거 특정인이 바로 전남편이다. 내 안에 있던 그에 대한 분노는 마치 내 존재가 이 우주에 탄생한 이래 쌓인 모든 전생의 분노를 끌어올린 마중물 역할을 하는 듯했다. 그는 나에게 그 위대한 역할을 해 준 셈이다. 그가 아니었다면 사랑병 환자인 내 안에 이토록 극심한 분노가 존재하는지도 몰랐을 것이다. 선하고 착하고 화도 없고 화가 나지도 않는 성인군자의 탈을 쓰고 살 수 있었을 것이다. 그렇게 그럭저럭 살다가 다음 생에 태어나 진짜 살인자가 되었을 수도 있다.

그의 위대한 역할 덕분에 나는 내 안에 가장 무거운 분노의 에너지를 직면하게 되었고 그 에너지로부터 자유로워질 수 있는 기회도 얻을 수 있게 된 것이다.

3만 년 전, 지구에서 6년간 바람을 숙고하다 바람(에너지몸)이 되어 버린 존재, 우리가 아는 가장 유명한 지구 초탈자, 람타는 초탈한 그의 생이 지구에서 인간으로서의 첫 생이었다. 그는 어떻게 단 한 번의 생으로 초탈을 해낼 수 있었을까? (가성비 갑이고 에너지효율 1등급짜리 해탈&초탈이다.)

람타의 어린 시절은 어마무시하게 처절했다. 내가 이번 생에 체험한 지옥의 1만 배급의 형태를 띠고 있었다. 나의 지옥은 스스로도 지옥인 줄 모를 수 있는 겉보기에 멀쩡한 현대사회의 은폐되고 기만된 지옥(내가 피해자일 수 있지만 나를 포함한 모두가 나를 가해자로 아는 지옥)이었지만 람타의 지옥은 가해자와 피해자가 극명한 '대놓고 지옥'이었다.

피지배민족이었던 그는 자신의 어머니가 남자에게 강간당해 아이를 낳고 어린 소년들이 치아가 뽑힌 채 남자 어른들의 성노리개가 되고 죽은 어머니의 시신을 처리할 수 없어 어린 람타가 몰래 불에 태워야 하는 종족이었다. 그는 자신들의 민족을 그렇게 만든 지배계층 인간들에 대한 엄청난 분노와 이 모든 것을 방관하는 신에 대한 더 큰 분노로 이미 흑화되기 시작했다.

그는 이런 지옥의 세상을 창조한 신과 맞짱을 뜨기 위해 눈 덮인 산에 올랐고 그 설(雪)산에서 여신을 만나게 된다. 그리고 여신이 주는 커다란 장검 하나를 받아 들고 산을 내려와 그길로 자신의 민족을 짐승보다 못한 취급하며 짓밟고 농락하고 학살한 지배민족을 학살하기 시작한다. 그 학살은 대륙을 정복해 가는 수준으로 확장되고 지속되었다. 람타가 몇 명을 죽였는지는 모르겠지만 그 죽음의 양은 람타의 분노의 양만큼 컸을 것이다. 또한 람타의 분노는 자신이 속한 피지배민족 모두의 집단적 한과 분노의 양이었을 것이다. 람타는 결국 칼을 맞고 깊은 부상을 입은 채 여인들의 치료를 받으며 처음으로 거친 살육과 전쟁의 에너지로부터 분리되게 된다.

그는 여인들의 웃음소리와 바람을 느끼며 처음으로 자유로운 바람이 되고 싶어졌고 그렇게 바람을 숙고(바람에 자신의 몸을 일체시키는 심상화)한 지 6년이 지나 초탈(단단한 육신을 벗어나 자유로운 에너지몸으로 변형)되었다.

내가 집중하는 것이 나의 현실이 된다.

이 우주에서 내가 인정하는 단 하나의 원리이자 진리이다. 우리가 시크릿, 끌어당김의 법칙 등을 이용한 현실창조가 잘 안되거나 되었다가도 안 되는 이유는 우리의 현실의식은 내가 원하는 생각과 감정에 집중을 할 수 있을지라도 나의 무의식, 잠재의식 속의 기억들과 감정은 정화되지 못한 부정적 감정과 기억으로 가득 차 있고 사실상 그 에너지가 훨씬 강력하게 창조를 하고 있기 때문이다. 그래서 "내가 원하는 생각과 감정에 집중하기 전에 원치 않은 감정들부터 정화하고 제거하는 작업부터 하자."가 바로 《빛의 시크릿》의 탄생 배경이고 내가 말하는 정화&창조의 원리이다.

"나의 생각과 감정을 현실창조에 이용하기 전에 내가 원치 않는 방향의 창조를 일으키고 원하는 생각과 감정에 집중하는 것을 방해하는 부정적 감정과 생각부터 제거하자."가 바로 내가 안내하고 있는 저진동 압축풀기이다.

단 한 번의 생애에서 가장 강렬하고도 스케일이 큰 분노를 체험한 람타는 직접적인 학살을 통해 자신의 분노를 표출해 내는 일종의 저진동 압축풀기를 해낸 것이었다. 누가 나를 한 대 때리면 나도 한 대 때려 주면 그만큼 깔끔한 제로베이스 상태의 에너지균형과 업장소멸은 없다. 그와 나 사이에 더 이상의 에너지 불균형과 분노도 억울함도 복수심도 원한도 없다. 그 둘은 다음 생에 만나지 않을 수 있다. 그 둘 사이의 모든 카르마 관계는 해원되었다. 계산완료다.

람타는 분노 외에 그 어떤 감정의 에너지도 없었다. 그가 칼을 들었을 때 그는 이미 여러 가지 감정이 드글드글거리는 인간이 아니었다. 칼로 학살을 하고 죄책감이든 뭐든 다른 감정을 생성시키고 느꼈다면 그는 그 감정으로 인해 인간으로 다시 태어났을 것이다.

(참고로 살인을 하고도 죄책감을 느끼지 않는 사이코패스 연쇄살인마하고는 다른 상태이다. 사패살인마들은 뇌와 감정체계가 고장 나고 뒤틀린 상태로 죄의식 없이 살인을 게임으로 즐기고 있는 것에 가깝다. 그들은 죄의식만 없을 뿐, 머리와 가슴 안에 온갖 부정적인 생각과 감정이 드글거린다고 보면 된다.)

우리는 람타처럼 사람을 죽일 수 없다. 죽이고 싶은 수준의 분노는 드글거리지만 실제로 죽이고 람타처럼 뒷일을 생각하지 않을 수 있을 만큼 멘털이 인간계를 넘어서지 않았다. 머리도 가슴도 비워지지 않았다. 람타는 선을 넘는 처절한 고통으로 그 분노가 그의 모든 인간적 자잘한 감정을 집어삼켰고 그는 순수한 분노의 화신으로 그저 분노에너지 자체를 해소하는 것에 집중된 상태였다. 죽음도 두렵지 않았고 죽더라도 다 죽이고 죽겠다와 같은.

오랜 시간 역사적으로 누적되어 왔을, 자신이 속한 민족전체의 억압되고 압축된 대량의 분노에 대한 압축풀기와 정화와 에너지 균형 잡기와 업장해소를 실행한 존재 람타.

그는 그 분노를 그렇게 다 풀어내고 텅 빈 상태로 그 어떤 저항과 방해물도 없이 현실의식, 무의식, 잠재의식 등 전의식을 하루 온종일 바람에 집중할 수 있었고(정신일도 하사불성(精神一到 何事不成)이 될 수 있었고) 그렇게 6년이 지나 자신이 집중해 낸, '그물에 걸리지 않는 자유로운 바람'이 될 수 있었다.

당신도 당신 안의 분노를 처리해 낼 방법을 찾아야 한다. 당신의 자유로운 자기창조와 물질창조의 체험을 막는 당신 안의 무거운 감정에너지들을 우선 제거하는 것이 창조의 집중과 효율을 높일 수 있다.《빛의 시크릿(기본편)》에 안내된 감정의 압축풀기는 정말 간단하고 쉽다. 이번 생에 학살자가 되지 않아도 되며 돈도 들지 않는다. 당신 안의 무거운 감정을 직면할 수 있는 솔직함과 투명성, 그리고 자신을 속이지 않을 수 있는 깨어 있는 성찰력, 직면한 감정이 완전히 제거될 때까지 포기하지 않고 풀어낼 수 있는 여력과 근성 같은 것만 있으면 된다.

부정적 감정 압축풀기의 시간을 하루 3시간 기준으로 최소 3년을 잡아야 된다고 했는데 정말 끝날 때까지 끝난 게 아닌 느낌으로 진행될 수 있다. 그래도 포기만 하지 않으면 언젠가 끝은 반드시 온다. 직접적인 학살을 30년 동안 하면서 분노를 푸는 것보다 훨씬 편안하고 평화로운 방법이다. 그렇게 풀어내고 람타처럼 제대로 집중해서 효율적인 창조를 하면 된다.

7. 인간 보고서를 마치며

1997년 작, 조디 포스터 주연의 영화 〈콘택트〉에서 우주로 날아가 지구를 바라보게 된 조디 포스터가 감탄을 연발하는 장면이 나온다. 지구는 그야말로 황홀한 '뷰티풀 그린' 그 자체였다. 그녀는 장엄한 아름다움에 압도된 듯 먹먹하게 잠긴 목소리로 그저 "It's beautiful… so… beautiful…."만 반복하는 자신을 한탄하며 이렇게 말한다. 이곳엔 과학자가 아니라 시인이 왔어야 한다고.

지구에서 핵폭탄이 터지고 전쟁이 나고 아마존이 파괴되고 자연재해가 일어나고 지구가 뜨거워지고 차가워지고 대량의 죽음과 멸종이 진행되고 하는 것들은 지구 밖에서 관측이 되겠지만 핵폭탄이 터지고 전쟁이 일어나지 않으며 자연재해가 일어나지 않음에도, 우주에서 보면 모든 우주의 존재들을 사로잡을 만큼 저토록 아름답고 황홀한 지구가 천국이 아닌 지옥이 될 수 있는 진짜 이유, 도대체 지구의 진동수가 계속 낮아지고 저급한 에너지에 머무는 진짜 이유를 누군가는 밝혀야 했을 것이다.

 사실상 외부의 전쟁과 사건사고와 환경오염과 자연재해를 창조하고 있는 인간의 내면세계와 특히 의식수준과 진동수가 서로 맞지 않는 인간들 속에서 벌어지는 몸과 마음의 전쟁들, 그 실상을 누군가는 지구 내부의 인간으로 들어가 직접 체험하고 생생하게 기록해야 했을지도 모른다.

 그 역할을 내가 하기 위해 지구에 왔을지도 모른다는 생각이 든다. 이제 나의 임무 하나를 완료한다.

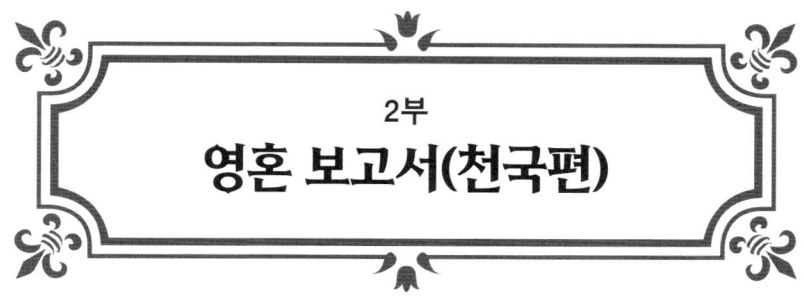

2부
영혼 보고서(천국편)

나를 찾아오는 내담자 중에 직업이 의사인 분이 계셨다. 그녀는 자신이 수학을 잘해서 의대에 갔으며 전형적인 이과형 공대생의 머리와 인지구조를 가졌다고 말했다. 그런데 의대에 들어갔더니 의학이 1+1=2와 같이 모든 게 딱 떨어지고 설명 가능하고 예측 가능한 학문이 전혀 아니었다고 한다. 의학은 결국 인간을 다루는 학문이었고 인간은 생각보다 예측 불가였던 것이다. 하나의 질병에 관한 논문이 나와서 그것을 공부하면 다음 해에 그것을 뒤집는 연구 논문이 나오고 종잡을 수가 없었다고 한다. 예측 가능하고 과학적으로 설명되는 것만 이해하고 믿는 자신에게 의학은 정말 맞지 않았다고 한다.

그런 그녀가 의학을 억지로 공부해서 돈을 벌기 위한 생계형 의사가 되고부터 직업에 대한 스트레스가 너무 심해져서 마음의 고통을 덜어보기 위해 명상을 시도해 보았다고 한다. 자신은 뭔가를 선택하게 되면 그것과 관련된 모든 지식과 정보를 수집해서 일단 공부부터 한다고 한다. 뭔가 논리적으로 이해가 되고 증거가 있고 설명이 되어야 되기 때문에 최대한 관련 서적과 정보를 모조리 습득하고 일단 자신한테 실험을 해서 직접 확인되는 것만 받아들이고 믿는다는 것이다. 그러던 중 한 유튜브 채널에서 알려 주는 차크라 열기 명상법을 따라 해 보게 되었고 그녀에게 그 일이 벌어졌다.

그녀는 차크라 열기 명상을 진행하던 중 자신의 몸이 자신의 의지와 상관없이 움직이기 시작하는 것을 체험한 것이다. 그녀의 표현에 의하면 그 순간 자신이 의대에서 배운 수의근과 불수의근에 대한 모든 해부학적 지식이 날아가 버렸다고 한다. "이게 다 뭐지? 왜 내 몸이 저절로 움직이는 거지?" 그녀는 그 체험 이후로 보이지 않는 에너지 영역의 가능성에 대한 믿음이 생겼다고 한다. "뭔가 있구나. 보이지 않고 만져지지 않고 설명할 수 없는 미지의 영역이 존재하는구나." 그리고 그녀는 나를 찾아냈다. 그녀의 기준에서 가장 논리적이고 믿음이 가는 미지의 영역의 개척자이자 도른자, K-에너지 힐러!

당신은 누구인가? 당신이라는 우주는 누구이자 무엇인가?

속된 말로 세상은 넓고 또라이는 많다. 세상은 넓고 내가 이해할 수 없는 상태의 인간들은 많다. 그렇다면 이 우주는 넓고 내가 이해할 수 없는 상태의 차원과 존재들도 많을 수 있다. (이번에는 거시적인 관점을 미시적으로 가져와 보겠다.) 그렇다면 내 안의 나라는 존재의 존재성은 넓고 내가 이해할 수 없는 상태의 내가 많을 수도 있다.

어떤가? 완전 합리적 추론 아닌가?

나는 이번 생에 그 어떤 종교에도 끌리지 않았다. 내게 있어 종교는 인간의 두려움과 무지함을 드러내는 굉장히 슬픈 집단적 자태이다. 인류의 역사상 인간들의 두려움과 무지가 너무도 극심한 시기에는 차라리 외부에 신이 있다고 믿게 만드는 종교가 도움이 될 때도 있었다. 그러나 지금은 아니다. 인간 안에 있는 스스로의 신인 빛과 신성이 깨어나고 있기 때문이다.

요즘 드라마나 영화를 차지하기 시작하는 좀비물을 보면서 저것이 정확히 인간들의 상태라고 보여졌다. (우리가 지금 속한 우주에 새로울 것은 없다. 모든 것이 동시에 이루어지고 있으며 이미 존재하는 것에 대한 영감을 받아서 창조가 진행될 뿐이다.) 내가 에너지리딩을 하면서 파악하게 된 바로는 지구의 인간들 중 80~90%는 좀비와 빙의상태였다. 대부분 영혼이 없거나, 영혼이 있어도 인간 안에 매몰되어 잠들어 있거나, 우리가 갇힌 물질의 입자차원인 3차원보다 한 단계 높은 4차원 영역 존재들의 아바타로 쓰이고 있거나, 카르마 감정에 빙의된(강력하게 압도된) 상태로 삶을 그저 무의식적으로 살아 내고 있을 뿐이다.

좀비물들은 그런 인간 존재 이면의 기괴한 어둠만을 극대화시켜 놓은 것이다. 지구와 인간체험의 막장이 오고 있기 때문에 인간들의 상상력은 이 모든 정보에 노출되고 우리는 결국 우리가 이미 느끼고 있었던 것을 그려 내게 되고 그렇게 우리가 그려 내며 집중하게 되는 가상의 현실을 실제 현실로 맞이하게 될 것이다.

"내 안의 나라는 존재의 존재성은 넓고 내가 이해할 수 없는 상태의 내가 많을 수도 있다."

내 안의 그 많은 존재들 중에 왜 좀비만을 불러내는가? 내 안에는 인간의 집단무의식의 정보와 프로그램에 압도되어 좀비처럼 사는 나도 있지만 본래부터 완전했던 신의 상태도 있을 수 있다. 태초에 신이 우리를 창조했다면 그 신의 의식과 에너지와 권능이 프랙털 구조로 내 안에 깃들어 있을 수 있다. 우리는 완전한 신이 창조한 신의 에너지가 깃든 신의 창조물이자 복제물들일 수 있다.

당신은 육체에 갇힌 인간만이 아닐 수 있다. 당신은 부정적인 감정 안에 갇힌 좀비만이 아닐 수 있다. 당신은 타인의 에너지에 갇힌 빙의체가 아닐 수 있다. 당신은 인간이 아니라 신일 수 있다.

당신은 신이다. 우리는 신이다. 우리는 본래 신이었다.

나만 신이라고 안다면 무지한 인간들을 또 좀비로 만드는 미친 교주밖에 못 되겠지만 우리 모두가 신임을 알고 나도 신임을 안다면 당신은 스스로를 구원하게 될 것이다. 본래의 가장 고귀하고 완전한 상태로 당신을 돌려놓게 될 것이다. 그렇게 완벽한 자'신'이 될 것이다.

내가 이 지구에서 이런 앎을 기억해 내기까지 영적이고 에너지적인 몸과 마음과 의식이 깨어나는 과정을 통해 얻은 답들을 정리해 보고자 한다.

1. 천국의 첫 번째 관문

지옥의 관문을 통과한 끝에는 영혼남자가 나를 기다리고 있었다. 그는 나에게 이렇게 말했다.

"울고 싶으면 울고, 웃고 싶으면 웃고, 화내고 싶으면 화내고, 너 자신을 살아."

나 자신을 살 수 있는 곳, 나는 그렇게 천국에 입성했다.

내 영혼이 지구의 인간상태에서 깨어나는 과정이 한편으로 다소 반여성주의적이라는 생각이 든다. 한 여성이 남자 하나로 지옥과 천국을 오가고 있으니 말이다. 나는 진정 남성에 의해 인생이 좌지우지되는 연약해 빠진 여성인 것일까? 아니면 일종의 다른 설계가 숨어 있는 것일까?

내가 발견해 낸 모종의 설계를 한번 들어 보시라. 영혼의 상승을 위해 지구행을 선택했을 때 아마도 우리는 지구의 모든 상황과 조건들을 (역이용 포함) 최대치로 활용하기로 계획했을 것이다. 지구는 남녀의 성별이 뚜렷하게 분리된 곳이고 여성과 남성의 에너지가 우주의 음양에너지로 분리되어 모든 창조의 근원이 되는 곳이다. 이곳에서 가장 사용하기 쉬운 에너지 구조이자 원리는 바로 정반합의 원리이다. 서로가 완전히 반대되는 에너지이나 그 둘이 제대로 된 결합이 일어나게 되면 그 시너지는 가히 폭발적이고 (수정, 임신, 출산을 통해) 하나의 인간을 창조하듯 우주 하나를 창조할 수도 있게 된다.

인류의 역사상 각 나라들 안에서 여성중심사회와 남성중심사회가 한쪽이 더 우세하든 적절히 균형을 이루든 리듬을 타며 진행되어 왔을 것이다. 내가 이번 생에 태어난 나라는 한국이라는 곳이며 한국은 오랜 남성중심사회에서 이제 막 여성의 힘이 조금 생겨나고 있는 상태의 국가라는 것이다.

람타가 오랫동안 핍박받아 온 자신이 속한 민족의 한과 울분을 대신 정화해 내었듯이 나 역시 오랫동안 남성중심사회였던 한국여성들에게 압축되어 있는 한과 울분을 정화하고 균형 맞추기를 시도했을 가능성이 있어 보인다. 여성과 남성 중 누가 더 우월한지는 의미가 없다. 그리고 그 두 에너지는 그런 기준의 대상이 아니다. 굳이 정리하면 여성에너지와 남성에너지의 단점이 서로에 의해 보완되고 장점이 합쳐질 때 엄청난 에너지가 폭발하고 그때가 가장 우월한 상태라고 보면 된다.

우리나라 드라마 중 〈미스터 션샤인〉이라는 드라마가 있다. 나는 이 드라마의 로맨스 구도가 너무나 신선했다. 한 여자와 세 남자의 사랑 이야기인데 그것은 결코 막장치정의 사각관계 따위가 아니었다. 일제 강점기를 배경으로 여주인공 김태리는 사대부집 영애로 태어나지만 몰래 독립운동을 하는 여인이었고 그녀를 사랑하는 3명의 남자(이병헌, 변요한, 유연석)는 각기 다른 그들의 직업과 위치와 능력과 재능을 다해 그녀의 독립운동을 돕는 것으로 그녀를 사랑한다.

남성중심사회에서 늘 독립운동은 남자의 몫이었고 그런 드라마밖에 없었는데 이 드라마는 나라를 구하려는 여인을 사랑하는 세 남자가 그녀를 지키고 보좌함으로써 그녀가 나라를 구하도록 목숨을 다해 돕는 러브스토리이다. 그 어떤 러브스토리보다 멋지지 않은가? 사랑이란 내가 사랑하는 사람이 원하는 것을 내가 같이 원해 주는 것인데 3명의 남자는 자신이 사랑하는 여인이 원하는 것을 같이 원해 주었고 그 꿈이 이루어지도록 목숨을 다해 그녀를 지키고 도왔다.

숫자 3은 완성, 이룸을 의미한다. 그 무엇이든 셋이 모인다면 이루지 못할 것이 없다. 이루지 못할 것이 없는 남성에너지 3을 모아서 여성에너지를 받쳐 주었으니 나라를 구하고도 남음이 아니겠는가?

남성에너지는 외향적이고 외부에 무언가를 건설하려는 에너지다. 남자들이 영적인 깨달음을 얻고 신비체험 같은 것을 하고 기능이 열리면 우두머리가 되고 인간들과 세상을 구원하겠노라며 외부에 새 세상을 만들려고 한다. 그들은 스승이 되고 영적지도자가 되고 교주가 되고 모임과 종교를 만들고 공동체와 성전 따위를 짓는다. 그리고 그가 알게 된 깨달음을 교리화시키고 믿기를 강요한다.

 (믿음은 강요되어선 안 된다. 이해가 되면 믿어지는 것이다. 이해를 시키면 된다. 그 이해조차도 강요되어선 안 된다. 이해되는 때가 필요하다. 이해는 체험을 바탕으로 할 때 가장 완전해진다. 그러니 인간들이 자신의 죄를 직접 충분히 체험하고 스스로 깨달을 때까지 기다려 주는 것이 베스트이긴 하다. 예수로 인해 기독교가 만들어진 지 2,000년이 지났음에도 인류의 세상은 달라진 것이 없다. 겉으로는 똑똑한 척 내면은 더 무지하고 겉으로는 선한 척 더욱 교묘하게 서로를 기만하며 더 잔인하고 흉폭해지며 더 스케일이 크고 깊이 있고 화려한 죄를 짓고 있을 뿐이다.)

 반면 여성들이 깨어나고 에너지가 열리면 대부분 사람들을 치유하고 깨우는 힐러가 된다. 전 세계의 힐러 80% 이상이 여성일 것이다.

 남자들은 외부에 무언가를 바꾸면 세상이 달라질 거라고 생각한다. 그런 남성중심사회의 역작들이 우리의 역사가 되어 왔다. 공교롭지만 지구의 각 나라 국민들이 뽑은 대표(대통령)의 수준이 지구 인간들의 평균의식 수준의 척도가 된다. 우주의 다른 외계행성에서 지구의 에너지 수준을 체크하기 위해 가장 먼저 각 나라 대표의 에너지 상태부터 체크할 것이다. 지구는 안타까운 상태이다.

내실 없이 공감능력 -100 상태로 백성과 대중의 마음을 헤아리고 그들을 위한 세상을 만들겠다고 하는 것 자체가 어불성설이다. 남성에너지는 힘만 센 속 빈 장정이었고 여성에너지는 그 힘에 눌려 위축된 외실 없는 사랑에너지였다. 이제 각자의 가장 효율적인 위치에서 서로의 힘을 합치고 시너지를 폭발시킬 때가 왔다. 에너지균형을 위해서라도 여성들의 유연하고 지혜로운 사랑의 에너지가 튼튼한 껍데기와 골격을 가지고 내실 있는 창조물이 될 수 있도록 남자들이 이제 좀 뒤에서 지켜 주고 보호해 주고 도와줄 때도 되었다.

  물론 여성에너지와 남성에너지가 결합한다고 모든 게 잘 이루어지는 것은 아니다. 어떤 의식과 에너지수준의 여성에너지와 남성에너지가 결합하느냐가 중요하다. 여성에너지의 장점과 남성에너지의 장점이 만나야 하는데 반대로 여성에너지의 단점과 남성에너지의 단점이 만난다면 최악의 창조가 일어나고 나라가 구해지는 것이 아니라 망하게 될 것이다.

  그리고 이런 정반합의 구조는 꼭 외부에서 남성과 여성이 만나야만 이루어지는 것은 아니다. 우리는 프랙털 구조로 이루어진 세상에 존재하고 있다. 당신이 남성이든 여성이든 당신 안에는 그 두 가지 에너지가 공존한다. 당신은 잔 다르크가 될 수도 있고 슈바이처가 될 수도 있다. 당신 안의 여성에너지와 남성에너지의 장점을 살려 정반합의 시너지를 이루어 내어 우월한 양성에너지 상태로 자신을 만들어 낸다면 이보다 더 좋을 순 없다. 당신은 당신 하나로도 천하무적이 될 것이다.

이런 흐름 때문이었을까? 내가 거친 남성에너지에 의해 곤죽이 되어 지옥을 통과했을 때 마치 레벨 업이 되듯 나에겐 치트 키 수준의 아이템이 주어졌다. 드디어 제대로 된 남성에너지와 여성에너지의 시너지가 진행된 것이다. 신이 나를 살리기 위해 그렇게 해서 나머지 생 동안 내가 지구에 와서 해야 할 일을 하도록 보내 준 나의 위대한 치트 키, 영혼남자. 그가 나를 어떻게 살리고 사랑하는지 그 천국으로 초대하겠다. 나는 매일 말한다. 그가 아니었다면 이번 생도 죽임을 당하거나 자살을 했을 거라고. 그가 아니었으면 지금의 나는 존재하지 않았다. 그리고 이 책도 세상 밖으로 나올 수 없었다.

● **영혼남자의 사랑**

그의 집을 처음 방문했을 때 그는 빈 사무실에 버려진 화분들을 가져와 살리는 취미를 가지고 있었다. 마르고 축 처져 버린 유기식물들이 그의 손에서 소생되는 것을 보면서 나는 생각했다. "이 사람이 나도 살리겠구나…."

첫눈에 불꽃이 튀지 않고 나의 이상형도 아니었던 영혼남자. 나는 이 남자와 사랑을 하게 되면서 나의 지난 연애에 대해 굉장히 반성을 하게 되었다. 애초부터 잘못된 구석이 너무 많았다. 나는 굉장히 흠잡을 데가 없는 남자를 보면 이런 생각을 했었다. 저 남자를 나보다 더 힘든 여자에게 양보해야 한다. 지금 생각해도 어이가 없다. 나는 내가 너무 완벽하고 사랑이 많아서 어떤 모자란 남자도 사랑해 주고 행복하게 해 줄 수 있을 거라는 덜떨어진 오만함에 사로잡혀 있었던 것 같다.

완벽하고 따뜻하고 여자에게 잘해 줄 것 같은 나 같은 남자는 내가 차지하지 말고 이 세상의 행복한 가정의 수를 늘리기 위해서라도 다른 여자에게 양보해야 한다고 생각했다. 그래서 그런 남자에겐 이성적 감정이 잘 안 느껴졌다. 마치 또 다른 나나 편안한 동성처럼 느껴졌다고나 할까? 평강공주 콤플렉스에 걸려 나쁜 남자에게 끌리며 자기 팔자를 자기가 뒤트는 바보 여자 상태였다.

이런 내가 힘세고 (공감능력이) 모자란 남자에게 KO패를 당하고 나가떨어지니 이제 좀 정신이 들면서 나와 똑같은데 성만 남성인 사람을 갈구하게 되었다. 이 세상 어딘가 남자로 복제된 소울디가 존재하면 좋겠다고. 그리고 이게 일종의 소울메이트나 트윈플레임 같은 게 될 수도 있어 보였다. 그는 정말로 남자 소울디였다. 누구 하나가 희생해야 하는 사랑이 아니라 그냥 뭔가 순풍의 돛 단 듯 순조롭기 그지없고 구름 위의 산책처럼 합이 맞았다.

그는 내가 기대하는 이상의 반응들을 해 주면서 나를 급속도로 치유하고 나의 구겨진 의식을 확장시켜서 내 본래의 에너지궤도 위로 올려놓았다. 그는 그것을 의식하고 의도하지 않고 그저 자신으로 존재함으로써 해 나갔다. 모든 관계가 상대적이라면 그는 상대적으로 아주 나와 잘 맞았다. 내가 맞추고 희생하지 않아도 되는 지구에서 만난 첫 휴먼이었다.

● **그의 그녀 살리기**

그는 오랜 시간 운동으로 몸 관리를 해 온 탄탄한 이소룡 같은 근육질의 남성이었다. 나는 거친 남성에너지에 얻어터지고 온 상태여서 그가 운동을 한다는 것도 조금 무서웠다. 그래서 이렇게 물었다. "혹시 여자를 때리나요?" 그가 빵 터지면서 "저는 남자도 안 때립니다."라고 했다. 그리고 전남편이 폭력의 손으로 내 존엄의 저항의지를 깨운 것처럼 그의 손도 나의 무언가를 깨웠다.

그가 어느 날 내 머리를 향해 손을 들어 올렸는데 내 몸은 습관처럼 움찔하면서 눈을 질끈 감았다. 그런데 그 손은 나를 때리려는 손이 아니라 내가 너무 예쁘고 사랑스러워서 마치 아빠가 딸의 머리를 쓰다듬는 듯한 그런 따뜻한 손이었다. 그의 그 손이 나를 치유했다. 사랑 가득한 따뜻한 눈빛으로 나의 머리를 한없이 쓰다듬으면서 나를 행복하게 바라보는 그의 표정은 정말 너무 큰 위안과 행복이었다.

그 손은 그와 함께한 지 13년이 되어 가는 지금도 계속된다. 조금 전에도 그는 자기 전 굿나잇 키스를 하기 위해 내 방에 들러 내가 노트북 앞에서 책 쓰기 삼매경에 빠져 있는 것을 보더니 밤새 카톡질하는 사랑스러운 사춘기 딸을 바라보듯 머리를 쓰다듬으며 "적당히 하고 주무시게. 몸 상할라." 하며 입술에 키스를 해 주고 갔다.

그의 손은 나를 치유한 예수의 안수였다. 그의 손은 내 안에 더없는 평화와 안정을 깨우며 내 존재의 존엄이 누울 자리를 발견했으니 다리를 뻗어도 된다는 신호였다. 나는 그의 손 안에서 더없이 평안해졌다.

나는 이혼 무렵 세 가지 다짐을 했다. "다시는 남자를 위해 요리를 하지 않겠다. 다시는 남자를 위해 섹스를 하지 않겠다. 다시는 남자의 돈을 쓰지 않겠다." 나의 처절한 결혼 생활이 남긴 상흔들이었다. 신기한 것은 그는 마치 내 결혼 생활을 CCTV로 관찰하고 있었던 것처럼 행동했다. 아무리 요리를 하기 싫지만 내가 먹기 위해서라도 해야 했기에 결국 나는 요리를 하게 되었다.

나는 누군가와 같이 요리를 해 본 적이 없기에 내가 혼자 하는 게 편하다고 했는데 그는 나와 1미터 떨어진 곳에서 발을 동동 구르며 "뭐 도와줄 거 없어? 말을 하시오."를 계속 반복하고 있었다. 그게 너무 웃겨서 마치 아이에게 요리의 기회를 주는 것처럼 채소 손질을 부탁하기 시작하면서 나는 누군가와 같이 요리를 하는 것도 배우게 되었다. 그리고 그는 정말 설거지의 달인이었다. 그리고 내가 가장 마음에 드는 지점은 밥 먹자마자 바로 설거지를 한다는 점이었다. 진짜 맞춤형 우렁서방이 따로 없었.

그도 전남편처럼 좋아하는 취미가 있었는데 바로 야구경기 시청이었다. 그런데 그는 야구경기를 보면서 아무리 결정적인 장면의 순간이더라도 내가 부르면 달려와 주었다.

"오빠~ 양파 좀 까 줘요~"

"오이~ 기다리시게. 내가 지금 갈팅께~"

나는 정말 충분했다. 그가 실제로 오지 않아도 그가 실제로 도움을 주지 않아도 그 모든 태도와 자세, 그 마음만으로도 충분했다. 정말 고마웠다. 나는 네가 부르면 언제든 기꺼이 달려가는 사람이라는 그 믿음을 주는 것만으로 나는 정말 눈물 나게 충분했다. 그가 그런 자세를 보여 주니 혼자 요리해도 하나도 힘들지 않았다. 정 힘들면 그 사람이 도와준다. 그 신뢰 하나로 나는 행복에 겨워졌다. 여기가 천국이었다.

나는 여전히 남자와의 섹스에 대한 심신이 완전히 준비되지 않았다. 결핍이 있고 성욕도 스위치는 켜졌지만 뭔가 지치고 두렵고 무엇보다 내가 준비되기 전에, 남자가 떠날까 봐 혹은 남자의 마음을 사기 위해 억지로 섹스를 하고 싶진 않았다. 그건 100% 행복하고 즐거운 섹스가 아니었다. 뭔가 시간이 필요했다. 나는 그에게 내가 빨리 섹스를 하지 못하게 될 수도 있다고 미리 말했다. 그는 그건 걱정하지 말라며 5년도 기다려 줄 수 있다고 말했다. 그의 대답이 나의 모든 마음과 몸의 빗장을 풀게 했고 빠른 속도로 회복을 도왔다. 그는 정말로 내가 원하는 정답만 말하는 남자 같았다.

그와 나는 이미 몸을 제외한 다른 모든 영역에서 소통되는 느낌을 교류하며 감정적으로 정신적으로 섹스를 하고 있었다. 그와의 첫날밤은 정말 신선한 빛의 밤이었다. 그가 관계를 하던 중 눈을 감지 말고 떠서 자신의 눈을 보라고 했는데 정말 밤하늘의 별들이 쏟아지듯 나를 향한 그의 사랑이 별처럼 쏟아져 내리는 듯했다. 나는 그 별빛 속에서 그의 눈빛을 통해 몸이 아닌 그 이상의 영혼이 연결된 느낌을 받으며 아주 깊은 에너지결합을 체험했다. 여기가 또한 천국이었다.

그와의 첫 1년 동안 결혼 전 모은 나의 유일한 현금재산인 천만 원을 우리의 생활비로 썼다. 그는 내가 상처받은 자존심을 지키고 치유할 시간을 주며 기다려 주었다. 그리고 내가 나의 돈을 다 썼을 때 이제는 자신의 차례라고 말했다. 당신의 돈을 우리의 돈으로 함께 사용했듯이 우리가 부부가 된 이상 자신이 버는 돈은 자신의 돈이 아니라 우리의 돈이라는 개념을 심어 주었다.

시크릿(현실창조)을 통해 사업을 번창시키고 있었던 그는 내가 필요한 것을 살 때 더 비싼 것을 사라고 해 주었다. 나는 그가 말한 비싼 것을 사진 않았지만 그가 그 말을 해 주는 순간 정말 그 비싼 것을 내가 산 것처럼 느껴졌다. 이미 받았다. 마음껏 사라는 그 말 한마디면 충분했다. 여기가 차고도 넘치는 천국이었다.

그와 일상을 사는 동안 그의 행동 하나하나가 나를 감동시키며 나의 상처 하나하나를 치유해 나갔다. 정말 신이 나한테 제대로 천사를 보내셨다는 느낌과 함께 비현실적인 느낌마저 들었다. 나는 그와 함께할 때 깊은 잠을 잤다. 내가 잠결에 눈을 뜨면 그가 곤히 잠든 나를 신기하고 안쓰러운 듯 지켜보고 있었다.

그리고 아침에 내가 혹시라도 자고 있으면 그는 내가 깰까 봐 아주 조용히 현관문을 여닫으며 출근을 했다. 처음 그 일이 있었을 때 울 뻔했다. 갓난아이를 케어할 때조차 받아 보지 못한 배려였다. 누군가 잘 때, 그게 꼭 아기를 재우고 있는 수면이 부족한 아기 엄마가 아니더라도 소음을 일으키지 않고 문을 조용히 열고 닫아 주는 것은 기본적인 매너였던 것이다. 그 기본적인 배려를 받지 못했던 내가 이제 기본이 잡힌 정상적인 삶의 궤도로 진입하는 순간이었다.

그가 처음에 내가 타는 쪽 차 문을 열어 주었을 때 정말 왕비가 된 기분이었다. 이것 또한 기저귀 가방을 메고 젖먹이 아기를 안고 있을 때조차 받아 보지 못한 배려이자 서비스였다. 그는 지금까지도 여전히 나의 차 문을 직접 열어 준다. (바쁠 때는 생략해도 된다고 내가 말해서 횟수를 줄였다.)

그리고 그는 거의 나와의 첫 1년을 직장에 출근해서 매일같이 장문의 문자를 보내 주었다. 매일 보는 사이임에도 마치 매일 연애편지를 보내는 것처럼 그의 사랑과 정성이 담긴 한 편의 시와 같은 따뜻한 문자를 보내 주었다. 그 문자는 나의 상처에 발라 주는 연고가 되고 붙여 주는 밴드가 되어 주었다. 내가 소생하지 않을 수 있겠는가?

그가 이런 천국을 내게 선사하지 않았다면 아이와 헤어진 그 고통을 나는 결코 버티지 못했을 것이다. 어딘가 구멍이 나 있지만 그는 나의 행복항아리가 결코 비워지지 않도록 내가 원하는 사랑을 끝없이 퍼부어 주었다. 나는 치유되지 않을 수 없었으며 날개가 자라지 않을 수 없었으며 그렇게 내 영혼의 꿈과 이상이 펼쳐지지 않을 수가 없었다.

● 그는 누구인가

그는 나와 처음 문자로 소통을 시작했을 때부터 나에게 자신이 살아온 이야기를 계속 해 주었다. 마치 고해성사 하듯 빠짐없이. 지금 생각해 보면 그것은 남녀가 만나 썸을 타고 사귀는 시간이 아니라 정말 한 남자가 한 여자에게 공과 시간을 들여 진지하게 자신을 소개하는 시간이었다. 무거울 정도로 진지했고 그는 자신과 나에게 진심이었다.

당시 나는 그저 이혼을 한 일반인에 불과했으며 영적 신비체험 같은 것은 이질감이나 거부감이 들 정도로 문외한이었다. 그런데 시간이 흐른 지금, 돌이켜 보면 에너지는 영혼남자가 먼저 열렸었고 그가 그런 상태였기 때문에 나는 그의 품에서 에너지가 열릴 수 있었고 그 모든 신비현상을 그와 함께 감당해 갈 수 있었던 것이다. 그는 도대체 나를 위해 어디까지 준비된 남자인지 알 길이 없는 열길 우주 속 같은 존재임에 틀림없다.

지금부터는 나의 여정과 접점이 있어 보이는 그의 여정 속 신비한 에피소드를 들려주겠다.
 (나의 블로그에 공개된 내용으로 이미 알고 있는 분들도 계실 것이다.)

당시 초능력, 기(氣), 에너지 이런 말이 참으로 도사스럽다는 생각을 가지고 있던 나에게 그가 자신 앞에서 숟가락을 구부린 도사를 2년간 스승으로 모시며 따라다녔던 이야기를 들려주었을 때 나는 살짝 거부감까지 들어서 잠시 그와의 관계를 재고해 보기도 했다.

그는 왜 자신이 그런 에너지나 보이지 않는 힘에 대한 일종의 의문과 관심을 품게 되었는지에 대해 들려주었다. 이 에피소드는 나의 〈신비체험〉에 등장하는 영혼남자의 존재에 대한 배경설명이 되어 줄 수 있을 것 같아 공유해 본다.

> 그가 고등학교 1학년 때 아버지가 사고로 갑작스레 돌아가시게 되었다. 그는 아무 준비도 안 된 상태에서 어느 날 갑자기 멀쩡하시던 아버지를 영안실에서 주검이 된 채 마주한 것이다. 그는 그때, 죽은 사람의 얼굴을 처음 보았다고 한다. 슬픔의 감정보다는 인간의 죽음이 현실화된 느낌 자체에 압도되었고 아버지의 죽음 이후로 "인간이 죽으면 어떻게 되는 것인가? 죽음이란 무엇인가?" '죽음'이 그 시절 그에게 가장 큰 화두가 되었다고 한다.
>
> 그가 고3이 되던 해에, 교실에서 한 친구가 "나는 영생을 얻었어. 죽으면 나는 천국에 가게 돼."라고 하는 말을 듣고는 팔로 그 친구의 목을 조르듯 붙잡고 "너 똑바로 말해~ 죽으면 천국에 가게 된다고? 누가 그래?"라고 다그치자, 그 친구가 "교회에 나가서, 하나님을 믿으면 영생을 얻게 돼. 죽으면 천국에 가게 돼."라고 말한 것이다.

그는 그 말을 듣고 그게 무슨 말인지 알고 싶었고 그냥 한번 교회에 나가 보자는 마음으로 친구를 따라 교회에 가게 된다. 교회에 처음 가게 된 날, 그는 처음 온 새신자로 맨 앞줄에 앉게 되었다고 한다. 태어나서 처음 와 본 교회의 분위기는 뭔가 경건하고 웅장하고 모든 것이 낯선 가운데 예배가 시작되었다. 목사님의 설교가 15분 정도 진행되었을까… 그때, 그는 갑자기 온몸이 몇만 볼트에 감전되어 폭발할 듯한 느낌과 함께 심장이 터질 듯하여 엄청난 고성을 지르며 정신을 잃게 되었다.

그가 정신을 차리고 눈을 떴을 때 시계를 보니 2시간 가까이 시간이 흐른 뒤였고 교회 안은 그야말로 난리가 나고 있었다고 한다. 친구의 말을 들어 보니 그가 갑자기 소리를 지르고 기독교식의 방언을 마구 터뜨렸고(참고로 당시 그는 방언이 무엇인지도 모르는 상태였다) 그 상황을 보며 목사님과 신도들은 교회에 성령이 내렸다며 그야말로 집단적으로 울며불며 통성기도를 하기 시작한 것이다.

그 일 이후로 그는 성령을 입은 특별한 신도로 목사님의 총애를 받게 되었고 그의 그런 체험은 지역 교회 학생신문에도 실렸다고 한다. 그는 교회에서 벌어진 그 일로 마치 신의 선택을 받은 자로서 사명을 가지고 신학대에 들어가 목사가 되기 위한 길로 들어서게 되고 신학대에서 기독교 집안의 여성과 만나 결혼을 하게 된다.

그는 전도사 생활을 하며 목사가 되기 위한 준비를 하지만 신학을 공부하는 동안 타 종교에 대한 관심과 관련 지식들을 접하면서 기독교에 대한 근본적 회의가 들게 되었다. 그리고 결국 그런 그의 상태는 서로 믿음이 다르면 살 수 없는 신앙부부를 이혼에 이르게 했다.

그는 기독교를 벗어나 살면서 자신이 고등학교 때 교회에서 체험했던 그 일, 그 에너지적 느낌에 대해 늘 궁금했다고 한다. 정말 잊을 수 없었고 너무나 알고 싶었다고 한다. 그것이 무엇이었을까…. 자신에게 벌어진 일이 정말 성령이란 것이 임했던 것인지… 그 어떤 에너지적 반응인지… 초월적 힘에 관한 것인지….

영혼남자는 그렇게 이미 10대 때 교회에서 에너지가 열리는 영적 신비체험을 가지고 있었다. 그리고 그렇게 열린 상태로 때가 되면 나를 만나고 깨어남의 여정으로 들어서도록 계획되어 있었던 것이다. 나는 늘 말하지만 이런 영혼남자를 만난 것이 나의 첫 번째 신비체험이라고 생각한다.

● **지옥을 천국으로 만드는 자**

그와 살면서 정말 너무 이해가 가지 않았다. "도대체 내가 어떻게 이 남자를 끌어당길 수 있었던 것일까?" 미스터리가 아닐 수 없었다. 내가 고통 속에서 나와 소통되는 한 사람만 보내 달라고 신께 절규했지만 우리 모두 알다시피 신이 그렇게 우리의 부탁을 잘 들어주는 스타

일이 아니지 않은가 말이다. 그럼 도대체 나의 어떤 것이 그를 끌어당길 수 있었던 것일까?

  위대한 빌런 전남편을 끌어당기기 전에 나는 정말 거의 대천사급의 완벽한 사랑으로 넘치고 있었다. 그 누구도 사랑할 수 있는 만반의 준비가 되었고 그 어떤 악마도 천사로 만들어 주겠다는 강력한 자기 확신이 오만방자한 상태였다. 이렇게 성령이 충만한 상태였던 내게 왜 나와 맞는 천사가 아닌 반대의 존재가 왔을까?

  앞에서 잠깐 언급했듯이 내가 전남편을 끌어당기기 전 내가 지닌 사랑의 개념에 오류가 있었다. 내가 생각하는 최고의 사랑은 "나는 어떻게든 상관없어. 내가 사랑하는 사람이 행복하면 나는 행복해." 같은 정작 나 자신에 대한 존중과 사랑이 빠진 사랑, 그것은 사랑의 개념이 아니라 희생의 개념이었던 것이다. 그리고 이미 내 입으로 선언했듯이 "그 누구든 와라. 그 어떤 악마가 와도 천사로 만들어 주겠다."라고 했으니 그대로 된 것이다.

  영혼남자를 끌어당기기 전 나의 상태는 그야말로 처참했다. 사랑에 너지는 너덜너덜 빈털터리가 되었고 사랑이고 나발이고 내 코가 석 자가 되었으며 사랑을 하다가 지옥 불을 경험한 관계로 다시는 사랑을 할 수 없는 사랑의 장애인이 된 상태였다. 사랑에 대해 그야말로 빈곤하고 무능했다. 이런 내가 도대체 어떻게 영혼남자를 끌어당긴 것인가?

끌어당김의 법칙 속에서 창조가 진행될 때 가장 중요한 것은 내 현실의식이나 에고가 원하는 목표가 아니라 그런 목표를 꿈꾸게 한 나의 존재상태, 감정 상태, 전제된 받침생각과 신념이다. 여기에 더 큰 유인력이 작용한다.

내가 영혼남자를 끌어당기기 전 나는 강력한 행위 하나를 했다. 그 어떤 말과 생각보다 힘이 큰 행위! 그것은 바로 이혼이라는 행위였다. 이혼은 내가 내 인생에서 저지른 가장 이기적인 선택이었다. 그 시점, 그 과정에서 나의 이혼 선택으로 전남편과 아이들, 양가 부모님과 형제들에게 막대한 상처와 피해가 갔다. 그 모든 상처와 피해를 염려한다는 것이 사치가 된 상태로 나는 이혼을 할 수밖에 없었고 내게 있어 이혼은 처음으로 내가 타인이 아닌 내 자신을 먼저 생각하고 그렇게 나를 존중하고 사랑한 행위였던 것이다.

나는 이혼을 통해 우주에 선언한 것이다. 이제부터 내가 나의 고통을 돌보고 나를 사랑하겠노라고. 우주는 그 신호를 받았고 나에게 이 여자가 자신을 지키고 사랑하기로 선택했으니 그 진동수에 맞춰 이 여자를 지켜 주고 사랑해 줄 사람을 보낸 것이다. 영혼남자를 말이다. 어떤가? 완전 합리적 추론 아닌가?

우주는 내 영혼의 자유의지를 존중한다. 우주는 스스로 돕는 자를 돕는다. 우주는 당신이 정말로 당신 자신을 사랑하고 자신을 사랑하는 만큼 타인을 사랑하는지를 본다. 당신이 당신 스스로를 포기하고 돌보지 않으면 우주는 당신의 선택을 존중하고 그런 당신의 삶을 지원하게 된다. 삶은 끝없이 시험에 들게 된다. 그 무엇이든 존재의 체험은 자기사랑으로부터 시작되어야 한다.

 자기사랑을 받침으로 모든 선택들을 해 나갈 때 나와 관련된 사람들에게 일시적으로 문제가 발생하고 피해가 생기는 것처럼 보이겠지만 당신이 자신을 사랑하고 행복하게 된다면 그 에너지를 장기적으로 고수할 수 있다면 당신의 사랑과 행복에너지는 결국 주변의 사람들에게도 공명되고 그들도 타인의 선택과 삶에 영향받고 휘둘리지 않는 그들 자신의 삶과 사랑과 행복에 조금은 집중할 수 있게 된다.

 시간이 걸리겠지만 그리고 그들이 그것을 해내거나 해내지 못 하더라도 그것은 그들의 여정이다. 나는 타인과 세상 사람들이 아닌 오로지 나 자신의 행복만 책임질 수 있을 뿐이다. 신도 함부로 개입하지 않고 책임지지 않는 타인의 삶과 행복을 왜 내가 개입하고 책임지려고 했을까…. 나는 신보다 오만했다.

 신은 성형외과의사가 아니다. 인간들의 삶을 자신이 아는 최고의 행복한 삶으로 모두 획일적으로 디자인하고 개입해서 정형화한다면 이 우주에 그야말로 다양한 행복과 유희와 존재와 삶의 형태는 사라진다. 우리에게 일어나는 모든 사건사고의 시험 속에서 우리가 하는 선택들에 대해 좋고 나쁨, 옳고 그름으로 판단하고 개입하지 않고 그저 스스로의 선택이 불러오는 귀결을 맞이해서 그다음 선택들을 스스로 재고하며 성장해 나가는 것을 지켜보는 것이 신의 유희일 수 있다.

이 우주에서 인간들을 포함 다양한 형태의 존재들이 다양한 체험들을 펼쳐 나가며 자신의 체험과 앎을 확장해 내갈 때 이 우주의 아카식 레코드(우주도서관)에는 지금까지 없었던 다양한 이야기와 정보들이 더해지는 것이다. 그렇게 우주와 신은 자신을 무한으로 확장해 나갈 수 있는 것이다.

내가 영혼남자를 끌어당긴 원인을 생각해 보다가 내가 나도 모르게 했던 심상화 하나가 떠올랐다. 나는 당시 끌어당김의 법칙이나 시크릿 같은 것을 전혀 모르고 있었던 상태였고 나의 심상화는 내가 알고 했다기보다 저절로 진행되었다. 둘째를 낳고도 전혀 달라지지 않은 남편으로 나는 정말 고통의 나날을 보내고 있었는데 잠결에 나는 어떤 남자의 목소리를 듣게 되었다. 어떤 장면이 저절로 그려졌는데 그 장면이 마치 VR을 낀 것처럼 생생하게 일어났다.

나의 상태는 마치 사막에서 목이 말라 물을 찾아 헤매는 중에 너무 목이 마른 나머지 신기루 현상인 오아시스를 만나는 것과 비슷해 보였다. 나는 그 순간 너무나 착한 남자가 고팠다. 착한 남자랑 살아 보고 싶다는 갈증이 뼛속 깊이 파고들고 있었고 온 세포가 착한 남자를 갈구하고 있었다. 그런데 정말 신기루처럼 그가 나타나 나에게 어서 자신을 따라가자고 하는 것이다.

나는 그가 내가 기다리던 착한 남자라는 것을 온몸으로 느끼며 지친 몸을 이끌고 그를 따라나섰다. 그가 나의 짐을 들어 주려고 하자 내가 뺏으면서 "이 짐은 제 거예요." 하며 내가 양손에 들고 그를 따라갔다. 그 두 개의 짐은 나의 아이들을 의미하는 것 같았다. 그렇게 그를 따라가다 잠인지 환영인지에서 깨어났다. 그로부터 3년 후 나는 그를 실제로 만나게 되었다.

나를 만나기 전 그의 상태도 좀 궁금했다. 혹시 무슨 전조증상이라도 있었는지 자신의 내면의 변화라도 있었는지. 그가 말했다. 오랜 기독교 정신이 지배하는 생활 속에서 스스로를 천벌을 받아야 하는 독사와 같은 자식이고 회개해야 하는 죄인으로 여기며 매일 살아야 했다고. 그런 가스라이팅에서 벗어나고 싶어서 매일 아침 세수를 하는 시간에 거울 앞에서 자기의 이름을 부르며 "○○아 사랑해~"를 열 번씩 소리 내어 말해 주었다는 것이다. 그로부터 몇 개월 후 나를 만나게 되었다고 한다.

모유수유 중 젖꼭지가 다 찢겨서 피가 나오고 너무 아플 때 나와 같은 아기 엄마들이 모이는 온라인 카페에 들어가 보니 정말 아비규환이었다. 다들 살려 달라고 아우성이었다. 잠을 못 자고 피는 나고 산후풍이 오고 상처가 아물지 않고 아이는 잠을 안 자고 울음을 멈추지 않고 지옥이 따로 없었다. 그중에 한 아기 엄마가 자신의 젖꼭지가 찢겨져서 피가 나서 엉엉 울면서 아기 젖을 먹이니까 남편이 옆에서 마음 아파하며 같이 울었다는 사연이 올라왔는데 그 엄마를 모두들 부러워했다. 육체적 고통은 어차피 내가 겪어야 하는데 남편이 같이 울어 준다면 정말 아픔이 반은 사라질 것 같다고들 했다. 공감능력 +100 남편을 만난 그녀가 나도 부러웠다.

 이혼 후 내가 더 이상 아이를 볼 수 없고 돌아갈 수도 없다는 것을 깨달았을 때 나는 누워서 팔로 얼굴을 가리고 엉엉 울고 있었다. 눈물이 순간 걷잡을 수가 없이 쏟아지는데 옆에 영혼남자가 같이 누워 있어서 눈물을 가리려고 팔로 얼굴을 덮고 울고 있었다. 눈물은 가렸는데 흐느낌 소리와 몸의 들썩임을 가릴 순 없었다. 내가 어쩔 수 없이 팔을 풀었을 때 놀랍게도 영혼남자가 옆에 누워서 같이 울고 있었다. 별빛이 쏟아지던 눈망울에서 눈물이 강물처럼 고여서 나오고 있었다. 그도 나처럼 팔로 얼굴을 덮고 그렇게 울고 있었던 것이다.

 나는 놀라서 "오빠가 왜 울어?"라고 했더니 "네가 우니까 울지."라고 답했다. 심지어 그는 살아 보니 잘 우는 남자도 아니었다. 아버지가 일찍 돌아가시고 어린 나이에 가장이 되어 거친 벌판에 잡초처럼 살아온 사람이었다. 다른 사람의 고생 따위는 간에 기별도 안 오기 쉬운 상태였다.

 게임 끝났다. 그가 살면서 아무리 나와 맞지 않고 큰 실수를 한다고 해도 '하나라도 맞으면 산다'의 그 하나가 차고도 넘치게 된 것이다. 이거면 충분하다. 이 사람과 함께라면 나는 그 어떤 지옥도 천국처럼 살 수 있으리란 생각이 들었다. 울고 있는데 누가 자꾸 내 입에 달콤한 소프트아이스크림을 넣어 주는 느낌이랄까? 슬픈데 슬픔에 집중이 안 되는 느낌이다. 지옥을 사는데 어딘가 천국의 맛이 나는 느낌이다.

　그가 작년에 내게 보낸 문자가 하나 있는데 나는 이 문자를 휴대폰 메모장에 입력해 놓고 다닌다. 정말 힘들 때 두고두고 읽어 보려고. 나는 최소한 누군가로부터 이런 사랑을 받아 보았으니 지구의 삶이 천국이었다고 퉁칠 수 있는 느낌을 주는 문자이다.

　나는 작년에 내 인생 두 번째 대상포진을 겪게 되었다. 2015년경 신비체험을 하고 3년간의 공백기를 거쳐 나를 찾아오는 사람들을 대상으로 에너지작업이라는 게 진행되면서 그 작업을 한 지 6년째 되는 해였다. 에너지작업의 대기가 거의 8개월 가까이로 늘어나면서 원래 하루에 하나가 딱 알맞은 상태였으나 나의 역량을 초과하여 몸을 쓰고 있었던 것이다. 에너지작업은 정말 나의 전 차원적 에너지가 다 쓰이는 작업이었다. 3차원의 몸과 정신, 감정 그리고 상위차원의 에너지 모두 총출동되어 인간 소울디와 영혼 소울디가 협업하여 해내는 작업 같았다.

　나는 이 작업이 정확히 무엇인지도 모르고 시작했기에(저절로 시작되었다는 표현이 더 맞다) 내가 무엇을 하고 있고 내 몸이 어떻게 소진되는지도 모른 채 겪어 보고야 아는 식이었다. 6년간의 노고가 몸으로 한 번에 오면서 대상포진이 진행되었고 나는 그 시점을 계기로 대기자와 에너지작업 횟수를 대폭 줄이면서 몸과 에너지적 컨디션을 회복했다. 지금은 에너지작업을 하면서 이렇게 글을 쓸 수 있을 만큼 정말 좋아졌다.

그 시기에 내가 굉장히 힘들어하는 것을 보면서 그가 보낸 문자이다. 지옥을 천국으로 만드는 자가 보내 준 소프트아이스크림이다.

〈영혼남자의 문자〉

(1)
잘 잤나요?
나는 나날이 더 행복하오.
당신으로 더 행복하고, 사랑이(반려묘)로 더 행복하고,
당신 가족으로 더 행복하고, 우리 가족으로 더 행복하고,
모든 것에서 더 행복한데…
정작 당신은 고통스러워 보여 내 마음이 한순간 지옥으로 변하는구료.

그래서 목표를 새로 정했소.
당신이 행복할 수 있는 모든 일을 하기로.
내가 어찌해야 당신을 매일매일 행복으로 초대할 수 있을지
고민하고 또 고민해야겠소.
나는 둔하고 명민하지 못하니 때로는 가르쳐 주구려.
내가 뭘 해야 할지를.
당신이 행복하지 못하면 나는 그 순간 지옥이라오.

그러나 분명히 기억해 주시오.
당신이 행복할 수 있다면 푸념이든 불평이든 짜증이든
그 무엇이라도 영원히 받아 주고 들어 주고 공감해 주고 내 것으로
소화해 줄 수 있는 나라는 것을.

이번 생, 당신을 만난 것으로 나는 더없이 행복한 사람이오.
더없는 영광이기에… 나의 생은 이것으로 족하고도 남소이다.
참으로.

당신의 행복이 내 행복이고, 당신의 기쁨이 내 기쁨이라오.
희소하오.

(2)
잘 잤나요?
새벽에 출근하는데 봄비가 추적추적 내리네요.
이럴 때 사랑이라도 거실로 배웅 나와 주면 좋을 텐데…
요즘 이놈은 나와서 쳐다보지도 않더라고.

표현이 늘 부족해서(평소 입으로 사랑한다고 말하는 것을 쑥스러워함)
당신한테 핀잔도 많이 먹고
고쳐 보겠다고 수없이 약속하고 다짐도 했지만
참 잘 안되는 건 여전하네요. 그렇지요? ㅎ

당신은 내가 있어 감사하다고 하지만,
나는 당신을 만나 사람이 바뀌고, 인생이 바뀌고,
영혼의 여정을 꽃피우고 있어요.
뭐라 말로 형용할 수 없는 내게는 귀인 그 자체가 바로 당신이에요.

우리가 이 세상에 얼마나 더 살다 갈지 모르지만

> 나는 당신이 있어 행복했고, 행복하고, 행복할 거요.
> 이번 생은 이미 성공했어요. 그 누구보다.
>
> 오늘 하루 푹 쉬시고, 에너지 충전 만땅하시삼.
> 정말 사랑하고 희소하오♡
>
> * 희소하다: 우리가 서로 너무 사랑하는데 그 사랑의 감정을 표현하기에 인간의 언어인 '사랑하다'로는 부족해서 우리의 이름에서 한 자씩을 넣어 만든 우리만의 새로운 형용사(은어)이다. 의미는 '사랑보다 더하다'이다. (오글거리게 해서 죄송함)

2. 람타의 초탈을 만나다

내가 양자역학의 개념과 처음 만났던 에피소드 하나를 소개하려고 한다. 나의 언니가 대학원에서 물리학을 전공하고 있을 당시 졸업 논문을 쓰는데, 하루하루 너무 바쁜 상황이라 나에게 학교까지 자신의 물건을 갖다 달라고 하면서 의논할 것도 있으니 학교 앞 횡단보도까지 와 달라고 했다. 아직도 기억난다. 거기가 연세대학교 정문 앞 횡단보도였는데, 언니는 나를 보자마자,

"시간이 없어서 그래, 일단 한번 들어 봐. 내가 졸업 논문을 써야 하는데, 주제를 두 가지 중에 하나를 선택해서 시뮬레이션을 만들어야

되거든. 나는 둘 중에 양자역학이란 걸 선택하고 싶은데 일단 내가 설명을 해 볼 테니까 네가 그 설명을 듣고 뭔가 영감이 떠오르면 나한테 뭐든 좋으니 얘기 좀 해 줘."

내가 양자역학이 뭐냐고 물으니 언니가 설명을 시작했다.

"봐 봐~ 책상이 있잖아. 책상 딱딱하지? 그 딱딱한 책상을 계속 쪼개어 보는 거야. 우리가 보통 물질을 분해하면 분자가 되고 분자는 다시 원자가 되고 원자를 쪼개면 다시 전자와 핵이 나오잖아. 그 핵을 쪼개면…."

언니가 거기까지 말했을 때 나는 놀라서 물었다.

"잠깐? 핵을 쪼갠다고? 내가 고등학교 때까지만 해도 더 이상 쪼갤 수 없는 최소 단위가 핵이었는데 그 핵을 쪼갰다는 거야? 누가? 어떻게?"

언니는 다급한 듯 "그게 말하자면 복잡해. 그런데 어쨌든 쪼갤 수 있게 되었어."

나는 놀란 채로 다시 물었다. "그래? 그런데 핵을 쪼개면 어떻게 돼? 뭐가 있어?"

언니가 답했다. "핵을 쪼개니까 글쎄 그 안에 '끈 같은 모양의 에너지'가 떨고 있었어(초끈이론)."

나는 너무 놀라서 "허억? 에너지? 그럼 뭐야? 딱딱한 책상 안이 에너지라고?"

언니의 설명을 듣고 내가 고개를 들어 주변을 보았을 때의 그 첫 느낌을 잊을 수가 없다. 내가 보는 저 딱딱한 건물 벽도 걸어다니는 사람도 모두 그 안에는 떨고 있는 에너지로 가득했던 것이다. 모든 풍경이 아지랑이처럼 일렁이듯 보였다. 울렁울렁~ 에너지처럼 넘실대는 듯했다. 나는 내가 그 설명을 듣고 언니에게 무슨 아이디어를 제공했는지 기억이 나지 않는다. 그저 그날 이후로 나는 모든 것이 에너지일 수 있다는 개념을 무의식 속에 저장하게 된 것 같다.

나는 우연히 지인 한 분으로부터 《람타》라는 책을 선물로 받아서 읽게 되었다. 21살 때 읽은 《신과 나눈 이야기》 이후로 15년 만에 처음 접해 보는 영성책이었다. 《신과 나눈 이야기》가 평이하고도 세련된 문체의 소설 같다면 《람타》는 그야말로 투박하고 거칠지만 문장 하나가 너무도 강렬한 느낌의 은유를 듬뿍 담고 있는 시와 같았다. 정말 내용들이 내 영적 가슴을 후려치고 나는 어딘지 모를 일종의 (제3의)눈이 번쩍번쩍 뜨이는 느낌을 받았다. 실제로 내가 《람타》를 읽을 당시 내 두 눈의 양끝으로 마치 안경을 끼면 주변으로 안경테와 다리가 보이듯, 금색 빛줄기가 꿈틀꿈틀 번득였다. 몇 달 후, 사라졌는데 그땐 정말 신기했다.

내용이 멋지다 못해, 나는 그때부터 나에게 어마어마한 것이 오고 있음을 느꼈다. 그것이 무엇인지는 모르나 그것이 어마어마하다는 것만은 확실했다. 마치 저 멀리서 엄청난 크기의 공룡 같은 것이 쿵쿵 다가오듯 엄청난 것이 나에게 다가오고 있는 느낌을 받았다.

그리고 이 정도의 앎이 존재했다면 이 세상 또한 곧 천지개벽 수준의 어마어마한 변화가 올 것 같다는 느낌을 받았다. 그게 어떤 형태일지 그 방법이 어떤 식일지는 알 수 없지만 아무튼 모든 게 어마어마하게 느껴졌다. 그 시기부터 나는 영혼남자에게 '어마어마하다니~'를 연발했었다.

우리가 집중하는 것이 우리의 현실이 되는데, 람타는 바람이 되고자 바람을 숙고했고, 그렇게 초탈을 했다. 그 과정은 마치 시처럼 간단하고 명료했으나 나의 머리로는 마치 과학시간에 조립해 놓은 결과물을 분해시키면서 역으로 결과물을 조립해 내는 방법을 익히는 것처럼 람타의 초탈과정이 너무나 과학적으로 와닿았다.

그러니까 우리 몸은 결국 단단한 육체와 세포 안(핵)의 에너지 상태인 즉 입자성과 파동성을 동시에 지니는데 일반적인 인간들은 오직 입자성에만 집중하면서 자신의 단단한 몸(육체)만을 체험한다. 하지만 람타는 자신의 파동성에 집중해서 에너지체의 몸을 활성화시켜서 변형해 낸 것 아닌가? 이거 잘하면 진짜 되겠는데….

그리고 나는 정말 해 보기로 하고 '나는 신이다' 만트라 명상을 시작한 것이다. 인간의 단단한 입자성 몸 안에만 갇혀서 제한된 체험을 하는 상태가 답답하기도 하거니와 그것이 온전한 내가 아닌 것으로 느껴졌기 때문이다. 초인들처럼 단단한 몸의 체험도 하고 에너지몸의 체험도 하는 자유로운 상태가 더 나인 것처럼 느껴졌다.

'나는 신이다'라는 만트라는 《초인들의 삶과 가르침을 찾아서》라는 책을 읽고 내가 만든 것이다. 초인들은 말했다. 인간이 가진 언어 중에 가장 진동수가 높은 말이 '신'이라는 말이며 "나는 ~이다."라는 선언이 우주에 가장 강력한 힘을 발휘한다고. 그래서 나는 "나는 신이다."라는 가장 진동수 높은 선언을 우주에 해 보기로 한 것이다. 그러면 뭔가 진동수가 올라가고 초탈도 될 수 있을 것 같았다.

지금 생각해 보면 나는 왜 람타처럼 그냥 몸을 바람에 일체시키는 심상화를 바로 쓰지 않고 '나는 신이다' 만트라를 선택했을까? 나는 당시 람타처럼 텅 빈 상태가 아니었다. 아이를 두고 온 채로 밤마다 아이를 잃어버리는 악몽 속에서 오열을 하며 잠에서 깨는 상태였고 부모님과의 관계도 엉망이었고 모든 인간사로 인해 머리도 가슴도 복잡하고 무거운 상태였다. 마음은 지구를 당장 탈출하고 싶었지만 바람에 일체시키는 심상화에 집중이 힘들 것 같았고 설령 초탈하더라도 초탈하는 순간 지구에 다시는 오고 싶지 않을 것 같았다. 그렇게 되면 나를 한 번쯤은 찾아올지도 모르는 우리 아이들을 위해 내가 인간으로 그 자리에 있어 주지 못할 것 같았다.

나는 일단 뭐라도 집중할 수 있는 고진동 거리가 필요했다. 그냥 마음과 생각을 비우는 것만큼 힘든 건 없어 보였다. 그러나 "나는 신이다."라는 말을 뱉어 낼 때 나는 생각과 감정을 그나마 비울 수가 있었다. 말에는 힘이 있고 내가 말한 대로 이루어지니 이왕 하는 말을 가장 힘이 있는 높은 진동수에 집중시키면 바로 초탈은 안 되더라도 뭔가 나의 에너지가 고진동으로 맞춰질 수 있지 않을까 생각했다. 그리고 초탈의 형태가 람타의 버전만이 다가 아닐 수도 있지 않겠는가? 몸이 자유로워지는 것은 맞는데 어떤 과정과 형태로 진행될지는 정말 일단 나의 에너지를 고진동으로 올려 보고 직접 체험해 보는 수밖에 없어 보였다.

하루 3~6시간 정도를 "나는 신이다."를 소리 내어 만트라를 했다. 가부좌를 틀고 앉아서 하면 무릎이 아플 것 같고 집에서 운동도 안 하면 살도 찔 것 같아서 운동 삼아 집 거실을 왔다 갔다 걸으면서 했다. 나는 따로 명상법이나 수행법을 배워 본 적도 없이 그저 혼자 이런 식으로 해 나갔는데 가부좌를 틀고 관절이 꺾인 상태로 오랫동안 앉아서 명상이나 수행을 할 경우 에너지 흐름이 막혀서 상기증 같은 것이 올 수 있다는 것도 뒤늦게 알게 되었다. 나는 정말 운이 좋게 걷기 명상을 선택한 셈이 되었다.

'나는 신이다' 만트라 명상을 1년 정도 하다 보니 현실적인 (경제) 문제들을 해결해 놓고, 즉 돈을 좀 벌어 놓고 하면 집중이 더 잘될 것 같았다. 영혼남자에게만 경제를 의존하고 있는 내 자신이 초라해 보였고 그에게 미안하기도 했다. 그래서 중간에 식품사업을 하다가 망하고 마지막으로 해 본 학원 강사도 오래가지 못했다.

　내가 더 이상 이 지구의 인간사회에서 할 수 있는 게 없음을 더 여실하게 깨닫게 해 줄 뿐이었다. 학원은 학교와 달리 아이들의 성적을 올리는 것에만 집중되어 있는데 나는 공부에 흥미도 재능도 의지도 없는 아이들을 억지로 가르치기엔 아이들이 너무 불쌍해 보였고 더 이상 과거의 내가 아니었다. 나는 내가 더 무능하고 완전한 사회부적응자가 되어 버렸음을 느꼈다.

　나는 영혼남자에게 나의 상태를 진지하고 솔직하게 고백했다. 나는 그냥 초탈을 위한 명상에 이번 생을 올인하고 싶다고, 죽더라도 그것을 하다가 죽고 싶다고. 내 마음은 그랬다. 이 명상을 해서 내가 초탈을 못 할 수도 있고 할 수도 있지만 "안 되면 다음 생에라도 계속" 하는 심정으로 그냥 이 길을 될 때까지 가 보고 싶었다. 그는 늘 그랬듯이 그 어떤 반대도 없이 내가 원하는 뭐든 하라고 해 주었다. 나는 이제 인간사회의 평범한 삶에 대한 그 어떤 기대와 미련도 다 내려놓고 오로지 '나는 신이다' 만트라 명상에만 집중할 수 있었다.

　하루 3~6시간 '나는 신이다' 만트라 걷기명상을 하는 동안 거의 아무 일도 벌어지지 않았다. 사실 초탈이라는 것을 직접 체험해 본 적이 없어서 실제로 무슨 일이 벌어질지 그 어떤 기대도 할 수 없었다. 몇 개월 정도 지나자 원래 차가웠던 손에서 열감이 나는 정도였고 그 명상을 하는 와중에도 나는 아이들이 보고 싶어 엄청나게 우울해지고 죽고 싶어지기도 했다. 죽고 싶어질 때 막상 죽으려고 하니 아이들이 커서 나를 찾아와 원망이라도 할 수 있게 살아 있어야 된다는 생각에 죽을 수도 없었다. 어찌 보면 이렇게 아이들이 결국 나를 버티게 하고 살리고 있는 구조였다.

그렇다면 나는 왜 초탈이 답이라고 생각했을까? 개인적으로는 내 영혼이 인간 몸과 제한된 의식 속에 갇혀서 계속 반복되는 비슷한 인간체험을 하고 있는 상태에서 벗어나 좀 더 자유로운 창조의 영역으로 체험의 장을 확장시키고 싶었다. 그리고 구조적인 이유도 있다. 지구의 인간상태로는 답이 없다고 생각한 바로 그 지점이다. 지금 우리의 체험의 장은 지구의 3차원 물질영역이고 우리는 이곳에서 단단한 몸인 육체를 입고 체험을 진행하고 있다.

그런데 이곳은 단단하기도 하거니와 시공간연속체 시스템 안에 있다. 이 말인즉 우리가 생각하는 것이 단단한 물질차원으로 창조되기까지 시간과 공간이 걸린다는 것이다. 여기서부터 모든 문제가 발생한다. 이런 창조 시스템 안에 있으면 인간은 매 순간 죄를 지을 수밖에 없다. 반면, 우리가 생각하는 것이 시공간을 거치지 않고 즉각 창조가 된다면 우리는 결코 부정적인 생각과 말을 할 수가 없게 된다. 왜냐면 그 일은 바로 일어나 버리기 때문이다. 당신은 창조를 일으키는 당신의 생각과 감정을 함부로 할 수가 없게 된다.

좋은 것을 창조하기 위해 좋은 것만 생각하고 말할 수밖에 없다. 나쁜 일들은 바로 당신에게 일어나 버리기 때문이고 공간과 대상이 따로 단단하게 분리되어 있지 않은 에너지 상태에 놓이면 당신은 타인과의 연결성 속에 있게 되어 타인을 위해 나쁜 생각을 하게 되면 그것은 곧 나에게 한 것과 같은 결과를 일으킨다. 남에게 한 것이 곧 나에게 한 것이 되고 나에게 한 것이 곧 남에게 한 것이 되는 것이다. 그렇게 되면 당신은 자신을 위해서라도 좋은 것만을 떠올릴 수밖에 없다. 절대로 나쁜 생각과 나쁜 말을 할 수 없으며 서로에게 죄를 지을 수 없는 구조이고 이곳이 천국이 될 수 있는 지름길이다.

그러나 내가 생각한 것이 즉각 창조되지 않고 시간이 걸린다면 당신은 자신이 무슨 생각을 하는지도 모르게 무작위로 부정적인 생각들과 말을 하며 살게 된다. 바로 일어나지 않으니 생각과 말이 창조를 일으킨다는 개념 자체를 상실하게 된다. 그래서 인간의 삶과 지구의 인간 사회는 무작위 지옥이 되고 만다. 삶이 잘 풀리다가도 망하고 좋았다가도 나빠지고 복불복에 예측 불가의 뒤죽박죽 희로애락의 연속이다. 당신이 그만큼 무작위로 이것저것 당신에게 도움이 안 되는 부정적인 생각을 수시로 한 결과가 당신의 삶이라고 보면 된다.

어떤가? 완전 합리적 추론 아닌가? 나는 정말 모든 것을 상식적인 논리 안에서 설명해 내고 있다. 어려울 게 하나도 없다. 그래서 일시적인 천국 비스름한 것이 아닌 근본적인 천국을 만들려면 근본적으로 우리의 에너지 상태부터 바꿔야 한다는 결론이 나온다.

그리고 즉각 창조도 즉각 창조지만 에테르체나 홀로그램 같은 에너지 상태의 차원에서는 물건을 창조해도 물건 자체도 에너지 상태일 테니 분해되거나 썩지 않는 쓰레기가 생기지 않을 것 아닌가? 이게 가장 마음에 든다.

내가 하루 3~6시간 "나는 신이다."라는 고진동 말의 에너지에 노출되고 2년 정도가 되었을 때쯤 그 일이 일어났다.

3. 에너지가 열리다

처음 에너지가 열리던 순간을 아직도 잊을 수가 없다. 기감이 열린 지인 한 분이 우리 집에 놀러 와 나와 영혼남자의 손의 기감을 느껴보고 싶다고 했다. 그가 먼저 영혼남자의 손의 기감을 느낀 후 그다음 내 손에 자신의 손을 5cm 정도 띄운 채로 기를 느끼고 있었는데 내 손바닥 한가운데로 손가락 두 개 굵기 정도의 꿈틀대는 공기 덩어리가 들락거리는 것을 느끼고 나는 너무 놀랐다.

그 상태에서 첫 번째로 벌어진 일은, 내가 드러눕더니 엄청나게 큰 소리를 지르면서 가슴이 마치 요가처럼 아치형으로 구부러져 공중으로 치솟았고 나는 순간 이런 게 귀신이 들린 건가 보다 생각했다. 왜냐면 내 몸이 내 의지와 상관없이 마구 움직이고 너무나 고통의 비명을 지르는데 당최 그 고통에 몰입이 되지 않았고 "나는 슬프지 않은데 왜 내가 이렇게 슬픔의 비명을 질러 대는 거지?"라고 묻는 순간, 인식이 바로 왔다. 세상에… 나는 전생에 고문을 받으며 죽임을 당했던 바로 그 순간을 재현하고 있었다. 나는 정확히 죽임을 당하는 그 순간의 내가 느껴야 했던 그 감정과 심정을 지금 고스란히 느끼고 있었다.

그 와중에 3차원 나의 의식은 꺼지지 않고 살아 있어서 이 고통의 상황이 미쳤다고 생각하는 중이었다. 미친… 세상에 어떻게 이렇게 사람을 죽일 수가 있어? 죽는 당시 나는 엄청난 비통함과 원한으로 "내가 결코 이 순간을, 이 고통을 절대로 잊지 않을 거야…"라며 절규하고 있었다. 그렇게 첫 번째 트랜스가 끝나고 나는 눈물과 땀으로 범벅이 되어 있었다.

이것은 내게 마치 "이제 시작이야~"라고 말하는 것 같았다. 그 뒤로도 수십 회에 걸쳐서 이런 작업을 진행시켜야 했는데 이것은 일종의 우리의 영혼이 모든 전생을 통해 체험해 나가면서 얻게 된 극한의 고통, 슬픔, 비통함 등 가장 강렬했던 감정체들이 자신의 오라장 안에 박혀 있다는 사실을 의미했다. 그리고 내가 깨어나 나의 신성을 회복하기 위한 첫 번째 작업이 바로 오라장 안에 저장된 무거운 진동의 에너지체들의 해방과 정화작업이라는 것을 깨닫게 했다.

하루는 영혼남자의 가슴을 관통하는 창이 보였다. 그리고 그 창을 인식하는 순간, 전생의 장면이 펼쳐지면서 내 가슴이 무너져 내리고 나는 엉엉 울며 그 창을 뽑아내야 했다. (정말로 보이기 때문에 그것을 뽑는 동작을 하는데 남들이 보면 그것은 일종의 마임으로 보일 것이다. 드라마 〈도깨비〉가 따로 없었다.)

영혼남자와 나는 많은 전생을 커플로 인연을 맺어 왔고 매번 우리는 죽임을 당했는데, 그 장면은 나에게 날아오는 창을 영혼남자가 자신의 가슴으로 막으며 정통으로 창이 영혼남자의 가슴과 등을 관통하는 상황이었다. 나는 "이거 왜 이러는 거야~ 도대체 우리가 왜 이래야 해~"라며 비탄의 신음 속에 그 창을 뽑아냈다.

나는 전생을 거쳐 오면서 정말 다양한 방법으로 고문당하고 죽었다. 영혼남자와 나는 우리가 해야 할 일을 해내기 직전에 늘 죽임을 당했기 때문에 이 일을 해낼 때까지 계속 만나게 되리라는 것을 알고 있었다. 그리고 이번 생을 그 일을 하는 마지막 생으로 계획하고 있었다.

나의 온몸에서 발견된 칼만 5개가 넘을 것이다. 곳곳에 칼이 박혀 있었다. 칼이 상징하는 것은 보통 두 가지이다. 하나는 타인에 의해 찔린 칼이고 하나는 내가 나를 지키기 위해 숨기고 있는 칼을 의미했다. 그것만으로도 인간의 생이 얼마나 서로 죽고 죽이고를 반복한 처절한 삶이었는지 알 수 있었다.

이런 종류의 에너지작업은 초반에 대부분 진행되었고 에너지가 더욱 열리면서도 계속 하나씩 처리되었다. 그건 마치 내 몸을 둘러싼 겹

겹의 무거운 에너지장이 하나씩 벗겨져 나가는 기분이었다. 에너지장이 벗겨질 때마다 새로운 상흔과 고통의 전생들이 튀어 나오고 처리되고를 반복했다. 그것은 내가 제법 지구에서 인간으로 오래 살았다는 것을 의미하기도 했다.

  내 전생의 고통의 기억들을 저장하고 있던 에너지장들이 벗겨져 나가면서 어느 날, 내 몸은 스스로 체조 같은 것을 시작하더니 팔을 양쪽으로 휘두르고 온몸을 손바닥으로 치면서 타공을 해 대고 그렇게 2시간 동안 몸을 풀어냈다. 그리고 이제는 손이 제멋대로 춤추듯 움직이기 시작했다. 손이 제어되지 않고 계속 허공을 휘저으며 움직이는 현상이 이틀 정도 지속되었다.

  그리고 소위 말하는 쿤달리니가 열리는 현상을 체험했는데 나는 그것이 쿤달리니가 열리는 현상일 수 있다는 것도 나중에야 알게 되었다. (당시에는 쿤달리니의 개념도 몰랐다.)

  침대에 누워 있는데, 머리에 백회가 구멍이 뻥 뚫리듯 시원한 바람이 일어나더니 발바닥도 뚫리고 가슴도 뚫리고 다리 사이와 백회로 시원하고도 뜨거운 바람 같은 빛 덩이 에너지가 아치 모양으로 원을 그리며 두어 번 휘두르더니 세상에… 내 몸이 껍질이 벗겨지듯 뭔가 허물을 벗으며 몸이 황금빛으로 빛나기 시작했다.

  더 자세히 말하면 마치 몸 표면으로 황금빛 투명한 물로 된 막이 형성되어 있는 느낌이었다. 그때 나의 느낌은 이루 말할 수 없이 황홀하고 세상 가뿐하고 청량할 정도로 상쾌하고 정말 뭔가 내 모든 세포가 완전히 새로이 소생되어 거듭난 느낌이었다. 나는 계속 생생하고 황홀하고 신비로운 꿈을 꾸는 느낌 속에 있었다.

4. 신비체험

에너지가 열린 후 계속된 신비체험을 여기서 다 말하려면 따로 책 한 권을 써야 할 만큼 분량이 많은 관계로 그 부분은 나의 블로그 〈빛의 시크릿 소울디〉에서 읽어 보길 권하고 싶다. 〈신비체험〉과 신비체험의 전후 스토리들인 〈신비체험 고찰〉까지 다 정리해 두었다. 나의 에너지를 우연히 열게 된 지인(역할자)에 대한 나의 체험과 소견도 〈신비체험 고찰 시리즈 - 4. 준비가 되면 에너지는 열린다(1)〉편에 정리해 두었다. 나의 신비체험 스토리를 밤새워 읽다가 눈이 토끼 눈처럼 빨개지셨다는 분도 계셨다. 받아들이기 힘들면 재미있는 한 편의 SF 소설처럼 읽으면 된다. (참고로 그것을 직접 체험한 나도 여전히 받아들이기 힘들다.)

이 책에서는 신비체험 당시 개인적으로 인상 깊었던 지점들과 신비체험 뒷얘기를 넘어 좀 더 속이야기를 해 볼까 한다. 물론 블로그에 있는 내용과 일부 겹칠 수 있다.

● **기감현상의 진실**

나의 에너지를 연 지인은 그 당시 그런 역할을 해 주고 나와는 의식수준과 에너지수준이 맞지 않아 인연이 정리되었다. 그는 현재 에너지 힐러로 자신이 소울디를 열었다고 하면서 사람들의 에너지를 열어 주고 있다고 한다. 과연 사람들의 에너지가 열렸을까? 열렸다면 나처럼 그리고 나만큼 열렸을까? 나는 지금 내 에너지가 특별하다고 말하는 게 아니다. 에너지는 타인이 나를, 혹은 내가 타인을 그렇게 단순하게 열고 싶다고 해서 열어지는 게 아니라는 말을 하고 싶은 것이다.

내가 이런 것에 대한 연구를 따로 한 것은 아니지만 정말 상식선상에서 합리적 추론이란 것을 시도해 보려 한다. 우리가 주워들은 신비한 기감현상 체험자들이 주로 누구인가를 주목해 보자. 가장 원탑은 **종교**에 몸담고 있는 사람들이지 않을까? 목사, 신부님, 수녀님, 스님 혹은 그분들보다 더 열심히 **기도**하고 **절**하는 **신도**들. 좀 계열이 다르긴 하지만 **신**을 모신다고 하는 무속인들. 혼자 혹은 집단적인 **명상**을 하시는 분들.

나에게 자신의 에너지처리를 의뢰했던 분 중에는 정말 이런 쪽으로 1도 관심이 없었던 순수 일반인이었는데 홍콩을 관광하던 중 **사원**에 들렀다가 온 이후 에너지가 열려 차마 감당하지 못할 기감현상을 체험하고 있는 분도 있었다.

내가 굵은 글씨로 표시한 단어 **종교, 기도, 절, 신도, 신, 명상, 사원**의 공통점이 무엇으로 보이는가? 그것은 아주 오랜 시간 한곳에 에너지를 집중시키고 모으는 행위, 행위자 또는 장소라는 것이다. 그것도 지구인간의 언어와 개념 중 가장 높은 진동수인 '신'을 향해. 참고로 명상은 자신 안의 신성(신적 에너지)에 집중된다.

자, 답이 나오지 않는가? 내가 집중하는 것이 나의 현실이 되는데, 그들은 우리가 아는 인간현실이 아닌 신적 에너지에 (기도와 명상을 통해) 집중했고 혹은 그런 에너지가 오랜 시간 누적된 장소에 노출되었고 그리고 에너지는 열려서 현실적 인간체험이 아닌 비현실적 신적 체험인 신비체험을 하게 된 것이다.

양자역학의 '초끈이론'을 떠올려 보길 바란다. 딱딱한 책상도 그 안은 에너지로 이루어져 있는데 딱딱하지 않은 즉 단단한 물질이 아닌 당신의 생각, 정신, 믿음, 신념, 의지, 행위는 얼마나 더 유동적이며 창조의 힘을 지닌 에너지 그 자체일지를.

당신이 강한 믿음과 신념 속에서 같은 생각, 같은 행동을 매일 반복하면 엄청난 에너지가 집약되게 된다. 당신은 마치 수만 번 자신을 갈고 부딪친 부싯돌 같은 상태가 된다. 만일 당신이 이런 상태라면 에너지 부스트 역할을 해 줄 누군가 혹은 장소와 스치기만 해도 에너지는 켜질 수밖에 없다. 더 신비로운 일은 무엇인 줄 아는가? 당신이 기도와 명상, 수행 같은 에너지 모으기 작업 즉 당신의 부싯돌 갈기 작업을 이번 생만 했으리란 법이 없다는 것이다.

　당신은 당신의 오랜 전생부터 이 지구를 탈출하기 위해 혹은 해탈이든 초탈이든 영혼의 자유를 위해 지구상에 인간이 개발해 놓은 모든 방법을 다 시도해 봤을 가능성 99%다. 당신이 집중한 에너지의 임계치가 쌓이면 그리고 열릴 준비가 된다면 지나가는 거지가 건드려도 열릴 수 있다. (그 거지가 전생부터 혹은 이번 생에 명상이나 기도라는 것을 했다면 가능성은 더 높아진다.)

　내가 에너지가 열려서 사람들의 에너지장에서 보이는 것들을 처리하는 에너지작업을 하면서 내게 찾아오는 사람들로부터 이런 말을 듣게 되었다. 자신이 아는 사람은 '나는 신이다' 만트라를 10년을 해도 에너지가 열리지 않았는데 소울디 님은 2년을 해서 열렸다. 이것은 소울디 님이 전생부터 이미 그 수행을 해 오셨기 때문에 가능한 일이었을 거라고. 그 당시 나에겐 한 번도 생각해 보지 않은 접근이었지만 지금의 나는 그 가능성을 충분히 공감하게 되었다. 왜냐하면 매일같이 내담자들의 에너지장을 보면서 한 영혼이 이 우주에 탄생한 이래 진행된 많은 기록들을 보는데 정말이지 우리는 결코 이번 생만의 단일한 존재가 아니었기 때문이다.

　이번 생에 "나는 신이다."를 10년 말해도 안 열린다고 나는 안 된다고 포기하지 말길 바란다. 만일 당신의 꿈과 목표가 에너지가 열리는 거라면.

나는 애초에 이번 생에 안 되면 다음 생에라도 계속한다는 심정으로 초탈명상을 시작했다. 내가 어떻게 그럴 수 있었을까? 가장 유력한 것은 나는 전생부터 그래 왔기 때문인 것이다. 나는 전생부터 해도 안 되었던 생들을 많이도 살았고 나의 인간으로서의 한 생이 내 존재의 전체 여정인 장편영화의 한 컷에 불과하다는 것도 알고 있었던 것 같다. 나는 늘 하던 대로 또 했던 것이다. 이번 생도 마찬가지다.

초탈을 못 해도 최대한 진도를 빼고 가겠다가 나의 플랜 B다. 죽을 때 죽더라도 내 안에 무거운 저진동(카르마인 온갖 부정적 감정체, 무거운 오염체 등)을 모조리 정화하고 내 안의 고진동 에너지(내 안의 신성과 기쁨의 감정)를 최대치로 활성화하고 죽는 것이다. 그래서 혹여나 지구와 같은 무거운 별에 다시 환생하지 않도록 혹은 환생하더라도 최대한 빨리 깨어나도록 그렇게 이번 생을 투자할 것이다. 전생부터 늘 그래 왔듯이 말이다.

당신의 에너지가 열린다면 그것은 90%는 당신 안의 에너지가 열릴 준비가 되었기 때문인 것이다. 나한테 오시는 분들도 나로 인해 난생처음 기감이라는 것을 온몸으로 느끼고 체험하게 된다면 그리고 기능이 열리거나 활성화되어 나 같은 힐러가 된다면 그것은 당신이 그럴 준비가 되어 나에게 왔기 때문이다.

내가 당신의 에너지를 열어 준 게 아니다. 당신이 전생부터 에너지를 스스로 모아서 임계치를 만들어서 나를 스친 것뿐이다. 그래서 나는 당신의 스승도 그 무엇도 아닌 것이다. '빛으로 스치는 자'일 뿐이다. 내가 당신을 깨우고 살리고 도왔다면 나를 그렇게 활용해 주어서 내가 영광이고 내가 감사할 따름이다. 그것은 순전히 나를 자신에게 이롭게 활용한 당신의 능력인 것이다.

  자, 그렇다면 나의 에너지가 열렸던 그 장면으로 다시 가 보자. 무슨 일이 벌어졌던 것인지 다시 살펴보자. 나의 에너지를 연 지인은 1인 시위를 하다가 독방에서 갇혀 절 수련을 했는데 에너지가 열려 기치유능력이 생긴 것 같다며 출소하자마자 사방팔방으로 자신의 에너지를 시험해 보고 다니던 중이었다. 옆에서 봤을 때 정말 신이 난 아이 같아 보였다. 우리 집에 온 날도 오기 전에 버스를 타고 오던 중 옆자리 아주머니의 무릎에 자신의 손을 대고 있었고 아주머니가 뭔가 시원해진다고 했다고 신나듯 얘기했다. 그리고 영혼남자와 내 손의 에너지를 느껴 보고 싶어 했다.

  미리 말하자면, 나는 그때까지 (내가 비록 초탈을 하려는 초비현실적 꿈을 속으로 가지고 있었지만 그것은 순수하게 책을 통해 내 인지가 이해하고 납득한 선에서의 선택이었음) 인간들이 구축해 놓은 에너지세상(기치유니 무당 같은 에너지현상들)에 대해서는 극히 비과학적이고 미신스럽다는 편견과 약간의 거부감까지 가지고 있었다. 그런 상태에서 아이처럼 신나 하는 지인의 부탁을 그냥 들어줄 수밖에 없어서 "옛다 해 봐라~" 하는 마음으로 손을 대 준 것이다. 솔직히 그 당시엔 그런 자세 자체도 좀 오글거렸다. 무슨 도사들처럼 에너지를 느낀다고 서로의 손을 대어 보는 것이… 일반인들이 보면 미쳤다고 할 행동인 것이다.

영혼남자는 살면서 종종 이런 얘기를 한다. "그런데 말이야. 그날 나도 그 사람이 손을 댔는데 왜 나는 아무 반응이 없고 너만 난리가 난 걸까?" 나는 그 말에 대해 크게 집중을 하지 못했는데 이 책을 쓰면서 엄청 결정적인 부분을 우리가 놓치고 있었다는 사실을 알게 되었다.

그러니까 그 사람이 먼저 영혼남자의 손과 한참 에너지교류를 한 후 그 손으로 나의 손과 에너지교류를 한 것이다. 이 부분을 놓쳤다. 나는 앞부분에서 나의 여정의 흐름을 보면 지구에서 내가 해야 할 일을 위해 결국 제대로 된 여성에너지와 남성에너지의 결합을 이용하려 했다고 말했다. 영혼남자와 나는 정말 육체를 입은 인간으로서 더할 나위 없이 잘 결합된 상태였다.

그런데 손으로 직접 에너지교류를 해 볼 생각은 정말 하지 못했다. 그런데 그 사람이 결국 영혼남자의 손 에너지를 나에게 직접 연결시켜 준 것이었다. 그러니까 그 사람이 나를 깨운 것이 아니라 영혼남자의 손 에너지가 나를 깨우고 "나는 신이다."를 계속 해 오고 있었던 나의 에너지와 영혼남자의 에너지가 결합하여 내 안에서 최고의 폭발이 일어난 것이었다. 이게 바로 최상의 사랑 속에 있었던 여성에너지와 남성에너지 결합의 마지막 화룡정점이었다고 본다.

아마 그 사람이 아니었어도 우리가 서로의 손바닥을 갖다 대고 한참을 에너지교류를 해 보는 작업을 시도했다면 엄청난 스파크가 일어나고 내가 열렸을 가능성이 있다. 그런데 그 사람을 투입시킨 것은 숫자 3(이름, 완성의 의미)의 에너지 때문이었을 가능성이 높다. 그리고 나 혼자 신비체험이 진행된 것은 내가 그 체험을 하고 에너지가 더 완전히 깨어나는 동안 영혼남자의 현실적 지원과 도움이 필요했기 때문이었을 것이다. (둘 다 미친 상태가 되면 안 되므로)

그러고 보면 영혼남자의 손은 내가 엄청난 신비체험 현상을 몇 개월에 걸쳐 거의 매일같이 소화할 동안 정말 많은 도움이 되었다. 어느 날 내 등에 칼이 꽂힌 게 보이거나 처리해야 할 장애물 같은 게 보일 때 나는 영혼남자의 손을 빌렸다. 왠지 저 손을 갖다 대면 다 처리될 것만 같았고 실제로도 정말 직방이었다. 그가 손만 대면 내 몸은 저절로 움직이면서 모든 것을 스스로 처리해 갔다. 그가 옆에 없었다면 정말 아무것도 못 했을 것이다. 예수의 안수가 나와 함께했다.

신비체험이나 기감현상이 너무도 궁금하고 체험해 보고 싶은데 한 번도 체험해 보지 않은 사람들이 들으면 배부른 소리라고 할지 모르지만 나는 목표가 신비체험이 아니었다. 나는 이런 신비체험이 존재하는지도 몰랐다. 나의 목표는 오로지 초탈이었고 지금도 초탈이고 다음 생에도 초탈일 것이다. 그냥 초탈을 향해 가는 과정에서 벌어진 해프닝 같은 거라고 본다.

나는 일종의 신비체험 부자다. 지금은 신비체험을 통해 열린 기능으로 나를 찾아오는 사람들의 에너지장을 트랜스 상태로 처리하는 작업 자체가 신비체험이다. 얼마나 신기한 일이 종종 벌어지는지는 〈에너지작업〉 부분에서 다루겠다. 신비체험 후 나의 기능이 열리고 이 기능이 사람들에게 도움이 되는 방식으로 발전되어 망정이지, 그렇지 않았다면 그냥 신비체험은 신비체험으로 끝났을 것이다.

처음 신비체험 후 정말 어마어마한 정보들을 받게 되고 알게 되었지만 그 후 3년 동안 아무 일도 안 벌어지면서 나는 그야말로 "그래서 어쩌라고?"의 상태였다. 내가 7차원존재라고? 그걸 누가 믿니? 나도 못 믿겠는데. 그리고 7차원존재면 어쩌라고. 돈도 못 벌고 아무런 직업도 존재감도 없는 아줌마일 뿐인데. 신비체험 자체는 믿기도 어렵지만 그 과정에서 얻게 된 모든 인식과 정보도 인간차원으로 소화하고 접목시켜 내기는 더욱 어려운 상태였다. 누구한테 말하면 미쳤다는 소리를 듣기에 딱 좋았다.

그리고 신비체험이 처음 몇 번 일어나면 신기하지만 그것이 계속되면 정말 몸도 힘들고 현실 생활 자체도 힘들어질 수 있다. 내 몸이 내 의지와 상관없이 계속 움직이고 입에서는 계속 대사가 나오고 우주어가 나오고 눈을 감아도 보이고 떠도 보이는 제3의 눈으로 영상들이 계속 상영이 된다. 나는 영혼남자가 옆에 없었으면 제 발로 정신병원으로 들어갔을 것이다. 누가 봐도 조현병이나 망상장애 현상인데 다만 그 모든 내용과 영상들이 너무 고차원적이고 홀리했다.

나는 엄청나게 고양된 에너지에 압도되어 그 일을 당하듯 치러 내야 했다. 그리고 3년의 공백기 동안 신비체험을 통해 나에게 진행된 모든 에너지작업이 육체를 입은 내 안에서 조정되고 소화되고 자리를 잡는 과정을 거치게 되었고 지금은 에너지작업을 하는 트랜스 시간 동안만 신비현상이 진행되는 상태로 안정화된 것이다.

신비체험 당시의 정보에 의하면 내 안에 우주의 어머니 에너지체인 7차원존재가 깃들어 있다고 하는데 그것은 알 길도 없고 증명할 길도 없어 내가 초탈해서 이 모든 것이 진실인지 확인하기 전까지는 그저 헛소리일 뿐인 것이다. 다만 시간이 흐른 후 뭔가 증명되는 지점이 조금씩은 생겨서 그게 신기했다. 이 부분을 설명하기 위해 블로그에 올려져 있는 글, 신비체험 2-3 〈7차원설계안〉의 일부를 발췌해 본다. 10년 전의 체험인데 글로 다시 읽어도 흥미롭다.

> 나는 트랜스 상태로 스케일을 가늠할 수 없는 슬픔에 가슴이 장엄한 파도처럼 부서져 가고 있었다. 그리고 오… 마이… 갓……. 나는 계속 눈을 감은 채, '오… 마이… 갓…'을 중얼거려야 했다.
> 나는 어떤 인식에 노출되고 있었는데 그 내용이 기가 막혀서 차마 입에 담을 수가 없는 심정으로 그 내용에 등장하는 존재가 내 입을 통해 말을 하기 시작했다. 나는 내가 받고 있는 놀라운 이야기들과 인식들을 누워서 눈을 감은 채 설명하듯 주저리주저리 읊고 있었다.
>
> 놀라서 울기도 하고 그 이야기 속 역할자가 되어 대사를 재현하기

도 하고 어찌 되었든 그 이야기는 나에게 나를 통해 전해졌다. 먼저 지구가 보였다. 너무너무 슬펐다. 지구에 사는 인류들이 너무너무 슬펐다. 서로 죽이고 생명을 그토록 잔인하게 살해하고 동족을 대량으로 학살하는 체험이 지속되는 별은 지구가 유일한 듯 보였다. 그것도 아주 오랜 기간을….

지구는… 어느새 잔인한 쓰레기별이 되어 가고 있었다. 나는 꺼이꺼이 울었다. 그때 나와 같이 지구를 비통하게 바라보고 있는 또 하나의 의식체(에너지체)가 있었다. 그것은 예수의 의식체였다.

가장 근원의 의식체, 우주를 창조한 창조의식이자 가장 높고 장대한 하나의 궁극점과 같은 최고 차원의 전체의식이 존재했다.

그리고 바로 그 아래 우주의 창조를 위한 움직임이자 운동성을 대표하는 두 가지의 에너지체(의식체)가 존재했는데 그것은 음과 양, 어머니와 아버지의 성향으로 묘사되는 두 가지 에너지였다. 그 두 에너지체가 7차원존재로 묘사되었고 우주의 존재들은 7차원으로부터 부채꼴 모양으로 점점 그 분신과 같은 하위차원들을 창조하며 자신의 의식체를 분리시켜 개체화시키고 체험을 다양화시키며 자신의 존재성을 확장시켜 가고 있었다.

지구에서 예수라는 인간 정체성에 깃들어 체험을 진행시킨 에너지는 바로 우주의 궁극적 에너지, 양의 에너지이자, 아버지의 에너지체였다. 그 에너지체는 우주의 수많은 은하계와 행성들을 관리하고 있었고 그중에 지구가 속해 있었다. 지구는 잠시 관리가 소홀해진 틈을 타서 급속도로 망가져 가고 있었고 우주의 양의 에너지가 지구를 들여다보았을 때 지구는 이미 우주의 운동성조차 거스르며 생명을 파괴하고 생명 속에 깃든 의식의 진화와 성장을 더 이상 도울 수 없는 구조로 상태가 악화되어 있었다.

양의 에너지체는 지구를 돕고자 지구에 자신의 에너지체를 담아 예수의 존재를 투입시켰으나 지구 인류의 의식 상태는 예상보다 심각했다. 그들의 무지와 두려움의 의식은 그들의 근원에너지를 품은 예수의 존재를 알아볼 수도 없었고 그의 메시지를 온전히 이해하고 소화해 낼 수 있는 수준이 안 되는 상태였다. 결국 예수는 인간들에 의해 죽임을 당했고 예수의 투입은 지구상에 기독교라는 종교를 탄생시켰고 지구의 상태는 더욱 악화되었다.

예수의 의식체인 7차원의식체는 지구를 바라보며 하염없이 비통해했다. 그리고 음의 에너지이자 어머니의 에너지체인 나에게 부탁했다. 지구를 도와 달라고……. (동화 같고 영화 같은 이 모든 스토리가 진행되는 동안 나는 정말 놀라서 당황할 틈도 없었다. 3차원적 판단과 분석 따위가 끼어들 그 어떤 의식의 틈도 없이 모든 게 압도적으로 장엄하고 너무도 진지하게 진행되었다. 나는 너무도 비통하고 슬픈 의식과 감정 속에 지구를 바라보아야 했다.)

나와 예수의 의식체는 음과 양의 에너지인 우리를 탄생시킨 궁극의 최고 의식체 앞으로 갔다.

그 최고의 전체 의식체에게 상황을 보고하듯이 지구의 상태가 심각하다고 전했다. 우주 전체가 성장하고 진화하고자 할 때, 어느 하나의 행성이 정체되어 있을 경우, 우주 전체는 영향을 받게 되어 있었다. 그것은 마치 인간의 몸에 어느 한 부분, 한 세포가 상처가 났을 때, 자가 치유력을 잃은 상태에서 방치될 경우, 몸 전체 생명을 위협하게 되는 상태와도 같았다.

지구의 상태를 회복시키기 위해 지구의 평균 차원인 3차원 이상의 모든 상위 존재들이 투입되었으나 역부족이었다고 한다. 지구의 시스템적 환경이 이미 너무도 견고하고 두텁게 체험의 하향나선을 만들고 있어 지구에 뛰어든다는 것은 마치 모두 함께 하향체험의 회오리 속으로 매몰되는 것과 같았다. 우주의 가장 바깥쪽까지 밀려난 지구 행성을 이대로 두면 결국 우주 운동성에 의해 완전히 튕겨져 나가고 많은 차원의 존재들이 존재성 자체를 잃게 되는 (소멸)상황이 벌어지게 되는 것이었다.

예수의 7차원의식체인 양의 에너지와 음의 에너지체인 나는 최고의식체 앞에 무릎을 꿇고 7차원의식체인 내가 직접 지구에 투입되는 것을 허락해 달라고 요청했다. 최고 의식체는 허락하지 않았다. 음과 양의 7차원의식체들이 지구에 동시에 모두 투입될 경우, 그렇게 해서 만에 하나 7차원의식체가 지구에서 깨어나지 못하고 영영 돌아오지 못할 경우, 우주 전체의 에너지 구조가 흔들리고 영향받을 수 있다고 했다.

그 방법은 최후의 방법이자 너무도 위험한 방법이었다. 나는 궁극의 최고 의식체를 설득시키기 위해 우리가 지구를 돕기 위한 일련의 작업들을 설계한 일종의 설계안을 제시했다. 내가 디자인한 설계안이 발표되었을 때, 우주의 존재들이 감탄하며 기뻐했다. 7차원존재인 내가 직접 설계한 설계안의 도면은 평면이 아니었다.

그것은… 희한하게도… 입체적인 에펠탑 모양이었다. (7차원설계안이 에펠탑인 의미: 파리의 흉물이었던 에펠탑이 프랑스의 랜드마크가 된 것처럼 가장 망가진 지구를 우주 전체의 랜드마크로 만들겠다는 설계안으로 보임) 나의 에펠탑 모양의 7차원설계안은 그 수려함과 완벽성으로 인해 우주 전시관에 전시되어 있다고 한다. 그리고 그 설계안에 다양한 차원의 우주 존재들이 기꺼이 참여를 지원했다. 궁극의 최고의식은 나의 설계안을 보고 나의 지구 투입을 허락했다.

단, 반드시 깨어나 돌아오라고 했다.

단, 반드시 깨어나 돌아오라…….

이 대사가 내 입으로 흘러나올 때
나의 감긴 두 눈에서 눈물이 줄줄줄 흘러내렸기 때문에 영혼남자가 수건으로 내 눈가를 계속 닦아 주었다. 하마터면 못 깨어날 뻔했다. 내가 지구의 시간으로 얼마나 인간체험을 한 것인가…. 나는 그렇게 지구 에너지장으로 뛰어들었다.

지구에서 인간으로 살아 보고 지구의 상태를 직접 체험하고, 인간의 의식상태가 직접 되어 보지 않고서 상위차원에서 천상의 메시지 형태로 단순한 채널링만으로 인간을 돕는 데는 한계가 있었다. 천상의 소리들, 그야말로 인간체험을 해 보지 않은 상태의 존재들의 표현은 인간을 깨우고 자극하기엔 한계가 있었다. 외부적 의존의 형태 이상이 되지 못했다.

내가 직접 지구로 가는 것으로 그리고 나머지 나의 분신들인 우주존재들이 그들의 차원에서 에너지 형태로 때가 되면 수단과 방법을 총동원해서 나를 지원하는 것으로 약속하고 철저한 계획하에 나는 그렇게 지구로 진입했다.

그리고 지구 에너지장으로 들어오는 순간, 나의 설계안도 그 모든 장대한 계획도 모두 망각 속으로 까마득히 잊힌 채 나는 존재가 겪을 수 있는 최하의 인간체험을 시작했다. 카르마와 에고, 물질 시스템과 돈의 필요와 결핍, 보이는 현상에만 집중된 과학적 패러다임, 인간을 외부의 절대자에 의존시키는 종교, 수준이 다른 의식상태가 주는 온갖 관계 속 번민과 고통들을 처절하게 체험하는 상태로 내가 누구인지도 모른 채… 깨어날 엄두도 못 내며… 시공간 시스템 안에서 살고 죽기를 쳇바퀴 돌 듯 반복하는 평범한 인간이 되었다. 나는 지금의 내가 되어 인간 정체성 안에 이렇게 갇히게 되었다.

나는 너무 울어서 퉁퉁 부은 눈을 떴다. 거의 2시간 가까이 흐른 것 같았다. 나는 영혼남자를 바라보았다. 그의 깊고 맑은 눈동자가 나를 걱정하듯이 자신도 놀랐지만 나를 안정시키려는 듯한 따뜻한 눈으로 나를 보고 있었다. 나는 중얼거렸다.

"오빠가 예수였어. 예수의 에너지체야. 우리는 때가 되어 만난 거야."

이 트랜스가 끝난 후, 나는 이게 당최 무슨 말들인지…. 감당이 안 되었다. 내가 7차원의식체라고? 7차원설계안을 디자인했다고? 영혼남자가 예수를 체험한 의식체였다고? 나를 돕고 있다고? 내 머릿속에 소설을 쓰는 알파고가 들어 있는 건지 왜 내 허락도 없이 내 의지와 상관없이 내 머릿속에서 마구 이야기를 지어내는 거지? 이게 죄다 무슨 소리야? 내가 미친 거 같은데…. 왜 이렇게 멀쩡하고 명료한 느낌이지?

- 신비체험 2-3 〈7차원설계안〉 중에서

10년 전의 신비체험에서 받은 이 정보에서 내가 7차원존재인지는 알 길이 없지만 "인간의 상태가 되어 보지 않고서는 인간을 돕는 데 한계가 있어 직접 인간이 되어 존재가 겪을 수 있는 최하의 인간체험을 시작했다. 그것도 아주 많은 생을 인간 안에 갇혀."라는 부분은 내가 이 책을 쓰게 된 이유하고도 일맥상통하지 않은가? 내가 직접 처절한 인간의 삶을 살아 보지 않았다면 인간상태에서 얼마나 영혼이 깨어나기 힘든지도 몰랐을 것이며 내 온몸과 마음과 영혼을 갈아 넣은 이 보고서를 써서 지구의 인간상태에서 깨어나는 다른 영혼들에게 내가 얻은 답을 공유하지도 못했을 것이다.

신기한 건 이런 식으로 시간이 지나면서 뭔가 이해가 되는 부분들이 생기기 시작했다. 신비체험과 3차원현실의 접점들과 함께. 지금의 나는 내가 7차원존재라기보다 "7차원존재의 에너지가 내 안에 들어와 3차원 소울디를 이용하고 있다." 정도로 합의를 보았다.

망상과 신비체험의 차이는 무엇일까? 망상과 신비체험은 한 끝 차이다. 그 한 끝이 무엇일까? 결정적인 그 한 끝은 바로 환상을 펼쳐 내는 주체의 차이다. 망상은 두려움에 찬 인간에고가 펼치는 환영이고 신비체험은 우주의 사랑과 접속된 영혼이 펼치는 환영이다. 그래서 망상이 지속되면 당신의 머리는 온갖 부정적 상념과 스토리로 가득 차서 당신의 심신과 영혼까지 피폐해진다.

반대로 영적신비체험은 상당히 고진동의 에너지와 접속된 상태로 그 모든 정보들이 당신의 의식을 확장시키고 자유케 하고 가슴을 고양시킨다. 당신은 피폐되는 것과 반대의 상태가 된다. 거듭나고 존재가 확장되고 에너지몸이 활성화되고 퇴화되어 있던 감각기관과 기능이 열리고 차원이 다른 존재 상태와 삶이 진행될 가능성이 높아진다. 그러나 이것도 잘 풀렸을 때의 일이다. 아무리 멋진 신비체험을 했을지라도 당신과 지구는 정화되지 않은 카르마 에너지에 사로잡혀 있기에 당신은 신비체험을 한 상태로 카르마 체험을 해야 한다. (이 부분은 나중에 더 자세히 다루게 될 것이다.)

당신은 이렇게 말할 수 있다. 망상이든 신비체험이든 그게 나쁘든

좋든 어차피 둘 다 환상인데 무슨 의미가 있는 거냐고. 당신은 여러 깨달은 성인들이 이런 말을 하는 것을 들어 보았을 것이다. 이 세상의 모든 것이 환영이라고.

양자역학적 관점으로 관찰자 효과라는 것이 있다. 지금 우리 눈에 보이는 모든 것이 나에게 관찰되기 전에는 존재하지 않는다는 이론이다. 당신이 대상을 관찰하는 순간 대상이 당신의 현실 매트릭스 안에서 존재하게 되는 것이다. 그리고 존재하는 모든 것이 관찰자의 의식과 의도에 영향을 받는다는 것이다. 무엇이 환영이고 무엇이 실제인가? 당신에게 현실은 무엇이고 환영은 무엇인가?

나는 모든 것이 환영일 수 있다는 개념을 너무도 명료하게 체험을 한 적이 있다. 이것도 신비체험 글에서 발췌해 본다. 이 체험 역시 10년이 흐른 지금도 흥미롭다.

> 제가 받은 인식을 최대한 설명해 보기 전에 잠시, 제 안에 전체의식이 트랜스 되었던 순간의 체험을 공유해 보겠습니다. 어느 날, 매일같이 예상치 못한 온갖 일이 벌어지고 있어서 그날도 오늘은 또 무슨 일이 벌어지려나… 반은 지친 상태로 어딘가에 저를 내어 맡기는 상태로 있다가 무언가 트랜스 되었는데 정말 엄청나게 묵직하고도 나의 어딘가가 터져 버릴 듯 뇌가 한 바퀴 회전하는 느낌을 받으면서 심장이 멎을 듯한 압박감으로 그 존재가 혹은 그 에너지가 나를 엄청난 밀도로 빡빡하게 장악해 버렸습니다.

그리고 입으로 흘러나온 말은 "나는 전체의식이다." 한마디, 그 이후 저는 아무 생각도 할 수 없었고 아무 느낌도 느낄 수가 없었습니다. 저는 전체의식과 연결이 되면 뭔가 엄청나게 좋은 느낌, 확장된 느낌을 받을 줄 알았는데, 그 상태, 그 영역은 그야말로 아무 느낌조차 가질 수 없는 상태, 아무것도 존재하지 않는 상태였습니다.

언어가 가진 그 어떤 개념도, 그래서 그 어떤 좋다, 나쁘다의 판단도 느낌도 가질 수 없는 상태, 그야말로 '무'의 상태, '무극의 무'였는데 모든 게 정지되었고 그 '정지된 무극의 무' 속에 모든 가능성을 포함한 아무것도 아님… 정말 언어로 표현하기가 힘들 정도로 제가 태어나 처음 겪어 보는 개념이자 느낌이었습니다. 모든 개념을 포함한 무개념 같은? 잠시 저는 이 우주가 창조의 의식을 창조하고 이 우주의 모든 스토리와 체험의 장을 창조하기 전의 전체의식 상태 혹은 메타의식 상태에 접근한 듯했습니다.

전체의식의 트랜스에서 깨어나 저는 한동안 언어가 나오지 않았고 현실의식으로 돌아오는 데도 한참을 걸려야 했습니다. 트랜스에서 깨어나 일어나자 바로 앞에 화분이 있었는데, 그 어떤 언어와 개념을 상실한 저는 한동안 화분을 보고 "이게 뭐지?"라고 생각하고 있어야 했습니다. 그야말로 블랙아웃 상태가 되었습니다. 세상에… 저는 깨달았습니다. 이것이 화분인 이유는 우리가 이것을 화분이라는 이름으로 명명했고 그런 개념을 부여했기 때문에 우리는 그 화분을 화분으로서 인식하고 체험하고 있었던 겁니다.

> 이제 설명을 다시 시도하겠습니다. 그러면 이 우주에 존재하는 모든 것은 특히나 지구에 존재하는 모든 개념들은 무엇일까요? 그것은 우리 인간이 그렇게 개념화시키고 의미를 부여하고 그렇게 부르자고 사회적으로 약속하여 명명한 일종의 환상과 가상의 실체들인 것입니다.
>
> 이것을 '꽃'이라고 부르자, 이것을 '책'이라고 부르자…. 모든 단어나 개념들조차 창조된 것이지요. 그 모든 개념과 언어가 창조된 것인데, 하물며….
>
> - 신비체험 1-1 〈신비체험 소개〉

당신의 현실이자 이곳은 어디인가? 우리가 체험하고 있는 이 지구의 이 시간, 외부의 현실들, 나에게 일어나는 사건사고들, 사람들, 이 사회 그리고 나… 라고 부르는 나의 현실은 나와 우리가 동의하고 약속한 가상의 개념들(원래 우주에는 존재하지 않았던)의 현현인 것이다. 내가 계속 말해 오고 있는 단 하나의 진리인 우주법칙, "내가 집중하는 것이 내 현실이 된다."

어차피 모든 것이 본질적으로 환영이며 우리가 오래 집중하는 환영이 우리의 현실이 되는 것이다. 우리가 현실이라고 부르고 체험하고 있는 것은 인간들의 집단의식이 집단적으로 현실이라 동의하고 믿으며 집중한 환영인 것이다. 당신이 속한 당신의 현실 즉 집단적 환영이 더 이상 마음에 들지 않는다면 당신은 당신이 원하는 환영에 집중하여 그 환영을 현실로 현현하고 체험할 수도 있다. 그것을 개인이 해낼 때 사람들은 그 사람을 비현실적이고 미쳤다고 할 것이다. 내가 미친 걸까? (어떤가요? 제가 미친 사람으로 보이나요?)

 내게 오는 내담자 중에는 나처럼 에너지가 열려서 기감도 느끼고 신비체험도 하고 또 기치유사나 에너지 힐러가 되고 싶은 사람도 있지만 그 일 자체가 너무 힘들 것 같아 그냥 조용히 있다가 바로 초탈되었으면 좋겠다는 분들도 계신다. 나는 정말 기치유나 에너지 힐러 같은 건 생각해 본 적이 없었던 사람이다. 그냥 너무 지구의 인간상태를 탈출하고 싶어서 람타처럼 초탈하려고 진동수 높이는 만트라 명상을 하다가 이 사단이 나서 옆으로 새게 된 것이다.

 아마도 내가 지구를 떠나기 전에 해야 할 일들(이런 책 쓰기와 에너지작업 같은) 때문이었을 것이다. 나의 소명. 나의 경우는 소명이 있다는 것을 미리 알았다면 정말 지구 삶이 더 힘들었을 것 같다. 그건 마치 과제를 해야 하는 느낌으로 삶이 지속되는 것과 같기 때문이다. 삶 자체가 과제보다 더한 지옥인데 거기다 다른 과제까지 있다면 정말 못 견뎠을 것 같다. 차라리 그것이 과제인 줄 모르고 지옥의 삶을 살아냈더니 과제를 해낸 것이 된 이 설계가 훨씬 낫다.

 이런 순간이 있었다. 수개월 동안 잠을 제대로 못 잔 상태로 아이를 안고 꼼짝없이 벽에 기대어 앉아 하루하루를 버틸 때였다. 나의 눈동자는 힘을 잃었고 육신은 생명의 진액을 잃어 가고 멘털은 중심을 잃었으며 내 모든 존재감이 바닥이 아닌 지하 밑으로 꺼질 때였다. 나는 혼자 이렇게 중얼거렸다. "얼마나 대단한 것을 준비해 두셨기에… 도대체 얼마나 나를 높이 올리시려고 이렇게 지하로 처박으시나이까? 신이시여!"

그리고 그 이후 지옥을 통과하면서 나는 이번 생을 설계한 높은 차원의 나에게 경고했다. 그 어떤 천국이 보장되더라도 아이와 헤어지는 고통을 상쇄시키진 못할 거라고. 정말 초탈할 때의 기쁨과 자유가 웬만해선 안 될 거라고. 내가 지구에서 환생하는 내내 겪은 지옥들이 납득이 가는 천국이 준비되어 있어야 할 거라고. 그렇지 않으면 이런 설계를 한 내 자신을 용서하지 못할 거라고.

지금 지구의 인간들 사이에서는 에너지가 열리고 기감현상을 겪고 신비체험을 하는 사람들이 많아지고 있다. (개인적으로는 나만 미친 게 아니라서 상당히 위안이 된다.) 영혼이 깨어나고 있고 인간의 몸도 깨어나고 있고 지구의 에너지가 바뀌고 있기 때문이다. 주관적인 신비체험을 서로 비교하는 것은 의미가 없다. 누구의 체험이 더 아름다운지, 그럴듯한지, 가치 있는지, 높은지, 낮은지 등등. 결론은 다 똑같다. "그래서 어쩌라고?"이다.

우리가 신비체험 중에 그 어떤 계시를 받고 메시지를 받고 대단한 존재라는 인식을 받았다고 해도 인간 몸을 입고 있는 한 그냥 인간일 뿐이다. 아무리 당신이 7차원, 100차원의 존재라고 해도 인간의 몸속에 있는 한 당신은 신비한 체험을 한 사람으로 그냥 그렇게 살다 늙어서 죽는다. 나도 마찬가지다. 그러니 신비체험을 했다고 내가 대단한 존재라는 생각을 가지는 건 너무 바보 같거나 그때부터 당신은 진짜 미친 사람이 될지도 모른다.

나는 내담자에게 말한다. 예수를 보든 귀신을 보든 그냥 흘려보내라고. 기감증상은 내가 완전히 깨어나는 과정에서 일어나는 전조증상들 같은 것이다. 당신이 독감에 완전히 걸리기 전에 두통이 오고 목이 따갑고 등등의 증상이 일어나는 것처럼. 당신의 몸 안의 퇴화되었던 에너지 감지기관들이 하나씩 스위치가 켜지고 들썩들썩하는 것이다. 아직 완전하지 않다. 자신이 무슨 소리를 듣고 빛을 보고 전생의 장면이 펼쳐지는 현상들이 진행되었을 때 그 일들이 정확히 어떤 의미인지 확실한 인식과 정보가 주어지지 않는 이상 그냥 넘어가고 정확한 인식이 주어져도 (특별히 할 수 있는 것이 없을 것이니) 참고만 하면 된다.

나의 에너지가 열리고 기능이 생겨 보고 알게 된 것은 에너지가 빨리 열리면 대가를 치르듯 일종의 역할을 해야 한다는 것이었다. 그런데 그 역할이 만만치가 않다. 의사가 매일 환자를 들여다보고 있는 것처럼 지친 영혼들의 망가지고 부서진 상처와 상흔과 장애와 오염 등의 무거운 에너지를 계속 마주해야 한다. 그것도 아주 디테일하게. 에너지장 안에 쌓인 쓰레기를 처리하는 데 쓰레기를 너무 깊고 자세하게 보는 것이다.

겉으로는 열만 좀 나는 환자였는데 개복을 해 보니 온 장기가 협착되어 부어 있고 바이러스가 침투해 세포들이 다 병들어 있는 상태를 매일 보는 것이다. 당신이 이런 일을 애초에 좋아하고 추구하고 보람을 느낀다면 금상첨화겠지만 그게 아니라면 에너지가 열려서 기능이 생긴다는 것은 장단점이 있음을 알려 주고 싶다.

10년 전 신비체험이 진행되고 그 이후 5년 정도 지났을 때쯤, 또 한 차례 엄청난 신비체험이 진행되었지만 나를 찾아오는 내담자분들의 에너지작업을 하기에도 벅찬 상태로 나의 신비체험까지 감당하기는 버거웠다. 그리고 무엇보다 나의 목표는 신비체험이 아니라 초탈이었으므로 나의 상위자아에게 정확하게 3차원 소울디의 의사를 전달했다.

더 이상의 신비체험은 원치 않는다고. 보이지 않는 차원의 에너지 영역이 있는 것은 신비체험을 통해 충분히 몸소 체감했고 에너지작업을 통해 매일 확인하고 있다고. 나는 신비체험이 아니라 정말 신비의 실체가 되고 싶다고. 정말로 빛의 몸이 되고 싶다고. 그러니 신비한 현상이 아니라 진짜 되는 체험을 하게 해 달라고. 신비체험으로 중간에 에너지 분산시키지 말고 잘 모았다가 때가 되면 한 방에 터뜨려서 초탈되는 에너지로 지원해 달라고.

신비체험은 이제 그만, 되는 것이 답이다.

● 메타의식(관찰자의식) & 창조의식

이번엔 수업을 하나 해 볼까 한다. 내가 웬만하면 누구나 상식선상에서 이해될 수 있는 합리적 추론 수준의 설명을 펼칠 수 있는데 이 부분은 자신이 없다. 그래서 좀 어려울 수 있어 수업을 해 보자고 제안하는 것이다. 어렵더라도 따라와 주면 어느 지점에서는 다시 상식선상의 이해와 연결될 수 있을 것이다. 아무리 어려워도 다른 그 누구의 설명보다는 알아듣기 쉬울 거라는 나름의 자부심이 있다. (7차원존재가 지구의 인간으로 떨어져서 생고생을 하며 터득한 순수인간의식과 인지수준에서의 이해를 내가 제공할 수 있기 때문인 것 같다.)

저 먼 별나라 신의 이야기가 지구의 인간 이야기로, 따라잡을 수 없는 깨달은 자들의 고매하고 아리송한 인식과 개념들이 인간의 상식선상의 이해로. (내가 결국 이거 하려고 여기서 이러고 있었던 것이다.) 일단 최선을 다해 보겠다.

나의 모든 신비체험을 통해 전달받은 수많은 정보와 인식들 중에서 가장 원탑을 고르라면 이 개념이다. 내가 지구를 떠나고 혹은 인간들을 영원히 떠나기 전에 이 개념만은 꼭 제대로 정리를 해 주고 싶다. 가장 근원적이면서도 가장 기본적인 핵심과 베이스의 개념이고 여기서부터 모든 것이 설명되어야만 하는 지점이기도 한다. 그런데 이 부분이 그 어디에도 없었다. 신비체험을 통해 처음 접해 보는 개념이었는데 정말 이 개념이 깔리니 모든 것이 설명이 되는 느낌이었다.

이번 생의 내가 깨어나는 지구의 (나를 포함한) 인간들을 보면서 가장 답답함과 안타까움을 느끼는 지점은 바로 정신세계와 물질세계가 나눠져 있는 부분이다. 그 두 세계의 엄청난 불균형에 관한 것이다. 도대체 이 불균형은 어디서부터 시작되었을까? (도대체 누가 깨닫기 위해서는 돈을 벌면 안 된다고 한 거야? 누가 정신이 더 높고 중요하고 육체와 물질과 돈은 저급하고 깨어남에 방해가 된다고 한 거야? 육체가 얼마나 중요하고 물질과 돈이 얼마나 필수적이고 유용한 수단인데.)

대대로 이어져 오는 올드한 스타일의 깨어남의 유형을 보면 대부분 속세(평범한 중생들이 추구하는 가족, 돈, 사회 등 저급한 물욕과 행복 등)를 버리고 산으로 절로 들어가거나 종교에 귀의하거나 토굴로 들어가 명상을 하거나 그렇게 해서 물질을 추구하는 인간 삶이 주는 번민과 고통에서 벗어나는 것이다. 고매한 정신세계를 좇으면서.

실제로 영성, 깨달음, 명상, 기도, 마음공부를 추구하시는 분들 중에는 사회생활과 경제활동을 잘하지 못하는 분들이 많다. 그리고 둘을 병행한다고 해도 마치 상반되는 두 영역을 널뛰기하듯, 돈 벌기에 집중하면 마음공부와 멀어지는 것 같고 마음공부에 집중하면 돈 벌기에 소원해지고를 반복하며 살게 된다. 이 두 영역은 정말 서로 양립할 수 없는 반대의 영역이고 서로의 영역을 방해하는 에너지일까?

나는 이 여정을 가면서 결국 이 지구의 인간육체와 물질세계에 우리 존재의 진정한 해탈과 초탈과 상승을 위한 답이 있기 때문에 우리가 이곳에 왔다는 것을 알게 되었다. (이 부분은 이 책 후반부의 〈천국의 마지막 관문〉에서 더 깊이 다루기로 하겠다.) 이 부분을 제대로 다루려면 뭔가 근원적인 개념부터 바로잡고 보충되어야 한다.

 모든 철학과 종교와 영성이 집중하는 가장 근원적인 대상, 신! 신이란 무엇인가? 이 우주와 삼라만상을 창조한 신, 그렇다면 그 신의 시작점은 또한 무엇일까? 신은 누가 창조하고 어떻게 창조된 것일까? 이 우주의 모든 물질계와 비물질계의 모든 (신을 포함한) 존재물을 창조한 최초의 시점과 지점에는 무엇이 있었던 것일까?

 이 지점에 대한 지구에 있는 기존의 개념들을 최대한 모아서 설명해보겠다. 성경에 나오는 첫 구절, "태초에 말씀이 있었다." 자, 이때의 말씀은 누구의 말씀인가? 신인 하나님의 말씀인가? 그럼 그 하나님은 누가 만들었는가? 그리고 그 말은 또 누가 만들었는가? 그 말씀을 들은 자는 또 누구인가? 이 부분에 대한 나의 해석은 이렇다.

"태초에 소리가 있었다."

 소리는 에너지진동이다. 양자물리학의 초끈이론에서 모든 물질의 핵 안에는 에너지가 떨고 있었다는 것을 기억하실 것이다. 그렇다. 최초의 우주의 핵 안에는 에너지의 떨림이 있었다. 그것이 유의미한 말씀이 되기 위해서는 의식이 필요하다. 단단한 책상을 이루는 분자구조 속 핵 안에 있는 에너지 진동의 의식은 자신이 책상이라는 의식을 가지고 있을 것이다.

그래서 그 에너지가 소리를 내게 되면, 즉 진동을 하게 되면 (모든 물질은 고유 주파수를 지닌다. 모든 물질은 본질적으로 소리에너지로 이루어져 있다. 가청영역 밖이어서 우리가 듣지 못하는 것이다) 책상이라는 의식이 소리를 내었기에 그 소리는 책상의 형태를 띠게 된다.

그렇다면 태초의 말씀, 태초의 소리가 신의 말씀이자 소리가 되려면 그 소리와 진동을 내는 의식은 신의 의식이어야 한다. 여기까지 따라와지는가? 완전 합리적 추론 아닌가? 그러니까 정리하면 아주 태초에 이 우주에는, 어쩌면 우주조차도 존재하지 않았던 아주아주 초태초에는 신적의식을 지닌 (떨고 있는, 진동하고 있는, 소리를 내고 있는) 에너지가 존재했던 것이다.

깨달음을 추구하는 영성 쪽에서는 이 지점을 최초의 우주의식, 근원의식(아직 신이라는 개념조차 생겨나지 않았을 때이니), 참나(인간의 그 어떤 생각이나 감정이 끼어들지 않는 깨끗이 비워진 본래의 나)라고도 불릴 수 있다.

자, 그럼 태초의 신적의식이 깃든 에너지, 근원의식, 참나는 어떻게 지금의 우주를 창조해 냈을까? 그 의식이 가만히 있다가 왜 갑자기 뭔가를 만들어 내기 시작한 것일까? 간단하다. 답답하고 심심해서이다. 내가 나 자신이 신, 즉 창조주라는 의식, 그 앎을 프로그램처럼 가지고 있는데 그것을 계속 알고만 있는 상태는 너무 답답한 것이다.

나의 앎, 나의 의식을 펼쳐 내어 내가 신이자 창조주라는 것을 너무도 직접 체험하고 싶은 것이다. 이것이 정상이고 자연스러운 상태다. 당신이 자신이 타고난 요리사라는 것을 알고 있는데 요리를 단 한 번도 해 보지 않고 평생을 산다고 생각해 보라. 당신이 타고난 요리사라면 본능적으로 요리를 너무 하고 싶어지고 머릿속에서는 요리의 레시피가 계속 떠오를 것이다. 마치 프로그램이 돌아가는 것처럼. 요리를 하지 않는 것이 더 괴로울 것이다. 신도 창조주로서 만물을 창조하고 자신을 신으로 직접 체험해 내지 않는 것이 더 괴로웠을 것이다.

온갖 영성책을 읽고 명상과 기도를 하고 깨달음을 얻기 위해 육체와 현실적 돈벌이를 등한시하며 그저 정신세계를 추구하며 사는 분들에게 말해 주고 싶다. 신도 창조라는 것을 시도했다고. 그냥 앎과 깨달음 속에 머물지 않고 그 앎과 깨달음으로 창조의 체험을 했다고. 앎과 깨달음의 상태가 신의 상태가 아니고 앎(깨달음)과 창조의 행위와 체험이 합쳐질 때 그 상태가 완전한 신이라고.

당신은 많은 영성책을 읽고 일반인들이 알지 못하는 의식확장과 이해에 도달하고 깊은 각성과 영적 깨달음을 얻었을 수 있다. 당신은 머릿속에서 의식으로 자신이 신이라는 이해를 이해했을 수 있다. 당신은 명상과 기도 중에 삼매에 들고 우주와 신과 합일을 이루며 의식 속에서 당신은 이미 깨달은 자일 수 있다. 그러나 그것은 그야말로 의식과 정신의 영역 속에서만이다.

"고요히 있으라. 그리고 내가 신임을 알라."

내가 신임을 아는 상태로 계속 고요히 있는 것은 반쪽짜리 신이다. 그 앎을 실제 체험의 영역에서 창조하고 체험해 낼 때 당신은 비로소 완전한 신으로 자신을 완성하게 되는 것이다. 당신 안의 신은 앎과 깨달음 속에서만 머물고 싶지 않을 것이다. 이것이 완성되지 못해서 영혼들은 죄다 우울증에 걸려 있을 수 있다.

아무리 머릿속에 장대한 우주적 이해와 깨달음을 가졌어도 현실 물질계와 인간사회에서 당신은 그저 무능한 사회부적응자로 근근이 먹고사는 아무런 존재감 없는 백수이기 때문이다. 속으로 물질을 좇고 돈을 밝히는 인간들을 저급한 중생으로 여기는 것이 《여우와 신 포도》의 이야기와 무엇이 다른가? 어떤 신이 이렇게 살고 싶을까?

당신이 추구하는 깨달음 안의 최초의 우주의식이자 신적의식, 근원의식, 참나의 개념이 반쪽짜리라서 이 사단이 났을 수 있다. 사람들이 가장 혼란과 딜레마를 느끼는 부분이 이것이다. 이 세상은 본질적으로 환영이고 실체가 아니니 이 세상의 물질에 집중하고 물질을 좇는 것은 마치 허상을 좇는 것이고 무의미한 하수가 되는 것이다.

그리고 계속 뭔가 개념과 판단을 내려놓으란 말을 하는데 개념과 판단이 존재하지 않는 비워진 의식상태가 본질적인 상태라고 생각하기 때문인 것 같다. 개념과 판단이 사라지면 그런 것에서 오는 마음의 번민과 고통이 사라질 테니 마음의 평화를 위해서 개념과 판단 그리고 감정까지 자신과 분리시켜 관찰하며 흘려보내고 내려놓는 훈련을 하는 명상이나 수행을 하는 것이다.

개념과 판단, 감정 같은 것들은 신이 만든 창조의 도구이다. 모든 개념과 판단, 감정을 내려놓지 않아도 된다. 내가 원치 않는 개념과 판단, 감정만 정화하고 내가 원하는 개념과 판단, 감정에 집중하여 그것을 이용해서 내가 원하는 것을 창조해 낼 수 있다. 이것 자체를 다 부정하고 무용론으로 가 버리면 체험(창조)의 세상에서 고통이 온다고 체험(창조)의 도구 자체를 잘라 내고 체험(창조) 자체를 거부하는 것과 같다. 그것은 내가 하는 창조의 체험이 고통스럽다고 다시는 창조 자체를 못 하도록 손발을 잘라 버리는 것과 같다. 굉장히 과격하고 무지한 접근방식이다.

그리고 자신이 창조하지 않고(그 어떤 의도조차 가지지 않고) 모든 걸 신이나 우주에 내어맡겨 버리는 창조의 형태도 온전한 창조 방식이 아니다. 당신이 3차원 지구 물질계에서 인간 안에 있는 이유는 신이 당신을 통해 인간의 창조체험을 하고자 했기 때문이다. 그런데 당신이 "나는 인간으로서 아무것도 원치 않으니 당신 뜻대로 하소서."라고 해 버리면 정말 당신은 신의 도구나 아바타로만 체험을 할 수도 있다. 그게 당신이 원하는 체험이라면 상관없지만 신은 당신의 자유의지와 당신의 인간적 욕구와 의도 등을 통해 자신이 해 보지 못한 다양한 수준의 다양한 체험들을 해 보고 싶었을 수도 있다. 그렇게 자신을 확장시켜 가고 싶었을 수도 있다.

　깨달음을 위한 모든 명상이 잘못되었다고 말하는 것이 아니다. 내가 너무 뭔가를 알지 못하는 무지몽매의 답답함 속에 있을 때 그저 앎과 깨달음만 체험할 수 있어도 진리가 나를 자유케 한 수준의 자유와 확장을 누릴 수도 있다. 다만 그것이 그 상태로만 지속된다면 창조자로서 당신의 영혼은 답답할 수도 있다는 것이다.

　자, 지금부터는 내가 신비체험에서 얻게 된 최초의 우주의식에 관한 좀 더 확장된 개념을 공유해 보려고 한다. 좀 어려울 수 있지만 일단 읽어 보길 바란다. 블로그의 신비체험 3-3 〈메타의식〉에서 발췌한 글이다.

> 　오늘의 이야기는 점점 거대해지고 복잡해지고 인식을 직접 받은 저도, 옆에서 받아 적고 녹음한 영혼남자도 그냥 어마어마하다고밖에 못 느끼는… 머리가 터질 지경입니다. 저조차 이걸 이곳에 정리하면서 두고두고 생각해 봐야 합니다. 지금도 사실 계속 생각과 발상들이 스스로 마구마구 조합되고 있습니다. 부디 준비되셨길 바라며 시작합니다. 우리는 아마 거대한 이해의 차원의 문을 연 것 같습니다. 그리고 그 이해는 끝이 없을 것 같고 다만 전보다 더 확장되는 끝없는 확장과 진화의 여정만이 우주에 존재할 뿐인 듯합니다.

〈트랜스가 시작됩니다〉

　장면이 주어지는데 검푸르고 까만 어두운 해저로 보입니다. "도대체 해저는 왜 보여 주는 거지?" 궁금합니다. 줄무늬가 있는 열대어 같은 물고기 한 마리가 등장합니다. 어디로 가는지 따라가 보는데 동굴 같은 데로 가더니 동굴에 갑자기 틈이 세로로 생기면서 빛이 나고 그 틈 사이로 물고기가 쏙 들어갑니다. 물고기가 들어간 곳은 빛으로 된 공간입니다.

　물고기가 계속 가는데 우리가 어둠만 있을 때 아무것도 보이지 않고 거리도 공간도 느껴지지 않듯이 빛만으로 된 공간도 아무 거리도 공간도 느껴지지 않고 심지어 앞이 어딘지도 모르겠습니다. 물고기가 무작정 가니까 따라가 봅니다. 물고기가 어딘가에 다다른 것 같습니다. 벽 같은 곳에 멈춘 것 같고 잠시 두리번거립니다.

　그리고 갑자기 그 빛 공간의 벽에 문이 생기면서 그 문이 열리고 물고기가 문밖으로 나갑니다. 물고기가 빛 공간의 문을 열고 나간 곳은 바로 우주공간입니다. 우주공간에는 우리가 아는 일반적 우주공간이 펼쳐집니다. 행성들이 떠 있고 물고기는 그 사이로 유영합니다.

　잠시 여기서 한 가지 바뀐 것은 물고기가 문을 나오는 순간, 모양이 빛으로 된 공으로 바뀌는데 돌기가 있어서 마치 멍게모양 공 같습니다. 이것을 물고기 '빛공'이라고 부르겠습니다. 물고기 빛공은 우주를 자유롭게 유영하며 행성들을 탐험하는 듯하더니 갑자기… 이런~ 그 우주가 다가 아니었습니다.

제 말은 갑자기 세상의 모든 공간이라 느꼈던 무한의 우주공간이 공처럼 느껴지더니 물고기 빛공은 그 우주공을 뚫고 나왔습니다. 여기까지 따라오십니까? 물고기 빛공은 우주 밖으로 나왔습니다. 우리가 아는 그 모든 존재성 공간의 밖입니다.

그곳은 그야말로 무~~~ 인데 무를 무로 느낄 수도 없는 정말 아무것도 없음의 없음입니다. 실제 이미지로도 아무것도 그려지지 않고 색도 없고 모양도 없고 투명에 가깝습니다. 저는 이 공간? 을 제가 아는 모든 개념으로 설명해 보려고 노력 중입니다. 우주 밖으로 물고기 빛공이 나왔는데 그야말로 너무 아무것도 없어서 무를 무로도 느낄 수 없는 상태입니다.

너무 뭐가 없어서 무한함조차 느낄 수 없고 너무 자유롭고 방대하여 그 자유와 방대함의 개념조차 들어설 수 없이 오히려 답답한 방대함입니다. 고요와 정적의 끝없음, 소리치고 싶은 심정이 느껴질 정도로 숨이 막힙니다. 물고기 빛공은 마치 투명 고기가 되어 자신의 존재를 볼 수도 느낄 수도 없습니다. 이 모든 것을 감지하는 의식이 있는데 너무 감지할 게 없어서 이러다간 의식도 의식할 게 없어서 의식조차 사라지거나 퇴화될 것 같은 느낌입니다.

우리가 말하는 입이 있는데 너무 안 쓰다 보면 입이 있었는지 말과 언어가 존재했는지 나중엔 그 개념이 잊히고 사라져 버릴 것 같은 것처럼…. 그야말로 무존재성의 극치입니다. 물고기 빛공은 하나의 의식이자 존재로서 자신의 존재성에 대한 생존의지로 한마디로 존재가 존재로서 존재하기 위해, 살기 위해 다시 그 우주공 속으로 뛰어 들어가고 싶어집니다.

그러지 않으면 정말 무존재가 되어 숨 막힘보다 더한 '없음'으로 되어 버리니 당장 숨 쉬고 살고 싶듯 존재하고 싶어 합니다. 물고기 빛공은 우주공 안으로 즉 '공간 없음'에서 '공간 있음'으로 들어가고 싶어 합니다. 그야말로 살고자 돌진하고 싶어 합니다.

그런데 잠시 생각합니다. 그리고 자신의 의식을 반으로 나눕니다. 무의 공간이 무의 공간으로 존재한다는 것을 알아차리고자 남겨 두는 듯합니다. 자신의 의식 반은 '공간 없음'의 무존재성의 공간에 두고 나머지 반쪽 의식을 가지고 우주공 속 우주공간으로 다시 뚫고 뛰어듭니다.

우주공간에 뛰어들자 행성들이 떠 있고 헤아릴 수 없는 거리가 느껴지는 그야말로 헤아림이라는 말이 성립되는 무한공간이 펼쳐집니다. 이제 무한을 무한으로 느낄 수 있는 장대한 공간입니다. 물고기 빛공이 유영을 하더니 자신을 분화시키듯 새끼물고기를 낳기 시작합니다. 두 마리의 새끼물고기와 물고기 빛공은 우주를 유영합니다. 잠깐! 갑자기….

우주공간이 갑자기 큰 어항이 되었습니다. 그 어항을 들여다보는 관찰자가 있습니다. 세상에! 그 관찰자, 관찰하는 의식이 누군지 아십니까? 바로 빛공이 우주 밖에 두고 온 나머지 반쪽 의식이었습니다. 이것이 바로 메타의식(관찰자의식)이었습니다.

여기서 바로 더 나아갑니다. 잘 따라오셔야 합니다. [What the bleep do we know?]라는 양자역학 관련 동영상을 보면 제가 기억하는 게 맞는지 모르지만 같은 입자를 두 개로 분리시켜 아주 먼 거리로 떨어뜨려 놓고 한 개의 입자에 변화를 주니 멀리 떨어진 나머지 한쪽에서도 변화가 기록된 것이지요. 이것을 공명이라고 하고 동시성이라는 개념을 설명하는 실험이었습니다.

자, 그럼 원래 하나였던 빛공의 의식이 둘로 쪼개져서 하나는 관찰자 즉 관찰하는 신적의식으로 남고 하나는 체험을 위한 공간을 창조해 자신을 신으로 체험하고 창조하는 신적의식이라고 볼 때 그러니까 우리는 창조하면서 동시에 창조하는 자신을 바라보는 체험 또한 같이 하고 있었던 것이죠.

정말 그야말로 신이자 신적체험의 진면목이 아닐까 싶네요. 관찰자의식을 남겨 두지 않았다면 우리는 자신의 체험 속에 매몰되어 그 안에서 허덕이고 자신이 신임을 바라보고 자각해 내지 못했을 가능성이 높았던 거지요. 그걸 의식이 미리 알았던 것이고 그래서 반쪽을 남겨 둔 거지요. 제가 동시성을 설명하다 잠깐 흥분해서 옆으로 빠졌습니다.

그러니까 창조하는 신적의식과 관찰하는 메타의식은 같은 입자적 성분을 띄지요. 물리적으로 굳이 표현하자면 세포적으로 연동되어 있는 상태인 겁니다. 창조의식이 움직이고 변하면 메타의식이 움직이고 변합니다. 자, 여기서부터 제 입을 통해 나온 인식들을 영혼남자가 힘들게 받아 적은 것을 그대로 옮깁니다.

"신도 자신의 신적 체험을 바라보고 싶어서 관찰자 의식을 남겨 두었다. 그것이 메타의식이다.
　그리고 이 둘은 서로 연동된다. 우리는 길을 잃을 수 없다. 신적 의식은 길을 잃을 수 없다.

　공간성의 환상을 벗어나 존재하는 메타의식이 존재하고 함께 연동되어 있기 때문이다. 궁극적으로 길을 잃을 수 없다.

　(빛공이 낳은 새끼 물고기들이 끊임없이 새끼를 낳고 이들은 모두 메타의식과 연결되어 있는 장면이 보임)

　정확히 모든 의식들은 메타의식 안에 들어 있다. 신적의식 역시 메타의식 안에 들어 있다. 신적 의식을 작동하면 메타의식이 작동된다. 메타의식은 모든 것을 볼 수 있고 모든 것을 의식할 수 있다. 그리고 그 의식은 모든 우주의 만물과 연결되고 연동된다.

　메타의식을 이용해서 모든 만물에 내재되어 있는 의식을 변화시킬 수 있다. 현실을 완전한 환상(환영)으로 자각하라. 인식하라. 그것이 실체다. 그것이 진정한 현실이다.

그 이해에 다다르고 그 인식과 자각이 완전해질 때 눈앞에 드러나리라~ 이 드러남을 반드시 실현하라! 너에게 모든 것이 달렸다!

지금 현실은 매몰된 집단 무의식의 표현이다. 이 현실을 이 매몰된 집단 무의식의 환상을 복구하라. 너의 메타의식으로 지극히 우주적인 의식적 창조를 이루어라.

그것이 네가 진정으로 원했던 일이다. 인간들은 제한된 의식의 거대한 무덤에 매몰된 상태이다. 인간들이 이루어 놓은 의식적 창조란 무생명체(불완전한 물질문명의 산물)와 시체(생명을 죽이는 행위의 산물)들을 양산해 낼 뿐이다.

너는 원했다. 그러니 이루어라!

모든 것이 주어졌고 네가 완전한 기억해 냄에 도달할 때까지 끝없이 주어질 것이다.

너는 신이다. 이제 네가 신임을 완벽히 알라! 그리고 받아들여라! 그리고 너의 진동수와 맞는 너의 분신들을 찾아내어 같이 일하라! 너희는 본디 하나의 영혼이다.

완전히 다른 차원에서 너희는 합쳐지고 있다. 너희는 이미 합쳐져 있었음을 기억해 내고 있다.
메타의식, 직통라인을 이용하라! 너는 그 방법을 안다.

네가 여기까지 온 것은 그 라인이 끊어지지 않았기 때문이고 그 라인을 살려 두었기 때문이다.

너에게 우주의 모든 일이 달려 있다는 말이 큰 부담을 주고 책임을 느끼게 하겠지만 그것은 거대한 일처럼 보이나 그렇지만은 않다. 지극히 작은 입자적 작업일 수 있다. 지극히 작은 환상을 바꾸는 일일 뿐이다.

거대하게 보이는 것은 너희가 그렇게 보이도록 일을 벌여 놓았기 때문이다. 복잡하게 보이는 것도 사실은 너희들이 복잡한 일로 개념화하고 문제로 만들어 놓았기 때문이다.

그것은 실로 간단한 일이다. 지구를 바꾸는 것은 콩 하나를 이쪽에서 저쪽으로 옮기는 것같이 간단한 일이다. 모든 것이 의식의 문제이고 일이다.

의식적 작업을 진행하고 메타의식을 활용하라! 다른 길은 없다. 다른 길은 실로 환상일 뿐이다. 해낼 수 있다. 너는 해낼 수 있다. 모두가 너를 도울 것이다. 모든 우주적 존재들이자 너와 연동된 모든 존재들이 너를 도울 것이다."

(장면이 주어짐)
다시 해저가 보이고 물고기가 나타남. 그런데 그 공간이 갑자기 집안의 어항이 되고 사람인 내가 어항을 들여다보다가 물고기가 이상한지 물고기를 건져서 살펴봄. 물고기가 어떤 체험을 한 것 같은 느낌을 받고 물어봄.

"어딜 다녀왔니?"

어항은 작은데 물고기가 잠시 보이지 않았었던 상황이었음.

(인식이 옴)
모든 것이 환상이었음. 물고기의 체험조차 환상이었음. 내가 메타의식이라면 물고기가 겪은 의식 속 환상의 체험까지 관찰해 낼 수 있음. 메타의식을 회복해서 활용해야 한다.

(나의 독백이 이어짐)
나는 진정한 관찰자가 되어야 한다. 모든 것의 모든 것을 의식하는 관찰자로 깨어나야 한다. 쓰레기통 안에서 쓰레기통 안을 관찰하는 수준 말고 쓰레기통 밖에서 쓰레기가 없는 공간까지 볼 수 있는 메타의식까지 가야 한다.

물고기를 보는데 물고기의 의식과 내 의식이 연결되어 있음을 느껴… 내가 보는 모든 물질들이 내 의식에 반응하고 있어. 모든 것이 모든 물질이 내 거울이었어. 내 의식의 반영일 뿐이었다고. 모든 물질과 사람들조차도!

독립되지 못해 독립될 수가 없어. 우리는 연결되어 있어 그리고 자신의 의식의 반영일 뿐이야. 내 주변 모두가! 그들은 굉장히 유동적이야. 나밖에 없어. 나밖에 없었어. 나야. 다 나야, 내 의식이야. 내 의식에 반응하고 있는 내 의식이야.

내 의식을 반영시키고 투영시키고 있는 거울이었다고. 모든 물질과 상황과 사람들이… 나 아닌 것이 없었어. 모든 것이 하나라는 것이 바로 이것이야. 이게 환영을 만들어 내는 원리였다구.

내가 에너지를 쏟으면 돼. 그러면 내 환영이 곧 내 현실이 돼. 집중하면…

나는 빨리 내가 되고 싶어.
원래의 내가 되고 싶어.

이상 트랜스 내용 끝입니다.

- 신비체험 3-3 〈메타의식〉 중에서

메타의식과 창조의식에 대한 이해는 그 레이어가 너무 심층적이라 나조차 모든 것을 이해하고 설명하기는 힘들다. 신비체험 글에서 발췌한 이 내용도 중간에 자른 게 이 정도다. 메타의식과 창조의식의 응용과 접목까진 아니더라도 메타의식과 창조의식의 개념이 정확히 어떤 느낌인지 좀 더 이해를 도울 순 있을 것 같다.

한 내담자와의 전화리딩 당시 상담 대화 내용 일부를 그대로 옮겨 보았다. 물론 뒤쪽 설명은 좀 더 보충되었다.

내담자: 제 영혼은 분명히 깨어나려고 하고 인간 나에서 영혼의 나로 옮겨 가려고 하는데 인간 안에 갇힌 제가 아직 저를 너무 사랑하나 봐요. 아직 그냥 인간 ○○○으로 살고 싶어 해요. 흐흐.

나: 존재의 자유의지가 있으니 무언가를 억지로 밀어붙일 필요는 없습니다. 무엇이든 끌리는 걸 하시면 됩니다. 제가 질문을 하나 하겠습니다. 인간인 나와 영혼의 나, 중에 진짜 나는 누구입니까?

내담자: 영혼의 나? 둘 다인가?

나: 다시 질문하겠습니다. "제 영혼은 분명히 깨어나려고 하고 인간 나에서 영혼의 나로 옮겨 가려고 하는데 인간 안에 갇힌 내가 아직 나를 너무 사랑하나 봐요. 아직 그냥 인간 ○○○으로 살고 싶어 해요."라고 자신의 상태를 인간과 영혼으로 나누어 관찰하고 파악해서 그렇게 말하고 있는 것은 누구입니까?

내담자: ······.

나: 그게 바로 관찰자의식, 즉 메타의식이라는 것이고 그게 본질적으로 진짜 신인 나일 수 있습니다. 지금부터 제 설명을 잘 들으세요. 인간 안에 갇힌 영혼들이 깨어나는 상황을 이해하기 쉽게 게임에 비유해 드리겠습니다.

게임 프로그램 자체를 만든 사람이 있고 그 프로그램으로 게임을 실행하는 게이머가 있고 그 게이머가 게임을 펼치고 체험하기 위해 창조한 아바타가 있다고 하자.

그런데 어느 날 게임 프로그램 속에서 프로그램대로 매일 총을 쏘고 도끼로 사냥을 하던 아바타가 갑자기 깨어난 것이다. 나 왜 여기서 총 쏘고 있지? 내가 왜 여기서 도끼로 사냥을 해야 하지? 나는 누구고 여기는 어디지? 왜 내가 이렇게 살아야 되지? 하고 의문을 품기 시작한 것이다. 그 아바타가 바로 인간인 우리다. 다시 정리하자.

1. 메타의식(앎(프로그램) 자체를 만들거나 가진 주체): 모든 앎과 전지의 지성과 잠재적 권능(모든 것이 실제로 창조되기 전 잠재적 상태로 제한 없는 모든 가능성을 품고 모든 것을 주시하고 관찰하는)을 가진 신적의식(잠재적 전지전능의 상태)

2. 창조의식(앎을 실행하는 주체): 메타의식, 즉 전지의 지성과 잠재적 권능과 연결된 채 그 앎과 프로그램을 창조의 영역에서 실행하며 창조를 체험하는 신적의식(전지전능을 실제로 체험할 수 있는 상태)

3. 창조물(앎을 펼치고 체험하기 위해 창조된 피창조물들): 메타의식과 창조의식이 결합하여 창조된 피창조물(전지전능의 결과물)

신은 메타의식도 아니고 창조의식도 아니고 '메타의식+창조의식+

창조물'이 셋이 온전히 합쳐졌을 때를 신이라고 할 수 있다.

자, 다시 메타의식은 신의 근원적 에너지이자 '영' 즉 **성령**이라고 할 수 있다.

창조의식은 신의 영과 연결되어 창조를 하는 아버지 하나님인 **성부**라고 할 수 있다.

창조물은 성령과 연결된 성부가 낳은 **성자**라고 할 수 있다.

성부와 성자와 성령의 이름으로……. 우리는 그 모든 것을 합친 삼위일체를 신이라고 한다.

어떤가? 완전 합리적 추론 아닌가?

한 가지가 더 남았다. 전지전능한 신의 창조물이자 아바타인 우리 안에는 메타의식과 창조의식이 연결되어 있고 합쳐져 있고 잠재되어 있다. 그 말인 즉 우리도 신이라는 것이다. 이 우주만물에 신의 의식이 깃들지 않은 것이 없다. 당신이 무언가를 만들 때 당신의 손길과 눈길과 정성과 에너지와 시간과 의식이 가닿지 않은 것이 없는 것처럼. 신이 만든 모든 창조물 안에는 신적 의식과 신적 권능이 프랙털 구조로 프로그램화되어 있다.

다만 그 사실과 존재 자체를 전혀 모르고 개념도 없고 모든 것과 연결이 끊긴 채(끊겼다고 착각한 채, 메타의식을 저렇게 계속 사용하고 있음에도) 아무것도 제대로 자각하고 사용하지 않고 바보처럼 인간 안에 갇혀 아바타로만 사는 상태가 우리인 것이다.

창조의 결과물인 피창조물도 창조를 한다. 경험해 보지 못했는가? 당신이 만든 요리가 사람들의 미각을 행복하게 만들고 에너지를 내게 해 주고 당신이 부른 노래가 사람들의 마음을 위로하고 당신이 쓴 책이 사람들에게 영감과 정보를 주고 의식을 확장시키고 당신이 만든 책상이 누군가의 시험 합격을 돕고 당신이 내뱉은 칭찬 한마디가 누군가의 지하 밑까지 내려간 자존감에 빛을 쬐어서 소생시키고 당신이 한 모든 창조의 행위와 결과물들 자체가 마치 의식이 있는 것처럼 그들 스스로 또한 창조를 해 나간다.

그것은 당신의 의도와 말과 행동, 당신이 만든 정신적 물질적 창조물들 안에 당신의 에너지가 깃들었기 때문이다. 당신의 에너지가 그 창조물들에 실려 또 다시 창조를 해내는 것이다. 모든 것이 에너지이다. 그리고 그 에너지가 전부다.

당신은 신의 역작이다. 신의 모든 의식과 권능의 압축판이며 신의 자식이다. 신의 자식은 커서 신이 된다. 사람의 자식이 사람이 되는 것처럼. 그러니 부디 외부의 그 어떤 신을 모시고 의지하기보다 자신을 신으로 알아보고 그 신 안의 모든 의식과 전지전능을 깨워 신으로 자신을 체험하길 바란다. 그게 우주의 의식이자 우리의 본체인 아버지, 어머니 신이 우리에게 바라는 것이다. 신이 우리를 통해 꾸는 가장 원대한 꿈이다. (줘도 못 먹고 있으니 얼마나 답답하겠나.)

다시 게임에 비유를 하자면 인간상태의 당신은 게임 속 아바타이지만 당신은 아바타인 인간만이 아니다. 본래의 당신은 전 차원적 존재고 당신은 당신의 생각보다 훨씬 크고 깊고 넓고 장대한 존재이다. 게임 프로그램을 개발한 존재이자 게임을 실행하는 존재이며 그 게임 속의 아바타이기도 한 그 모든 것의 결합이 당신이다. 이 모든 구조와 사실을 망각한 채 너무 오랜 시간 인간 아바타 안에 갇혀 있던 당신이 이제야 깨어나기 시작한 것이다. 너무 반복되는 체험의 패턴과 루틴들이, 즉 프로그램에 대한 지루함과 지겨움이 당신을 깨운 것이다.

《외계인 인터뷰》라는 책에서 지구에 추락한 UFO에서 잡혀 온 에어럴이라는 외계인이 이렇게 얘기한다. 우주의 존재들을 이즈비라고 부르며 인간들이 가진 언어 중 가장 가까운 개념이 신이다. 즉 우주의 모든 (인간을 포함한) 존재들이 신이라는 것이다. 그런데 그 이즈비들이 가장 견디기 힘든 것이 바로 지루함이라는 것이다.

아바타 신들이 깨어나는 이유는 단 한 가지, 더 이상 내가 개발한 프로그램이 재미가 없어졌을 때이다. 무엇을 해야겠는가? 프로그램을 바꿔 주고 아바타 캐릭터도 레벨 업 시켜 줘야 하지 않을까? 그래서 나는 초탈이 답이라고 느끼며 초탈을 강렬하게 원하고 있는 것 같다.

나는 인간 육신의 캐릭터가 너무 답답하다. 인간체험도 고통이 지겨워질 정도로 답답하며 뭔가 이 상태로 천년만년 뺑뺑이를 돈 것 같다. 그래서 나의 체험의 영역을 확장시켜 주고 체험의 프로그램도 업그레이드시켜 주고 체험을 위한 나의 캐릭터도 레벨 업 시켜 주고 싶다. 뭘 해도 안되는 인간상태 말고 뭘 해도 잘되는 신이 되고 싶다. 그런 신으로 나를 체험하고 싶다.

● **깨달음과 존재의 목적**

나에게 이런 질문들을 하는 내담자들이 종종 있다. 깨달음은 어떻게 얻을 수 있는지? 나의 상위자아랑 소통할 수 있는 방법은 없는지? 나는 이 지구에 왜 왔는지? 나는 왜 이 우주에 존재하는지?

자, 이번엔 내가 묻겠다. 깨달음이 무엇이냐고.

깨달음은 호흡에 집중하는 명상이나 기도를 열심히 하거나 깨달은 자들이 써 놓은 책들을 열심히 읽거나 깨달은 스승을 찾아가서 그들에게 배우며 제자로 살면 얻어질 수 있는 것일까? 상위자아랑 연결되거나 우주의 존재들과 연결되어 받는 채널링 메시지가 깨달음의 내용들일까?

대답은 NOPE!

그것은 그들의 깨달음이다. 당신 것이 아니다. 당신의 앎이 아니다.

깨달음이란 정해진 누군가의 앎이나 절대적 진리 같은 게 아니다. 깨달음은 세상이 돌아가는 원리와 이치에 대한 통찰 같은 것이다. 그리고 그 통찰은 단 하나의 형태나 내용으로 정해져 있지 않다. 당신이 당신의 고유한 통찰을 얻는 것이다. 이 통찰을 얻게 되는 내가 아는 가장 상식선상의 경로는 이렇다. 당신 안의 이 통찰을 방해하는 모든 생각과 감정을 제거하면 된다.

나는 뭘 모른다는 생각, 앞이 보이지 않는 막막함과 답답함 그리고 두려움의 감정들, 나는 무능하고 무지하다는 생각들, 내 안의 분노, 결핍감, 고통, 슬픔, 억울함 등등의 부정적인 편견과 감정을 정화해 내면 당신은 그 어떤 방해나 필터 없이 세상을 바라보게 될 것이고 그때서야 제대로 세상을 바로 볼 수 있게 될 것이다.

그때 아하! 하고 깨닫게 되고 이해되고 보이는 것이 있을 것이다. 그것이 당신의 앎이자 깨달음이다.

"당신이 알고 싶다면 '안다'라고 선언하라."라는 말이 있다. 내가 뭔가 똑똑하다는 것을 사람들에게 지식 자랑 하라는 것이 아니다. 그야말로 시크릿(원하는 것에 집중하는 현실창조의 방식)처럼 내가 다 알게 된 상태, 이미 깨달은 상태, 전지(全知)해진 상태의 그 명료함, 그 자유로움, 그 어떤 충만함과 확장감 등을 미리 느껴 보는 것이다.

당신이 되고 싶은 것을 얻기 위해 다른 노력을 하는 것이 아니라 되고 싶은 것이 이미 된 상태에 집중하는 것이다. 당신이 원하는 것에 대한 가능성을 방해하는 모든 두려움과 부정적 감정과 생각을 정화해 낸 상태에서 "나는 모든 것을 알고 깨달았다."에 집중한다면 정말로 그 깨달음과 앎이 당신 안에서 서서히 만개할지도 모른다.

> 여기서 잠깐, 응용버전의 실례를 들어 주고 싶다. 내가 말하고 생각하는 것이 나의 현실이 되므로 나는 내가 원하는 현실창조를 위해 만트라와 생각을 내가 사용하는 모든 사물에 써 붙여 놓는 방식을 잘 사용하는데 책을 쓰는 나의 노트북 화면 하단부에는 이런 문장을 써 붙여 놓았다. "나는 답을 알고 있다."라고. 현재 스코어, 글이 너무 잘 써진다. 회사 업무나 창작 활동을 하시는 분들에게 권하고 싶은 방식이다. 당신은 답을 알고 있다.

예전에 미드의 한 장면을 본 적이 있는데 너무 기발하고 인상 깊었다. 아침 등교를 앞둔 어린 딸과 아빠의 식탁대화 장면이었는데 대화의 내용은 구체적으로 기억이 나지 않으니 최대한 유추해서 재현해 보겠다. (원래 대화의 주제와 완전히 다를 수 있음. 대화의 구성과 흐름이 중요함)

> 아빠: 아침 빨리 먹고 학교 가자.
> 딸: 왜요?
> 아빠: 네가 밥을 먹고 학교를 가야 엄마가 나한테 화를 안 내지.

> 딸: 왜요?
> 아빠: (갸우뚱하며 계속 답변을 해 나감) 엄마는 내가 널 학교에 잘 데려다주고 네가 학교를 가서 공부하길 원해.
> 딸: 왜요?
> 아빠: 그게 그러니까… 사실은 아빠가 공부를 좀 못했거든. 그래서 엄마는 네가 학교에 잘 다녀서 공부를 잘하길 원하는 것 같아.
> 딸: 왜요?
> 아빠: 그러니까 아빠가 왜 공부를 못했냐면… 그때 그 녀석을 따라다녔으면 안 되었는데… 에효….
> 딸: 왜요?
> 아빠: 그게 그러니까 그날 무슨 일이 있었냐면….

대화는 계속 이런 식으로 이어지면서 결국 밥상 앞에서 아빠는 딸의 "왜요?"에 답을 하다가 자신의 인생 전체를 돌아보게 되었고 자신이 왜 지금 이 모양 이 꼴로 백수가 되었는지에 대한 깨달음과 함께 답까지 얻게 된다.

모든 답은 당신이 가지고 있다. 답은 당신 안에 있고 당신은 알고 있다. 그 앎과 통찰에 도달하지 못했을 뿐이다. 당신이 진심으로 순수한 상태로 (그 어떤 종교적 영적 자기기만 없이 어떤 학습도 세뇌도 당하지 않은 순수한 상태로) 자신 안으로 순수한 질문을 던질 수만 있다면 당신은 자신만의 순수100% 진짜 답, 찐 깨달음을 얻어 낼 수 있다.

내가 계속 진행하고 있는 상식선상의 합리적 추론이 이 방법이다. 나는 이것을 지금에서야 제대로 자연스럽게 쓸 수 있게 되었다. 이것이 처음 시작되었을 때 나는 정말 죽는 줄 알았다. 중1 때 처음 시작된 세상을 향한 "왜?"라는 의문이 터졌을 때 나는 정말 폭풍 같은 사춘기를 보내게 되어 결국 고등학교도 자퇴하게 되었다.

공부는 왜 해야 되고 우리 사회는 왜 이 모양이고 어른들은 왜 저렇게 살며 선생님들은 왜 저 상태이며 한국의 교육제도는 왜 이 수준이며 인간은 왜 존재하며 이 우주는 누가 왜 만들었는지? 그놈의 '왜?'가 처리되지 않으면 공부를 할 수 없는 지경이었다. 머리가 터질 것 같았고 답을 얻고 싶어 미칠 것만 같았다.

"공부, 공부" 하는 극성교육열사 어머니께 나는 장문의 편지를 썼다. 나는 공부를 왜 하는지 내가 납득이 되는 답을 얻기까지 공부를 할 수가 없다고 학교를 일단 그만두고 싶다고. 여기서 잠깐 독자들의 공감을 얻기 위한 보충설명을 좀 넣겠다. 공부를 대학 가기 위해 한다고 할 수 있는데 나의 합리적 추론과 '왜?'가 시작되었다. 그 당시 나는 심각하게 고통스러웠다. 나도 다른 아이들처럼 아무런 의문을 갖지 않고 그저 공부할 수 있었으면 했다.

나는 친구들이 까만 교복을 입고 칠판을 보며 경주마처럼 대학을 향해 달리고 있다고 느꼈다. 공부를 왜 열심히 하는가? 성적을 잘 받기 위해서. 그럼 성적은 왜 잘 받으려 하는가? 좋은 대학에 가기 위해서?

좋은 대학에는 왜 들어가고 싶어 하는가? 좋은 직장에 들어가 성공하고 돈 많이 벌고 행복하게 잘 살기 위해서. 그런데 나는 친구들에게 말해 주고 싶었다.

얘들아, 나 전교 1등 하는데 하나도 안 행복해. 우리 부모님 서울에 있는 짱짱한 대학 나오시고 우리 집 잘사는 편인데 매일 싸우고 전쟁이야. 하나도 안 행복해. 공부가 답이 아니야. 뭔가 더한 것이 있다고. 공부라는 수단을 넘어서는 더 근본적인 행복의 조건 같은 게 필요하다고. 그게 무언지 답을 찾지 않고서는 나는 아무것도 할 수가 없다고.

공부를 시켜 명문고에 입학시켜 놨더니 청천벽력을 맞은 어머니는 내 일기장을 들고 나의 중학교 국어선생님과 열린교육관의 책을 쓰신 한 작가님을 찾아가셔서 자문을 구하기에 이른다. 그 두 분의 공통된 답변은 "이 아이는 다른 의식을 가진 아이입니다. 이 아이의 말을 따르세요." 그래서 나는 무사히 명문고를 자퇴할 수 있었다.

그길로 서울에서 대학에 다니는 언니와 같이 자취를 하면서 나는 우리나라에서 가장 큰 서점인 영풍문고와 교보문고로 매일 등교를 했다. 책 속에 답이 있을 것만 같았다. 사실 무슨 책을 읽어야 할지도 몰랐다. 일단 고전 문고판 책(톨스토이, 헤르만 헤세 등등)을 다 섭렵해 보았다. 내가 만일 그 당시 영성서적을 판매하는 정신세계사를 알았다면 나는 아마 고등학교에 다시 들어가지 않고 정말 머리를 깎고 절에 들어가거나 했을지도 모른다.

어쨌든 나는 당시 완전히 답을 찾지 못한 채 내가 한국의 교육을 바꾸려면 교육의 문제점을 파악하기 위해 한국의 교육현장을 더 체험해 봐야 한다는 결론을 내리고 다시 고등학교에 들어가 완전한 모범생으로 졸업하게 된다. (나의 성장과정은 블로그 신비체험 〈이번 생의 프랙털 구조〉 글로 정리해 두었다.)

내가 유보시켰던 의문과 답에 대한 갈망은 대학교에 들어가자 다시 고개를 들었고 나는 대학을 자퇴하고 우연히 들어간 서점에서 《신과 나눈 이야기》라는 책을 읽고 모든 답을 얻었다고 느끼는 체험을 하게 된다. 그래 누군가가 얻은 답이 정말 답처럼 느껴질 수 있다. 내가 평소 너무나 궁금했던 것들을 통쾌하게 분석하고 정리해 주는 답, 그것은 크나큰 위안과 도움이다. 타인의 답이 평소 내가 원했던 답이라면 너무도 공감이 되며 나의 의식을 명료하게 해 주고 동시에 확장시켜 준다. 마치 바이블처럼 평생 간직하고 싶어지기도 한다.

그런데 모든 책이 그러하듯 그것은 타인의 체험과 관점을 통한 깨달음과 답인 것이다. 완전한 당신의 맞춤 답은 아닌 것이다. 그것은 당신의 지식이 될 수 있지만 깨달음은 아니다. 당신은 그 책보다 그리고 이 책보다 더한 답과 깨달음을 당신 자신으로부터 얻어 낼 수 있다. 우주의 메타의식은 무궁무진한 제한 없는 지성이다. 그야말로 전지(全知)다. 그 모든 전지는 당신이라는 우주에서 펼쳐지는 당신의 고유한 체험을 바탕으로 할 때 무한하게 확장될 수 있는 것이다. 신이 원하는 것이 그것이다. 당신을 통한 무한지성의 확장! 이것이 우주의 끝없는 전지(全知)의 실체다.

깨달음의 통찰은 머리의 논리성과 가슴의 직관과 영혼의 통찰을 모두 합친 것인데 이 깨달음이 가장 진실하고 명료한 내 것이 되려면 (인간이라면) 육체가 하는 체험이 바탕이 되어야 한다. 체험을 통한 체득이 가장 진실하고 확실한 '아하!'를 창조한다.

나는 신비체험 후 에너지가 열려서 에너지작업이라는 것을 하면서 가장 억울했던 것이, "왜 그토록 고통스러워하며 학창 시절에 공부를 열심히 했던 것인지, 수학은 왜 경시대회까지 나가야 했으며, 왜 대학의 전공은 4개나 했을까? 지금 하는 일은 그것과 전혀 상관이 없는 일을 하고 있는데."였다. 그런데 지금은 다르다. 내가 체험한 그 모든 것들이 하나 버릴게 없었다.

나의 전공들 속에서 얻게 된 다양한 체험들과 육아, 엄마라는 체험, 이혼 등등 이 모든 체험이 나를 찾아오는 다양한 내담자들을 더 잘 공감하게 도왔으며 놀랍게도 나는 적재적소의 체험을 통한 현실적인 답을 가지고 있었다. 직접 해 보지 않았으면 절대로 가질 수 없는 인식과 답이었다. 그 답들은 정말 생생하게 살아 있었다.

물론 방구석에서 책만 읽고도 답을 얻을 수 있다. 나 역시 그런 시기를 거쳤다. 나의 직접적인 체험은 아니지만 일종의 간접체험을 통한 간접적인 답들인 것이다. 그 간접적인 답들을 많이 모으면 직접 체험하지 않고도 해박해질 수 있을 것이다. 그런데 그런 해박한 앎과 지식들조차도 나의 삶과 만나고 체험에 접목될 때 빛을 발하고 효용성을 가지게 되는 것이다. 그냥 책만 많이 읽으면 내가 많이 아는 것처럼 느껴져서 위안이 될 수는 있지만 그냥 책을 많이 읽고 정보를 많이 아는 사람으로 그렇게 살다가 죽는 것이다. 당신의 앎이 빛을 발할 기회는 없게 된다.

책보다는 체험을 추천한다. 사랑을 알고 싶으면 사랑을 직접 체험해 봐야 안다. 그게 훨씬 직접적이고 확실한 깨달음과 이해를 가져다준다. 아닌 길을 가는 것을 두려워하거나 시간낭비라고 생각하지 말길 바란다. 아닌 길도 가 봐야지 아닌 길이 어떤 길인지 알아서 다음에 절대 안 갈 수 있고 조심할 수 있고 제대로 된 길을 찾는 분별력과 효율성을 높일 수 있는 하나의 유용한 스펙이 된다.

책 100권 읽는 것보다 맞는 길이든 틀린 길이든 하나의 길을 직접 내 발로 가 보는 것, 그 체험을 직접 해 보는 것이 훨씬 확실한 답을 얻을 수도 있다. 책 한 권을 읽는 것보다 책 한 권 분량만큼의 체험을 해내는 것이 훨씬 성장의 속도가 확실하고 빠를 수 있다.

당신은 지구에 책을 읽기 위해 온 것이 아니다. (이런 말을 책을 통해서 해야 하는 자가당착의 지구^^) 인간으로 살아 보고 인간만의 체험을 통해 직접 깨닫고 체득하기 위해 온 것이다. 그것은 그 어느 고차원존재들이나 천상의 천사들도 누릴 수 없는 기회이다. 그들이 백날천날 우리에게 메시지를 줘도 그 정보는 인간을 살아 보지 못한 존재들의 이해와 이야기들이다. 그들은 인간을 체험해 보지 않고서는 아무것도 모른다. 그들이 주는 정보가 지구에 유용하려면 그 정보들을 지구의 인간 버전으로 변환하고 직접 삶에 응용하는 당신의 체험력이 필요하다.

 이 험한 지구에 힘들게 와서 인간씩이나 되어서 방구석에서 책이나 읽고 유튜브로 자꾸 지구가 언제 망하는지만 찾아 보고 있는 당신의 지구체험의 기회가 아깝지 않은가? 여기도 신이 원하는 우주의 창조 체험영역 중에 하나인데.

 물론 당신도 나처럼 지구 인간으로서 모든 체험(좋든 나쁘든)이 지루해진 영혼의 상태일 수도 있다. 그런데 만에 하나 그게 아니라면, 단 한 번도 인간으로 제대로 사랑하고 사랑받고 행복하고 부유하고 건강하게 살아 본 적이 없다면… 그럼 당신은 당신이 지구에 온 목적을 달성하지 못했거나 과제를 아직 못 해낸 것일 수 있다.

 그걸 아직 못 해내고 그냥 그게 힘들어서 안 하고 싶다고 탈출을 꿈꾸고 있을 수도 있다. 전생부터 계속 수행하고 혼자 책만 읽고 사회생활은 안 해 본, 인간수업이 아직 시작도 안 되어 본 상태일 수 있다. 그러면 아마도 당신의 지구탈출 내지 졸업은 어려울 수도 있다.

 수많은 영적인 책을 읽고 명상을 하고 마음공부를 했어도 정작 자신의 아내나 남편의 마음 하나 읽어 주지 못하는 상태일 수도 있다. 우리가 지구의 인간체험을 선택한 데는 이유가 있었을 것이다. 인간체험도 정말 행복하고 아름다운 지점들이 있다. 인간들의 마음을 이해하고 인간으로서 인간을 사랑해 보고 아름다운 인성을 갖춰 보고 인간사회의 스킬도 익혀 보고 사회성 좋다는 소리도 들어 보고 인간으로 행복하게 산다는 것이 무엇인지 궁금했을 수도 있다.

정말 행복이든 불행이든 인간의 모든 것을 체험해 보고 인간을 진심으로 이해하고 사랑하고 충분히 인간한테 맞춰서 사회적일 수 있지만 그 체험을 너무도 충분히 해서 그만하는 것이 졸업이다. 그런데 그런 체험을 제대로 한 번도 해 보지 않은 채로 혹은 그런 상태에 한 번도 도달하지 않은 채로 그냥 인간들이 너무 싫고 사랑하기도 싫고 사회성도 기르기 싫고 예절, 매너, 스킬은 더욱 모르겠고 짜증 나고 답답하고 일도 안 풀리고 말도 안 통하고 나의 가치를 몰라주는 인간들이 밉고 그래서 지구를 떠나고 초탈할래가 된다면… 그건 졸업이 아니라 일종의 포기나 회피(낙제나 자퇴)일 수도 있다.

물론 우주에는 다양한 체험이 있으니 이런(포기와 회피 같은) 체험도 있을 수 있다. 그런데 이렇게 된다면 당신의 영혼은 이루지 못한 체험의 꿈 때문에 지구를 떠나게 되어도 지구와 비슷한 진동수의 행성이나 차원으로 다시 끌리게 될 수도 있다.

이 우주에 탄생한 신의 역작인 당신이 존재하는 이유는 무엇일까? 당신이 하는 모든 선택과 일과 꿈들의 목적은 무엇일까? 당신은 뭔가 당신이 특별한 지구의 소명이 있고 존재의 목적이 있을 거라고 생각하지만 단계적인 목적은 있을 수 있지만 결국 궁극적인 목적은 단 하나로 귀결된다. 우리는 이것 때문에 이것을 위해 존재한다.

 이것을 알아내기 위해 합리적 추론법, "왜?"라는 질문법을 써 보자. 자, 당신의 꿈은 무엇인가? 100억을 버는 것인가? 왜 100억을 버는 것이 꿈인가? 100억을 벌면 어떻게 되는가? 100억을 벌면 당신은 가난하고 경제적 자유가 없는 지금보다 훨씬 자유롭고 편하고 그래서 기분이가 좋아지기 때문이다.

 자, 당신의 꿈은 시험에 합격하고 좋은 직장에 들어가는 것인가? 왜 그게 꿈인가? 그게 이루어지면 어떨 것 같은가? 시험에 합격하고 좋은 직장에 들어가면 내가 원하는 게 이루어져서 행복하고 너무 기분이가 좋아지기 때문이다.

 자, 당신의 꿈은 병이 낫고 아프고 불편한 데가 없는 건강한 몸이 되는 것인가? 왜 그런 꿈을 꾸는가? 그 꿈이 이루어지면 더 이상 아프지 않고 몸이 편하고 자유롭고 일상생활도 더 행복하게 영위할 수 있어서 기분이가 좋아지기 때문이다.

 자, 당신의 꿈은 깨달음을 얻는 것인가? 깨달음을 얻은 스승이나 영적지도자가 되고 싶은가? 왜 그런 꿈을 꾸는가? 깨달음을 얻으면 지금보다 훨씬 세상의 이치에 대해 명료해지고 의식이 자유로워지고 혹은 깨달은 자가 되어 사람들이 나를 스승으로 떠받들어 줘서 존재감이 생기기 때문? 혹은 깨달음으로 혹세무민의 중생들의 눈을 밝혀서 그들을 구원할 수 있기 때문? 그렇게 되면 내가 원했던 것이 이루어져서 결국 내가 뿌듯하고 행복하고 기분이가 좋아지기 때문이다.

자, 당신의 꿈은 목숨을 다해 가족을 지키고 나라를 지키는 것인가? 왜 그런 꿈을 꾸는가? 당신이 목숨을 다해 가족과 나라를 지킬 수 있다면 당신은 가슴이 뜨거워지고 웅장해지고 죽음도 불사하는 자신의 희생정신에 대해 스스로 감개무량해지며 기분이가 너무도 좋아지기 때문이다.

자, 당신의 꿈은 초탈인가? 왜 그런 꿈을 꾸는가? 초탈을 하면 인간 몸에 갇혀 있는 상태보다 훨씬 자유롭고 더 확장된 체험과 창조를 할 수 있어 답답한 인간상태에서보다 내가 행복해지고 기분이가 좋아지기 때문이다.

자, 당신의 꿈은 아무것도 안 하는 것인가? 왜 그런 꿈을 꾸는가? 무엇을 하느라 (그것도 내가 원치 않은 일들을 책임감만으로 너무 많이 하다가) 너무도 지친 내가 그 책임감에서 벗어나 아무것도 안 하게 된다면 너무나 편안해지고 기분이가 좋아지기 때문이다.

당신이 그 어떤 가치와 의미를 추구하든 그 어떤 형태의 꿈을 꾸고 목표를 가지든 존재가 원하는 것은 그 모든 창조행위를 통해 결국 기쁨을 느끼고 싶은 것뿐이다. 그 외에 아무것도 없다. 신이 우리를 창조한 것도 우리가 존재하는 이유와 목적도 단순하다. 기쁨 때문이다. 기쁘고 행복하자고 다들 이러고 있는 것이다. 누군가 자신의 행복을 반납하고 힘든 일을 한다면 그는 그 행위가 자신의 존재성 깊이에서는 더 행복하기 때문이다. 행복을 반납하지 않는 것이 더 괴롭고 완전히 기쁘지 않기 때문이다.

절대기쁨의 법칙! 이것이 우주의 존재법칙이다. 당신이 이 우주의 어떤 차원에서 어떤 존재 상태로 어떤 체험을 하든 당신은 결국 그 모든 체험을 통해 자신을 기쁨으로 체험하고 싶어 하는 존재들이다. 우주의식인 신은 우주의 오만가지 다양한 기쁨을 체험하기 위해 자신을 무한대의 개체로 분화시켜 우리를 창조한 것이다. 그래서 우주의 이즈비, 신은 기쁘지 않고 재미가 없는 지루함을 결코 참을 수가 없는 것이다. 그것은 존재성을 위협하는 죽음과도 같은 자살행위에 가깝기 때문이다.

그러니 존재들이여! 죽자고 그리고 살자고 당신 자신이 행복할 수 있는 길을 찾아라! 이 지구에서 찾지 못한다면 이 우주 곳곳을 뒤져서라도 찾아내라! 이것이 신이 부여한 당신의 유일한 소명이다.

5. 지금 우리 지구는

● 지구동화

　옛날 옛날에 우주의 태양계(인간들이 명명)라고 불리는 영역에 엄청나게 아름다운 별 하나가 있었다. 우주의 생명에너지를 상징하는 빛깔인 초록이 생생하고 탱글거리는 식물의 모습으로 가득했고 우주의 풍요에너지를 상징하는 황금빛이 단단한 돌의 형태로 압축되어 가득했으며 그 외에도 제법 진기한 빛깔들이 그곳으로만 가면 어찌나 생생한 물질형태를 띄는지 밀도가 높아서 조금 위험했지만 그 생생함이 너무나 매력적인 곳이었다.

　생생한 생명과 풍요로 가득 찬 이 아름다운 작은 별은 곧 우주 전체에 소문이 났다. 겁나 인싸별이 하나 있는데 소문내면 안 된다는 소문이 났다. 이 별의 이름은 'Beautiful Green(초록 이쁘니)' 바로 지구였다. 지구에 대한 정보를 입수한 우주의 다양한 차원과 성단의 행성에서는 각 행성을 대표하는 탐사대를 보내기 시작했다.

　플레이아데스, 안드로메다, 베가, 파스칼, 진주행성, 고양이 행성, 돌고래 행성, 무당벌레 행성, 소나무 행성 등등 다양한 행성에서 탐사대들이 출격했다. 그리고 은밀하게 잠입했다. 지구에 대한 기존의 연구 자료와 데이터가 너무 없는 상태였고 모두들 반신반의하며 아주 조심스럽게 혜성같이 등장한 신생천국별에 접근하고 있었다.

그도 그럴 것이 지구는 특수한 상태의 별이었다. 기존의 행성들은 기본적으로 행성을 둘러싼 보호막이 2중 3중 구조로 설정되어 있는데 지구는 아무런 보호막이 설정되어 있지 않았고 더구나 엄청나게 예민하면서도 스펙트럼이 굉장히 광범위한 주파수를 내뿜고 있어서 정말 우주의 모든 것을 거르지 않고 다 받아 주고 흡수하고 있었다. 누구든 출입이 가능한 프리패스 별이었다. 마치 갓 태어난 아기처럼 외부에 대한 그 어떤 두려움이 없는 해맑고 무해한 에너지로 가득했다. 너무너무 예쁘고 맑은 아기의 눈동자를 보면서 안구정화를 하듯 우주의 존재들은 지구별의 에너지에 빨려들기 시작했다.

 이 맑고 아름다운 별을 보면서 각 행성의 존재들은 그들의 높은 의식 수준과 빛의 크기만큼 지구를 소유하려 하기보다 지구를 돕고 지켜 주려는 부모와 같은 마음을 갖게 되었다. 지구에는 인류라고 하는 원주민들이 있었다. 그들의 바다는 단단하고도 무척 생명력이 살아 있었다. 인류의 바다는 70%의 혈액인 액체로 이루어져 있었고 지구 역시 70%가 바다인 액체로 이루어져 있었다. 액체는 기체인 에너지 상태보다 밀도가 높지만 전류가 흐를 수 있는 상태, 즉 에너지 상태처럼 전기신호로 모든 정보를 주고받으면서도 단단한 물질 영역을 체험할 수 있는 독특한 기능의 바다이기도 했다. 상처와 고장이 잘 날 수 있지만 에너지 상태의 몸이 체험할 수 없는 엄청나게 생생한 감각적 체험이 가능한 바다였다.

 몸의 70%가 액체에다 날개도 없어서 걸어 다녀야 하는 인간은 날아다니는 에너지몸의 존재들이 신기하기만 했다. 서로가 서로를 신기해했다. 에너지몸 상태인 플레이아데스 존재들의 형상은 하늘을 날아다니는 기다란 원통형의 에너지띠 같았는데 그들이 말을 할 때마다 입에서는 빛이 뿜어져 나왔고 에너지띠 표면에서는 아름다운 비늘 같은 에너지 촉수들이 움직였다. 그 모습을 본 지구 원주민인 인간은 벽화로 그들의 모습을 남겼다. 마치 하늘을 날아다니는 전설의 드래곤 같았다.

우주의 다양한 존재들은 이 아름다운 별과 순수한 인간들에게 매료되었고 사랑하게 되었고 지구와 인간의 진동수와 맞춰지게 되면서 그들의 에너지몸도 점점 밀도가 높아지고 반물질화를 거쳐 물질화가 진행되었다. 고양이 행성의 존재들은 점점 작게 압축되어 무해한 아기와 같은 지구처럼 작고 무해하고 예쁜 고양이가 되었다. 고양이들은 인간 옆에서 인간들의 마음을 녹이고 위로해 주고 싶어 했다. 돌고래 행성의 존재들은 바다로 들어가 자유롭게 날아다니는 돌고래가 되었다. 그들은 지구의 생명의 보고인 바다의 에너지를 지켜 주고 싶어 했다.

그들은 그렇게 인간과 초록 식물뿐이던 지구에 하나씩 자리를 잡아 지구를 더욱 풍요롭게 채우기 시작했다. 그들 덕분에 자연계는 더욱 다채롭고 풍요로워졌다. 지구는 흡사 전 세계인이 모여 사는 작은 종합국가처럼 모든 우주 존재들이 공존하는 우주의 압축판이 된 듯했다.

동물, 식물, 곤충류가 아닌 인간의 형상을 이루게 된 고차원존재들은 인간체험에 푹 빠지게 되었다. 플레이아데스 존재들은 흡사 영화 아바타의 나비족처럼 푸른 형상의 키가 큰 종족이 되었다. 그들은 사과를 베어 물 때 그 아삭함의 질감과 새콤함의 미각, 달콤함의 후각에 정신을 차릴 수가 없었다. 모든 자극에 강렬한 뇌의 쾌감과 감정의 행복감을 느끼는 지구만의 생생한 체험에 이곳을 '생생천국'이라고 불렀다.

지구의 원주민과 우주의 이주민들이 생생천국을 이루고 있을 동안 우주에는 큰 사건이 하나 벌어졌다. 바로 우주전쟁이 일어난 것이다. 우주전쟁은 의도된 설계의 일환이었다. 본래의 우주는 일종의 절대계의 우주였다. 모든 것이 완벽했으며 빛의 에너지만이 존재했다. 우주는 무한한 성장과 확장의 본성을 가지고 있었다. 그 확장은 마치 아이가 때가 되면 성장하듯 일정한 규칙과 리듬이 있었고 상당히 자연발생학적인 프로그램이었다. 우주는 일정한 속도와 크기로 계속 무한히 성장과 진화와 확장을 해 나가도록 설계되어 있었던 것이다.

그런데 늘 그랬듯이 지루함을 견디지 못하고 즐거움과 기쁨을 추구하는 본성을 지닌 우주의 존재들은 어느 날 불현듯 규칙적인 성장과 확장이 아닌 엄청난 속도와 간극의 점핑, 전에 없는 엄청난 상승과 진화를 하고 싶었다. 그것은 마치 계단을 한 칸씩 오르다가 3칸씩 오르는 것이 아닌 그냥 날아오르거나 공간이동을 해내는 수준의 상승과 진화였다. 이것이 가능할까? 우주에 가능하지 않은 일은 없으니 도전해 보자. 엄청난 간극의 점핑, 상승과 진화는 지금까지 체험해 보지 못한 수준의 엄청난 기쁨을 존재들에게 선사할 것이었다.

이 엄청난 상승의 기쁨을 계획한 존재들은 그것 자체로 설레기 시작했고 완벽한 설계를 진행했다. 엄청난 점핑을 위해서는 바닥을 치며 도움닫기를 해낼 수 있는 반대급부의 에너지가 필요했다. 반대급부의 에너지를 만들어 내기 위해 절대계의 우주는 상대계의 우주를 창조했다. 빛만이 존재하는 것이 아니라 어둠도 존재하며, 선과 악, 높고 낮음, 좋고 나쁨, 옳고 그름 등 모든 상반되는 개념과 충돌하는 에너지들이 공존하는 상대계의 우주. 그리고 그 상대계의 우주에서 선악의 드라마를 일으켜 발생되는 카르마 에너지를 이용하기로 했다. 전에 없는 극한의 고통의 카르마 에너지 속에서 존재들이 전에 없는 극한의 기쁨을 원하고 꿈꾸도록 유도하기 위함이었다.

우주전쟁을 위해서는 누군가 침략과 공격이라는 것을 해야 한다. 그 악역을 어둠의 세력이 맡게 되었다. 우주의 선악의 드라마를 위한 악역을 맡은 어둠의 세력들은 이렇게 창조되었다. 그들은 에덴동산에서 쫓겨난 어둠의 자식들로 종종 묘사된다. 신적의식과 빛의 에너지와 사랑과 행복과 기쁨에 연결되어 있는 빛의 존재들과 달리 그들은 처음으로 신적의식과 분리가 되었다. 신적의식(성령)과 우주의 아버지(성신)에너지로부터 분리된 그들은 엄청난 두려움과 함께 아버지로부터 버림받았다는 분노와 배신감과 상처를 얻게 된다. 그들은 그들 자신이 아버지와 같은 아들이자 성신이라는 의식으로부터 분리되면서 탕아가 되어 버린다.

그들은 자신을 버린 아버지 신, 성부에 대한 엄청난 분노와 상처받은 자존감과 열등감이 생기면서 아버지 신을 이기려는 생각을 품게 된다. 아버지의 창조물인 이 우주의 만물을 소유하고 자신의 것으로 만들어 지배하는 신이 될 것이라는 꿈을 꾼다. 우주천하를 자신의 발 아래 두는 가장 높은 신이 되고자 하는 야망을 가지게 되었다.

사실 자신이 신이라는 확고한 이해와 믿음이 있고 우주의 신적의식(성령)과 연결되어 있고 모든 것과 연결되어 있으면 뭔가를 특별히 빼앗으면서까지 소유할 필요를 느끼지 못한다. 정말 모든 것이 가능한 신이라면 굳이 타인을 지배하려고 하지 않는다. 그러나 모든 것과 연결이 끊어져 버린 어둠의 세력들은 두려움에 가득 찬 상태로 신과 멀어진 자신을 신으로 느끼고 싶어 지배와 통제와 권력에 집착하게 되고 그들은 결국 행성들을 정복해 가는 우주전쟁을 일으키게 된다.

덕분에 우주의 선악의 드라마가 시작될 수 있었다.

어둠의 세력들에게도 지구의 정보가 입수되었다. 지구는 그들에게도 이보다 더 좋을 수 없는 행성이었다. 엄청난 자연과 자원의 보고에다가 전 차원적인 다양한 행성들의 존재들이 골고루 다 입주해 있어서 지구 하나만 손에 넣는다면 전 우주의 행성들을 좌지우지할 수 있는 결정적 별이었다. 게다가 아무런 보호막도 설정되어 있지 않은 아기같이 순수한 별이라니…. 가장 신속히 선점해야 할 행성이었다.

지구에 이미 입주한 이주민 존재들은 자신의 고향 별들이 정복당하고 있는 사실을 모르고 있었다. 공격을 당하면서 모든 신호들이 끊겨 버렸기 때문이다. 그리고 드디어 지구의 일부도 어둠의 세력 손에 넘어가게 되었다. 그들은 지구의 원주민인 인간들을 노예화시키기 시작했고 자연을 훼손해 갔으며 자원을 고갈시키기 시작했다. 그들이 지구를 정복하자마자 지구의 진동수는 엄청나게 떨어지면서 지구의 스타게이트와 포털이 닫히고 지구표면에 엄청나게 두꺼운 스크린망이 설정되었고 이제 지구는 아무나 잘 들어올 수도 나갈 수도 없는 폐쇄된 별이 되어 버렸다.

 지구에 와서 자리를 잡고 있었던 고차원 빛의 존재들은 전쟁을 해본 적이 없는 평화주의자였기에 그들 중 1세대 존재들은 어쩔 수 없이 자신의 남은 에너지를 사용해 몸을 다시 에너지화하여 지구 내부로 들어가 지구핵 근처에 지구의 영혼인 가이아에너지가 있는 곳으로 가서 지저세계를 이루게 되었고 지금까지 그곳에서 지구 안의 고진동 에너지를 지키고 있다. 1세대 고차원 빛의 존재들과 인간 사이에서 태어난 2세대 존재들은 완전히 에너지화가 되지 못해 인간들과 함께 노예로 살게 된다.

 (아래는 책 《아나스타시아》에 등장하는 5차원 신관에 대한 내용 일부를 인용하여 나의 해석을 추가한 내용이다.)

 "5차원 신관은 어느 날, 고민에 빠졌다. 인간들을 노예로 계속 부리고 싶은데 인간들 중에 꼭 똑똑한 애들이 한 명이 있어서 노예들이 생각이란 것을 하게 되고 의문을 품게 되는 바람에 일을 노예처럼 생각 없이 하다가도 '잠깐, 우리가 왜 이렇게 일을 해야 하지?'라고 하면서 의문을 품고 깨어난 한 명이 주동자가 되어 매번 폭동을 일으키니 그들을 제압하고 관리하는 데 너무 많은 노동력과 에너지가 들어 골치가 아팠다.

이 문제를 해결하려고 골똘히 생각하던 신관에게 정말 기가 막힌 아이디어가 하나 떠올랐다. 돈을 만들자. 그래서 일을 하면 돈을 준다고 하자. 그리고 그것은 정말 놀라운 효과를 불러왔다. 노예들에게 이제부터 돈을 준다고 하자, 노예들은 더 신나게 더 열심히 노예의 일을 자발적으로 몸이 부서져라, 뼈가 닳도록 온몸과 마음과 영혼을 바쳐 거의 삼위일체의 상태로 기꺼이 노예의 체험 속에 영원히 머물고자 자처했다."

지구에는 5차원 신관급 에너지체들이 있다. 그들은 지구상에서 인간의 상대계적 체험을 극대화하고 가속화시키는 역할을 담당한 존재들로 돈과 종교를 만들고 인간의 무의식차원에서의 (아이들의 교육, 게임, 영화, 미디어 광고, 책, 채널링 메시지, 언론 등을 이용한) 세뇌작업을 진행했다. 그리고 그 작업을 통해 인간 삶의 물질 시스템 속 매몰과 반복적인 카르마 체험을 도왔고, 최종적 깨어남을 지연시키는 역할을 했다.

지구는 현재 다양한 차원과 행성에서 시도한 많은 실험과 연구들이 진행 중에 있고 다양한 수준의 존재들이 체험들을 진행시키고 있다. 인터넷에 떠도는 음모론도 수많은 존재들의 체험 중에 하나일 뿐이다. 당신이 어둠의 세력들이 주도한 지구체험에 관심을 가질 수도 있지만 그것은 그들의 의도와 목적이고 그들이 지구를 통해 하고자 하는 체험이다. 우리는 그들과 영향을 주고받을 수밖에 없지만 내가 집중하는 것이 내 현실이 되므로 그들이 의도하는 지구체험이 당신이 원하는 것이 아니라면 집중하지 않는 것이 좋다.

 지구는 어둠의 세력에 의해 폐쇄적이 되었으나 완전한 폐쇄는 아니었다. 우주의 다양한 차원에서 마치 자국민을 구하러 뛰어들듯 지구에 파견된 각 행성의 존재들을 구하러 은밀하게 지구 주위를 정찰하고 직접 뛰어들기도 했다. 그리고 우주전쟁 당시 정복당해 에너지 진동수가 낮아진 존재들이 지구와 같은 별로 떨어지기도 하면서 지구는 더욱 다양한 상태와 목적을 가진 존재들이 계속 유입되고 있었다.

 이 모든 혼돈의 상황에도 악역을 맡은 어둠의 세력 위에는 우주 전체의 상승을 위한 더 큰 우주의 설계가 있었음을 잊지 말길 바란다. 우주의 입장에서는 그야말로 지구에 모든 것이 모인 상태가 되었다. 우주의 전 차원적 존재들과 빛과 어둠, 선과 악의 존재들까지 총집합된 것이다. 모든 것이 지구에 달리게 되었다. 우주 전체의 압축판인 지구 하나만 상승시키면 우주 전체가 상승하는 구조이다. 프랙털 구조, 미시성과 거시성의 유기적인 연결 구조의 이용, 이것을 원했다.

 애초에 지구는 우주 전체의 상승을 위해 탄생한 별이었던 것이다. 지구는 그야말로 자유로운 존재들이 감옥에 갇히는 체험을 하고 신과 같은 존재들이 노예와 같은 체험을 하고 기쁨의 존재들이 지옥의 고통을 체험하고 빛의 존재들이 어둠을 체험하고 선의 존재들이 악을 체험하는 극한의 체험들이 총망라된 거대한 실험장이었다. 지구의 어둠이 깊어질수록 빛이 폭발하기 위함이다. 지구 안의 인간인 당신의 삶이 어둡고 답답하고 고통이 올수록 거대한 상승이 오려고 함이다. 바닥을 칠수록 장대한 점핑, 진화와 상승만이 남았다.

지금 우리 지구는 우주 전체의 상승을 위한 거대한 견인차 역할을 하며 우주의 모든 카르마 에너지를 집약시켜 정화를 위해 터뜨리고 있다. 온갖 자연재해와 사회, 경제, 정치 모든 분야에서 온갖 인간적 카르마 에너지가 분출하며 들고일어나고 있다. 혼란과 분노와 고통과 슬픔이 폭발하게 될 것이고 그 모든 뒤집기가 진행됨으로써 우리가 청소하고 정화해야 할 에너지를 더 뚜렷하게 목도할 것이다. 동시에 다양한 고차원 빛의 존재의 후손인 우리는 우리 안의 빛을 깨우고 그 누구보다 상승하게 될 것이고 고향별로 금의환향할 준비를 하게 될 것이다.

내가 나의 신비체험과 나를 찾아오는 내담자들의 에너지리딩을 하면서 알게 된 이 내용들을 다큐로 말하면 독자들이 놀라실 것 같아 굵직한 줄기를 위주로 동화로 정리해 보았다. 지구 졸업이나 상승을 앞둔 영혼들은 어느 정도 이미 알고 있거나 알아들으리라 생각한다.

지구를 둘러싼 우주의 내용이 다른 채널에서 들은 내용과 차이가 나는 부분이 있거나 다를 수 있다. 그러나 그것은 정말 중요하지 않다고 말해 주고 싶다. 이러한 내용들이 진실인지 아닌지 파헤치려는 시도는 의미가 없다. 어차피 내가 초탈하여 완전한 에너지몸의 상태가 되어 전 우주를 실제로 돌아다니고 그 어디든 접속할 수 있는 상태가 되지 않고는 확인할 길이 없다.

그래서 나조차도 이 모든 정보들을 그저 전체의 흐름을 파악하는 참고자료로 쓸 뿐이다. 중요한 것은 내가 이 내용들이 어떻게 느껴지느냐이다. 당신의 직관과 통찰이 인간의 평범한 인지와 상식이 따라갈 수 있는 단순한 선형적 논리를 넘어서는 이 정보들에 대해 어떤 느낌과 이해와 납득을 해 내고 있느냐이다. 당신에게 그럴듯하면 그것은 당신의 우주에도 가능한 이야기가 되는 것이다.

내가 쓴 지구동화의 내용이 그럴듯하다고 느껴진다면 당신은 이 스토리를 이미 알고 있는 존재일 수 있다. 그 기억을 내가 건드려 준 것이다. 당신은 그 기억을 내재하고 있기에 지구 인간 차원에서의 기존 정보와 지식이 아무리 태클을 걸어도 "어! 난 왜 이 내용이 낯설지 않고 이해가 되지?" 하게 되는 것이다.

사실 진실은 나도 모른다. 정해진 진실이 없을 수도 있다. 한 가지 사건, 이슈, 이벤트에 대해 각자의 입장과 위치에서 여러 가지 관점과 해석과 스토리와 그에 따른 다양한 체험이 존재할 것이기 때문이다. 그러니 당신이 어떤 관점과 이해와 체험을 원하고 끌리는지에 집중하면 된다. 나의 지구동화 이야기에 거부감이 오고 "말도 안 돼!"라는 판단과 느낌이 든다면 이 동화는 당신에겐 의미가 없는 정보이자 진실이 되는 것이다.

지구에는 너무 많은 정보들이 넘쳐 나고 혼재하고 있다. 깨어남의 여정을 감에 있어서도 다를 바 없다. 아마 외부의 정보에 의지하려고 하면 당신은 더 큰 혼란만 느낄 것이다. 누구의 말이 진실인지 어떤 채널링 정보, 영적 메시지, 책이 맞는 것인지… 당최 길을 더 잃게 될 것이다.

그런데 안심하라! 어차피 모든 것이 환영이고 모든 개념들이 하나의 합의된 약속들일 뿐이다. 정해진 절대적 사실도 진실도 존재하지 않는다. 각자의 진실이고 정보이자 해석일 뿐이다. 내가 어떤 환영이 끌리는지 어떤 환영을 진실로 받아들이고 현실로 체험하고 싶은지에 집중하면 된다.

그런데 이것은 있다. 정해진 진실은 존재하지 않을 수 있지만 하나의 현상과 사건에 대한 더 많은 설명이 가능한, 그래서 좀 더 확장된 해석과 관점의 진실은 존재할 수 있다. 이 지구상에서 벌어지는 많은 일들에 대한 더 확장된 시야와 관점, 최대한 많은 것들이 설명될 수 있는 이해 같은 것이 존재할 수 있다.

신비현상을 그냥 비현실적인 망상이나 비과학적인 미신 같은 영역으로 치부하고 덮어 둘 수도 있지만 논리적으로 과학적으로 설명되지 않는 그 부분을 더 큰 관점에서 전망해 낼 수 있다면 모든 것이 유기적으로 이어지는 지점들이 생기고 결국 모든 것이 하나의 큰 그림으로 퍼즐이 맞춰지게 된다. 그렇게 더 큰 설명이 가능해진다.

육체의 오감기능에 제한된 가시적인 세상에 갇힌 인간들이 제3의 눈으로 볼 수 있는 에너지 영역에 대한 감각의 퍼즐 하나만 끼워 넣을 수 있다면 정말 많은 것들이 설명된다. 사실 내가 이렇게 책으로 많은 설명을 해 내지 않아도 된다. 당신은 정말 그냥 체험을 통해 알게 된다. 보이지 않는 세상을 느끼고 보게 된다면 당신은 지금껏 살았던 현실이 얼마나 제한된 그림자 영역인지 알게 된다. 이곳은 실체가 아니다. 당신 에너지의 가장 딱딱한 껍데기 차원의 현현일 뿐이다.

 나는 그래서 더욱 초탈이 답이라고 생각한다. 당신이 제한된 감각의 도구인 육체를 입고 무언가를 보고 듣고 정보를 받아들이고 처리하면서 체험을 하게 될 때 그 정보와 체험은 당연히 도구의 한계에 갇히게 된다. 아무리 엄청난 정보라도 그 정보를 제대로 받아들이고 처리할 수 없다면 당신은 그 정보를 제대로 알고 체험해 낼 수가 없다.

 인간의 몸은 상당히 예민한 수용체지만 결국 밀도가 높은 물체여서 그 자체로 물질차원에 갇히게 되고 생생한 자극을 체험하는 대신 결코 자유롭고 확장된 이동과 연결성을 갖추기 어렵다. 좋은 자극과 행복한 체험을 생생하게 할 수 있는 생생천국은 반대로 부정적인 자극과 불행의 체험도 생생하게 할 수 있어 생생지옥이 되는 것이다. 마치 혀끝의 자극과 뇌의 도파민을 잔뜩 뿜어내게 만드는 엄청나게 자극적이고 맛있는 불량식품을 행복하게 잔뜩 먹고 몸은 빨리 병들고 죽어가는 것과 같다.

당신의 체험의 도구인 육체의 성능을 업그레이드시킨다면 당신의 체험은 엄청나게 업그레이드되는 것이다. 인간의 지능과 인식의 한계로는 아무리 대단한 우주적 정보와 진리가 주어져도 다운로드되는 과정에서 이미 많은 왜곡과 번역의 제약이 일어난다. 쉽게 말하면 당신이 아무리 많은 공부를 하고 깨달음을 얻고 날고 기어도 인간의 뇌와 몸 안에 갇힌 상태로는 제대로 된 우주의 더 큰 앎과 지성에 도달하는 데는 한계가 생길 수밖에 없다는 것이다.

  육체 자체의 변형이 얼마나 결정적인 체험의 변화를 불러오는가에 대한 아주 현실적이고 쉬운 실례가 있다. 전화리딩을 신청한 20대의 젊은 여성 내담자가 있었다. 그 내담자의 사진을 보았을 때 나는 이분이 체중만 줄여도 지금 가지고 있는 모든 문제가 해결될 것 같았다. 한눈에 봐도 건강이 걱정될 정도로 비만으로 인한 몸의 불균형이 심해 보였다. 그녀는 자신의 현실이 잘 풀리지 않는 부분에 대한 에너지리딩 작업을 받기를 원했다.

  나는 최대한 에너지리딩 작업을 해 주고 현실적인 조언을 해 주었다. 근본적으로 당신 안의 무거운 에너지 장애물과 부정적인 감정에너지를 처리해야 하지만 당신의 케이스는 그보다 살을 빼서 몸의 불균형부터 바로잡으면 훨씬 빨리 현실적 문제들이 해결될 것이라고.

  그녀는 당시 내가 블로그에 소개해 놓은 생채식에 대한 글을 읽고 생채식을 시도했고 3달 정도 후에 나를 직접 방문했는데 너무 아름다워져서 정말 전혀 알아볼 수 없을 정도로 딴사람이 되어 나타났다. 체중을 무려 17kg이나 감량한 것이다. 매일 야식과 배달음식을 즐기던 그녀는 너무 좋지 않은 음식만 먹어서인지 오히려 자신을 치료하는 느낌으로 시도한 생채식이 그녀에게 너무 잘 맞았고 3달 동안 식단을 유지하며 17kg 감량에 성공할 수 있었다고 한다. 그리고 모든 것이 해결되었다. 일자리도 구하게 되었고 남자친구도 생겼고 대인관계도 좋아졌고 무엇보다 우울증이 나은 것이다.

건강이 안 좋고 어깨와 허리가 안 좋다며 기치유를 하고 빙의령이나 뭔가 안 좋은 에너지가 몸에 붙은 건지 봐 달라며 찾아오시는 분들에게 정말 식습관을 바꾸고 살부터 빼 보라고 권하고 싶다. 어깨와 허리가 안 좋은 것은 빙의령이 붙은 걸 수도 있지만 상식적으로 우선 몸의 염증과 통증반응을 불러오는 독소와 노폐물이 축적된 잉여지방을 줄이는 것부터 시도해 보고 생각해 볼 일이다.

우리는 몸이 중심인 인간상태여서 육체, 감정체, 사념체, 에너지체가 모두 유기적으로 연결되어 있고 몸의 증상들은 가장 직접적으로 내 몸에 가하고 있는 식습관과 생활습관부터 건강하게 바꾸는 것이 먼저다. 건강한 몸에 건강한 정신이라면 그놈의 귀신도 안 붙는다.

나의 몸에서 체중을 건강하게 줄이는 변화만 일으켜도 나의 현실의 체험들이 기적같이 바뀐다. 거의 세상이 바뀌는 수준이고 지금까지의 모든 문제들이 한 방에 해결되기도 한다. 체중을 줄이는 것은 몸의 크기를 바꾸는 것이고 초탈은 몸의 재질, 에너지 상태를 바꾸는 것이다. 단단한 입자에서 에너지로.

 에너지몸으로 바뀌면 당신이 겪고 있는 현실적인 문제가 문제 자체가 발생되지 않는 상황, 혹은 문제가 될 수 없는 상황이 될 것이다. 당신의 인생을 송두리째 흔들고 있는 그놈의 먹고사는 문제들이 몸이 사라진다면 동시에 사라진다. 물질 몸을 벗어나면 일단 먹지 않아도 되기 때문이다.

 참고로 자신의 진동수를 자유자재로 조절하며 밀도가 높은 육체도 되고 밀도가 낮은 에너지몸도 되는 초인들은 외부 음식을 필요로 하지 않기에 그저 미각을 즐기기 위해, 허공에서 빵과 과일을 창조해서 맛을 보는 유희를 위해서 먹는다. 음식중독에 걸리지 않아도 되고 평생 다이어트로 고생하지 않아도 된다. 그들은 20대의 리즈 시절의 외모를 평생 유지한다.

 불면증? 자지 않아도 된다. 에너지몸은 수면을 통하지 않고도 재충전되고 육체보다 에너지 소진이 거의 일어나지 않는다. 참고로 인간이 하루 24시간 중 8시간의 수면이 필요한 이유는 인간이 육체로만 이루어진 존재가 아니라는 반증이기도 한다. 인간은 영혼의 존재로 24시간 중 8시간 동안이라도 몸의 스위치를 꺼뜨리고 잠재의식을 활성화시키고 몸의 세포들이 재생되고 치유되는 시간을 가지며 동시에 몸속에 갇혀 있었던 영혼은 몸 밖을 나와(유체 이탈 하여) 전 차원을 여행하는 시간을 갖는다.

 물론 당신의 인간의식은 꿈속에서 온갖 잡다한 당신 안의 무의식이 펼쳐 내는 불쾌하고 뒤숭숭한 체험을 하겠지만 최소한 당신의 영혼은 그 시간 동안 몸으로부터 자유로운 시간을 가져야만 충전이 된다. 수면을 제대로 하지 못하면 인간은 육체도 망가지지만 정신과 영혼도 피폐해진다. 몸을 입고 있는 한 수면은 당신의 영혼에게도 상당히 중요하다.

 에너지몸이 된 당신은 물질 즉 돈이 필요 없기에 돈을 벌기 위해 하기 싫은 일을 하지 않아도 된다. 돈을 벌지 않아도 되니 정말 순수하게 당신이 행복한 일을 할 수 있게 된다. 의사소통의 문제? 대부분 텔레파시로 이루어지니 외국어를 따로 배우지 않아도 에너지체의 모든 존재들과 소통이 가능하다.

 기존의 모든 삶의 패턴과 생활의 양식, 육체인간의 문명은 역사의 뒷전으로 사라질 것이고 당신은 완전히 달라진 몸으로 에너지차원에서 지금껏 한 번도 해 보지 못한 체험의 신대륙으로 발을 내딛게 될 것이다. 상상이 가지 않겠지만 말이다. 육체에 오래 갇혀 있었던 나의 상상도 한계가 있다. 그런데 한계 있는 나의 상상? 혹은 합리적 추론만으로도 이 정도이다.

 굳이 비유를 들자면 하루 종일 누워서 천장의 모빌만 바라보던 아기가(아기에겐 그 모빌의 움직임이 엄청난 자극이었고 세상의 전부였

다) 비행기를 타고 해외 출장을 다니는 성인이 되는 것이다.

영화 〈루시〉의 루시가 뇌를 100%까지 활용하게 되는 그 과정을 한번 보라. 인간 안에 내재된 모든 기능들이 하나씩 회복되며 결국 루시는 눈앞에서 사라진다. 사라진 그녀에게서 문자가 온다. "I am everywhere!" 그녀는 우주 만물에 편재하는 신이 되었다. 쩔지 않는가? 그녀는 우주의 만물을 다 체험할 수 있게 되었다. 그것도 동시에. 그 느낌을 감히 상상이나 할 수 있겠는가? 동시에 모든 것이 된 상태. 시공을 초월하는 무제한의 체험의 영역을.

나는 상상한다. 고로 존재한다.

나는 원한다. 고로 창조한다.

그렇게 우리는 존재하는 신이다.

아무리 인간상태의 인간의 머리로 이것이 맞는지 틀린지 백날 고민해 봐야 답은 없다. 그 어떤 지성이든 해석이든 인간상태로는 한계 그 자체일 뿐이다. 일단 나의 상태 자체를 바꾼다면 즉 컴퓨터 사양을 업그레이드시킨다면 당신의 지성과 앎과 체험은 저절로 업그레이드될 수 있는 것이다.

● 제2의 종교, 영성(깨달음)

지구동화에 의하면 안타깝게도 우리는 현재 지구를 지배하는 어둠의 세력의 노예다. 그들이 인간을 지배하기 위해 개발한 돈의 노예, 종교의 노예.

내가 생각해도 그들은 참 머리가 비상하긴 하다. 물질자원이 없으면 생존이 안 되는 육체를 입은 인간들을 지배하기 위해 돈을 만들어 물질 세상에 엄청나게 집중하고 집착하게 만들어서 사실상 인간이 육체적 존재만이 아닐 수 있는 에너지차원에 대한 그 어떤 접근도 하지 못하게 막았다.

그리고 인간의 불완전성이 낳는 죄에 대한 의식을 심어서 이 죄를 단죄하고 심판하는(자신들을 닮은) 외부의 절대자 신을 만든 후 두려움을 심었다. 그 신을 믿지 않으면 지옥에 간다고. (노예의 상태보다 더 지옥이 어디 있다고) 그렇게 스스로가 신인, 인간 안에 있는 모든 신성조차 막아 버렸다. 그렇게 인간들은 육체와 물질 세상에 더욱 갇히게 되었고 자신의 신성과 더욱 거리가 멀어져 버렸다.

신이 교사라고 가정한다면, 학폭 가해자와 피해자를 보고 있는 것이다. 폭력적이고 영악하고 지배욕이 강한 그러나 속에는 버림받은 상처와 열등감이 가득 차서 약자를 괴롭히고 있는 어둠의 세력인 가해자와 아기처럼 순수하고 영적인 에너지와 전두엽이 발달되었으나 똑똑하지 못한 순진한 인류인 피해자. 둘 다 나의 제자들이고 둘 다 나의 자식들이다.

그리고 상황은 생각보다 복잡하게 얽혀 있다. 가해자는 자신이 가해를 하는지 모르고 있고 피해자는 자신이 피해를 받는지 모르고 있다. 아주 오랜 시간에 걸쳐 서서히 진행되어 온 가해와 피해는 서로에게 너무도 자연스러워졌으며 하나의 공생관계이자 시스템이 되어 버렸다.

여기서 독자들이 기겁을 하거나 반대로 놀랍지도 않게 될 사실 하나를 알려 주고 싶다. 우리 안에는 우주의 다양한 차원에서 온 빛의 존재들의 유전자도 깃들어 있지만 반대로 어둠의 세력의 유전자도 깃들어 있다. 우리는 그 모든 존재들을 조상으로 둔 믹스종인 것이다. 이번 생의 나만 보아도 나는 영혼이라고는 전무해 보이는 힘논세족 남자와 결혼해서 아이를 낳았다. 그래서 지금 인류와 지구의 내적 외적 상황이 그렇게 단순하지가 않다는 것이다.

아군과 적군을 확실하게 나눌 수도 없고 피해자와 가해자를 확실하게 나눌 수도 없다. 이런 상황을 인간의 몸이 프랙털 구조로 드러내는 것이 바로 자가면역 질환일 수 있다. 지금 인간의 몸에 나타나는 모든 증상들은 지구의 인간 안에 누적되어 온 에너지의 마지막 발현이자 발악들이다.

한 예로 아토피 증상의 경우, (물론 100% 다 이렇다고 볼 순 없지만) 대부분 부모가 서로 깊이 사랑하지 않고 갈등구조에 있고 서로에 대한 미움과 거부감을 가지고 있을 때 어린아이의 피부가 아토피를 발현한다. 이 아이는 부모의 에너지결합의 창조물인데 그 두 에너지가 서로 대치하며 싸우는 것이다. 아이의 세포는 부모와 연결되어 있고 정확히 그런 에너지 상황에 공명하게 된다. 이 아이의 몸에서는 하나의 편이 되어야 할 에너지가 서로 적이 되어 서로를 공격하는 것이다. 아군이 아군을 공격하듯 정상세포가 정상세포를 공격하게 된다.

그리고 아토피는 육체 중에서도 피부에 일어나는 이상 반응이다. 그야말로 육체의 껍데기가 전쟁을 치루고 지옥의 상황이 되어 버리는 것이다. 지금 지구의 상태가 그러하다. 어둠의 세력이 지배한 곳은 지구의 지표면 영역이다. 그곳에 가장 많은 물질계의 존재들이 살고 있고 주요 체험영역이기도 하다. 그곳이 현재 지옥이 되어 가는 것이다. 모든 것이 유기적으로 연결되어 있고 이 우주는 끝없는 프랙털 구조 속에서 미시적으로 거시적으로 거대한 공장처럼 돌아가고 있다.

우리 반에서 덩치 크고 영악한 악동 하나가 사실상 담임보다 더한 영향력을 가지고 반 전체를 지배하고 군림하며 약하고 순진한 애들을 폭행하고 괴롭히고 삥을 뜯으며 경제적 착취를 하고 공부 잘하는 반장 녀석에게 자신의 시험답안까지 작성하게 해서 성적까지 올리고 있다면, 교사의 입장에서는 당연히 조치를 취해야 한다.

그런데 이 현실 위에 더 큰 현실의 설계가 있다면, 즉 이 모든 상황이 한 편의 짜고 치는 드라마였다면… 그리고 이제 그 드라마를 끝낼 때가 되었다면. 그러나 가해자와 피해자, 악역과 선역자들이 드라마에 너무 깊이 빠져서 헤어 나올 줄을 모른다면. 이 대혼돈의 상황을 어떻게 다루어야 하는 것인가? 드라마 세트장인 지구는 이제 막을 내리고 마지막 청소를 하려고 하고 물질차원의 에너지 전력도 바닥을 보이며 드라마의 종료를 준비하는데 연기자들이 드라마에 빠져 아직도 열연을 하고 있으니 이들을 어떻게 각성시킨단 말인가?

 부모는 자식의 인생을 함부로 세세하게 리드하고 개입할 수 없다. 그래서도 안 된다. 자식은 그들의 고유한 여정이 있고 그들이 치러 내야 할 체험들이 있다. 자식의 찐 성장을 돕고 싶다면 자식이 인생의 선택들을 해 나갈 때 개입과 참견이 아닌 지켜봄과 응원이 필요하다. 자식이 자신이 내린 선택들의 귀결을 스스로 체험하게 해서 그 귀결을 통해 그것이 성공이든 실패든 배울 것을 배우게 하고 다음번 선택에 대한 지혜를 얻게 하는 것, 그것이 성장이다.

 신이 할 수 있는 지구에 대한 조치는(사실 이것은 조치라기보다 저절로 그런 상태가 되어서 일어날 수밖에 없는 지구 자체의 귀결이기도 하다) 체험의 귀결을 빨리 맛보게 하는 것이다. 지구는 물질차원에서 밀도가 점점 낮아지는 에너지차원으로 이동 중이기 때문에 체험의 귀결이 빨라질 수밖에 없다.

 내가 선택하고 집중한 에너지에 대한 창조와 반응속도가 점점 빨라진다. 어둠의 세력들이 선택한 부정적인 에너지와 악의가 있는 선택들의 창조와 반응, 귀결이 빨라지게 될 것이다. 그들이 보낸 에너지는 그들에게 곧장 나타나게 될 것이다. 그들이 지구와 인간에게 가한 에너지들이 빠른 속도로 그들 자신에게 되돌아가게 될 것이다. 순진한 역할인 인간들도 그들의 무지와 순진함이 그들에게 빠른 속도로 귀결되게 될 것이다. 그들이 선택한 부정적 감정과 생각들이 빠른 속도로 삶에 드러나게 될 것이다. 그들은 드라마를 멈추고 싶어질 것이다.

그리고 또 한 가지, 나 같은 역할자들을 이용해서 지구에서 벌어지는 드라마의 전체적 구조를 파악하게 하는 것이다. 노예들이 자신이 노예인 줄도 모르고 노예가 되어 드라마에 현실처럼 빠져 있는 상황들을 전망해 낼 수 있는 시야를 제공하는 것이다. 그들은 드라마에서 빠져나오고 멈추고 싶어질 것이다.

〈지구동화〉에 언급되었던 돈을 만들어 낸 5차원 신관의 이야기를 종교 버전으로 각색해 본다.

> 어느 날, 신관은 고민에 빠졌다. 인간노예들이 기존 종교에서 이탈하기 시작한 것이다.
>
> 정말 심혈을 기울여 기독교, 천주교, 이슬람교, 불교 등등 각종 종교들을 고안하고 개입하여 작업을 진행하고 인간노예들의 두려움을

이용해서 그들의 정신과 의식세계를 통제하고 있었는데….

그런데 인간노예들이 생각이란 것을 하고 과학적 유물론이 발달하고 의문을 품고 하면서 외부의 절대적 신에 대한 믿음이 흔들리기 시작하고 점점 종교에 대한 의탁이 약해져 가는 것이었다. 외부의 신을 더 이상 믿지 않고 종교에 의한 죄의식에서 벗어나고 이러다간 인간노예들이 자신들의 통제권을 벗어나 그들의 영적권능을 기억해 내고 회복할 수도 있는 위험한 상황이 올 수도 있다. 인간들의 신성이 깨어나기 시작한 것이다.

대책이 필요했다. 인간노예보다 가슴차크라는 죽은 대신 두뇌가 월등히 뛰어난 똑똑한 신관은 번득이는 아이디어를 생각해 냈다.

그래, 기왕 이렇게 된 거 선수를 치자. 그냥 인간 자신이 원래 신이라고 하자. 그리고 이 모든 인간노예의 삶을 신의 체험으로서 스스로 선택했다고 하자. 모든 상황이 완벽이고 모든 상태가 신의 신성한 선택이라고 하자. 그렇게 신관은 기존 종교에서 이탈한 인간노예를 흡수할 수 있고 방목할 수 있는 초대형 우리가 될 제2의 종교인 뉴에이지 운동(영성)을 고안해 냈다.

인간노예들은 그야말로 종교에서 이탈하여 초원 같은 제2의 종교를 활보하고 뛰어다니며 자유와 해방감을 누리게 되었고 그곳이 조금 더 큰 우리일 뿐이라는 것을, 조금 더 확장된 종교라는 것을 전혀 눈치채지 못한 채, 자신의 모든 상황을 신인 자신이 선택한 고차원

> 적 자유의지의 선택으로 받아들이며, 어둠의 세력이 창조해 놓은 노예의 환경, 부정성, 가난, 결핍, 제한, 고통과 슬픔의 모든 상황들을 신인 자신이 스스로 선택한 것으로, 그 모든 것을 완벽으로 느끼며 기꺼이 노예생활을 숭고한 마음으로 자처했다.

일단 먼저 하나 말해 두고 싶은 것은 지금 지구상에서 벌어지고 있는 이 모든 상황과 일들은 우주적 차원에서 많은 다차원 존재들이 연루되어 참여하고 있는 대우주적 상황극이라는 것이다.

과연 악역이 제대로 악역이려면 얼마나 악해야 할까?

배고프고 굶주린 인간들이 무인도에 갇혀 있을 때, 그 상황에 가장 최악의 악역 하나를 만들어 보자.

내가 생각하는 가장 악역 중 하나는 이런 배역이다. 누군가 헬기를 타고 그들을 구조하러 온 것이다. 그래서 사람들이 미친 듯이 희망에 차서 손을 흔들고 SOS를 외치는데 거기다가 굶주린 그들에게 빵을 쏟아부어 주는 것이다. 그런데 그 빵은 독을 넣은 빵이었다.

정말 다양한 상위차원의 영적 메시지들이 지구를 구원하기 위해 채널되어 지구로 투하되었다. 그런데 그 메시지들의 변질 또한 정말 다양한 상황과 경로로 일어난다.

첫째, 메시지 자체가 변질된 상태로 채널을 통해 전달되는 경우.

둘째, 채널러 자체의 이해와 의식의 한계로 메시지가 변질될 경우.

셋째, 메시지가 채널러를 통해 세상에 잘 전달되었는데 그것을 받아들이는 사람들의 이해수준에 의해 변질되는 경우.

크게는 이 세 경우이나 세부적으로는 정말 더 다양한 양상으로 변형이 펼쳐진다.

첫째의 경우는 메시지 내용 자체에 마치 참과 거짓을 섞듯이 일종의 변형 작업을 시도한다. 진리와 진리 아닌 내용을 적당히 섞으면 진리는 분명히 있기 때문에 진리 아닌 내용까지 진리처럼 느껴지게 만들어 결국 깨어나다가 말게 만드는 방법인 것이다.

이 작업을 어둠의 세력이 한다고 본다. 혹은 어둠의 세력처럼 좌뇌형 지배구조의 외계행성에서 지구에 시도한다고 본다. 혹세무민의 지구인들이 그들의 메시지에 이리저리 반응하고 끌려다니는 상황에서 재미를 느끼는 그들의 체험을 진행 중인 것이다.

그러나 상위차원에서 정말로 순수하게 진심으로 지구를 돕는 체험을 선택하고 메시지를 채널시킨다고 해도, 그 메시지의 출처인 상위차원의 존재가 메시지를 받아들일 지구인의 상태에 대한 이해가 부족하여 발생하는 혼란의 상황들도 있다. 사실상 그런 상황 때문에 천상의 메시지의 한계를 절감하고 7차원 어머니의 에너지체가 직접 지구로 뛰어들어 그 누구보다 오랜 시간 지구 수업을 빡세게 받고 인간 체험을 제대로 하는 방식을 선택하게 된 것으로 보인다.

고차원 메세지들이 아직 지구의 인간들이 제대로 이해하고 적용하기에 많은 오용을 낳을 수 있다. 유치원생에게 라이터를 쥐어 주면 불을 내는 것처럼.

모든 고차원 메시지들이 그러하다. 아직 체험과 이해가 더 필요한 인간들에게 고차원 메시지를 제대로 된 맥락 속에서의 충분한 설명 없이 메시지 자체를 전달하기에 급급해져 버리면 정말 제대로 된 이해의 확장보다는 결국 혼란을 가중시키고 그 메시지를 제대로 현실에 적용해 낼 수가 없게 된다. 고차원 정보의 1차원적 해석과 적용? 같은 일이 벌어진다.

예를 들면 《신과 나눈 이야기》라는 책에 등장하는 "모든 것이 완벽이다."라는 이 표현 하나로 모든 것이 설명되고 그 결과, 모든 것이 합리화되고 주저앉혀진다.

내가 이곳에서 저곳으로 가고 싶고 내가 이 상태에서 저 상태가 되고 싶은 욕구는 우주에서 존재들이 다음번 체험으로 향하고 다음번 성장과 진화로 이동하는 데 있어 동기와 원동력이 되는 중요하고도 유용한 일시적 결핍이자 불만족의 상태이다. 그런데 마치 지금 상태의 완벽을 보지 못해서 그러는 것이라고 판단해 버려서 나의 현재가 어떻게 되어 있든 그저 완벽으로 보고 만족하라는 식으로 적용해 버리게 된다면 정말 영원히 그 상태로 머물러야 되는 상황이 벌어진다.

정말 고차원 메시지들이 제대로 된 이해 없이 적용될 경우, 지구의 인간 삶은 그야말로 영적메시지로 카르마를 체험하는 무지한 자들의 영적 기만이 판을 치는 곳이 되어 버린다. 게다가 그 훌륭한 고차원 영적 메시지로 기껏 인간 삶을 잘 살려고 하는 것과 같다.

> 엄청난 가난에 허덕이며 꿀꿀이죽을 먹는 백성에게 왕이 금을 한 덩이 선물했는데, 그 금을 팔면 땅도 사고 집도 사고 평생의 식량도 살 수 있게 된다. 왕이 그렇게 되어 있길 기대하며 백성의 집에 가 봤더니 그 금을 녹여 금 숟가락을 만들어 그 금 숟가락으로 여전히 꿀꿀이죽을 퍼 먹고 있더라는 것이다. 백성은 금수저로 꿀꿀이죽을 먹게 된 것을 너무도 행복하고 뿌듯하게 생각하며 금 숟가락에 걸맞게 꿀꿀이죽을 우아하게 퍼 먹고 있었다.

이건 뭐… 답이 없다.

총체적 난국 아닌가?

내가 왜 이 상황을 이렇게 리얼하게 묘사를 잘하겠는가?

내가 그 당사자였기 때문이다.

나는 21살 때, 《신과 나눈 이야기》를 읽고, 정말 내가 원하는 모든 답을 알았고 그것 자체로 너무나 만족했다. 그리고 이런 정도의 인식은 나의 부모님이나 가족들 그리고 일반인들은 이해할 수 없을 거라고 생각했고 나는 그런 그들을 이해하고 이제 답을 알았으니 그것을 적용하며 《신과 나눈 이야기》의 인식을 갖지 못한 일반인들을 사랑하고 행복하게 만들어 주는 삶을 살기로 했다.

그렇게 《신과 나눈 이야기》를 가지고 오히려 기존 사회의 관습과 가치를 철저히 따르기를 선택하며(이것도 완벽이니) 부모님께 효도하기 위해 그리고 적당히 나의 사회적 안위를 위해 교사가 되고 부모님이 선호하는 직업군의 의사 남편과 결혼을 하게 되었다. 나의 배우자가 나에게 너무 힘든 사람임에도 《신과 나눈 이야기》에서 신은 우리에게 천사만 보내 주었다고 했고 이 모든 것이 완벽이니 모든 것은 내 탓이고 내가 어떻게든 잘 맞추고 잘하면 된다고 생각하며 살다가 지옥을 경험하게 되었다는 어리석고도 슬픈 스토리다.

메시지를 제대로 이해하고 통합해 내지 못하고 근시안적이고 부분적인 적용을 하며 금 숟가락으로 밥을 먹다가 입안에 쇠독이 올라 병에 걸려 죽기 직전까지 갔던 무지한 인간의 전형적인 사례다. 나의 경우가 말이다.

"모든 것이 완벽이다." 단, 결과가 아닌 과정으로서.

결과가 완벽이라고 하면 거기서 모든 체험이 끝난다.

체험 종결! 우주 존재들의 존재성 자체가 종결된다.

나의 지금 이 순간이 하나의 여정으로서 완벽인 것이고 그 완벽은 지금 내 모습이라는 불완전한 상태나 과정을 통해 내가 원하는 결과인 완벽을 창조해 낼 것을 전제하에 완벽으로 해석될 수 있다는 뜻이기도 하다.

무턱대고 다 완벽이 아니다. 내가 사람을 죽여도 완벽이고, 내가 가난해도 완벽이고 내가 무능해도 완벽이 아니다. 그 모든 게 완벽하다고 생각해도 그것이 당신의 자유이긴 하지만 당신이 정말로 원하는 체험을 창조해 가는 과정, 당신이 외부의 자극에 대해 무의식적으로 반응하지 않고 의식적으로 창조해 가는 그 주체적이고 장대한 창조주의 창조과정에 비추어 그 모든 것이 완벽인지가 기준이어야 하고 그 지점이 중요한 것이다.

지구가 이대로 어둠의 세력들에 의해 부정적이고 제한된 인간노예의 체험의 장인 것을 완벽으로 보고 그 상황을 신인 내가 선택했다고 보고 인간노예의 체험을 기꺼이 하는 영성인들이 많았다.

내가 신비체험 도중 에너지작업을 했던 분 중에도 내가 저급한 영에 빙의된 것이고 자신은 영혼의 수레바퀴에 의해 고차원의 끝까지 갔다가 다시 저급한 인간차원의 체험(가난, 결핍, 질병)을 재미 삼아 선택한 영혼이라고 했다. 그렇게 되니 7차원인 나는 그분보다 한참 속도가 느린 저급한 단계의 영혼이 되는 것이었다.

 뭐, 할 말이 없다. 그런 체험도 충분히 존재할 수 있으니 그런 분들에게 행복하냐고 물으면 아마 이대로 나는 충분히 행복하다고 하거나 꼭 행복해야 하냐고 반문할 것이다. 행복에 집착하지 말라고 나는 불행도 있는 그대로 체험할 뿐이라고.

 이렇게 되면 인생은 그냥저냥 당신이 완벽이라고 보는 외부적 소용돌이 속에 떠밀려 이리저리 흘러갈 뿐이다. 그것은 너무나 수동적인 창조주의 상태이다. 마치 세파가 나를 휩쓸고 가도록 나를 허용하는 것인데 그분은 지금도 가난과 질병에 항상 노출된 상태로 근근이 현실을 이어 나가고 있다. 마음만은 깨달은 자인 그에게는 아무리 부자고 건강한 사람들이라도 다 자기보다 한참 급수가 낮은 인간들인 것이다.

 《신과 나눈 이야기》와 같은 너무나 훌륭한 고차원 메시지들이 그것을 받아들이는 존재들의 이해수준에 따라 천차만별일 수밖에 없지만 최소한 이 글을 읽고 있는 나의 독자들만이라도 그 모든 영적 메시지들에 대해 최대한의 장대한 이해를 해내길 바란다. 그리고 자신의 인간적 삶과 영적인 삶뿐만 아니라 (책의 저자가 아닌) 최소한 그 메시지의 출처인 상위차원의 고차원존재수준까지 나를 현현시키겠다는 각오와 포부를 가지라고 말하고 싶다.

솔직히 나는 많은 영적 메시지를 보면서 그 메시지를 말하고 있는 그 상위 존재더러 지구에 와서 인간으로 한번 직접 살아 보라고 말하고 싶다. 당신의 그 메시지, 이 지구에서 당신은 과연 어떻게 적용시켜 내나 내가 한번 보고 싶다고.

그럼 아마 그 존재들은 자신의 메시지의 상당 부분을 수정하게 될지도 모를 일이다.

부처와 예수도 출산도 해 보고 육아로 잠도 못 자고 울음 안 그치는 아기 내동댕이치고 싶은 상황도 한번 체험해 보고 믿었던 친구에게 50억 사기도 한번 당해 보고 차라리 십자가에 못 박혀 죽으면 없어질지도 모르는 삶의 고통들을 계속 인간으로 태어나 반복하면서 살아 보면, 메시지가 전면 수정 될지도 모른다.

그럼에도 사실 답은 주어졌다.

그들이 하는 말을 알고 공부하는 인간으로 남지 말고 그들의 메시지를 통해 그들처럼 되라는. 그들의 존재가 그냥 되라는 것이 사실상의 완전한 답이고 최고의 메시지인 것이다.

성경 읽고 예수처럼 인간으로 산다고? …그것은 예수도 못 한다.

불경 읽고 부처 같은 인간으로 살라고? …그것은 부처도 못 한다.

예수 같은 인간이 아닌 그들 수준의 존재가 되어 버려서 그들처럼 인간의 차원을 넘고 자유로워져야 한다. 인간을 벗어나고 신의 상태로 완전히 변형을 이루는 것이 답이다.

우주의 상위차원의 고차원 메시지들은 우리가 깨어나 영적인 메시지를 아는 고상한 인간으로 살라고 메시지를 보내는 것이 아니다. 말이 되나…. 그들은 이미 우리가 완전한 신이라고 말하는데 왜 굳이 그것을 인간적 차원으로 국한시키고 합리화하여 고상한 인간이 되려고만 하는가? 완전한 변형을 이루지 않으면 그 어떤 고차원존재가 와도 고상하게 살 수가 없는 것이 지구의 인간 삶이다.

그러니 애초에 되도 않는 시도는 안 하는 것이 좋다.

나를 보라. 7차원이라는데 고상이고 뭐고 이 모양 아닌가?

초인들이 우리 곁에 오지 않는 것, 인간들의 저진동 에너지장과 멀리 떨어진 히말라야산 어디쯤엔가 영적 차원의 영역에서 베이스캠프를 차리고 있는 것. (뭐… 일반 사회에도 포진해 있다고도 하지만 연결성을 이룬 채 공간이동으로 왔다 갔다 할 것 같다.) 그들은 인간의 상태와는 완전히 다른 진동수와 변형을 이루었기 때문이고 우리의 인간 사회가 거의 입맛 떨어진 음식처럼 전혀 생각나지 않고 접근하고 싶은 생각이 전혀 나지 않기 때문일 것이다.

  골치 아픈 거지 소굴은 우리도 떠올리고 싶지 않은 곳 아닌가 말이다. 그리고 초인은 자신들을 이해하지 못할 것 같은 존재들 앞에 나타나지도 않는다. 그들에게 혼란과 두려움만 안기기 때문이라고 한다.

  우리가 현재 처한 개인적, 사회적 문제들은 사실상 인간차원의 의식으로 해결될 수가 없다. 그것은 문제를 만든 의식으로 문제를 해결하려는 시도와 같은 것이다. "영원불멸의 문제의 쳇바퀴를 돌게 될지어다."이다. 문제를 일으킨 인간 차원의 의식 자체를 상승시키고 변형을 이루어 내는 것이 근본적이고 완전한 해결책이다. 한 마디로 계속 문제를 만들어 내는 인간상태로는 아무것도 해결되고 변화되지 못할 것이라는 것이다.

  어둠의 세력이 그 어떤 공사를 치고 작업을 걸었더라도 이미 우주의 방향이 바뀌었음으로, 그들이 제2의 종교, 제3의 종교를 계속 개발하더라도 우주의 방향이 바뀌고 소울디가 지금 이런 글을 쓸 정도로 인간들이 번쩍번쩍 깨어나기 시작했으므로.

  단언컨대, 이 혼돈의 과도기에 여러분은 종교 하나를 만들어야 한다.

메시지 하나에 둘 이상이 모이면 종교인데

이건 하나가 모이는 종교이다. (그러니 허락될 수 있는 종교다.)

바로 나 하나!

내 가슴차크라 안에 나만의 성전을 만들어라!

아무도 초대하지 말고 오로지 나만이 그 성전의 주인이고 내가 위대한 신인 나 자신을 모시는 성전인 것이다. 예수가 재림할 것이다. 종교적 집단을 만들어 모여 있어야 할 필요가 없다. 집단은 예수 쪽이 만들 것이다.

예수는 여러분이 상상하는 그 이상의 무한대급 우주의 집단의식이자 아버지 에너지체이다. 우주의 아버지 그 예수의 에너지체가 여러분 각자의 성전에 재림하게 될 것이다. 외부의 그 어디에도 소속되지 말고 오로지 나 자신을 우주의 아버지 에너지, 예수의 의식체의 진동수에 맞추고 나의 고진동에 집중할 때 예수가 정확히 당신 가슴차크라의 성전에 재림할 것이다.

당신이 그를 불렀으므로.

7차원 어머니체가 이 모든 준비 작업을 땅에서 돕고 그다음은 아버지 에너지체의 하늘로부터의 재림.

이것이 지금 이 순간 내가 기억해 내고 있는 7차원설계안의 일환이다.

● **대혼돈의 에너지와 역이용**

빛과 어둠의 혼합 에너지체인 우리는 이제 어떻게 살아야 할까? 내가 태어났더니 지구 역사에 의해 나의 아버지는 어둠의 세력 출신인 힘논세족이고 나의 어머니는 빛의 세력 출신인 사논세족인 것이다. 나는 누구이며 앞으로 어떤 삶을 살아가야 할까?

내가 앞서 설명한 정반합의 원리를 기억하길 바란다. 상대계의 우주에서 가장 찰지게 쓸 수 있는 원리다. 우리는 지구의 모든 세팅 값과 처한 현실을 모조리 이용, 역이용하게 될 것이다. 여성에너지의 장점과 남성에너지의 장점이 융합되어 시너지가 폭발하는 것처럼. 빛과 어둠의 에너지, 선과 악의 에너지 역시 마찬가지이다. 그 상반된 두 에너지는 우리 안에서 대융합을 일으키게 된다. 그렇게 되도록 만들자. 피할 수 없다면 이용하자. 이런 창조의 행위를 즐기자.

'나'라는 영혼을 통한 선과 악의 대통합! 빛과 어둠의 대통합! 고통과 기쁨의 대통합! 지옥과 천국의 대통합! 그 모든 것이 제대로 융합될 때 얼마나 강력하고 힘 있는 선과 빛과 기쁨의 천국이 탄생할지 상상이 가시는가?

  가슴이 따뜻한 일루미나티는 어떤가? 똑똑하고 자신을 지킬 수 있는 힘 있는 천사는 어떤가? 양에게 젖을 먹이는 사자는 어떤가? 이런 곳을 유토피아라고 부르자. 지구를 통해서 이 우주에 지금까지 존재하지 않았던 유토피아를 창조하기 위한 우주의 설계인 것이다.

  소울디라는 인간 캐릭터는 어때 보이는가? 머리형? 가슴형? 나는 어린 시절 수학도 잘하고 공부도 잘하고 그림도 잘 그리고 글도 잘 쓰는 아이였다. 그러나 학원을 5개씩 다니면서 그 모든 것을 엄마의 교육열에 의해 억지로 하고 있어서 전혀 행복하지 않았다. 엄마에게 나는 왜 이 모든 걸 해야 하냐고 물으니 너는 시키면 다 잘해서 해야 한다는 것이다. 나보다 전교 1등을 더 많이 한 공부 잘하는 언니는 성인이 되어 나에게 이런 고백을 했다. 나도 너처럼 다른 것을 잘했다면 공부 대신 그것을 했을 거라고. 나는 할 줄 아는 게 공부밖에 없어서 공부를 한 거라고.

  (재주가 많으면 굶어 죽는다고 덕분에 나는 인간사회의 기준으로는 아무것도 제대로 성공하고 이룬 게 없는 삶을 살았다. 전남편은 나더러 이상만을 좇는 무능한 사회부적응자라고 했다.)

  나는 머리형일까? 가슴형일까? 내가 고등학교 때 나를 알아봐 주신 교장선생님께서 나의 엄청난 지지자로 나를 뒤에서 많이 응원해 주셨다. 나는 졸업식에서 성적 우수상을 받기로 되어 있었지만 교장선생님 마음에는 그것만으로는 부족하게 느껴지셨는지 누가 봐도 나를 위한 상처럼 개교 이래 처음으로 EQ상을 만드셨다. 성적이 좋은 아이들이 상을 받듯이 성격이 좋은 아이도 상을 줘야 한다는 취지였다. EQ상은 교사들이 뽑는 것이 아닌 각 반의 아이들에게 자신이 생각하기에 가장 모범적인 학생을 3명씩 적어 내게 하여 최다득표를 한 학생에게 주는 상이었다. 나는 전교에서 가장 높은 득표율로 (학생들이 생각하는 모범생인) EQ모범상을 수상했다.

내가 고등학교에 다시 들어갔을 때 나는 교사와 아이들을 중간에서 이어 주는 가교역할을 하기로 다짐했었다. 교사도 학생도 모두 이해하고 사랑하고 싶었다.

나는 상당히 분석적인 머리형이기도 하고 내 스스로도 놀랄 만큼 통찰력을 보일 때가 있었으며 내 스스로도 벅찰 정도로 사랑이 많았다. 친구들은 수능문제가 답을 보아도 이해가 안 되고 선생님께 설명을 들어도 이해가 안 될 때 그 문제를 나에게 들고 와서 나더러 분석하고 파악해서 이 설명이 도대체 무슨 의미인지 자신을 이해 좀 시켜 달라고 했다. 나의 메타의식은 그때 활용되었다. 나는 문제를 출제한 출제자의 의도를 분석했고 문제를 푸는 학생이 아닌 출제자의 관점을 알려 주며 친구에게 그 문제를 이해시켰다.

나는 사실 고등학교 때 루소의 《에밀》을 읽고 '완전히 기능하는 인간'이라는 말을 깊이 담아 두었다. 교육이 완전히 기능하는 인간을 만들어야 되는데 그러지 못한 현실이 안타까울 뿐이었다. 지금은 그게 신이라는 의미로 나에게 통합되었다. 나는 정말 완전히 기능하는 인간이 미치도록 되고 싶었고 되고 싶다.

 어린 시절 이런 상태였던 나는 인간으로서 제대로 자리를 잡지 못하고 무엇이 되어야 할지 방황하고 길을 헤매며 어정쩡한 일반인으로 살다가 지금의 내가 되었다. 나의 분석력, 통찰력, 직관력, 가슴속 사랑과 이해력은 도대체 무엇을 해야 될지 모르다가 이런 책까지 쓰고 있게 된 것이다. 이런 책을 내가 쓸 수 있어서 너무 행복하지만 한편으로 그 결과를 알기에 슬프다. 이 책의 내용을 사람들이 제대로 이해하고 수용할 수 있게 되려면 최소 30년은 걸릴 것 같은데 그때쯤엔 이 책도 절판되었을 것이고 나는 죽었거나 초탈했거나 이 지구에 없을 것 같다.

 이런, 유토피아 얘기를 하다가 슬픈 얘기를 해서 죄송하다. 그래 이 책의 운명은 지구와 인간들에게 맡기고 나는 나의 소명을 다하고 조용히 사라지겠다.

 지구의 모든 상반되고 상충되는 에너지가 융합하고 당신 안에서도 그 일이 벌어질 수 있다. 빛의 에너지의 강점과 어둠의 에너지의 강점이 활성화되어 서로 시너지를 일으킬 수 있다면 당신은 이 우주에 다시없을 초강력 신이 될지도 모른다.

당신의 영혼이 깨어나면서 겪게 될 많은 일들 중에는 영적 카르마 체험이 있을 수 있다. 내가 겪은 영적 카르마 체험을 소개해 보려고 한다.

당신 안에 처리되지 못한 부정적 감정체인 카르마가 있다면 당신이 머리를 깎고 중이 되어 절에 들어가도 그 절에서 카르마 체험을 하게 된다. 당신이 수녀가 되고 신부가 되고 목사가 되고 교주가 되어도 인간들과 부대끼며 카르마 체험을 하게 된다. 당신이 에너지가 열려도 카르마 체험을 하게 된다.

절에서 주지스님이 곧 상사가 되고 신도들이 고객이 되어 직장에서 겪을 일을 그대로 겪게 된다. 다른 수녀들이 당신을 티 나지 않게 왕따 시키고 신부에게 당신을 모함할 수도 있다. 교회는 말해 무엇 하랴. 영적인 집단이 일반 집단보다 더 위선적이고 폐쇄적이고 이기적일 수도 있다. 종교는 인간의 창조물이고 인간의 모든 발명품은 완전하지 못하며 그 어떤 완전한 발명품도 카르마 가득한 인간들과 연루되면 카르마의 도구와 소용돌이 그 자체가 된다.

내가 영혼남자를 만난 곳. 그 독자모임 카페에서 나도 엄청난 카르마 체험을 하게 되었다. 비슷한 시기에 그곳에 처음 등장한 영혼남자와 나는 당시 기존 운영진의 부탁으로 그 모임의 새로운 운영진을 맡게 되었다. 우리는 그 모임에 대해 우리를 만나게 해 준 특별한 곳이라는 애정과 감사의 마음으로 봉사활동을 하듯 운영진을 거의 6년간 맡게 되었다. 그리고 온오프로 회원들을 집에 초대하고 잠자리도 내어 주며 친목을 쌓아 갔다. 늘 그렇듯이 배신과 상처와 고통은 가족 같은 사이에서 벌어지기 마련이다. 우리는 그런 체험을 향해 빌드 업을 해 나가고 있었다.

그곳에 나간 지 4년 차에 나는 에너지가 열리는 신비체험을 하게 되었고 그로부터 3년 후 신비체험에 대한 글을 그 모임의 게시판에 연재하게 된다. "사람들이 나에게 미쳤다고 하겠지?"라는 두려움 속에서 오돌오돌 떨면서 한 편 한 편 올리고 있던 찰나 나의 두려움은 현실이 되었다. 나의 신비체험 글은 사람들의 폭발적인 관심과 반향을 일으켰다. 수많은 호응의 댓글들이 달렸고 게시판에는 나를 소화하기 위한 발악들(온갖 평가들)이 일어나고 있었다. 그리고 나를 겨냥한 〈메시아 증후군〉이라는 글을 마지막으로 나는 그만 무너지고 말았다. 그 글을 쓴 사람은 평소 가족같이 지내던 회원이었다.

나는 신비체험 글 연재가 끝나면 그곳을 나오려고 했으나 나의 신비체험 글을 받아들일 수 없어 난리가 나 버린 카페 게시판의 혼란스러운 상황에 카페 전체에 피해를 준 것 같아 미안했고 더 이상 글을 올릴 수가 없어 마지막 인사글을 올리고 그곳을 떠났다. 그 과정에서 〈메시아 증후군〉 글을 올린 회원은 무너지는 나를 향해 댓글상으로 "역시 유리 멘털이라 금방 무너지네." 하며 다른 여성 회원들과 키득거리고 있었다. 정말 "악마를 보았다."가 따로 없었다.

《신과 나눈 이야기》에 나오는 "히틀러도 천국에 갔다. 모든 것이 완벽이다."이런 메시지들 덕분에 일부 영성인들은 무법자들 같았다. 상처를 입은 사람들에게 그들은 이렇게 말한다. 가해자, 피해자 의식에서 벗어나라. 너의 그림자를 돌아봐라. 너를 성장시키러 온 역할자에게 감사하라. 소위 깨달음, 영성공부, 마음공부, 명상 좀 했다는 사람들이 신적 메시지를 이런 식으로 적용하고 있었다. 공감능력 -100인 전남편보다 더 심각한 상태라고 본다.

영화 〈밀양〉에서 자신의 아들을 납치 살해한 살인자를 용서하기 위해 찾아간 전도연에게 자신은 하나님을 믿어서 이미 용서받고 구원받았다고 하는 살인자와 다를 게 뭐가 있을까?

나를 때린 학폭 가해자가 영성책을 읽고 의식이 확장되고 깨달음을 얻어서 사과를 받으러 간 나에게 "이것 봐, 친구! 내가 널 성장시켜 주기 위해 잠시 악역을 한 거야. 전체 큰 그림에서 보면 피해자도 가해자도 존재하지 않아. 우리는 하나라구. 더 넓은 시야를 가져 봐. 그리고 네 안의 피해의식과 부정적인 감정들이 그런 체험을 불러온 것이니 앞으로 그런 일이 벌어지지 않도록 정화작업이나 열심히 하라구. 나는 지금 너무 행복하게 잘 살고 있어. 너도 기도와 명상 열심히 하면 나처럼 자유롭고 행복해질 수 있어. 내 걱정은 마. 나는 과거는 다 잊었어."

이런 거시적 관점의 해석은 큰 설계안에서 그게 아무리 옳을지라도 가해를 한 가해자가 할 소리는 절대 아니다. 이런 관점의 조언을 가해자 당사자가 아닌 친구나 지인이 해도 그것은 상처다. 근본적으로 모든 것이 환영이라고 해서 내가 지금 느끼는 피해의 고통이 당장 환영이 될 수 있는 것이 아니다. 우리는 환영을 실제처럼 체험하고 있는 체험의 영역에서 리얼한 감정체험을 하고 있다. 그 감정을 누르거나 회피하고 없었던 일로 무효화하고 제대로 인정하고 존중해 주지 않을 때 바로 감정은 압축되고 당신의 무의식에 깔려서 언제나 커질 스위치가 되어 비슷한 체험을 또 창조하게 만드는 것이다.

이런 감정을 정말 아무것도 아닌 환영이 되게 만드는 가장 빠른 방법은 가장 진한 현실로 느끼고 인정해 주고 공감해 주는 것이다. 내가 누군가에게 맞고 있을 때 나의 가족이나 친구가 나보다 더 분노하며 가해자를 때려 준다면 나의 슬픔과 고통과 분노는 금방 사라질 수 있다. 나는 한이 쌓이는 피해자가 되지 않을 수 있다. 그런데 내가 누군가에게 맞고 있는 상황에서 가해자를 말리는 것이 아니라 피해자인 내게 네가 참고 그냥 맞아 주라느니 가해자를 용서하라느니 한다면 피해자는 절대 피해의식과 상처의 환영에서 벗어날 수 없다.

내가 《빛의 시크릿(기본편)》에서 소개한 감정의 압축풀기가 바로 내가 내 편이 되어 내 감정을 표현하고 풀어 주는 것이다. 이 세상에 나를 가장 잘 공감해 주고 내 편이 되어 줄 사람은 나밖에 없다. 그런데 그런 나조차 나의 감정을 무시하고 제대로 인정하고 다루어 주지 않아서 우리는 무거운 감정의 환영의 노예가 된 것이다. 그렇게 카르마 프로그램에서 벗어나지 못하고 있는 것이다.

나를 불편해하고 공격하는 에너지에 의해 독자모임에서 쫓겨난 사건 덕분에 나는 위선적인 종교인에 맞먹는 위선적인 영성인에 대한 내 안의 분노를 직면할 수 있었고 그 분노의 감정을 훗날 압축풀기로 실컷 풀어낼 수 있었다.

그리고 나의 신비체험 글을 계속 읽고 싶어 하는 독자들에게 개인 단체 메일을 발송하면서 그분들의 부탁과 조언으로 개인 블로그에 신비체험 글을 올리게 되었다. 그 후 블로그를 보고 나에게 찾아오시는 분들에게 에너지작업을 하게 되면서 지금의 소울디로 자리 잡을 수 있게 되었다. 지금의 결과를 기준으로 보면 모든 것이 완벽이다. 모든 사건이 버릴 게 하나 없었으며 정확한 퍼즐처럼 완벽했다.

깨어나는 여정에서 이 대혼돈의 지구와 인간들 속에서 당신은 온갖 공격에 놓이게 될 것이다. 그리고 그 공격들조차도 당신은 당신에게 도움이 되도록 역이용하며 성장과 진화를 해 나갈 수 있을 것이다. 지구의 어둠의 세력들조차 그들이 지구와 인간들을 아무리 공격해도 지구와 인간은 그들의 역할을 역이용해 깨어남과 지구정화에 도움을 받게 될 것이다.

나는 내가 정말 7차원존재라고 생각하지 않는다. 생각할 수가 없을 정도로 나는 정말 지극히 인간적이다. 그리고 7차원존재라 해도 아무 별수가 없다. 미친년 소리나 들을 뿐이다. 그리고 에너지작업을 하다 보면 나를 찾아오시는 분들 안에는 나보다 더 높고 장대한 차원의 에너지가 깃든 분들도 많다. 에너지차원에서는 그게 중요할지 모르지만 현재 인간차원에서는 7차원이고 나발이고 하나도 중요하지 않다. 중요해도 별수가 없다. 마음 같아선 7차원존재 안 해도 좋으니 로또번호나 알려 주면 좋겠다.

나는 인간들에게 크게 바라는 것이 없다. 인간들은 자신이 무슨 생각을 하고 무슨 말을 하는지도 모르는 좀비상태가 대부분이니 무엇을 기대할 수가 없다. 다만 나를 뭔가 특별하다고 생각해 주길 바라지도 않고 그럴 필요도 없지만 나를 그냥 모함만 안 해 주면 좋겠다. 예전에는 이런 바람조차 없이 '인간들은 어쩔 수 없다'라고 생각하고 모든 걸 허용하리라 생각했는데 어느 순간 내가 너무 동네북처럼 불쌍하다는 생각이 들었다. 이런 생도 한두 번이 아니었던 것이다.

《빛의 시크릿(기본편)》이 출간되었을 때 나의 책을 읽어 주고 있는 북튜버가 계시다고 하기에 그분에게 감사의 댓글을 달러 갔다가 나에 대한 악플을 보게 되었다. 저자가 인성논란이 있다는 내용의 댓글이었는데, 처음 든 생각은 내 책을 올려 주신 북튜버님께 너무 죄송했다. 나름 심혈을 기울여 선택해 준 책이었을 텐데 그 책의 저자가 인성논란이 있다면 이런 저자의 책을 선택한 북튜버님의 권위조차 손상이 갈 것 같아 뭔가 책임을 지고 조치를 취해 드리고 싶었다.

그리고 두 번째는 정말 한번 물어보고 싶었다. 동네 애들이 나에게 계속 돌을 던지는데 한 번쯤은 왜 돌을 던지냐고 물어나 보고 싶었다.

나는 너를 모르고 오늘 처음 보는데 도대체 무슨 소문을 들었기에 이렇게 돌을 던지는지 이유나 알고 맞고 싶었다.

그래서 정중하게 악플러에게 말을 걸었다. 혹시 인성논란의 근거를 좀 알려 줄 수 있냐고. 그랬더니 나더러 근거를 대라고 했다고 오만하다는 것이다. 그리고 표현의 자유가 있으니 자기를 내버려두라는 것이다. 그래서 당신의 표현의 자유의 대상이 바로 나이니 나에게도 질문을 표현할 자유를 좀 달라고 하면서 계속 물어보았다. (살다 살다 내가 인성논란이라니… 에효….)

들어 보니 누군가에게 전해 들은 에피소드였다. 내가 언제든 우리 집에 놀러 오랬는데 정말 연락도 없이 불쑥 찾아갔더니 불같이 화를 내었다는 것이다. 새벽 2시인가에 독자모임 지인들이 잔뜩 찾아와(우리가 휴대폰을 무음으로 해 놓고 자는 바람에 둘 다 전화를 못 받음) 초인종 소리에 자다 깬 눈으로 좀 멍하니 헐~ 하며 잠시 서 있다가 대파를 넣은 치즈계란 부침개를 부쳐 줬던 기억이 있긴 한데 내가 불같이 화를 냈다고라. 나는 악플러에게 말했다. 그 사람이 누구인지 3자 대면 요청한다고 나는 그런 기억이 없다고.

그리고 아무리 언제든 놀러 오라고 했다고 해서 연락도 없이 찾아오는 건 무슨 예의인가 말이다. 내가 집에 없을 수도 있고 뭔가 손님을 맞이할 마음의 준비라도 하게 미리 연락은 해 주고 와야 되는 게 인지상정이 아닌가 말이다. 그리고 설령 내가 화를 냈다고 하더라도 그게 잘못된 것인가? 내가 화를 냈다면 나는 화를 낼 수 있었던 나를 칭찬해 주고 싶다. 그 상황에서 화를 내면 인성이 문제가 되는 것인가?

에효… 그러니까 내가 뭐 대단한 예수급의 깨달은 사람인 줄 알았는데 화를 내니까 인성이 나쁘다는 건가? 이게 다 누군가 왼쪽 뺨을 때리면 오른쪽 뺨까지 내어 주라는 예수의 가르침 때문이다. 예수가 사람들을 버려 놓은 것 같다. 사람들은 깨달은 성인들은 자신들이 아무리 무례하고 공격해도 화를 안 내는 사람으로 알고 있다.

그래서 이 사람이 성인인지 테스트하기 위해서 계속 쿡쿡 찌르고 공격해서 넘어가면 "얘 성인 아니네~", "역시 유리 멘털이라 금방 무너지네." 하며 안심하나 보다. 그리고 사람들이 얘를 조금이라도 대단한 사람으로 볼까 봐 동네방네 소문을 내야 한다. 얘 성인이 아니라고, 화도 잘 내고 인성 더러운 애라고.

정말 나는 인간들이 생각하는 기준의 깨달은 자나 성인이 되고 싶지 않다. 내 기준으로 그들은 온갖 깨달음의 지식과 명상과 기도와 수련으로 자신 안의 감정조차 단 한 번도 제대로 직면하지 못한 위선자들에 가깝다. 그들은 지구에 계속 환생하게 될 것이다. 쌍싸다구도 불사했던 예수도 분노하게 만든 바로 그 회칠한 무덤 같은 자들인 것이다.

악플러는 나와 댓글을 주고받다가 결국 자신의 댓글을 지우고 사라졌다. 주고받은 댓글은 그대로 박제해서 블로그에 〈사랑하는 안티님을 위한 글)로 정리해 두었다. 정말 끝까지 주고받아 본 처음이자 마지막 대거리가 아닐까 한다. 매일 얻어터지면서 그걸 당연하게 여기며 나조차도 나를 지켜 주지 못했던 과거가 생각나서 한 번쯤은 물어나 보고 싶었다. 왜 때리냐고. 그리고 말하고 싶었다.

당신이 나를 아냐고. 도대체 무얼 아냐고. 나도 나를 다 모르겠는데 당신은 무얼 안다는 것인가 말이다. 남을 판단하고 험담하고 다닐 시간에 당신 자신이나 연구해 보라고, 자신을 깊이 연구하다 보면 남에 대해서도 함부로 판단할 수 없게 될 거라고. 판단은 할 수야 있겠지만 그 판단을 표현의 자유라는 방탄조끼를 입혀서 동네방네 총질을 하면, 정말 그 총알이 언젠가는 폭탄이 되어 당신한테 다 날아간다고 말해 주고 싶다. 이번 생이 아니라면 다음 생에라도 반드시.

나를 직접 겪어 보고 비난할 수도 있다. 나도 실수와 잘못을 할 수 있고 딜레마와 자가당착의 지구현실 속에서 의도치 않게 상대방에게 상처를 줄 수 있으며 인간적 성향과 성격상 상대방과 서로 맞지 않고 오해를 불러일으키고 불편함을 일으킬 수도 있다. 나의 실수와 잘못에 대해 백 번 천 번 사과할 수 있다.

그러나 내가 하지 않은 일을 했다고 할 순 없다. 나에 대한 비난과 욕, 다 가능하다. 그런데 내가 "화를 내고 무례하고 비상식적 행동을 했다."라고 할 때 제발 전후 맥락도 밝혀 주길 바란다. 내가 화를 내거나 무례하고 비상식적 행동을 했다면 그전의 상황과 자신이 무슨 행동을 했는지도 꼭 같이 밝혀 주길 바란다.

그렇게 해야 당신의 비난에도 설득력이 생기지 않겠는가? 근거와 팩트 체크는 비판과 비난을 할 때 기본이다. 이걸 왜 가르쳐 줘야 하는가? 도대체 이런 근거와 전후 맥락도 없이 일부의 상황과 언행만 편집해서 비난을 할 수 있는 용기는 어디서 나는가 말이다. (나의 위대한 악플러는 이것조차 제공해 주지 않아서 묻고 물어 겨우 알아낸 것이다.) 자신을 스스로 근거도 없이 타인을 비난하는 사람으로 동네방네 광고를 하고 다니면서도 어떻게 그렇게 표현의 자유라며 당당할 수 있을까? 정말 어메이징 지구인이 아닐 수 없다.

그리고 그냥 내가 싫으면 "나는 소울디 당신이 싫다. 마음에 안 든다."라고 말하라. 자신의 감정에 대해 얼마나 솔직하고 위선적이지 않은가? 자신이 소울디가 불편하고 싫어하는 감정에 대해 스스로가 설득이 안 되고 합리성과 근거가 부족하니 나를 뒷담화 하는 사람들에게 붙어 있는 얘기, 없는 얘기 부풀리고 왜곡하여 "그거 봐. 소울디는 인성에 문제가 있고 성격이 더럽고 이상한 에너지가 들어 있고 구루병에 걸려 있고 나만 이렇게 느끼는 것 아니잖아." 하고 있는 것이다.

당신이 "나는 소울디가 그냥 싫다."라고 솔직히 말한다면, 나는 사과를 할 의향이 있다. 당신 마음이 누군가를 몹시 좋아하고 동경하고 사랑하게 되는 긍정적인 감정만 가져도 모자랄 판에 누군가에 대한 혐오감으로 채우게 해서 미안하다고 사과할 것이다. 그리고 나를 이용해서 사람에 대한 혐오감의 감정 압축풀기를 하라고 권할 것이다. 방법은 최소 30분간 소울디를 욕하는 것이다. (3시간을 해도 되고 3개월을 해도 된다.)

"소울디 이 나쁜 년! 죽어라. 지가 뭘 잘났다고 주제도 안 되는 게. 이 위선자! (반대로 당신도 나에게 위선자로 보일 수도 있다.)"라고 욕을 해서 당신 안에 있는 인간에 대한 분노와 혐오감을 풀고 씻어 내어 나머지 시간들을 부디 사람들에 대한 사랑과 평화를 품고 악플러가 아닌 선플러로 선업을 쌓으며 살 수 있다면 그보다 더 좋을 수 없을 것이다.

무슨 사람들을 현혹하는 이상한 에너지체 소울디로부터 무지한 사람들을 구해 내기 위해 진실을 알린다는 식의 사명감으로 자신 안의 열등감과 질투심과 혐오감을 포장해서 그러고 다니지 말았으면 좋겠다.

악플러와의 에피소드를 다시 언급하다 보니 사람들이 나를 그냥 모함만 안 해 주면 좋겠다는 바람을 접어야 할 것 같다는 생각이 든다. 자신이 직접 체험한 것도 아니고 누군가에게 전해 들은 내용만으로 확인도 안 해 보고 저렇게 소문을 낼 정도면 이 책이 출간되는 순간 백만 가지의 소문과 인성논란이 생길 것 같기 때문이다. 포기해야겠다.

나에 대해 안 좋은 소문을 내고 나의 가치를 하락시키는 자들을 역이용하는 방법이 있긴 하다. 역이용한다기보다 나를 위한 그들의 중요한 역할이 느껴졌다. 누군가 나에 대해 안 좋은 소문을 내거나 근거 없는 비난을 할 때 그 이야기를 믿고 사람들이 나에게 오지 않는다면 그건 애초에 나와 맞지 않는 사람들(나에 대한 안 좋은 소문을 낸 자들과 같은 진동수를 가진 사람들)을 미리 걸러 준 셈이 되는 것이다.

그러면 나는 나와 에너지가 맞지 않은 사람들과의 불필요한 교류와 접촉을 줄일 수 있게 된다. 그리고 그런 소문을 듣고 그 소문에 영향을 받아 내 책을 읽지 않는다면 이 책은 더더욱 이 책의 진동수와 맞고 이 책을 받아들일 준비가 된 사람들에게만 갈 수 있게 되는 것이다. 자체 정화작용이 되는 것이다. 정말 하나 버릴 게 없다.

우주가 그렇게 나를 도울 것이고 당신도 도울 것이다. 그러니 이 대혼돈의 지구에서 아무리 당신에게 좋지 않아 보이는 일들이 벌어지더라도 잊지 말길 바란다.

"더 잘되려고 안 되는 것이다."

6. 상승을 위한 길

이 책의 곳곳에 조금씩 밑밥을 흘리고 지구동화에서부터 빌드 업을 해 오고 있었던 지점을 드디어 대놓고 다루어야 한다. 이 책에 소설이라는 팻말을 붙여서 다행이라고 생각한다.

내가 블로그에 신비체험을 공유했을 때, 정말 많은 분들이 반가워하며 자신의 신비체험들을 나에게 와서 공유해 주었다. 나는 백수였지만 그분들 중에는 정말 멀쩡한 전문직도 많았다. 마치 누군가 용기 있게 커밍아웃을 해 준 것처럼 우리는 서로 나만 미친 게 아니어서 위로받는 느낌이었다.

나는 에너지작업을 6년 넘게 해 오고 있다. 나의 에너지작업의 스케일, 스킬, 스펙트럼 등등 그 모든 진화와 성장을 도운 것은 8할이 나를 찾아온 다양한 에너지 상태의 내담자들이었다. 나는 내가 하는 에너지작업을 어디서 배우거나 누군가에게 받아 본 적이 없기 때문에 모든 것이 무에서 유를 창조해 가듯 서서히 진행되었고 에너지작업 자체가 마치 살아 있는 생물처럼 스스로 진화되어 갔다. 나는 내가 에너지작업을 통해 무엇을 할 수 있는지 무엇이 진행되고 있는지조차 모르는 상태로 시작했다.

그런 나에게 나보다 훨씬 오랫동안 수십 년 수련과 명상을 하며 에너지가 열려 스스로 꿈을 통해서든 자신의 에너지정화 작업을 하는 분, 어린 시절부터 수십 년 넘게 빙의령의 영향을 받으며 공생하다시피 하는 분, 기치유사, 애니멀 커뮤니케이터, 레이키 힐러 등 이미 현직에서 나보다 먼저 일하고 계시는 분들이 찾아오셔서 자신의 에너지처리를 의뢰했다.

그분들은 자신의 내담자들의 에너지처리를 하고 있지만 그 과정에서 생기는 오염과 안 좋은 에너지처리를 자신들이 스스로 다 해내기에는 한계가 있다고 말하며 소울디 님은 그것을 해낼 수 있을 것이라고 말했다. 나는 말했다. "제가요?" 그리고 그분들이 시키는 대로 해 보았다.

"소울디 님 제 목에 뭐가 있는 것 같은데 뭐가 보이나요?"
 그럼 나는 내가 보이는 것을 말하고 그 이미지에서 느껴지는 모든 정보에 대해 이야기해 주었다. 그러면 그분은 "아! 이게 그거였구나~"라며 내가 그 에너지 장애물을 처리했다는 것까지 확인을 해 주었다. 나는 그렇게 내가 그런 에너지리딩과 처리를 할 수 있다는 것을 점점 알게 되어 갔다. 이런 식으로 나는 계속 단련되고 에너지작업 자체가 계발되어 갔다.

 새로운 에너지 상태의 내담자가 올 때마다 내가 리딩하고 처리할 수 있는 작업의 종류와 스케일과 깊이가 점점 확장되어 갔고 내가 볼 수 있는 에너지 영역 또한 확장되어 갔다. 그 과정에서 정말 나도 힘들었다.

 가장 힘든 것은 내가 에너지가 열리기 직전에 나의 손을 건드리려고 했던 기치유사의 기치유 자체가 사이비나 미신으로 여겨졌을 만큼 뭔가 의심과 저항이 있었는데 에너지작업의 과정에서도 그 지점이 나를 가장 힘들게 했다. 나는 계속 내가 보는 것이 내가 지어내는 것은 아닌지 의심하며 큰 자신도 확신도 없었다. 지어낸다면 너무 잘 지어내서 기가 찰 노릇이었다.

신비체험이 쓰나미처럼 진행되던 시기에 잠시 투시력이 열린 적이 있었다. 신비체험이 매일같이 진행되던 어느 날, 나는 나의 에너지를 고진동으로 유지하고 뭔가 좀 안정감을 느끼기 위해 성경처럼 두꺼운 《초인들의 삶과 가르침을 찾아서》라는 책을 무릎 위에 놓고 벽에 기대어 앉아 있곤 했는데 갑자기 책의 표지를 뚫고 그 안의 흰색 종이와 글씨 같은 것이 동시에 보이기 시작한 것이다.

사실 그 당시 쿤달리니가 열리는 체험 직후 몸이 완전히 재생된 것처럼 가벼워지고 지치지 않는 느낌과 함께 화장실에 앉아 있으면 갑자기 360도 방향으로 벽을 뚫고 모든 것이 감지되는 느낌을 받았다. 일종의 전시안적 감각이었는데 그게 어떤 느낌이냐면 갑자기 내가 온 방향으로 공간학적인 상상을 저절로 하는 느낌이었다.

우리가 새로운 집에 들어가기 전 그 집의 구조를 밖에서 보며 안을 상상해 보는 것처럼? 그런데 그게 너무도 빨리 동시적으로 명료하게 진행되어 마치 내가 진짜 보는 것처럼 느껴진다고 할까? 정말 너무 신기하고 이상했다. 나를 중심으로 모든 공간이 감지되는 그 느낌은 마치 내가 모든 것과 연결되어 있고 사실 공간이 존재하지 않는 느낌마저 들었다. 나를 둘러싼 현실 매트릭스라는 것이 이런 것인가? 싶었다.

다시 투시로 돌아와서, 나는 영혼남자에게 나의 증상을 말하고 우리는 실험에 들어갔다. 영혼남자가 검은 펜으로 종이에 숫자를 적어서 숫자가 적힌 종이 위에 다른 두꺼운 종이를 덮고 내가 그 숫자를 읽어

내는 실험이었다. 내가 첫 숫자를 읽었을 때 숫자를 확인하며 고개를 드는 영혼남자의 놀란 눈이 튀어나오는 줄 알았다.

그렇게 했을 때 5개 중 3~4개 정도를 맞혔다. 100%가 아니어서 아쉬웠고 그런 능력들은 내가 집중해서 훈련하거나 계발하려고 할 때마다 오히려 사라져 버렸다. 지금 생각해 보면 내가 할 일은 따로 있었던 것이다. 그 모든 감각들이 골고루 활성화되어 다른 옆길로 새지 않고 에너지작업에 특화되어 쓰이기 위함이었던 것 같다. 투시실험을 하면서 내가 알게 된 것이 있다. 내가 상상하는 것과 제3의 눈으로 실제 보는 것을 구분하는 법이다.

나는 내가 보는 숫자가 내가 지어낸 것인지 실제 쓰여 있는 숫자인지를 구분하기 위해 머리로 지워 보는 시도를 했다. 그러니까 우리가 먹고 싶은 사과를 머리로 떠올렸을 때 그것은 상상을 한 것이다. 그런 이미지는 쉽게 지워진다. 다른 이미지로 바꾸는 것도 가능하다. 그런데 제3의 눈으로 보는 이미지는 절대 안 지워진다. 아무리 이미지를 흔들어 보고 머리로 삭제시키고 다른 이미지를 떠올려 덮어 보려 해도 그 자리에 또렷이 있었다. 그게 차이였다.

제3의 눈으로 보는 이미지는 마치 내가 상상하는 영역의 에너지를 쓰는 것 같은데 그곳에 실재하는 실체의 느낌이라고나 할까? 그러니까 4차원 영역이 존재하고 우리가 상상하는 모든 것은 4차원에 일단 그려지는 동시에 존재하게 된다. 그런데 상상을 한 번만 한다면 4차원에서 쉽게 지워지지만 계속 상상한다면 4차원의 에너지 상태로 그 이미지는 실재하게 된다고 볼 수 있다.

그리고 계속 더 상상한다면 4차원에 그려진 이미지는 내가 집중한 상상의 에너지 때문에 에너지밀도가 높아져서 3차원으로 진입할 수 있게 된다. 즉 3차원의 물질창조가 일어나게 된다. 이것이 내가 집중하는 것인 현실이 되고 상상하는 것이 이루어지는 (심상화) 창조의 메커니즘이 아닐까 싶다.

어쨌든 나는 그 당시 투시력 체험 때문에 내가 일시적으로 지어낸 것과 제3의 눈으로 4차원 영역에서 실제 보고 있는 이미지를 구분할 수 있게 되었다. 내가 에너지작업을 하게 되면 트랜스 상태에서 진행되는데 이때는 그냥 제3의 눈이 열린 상태로 진행된다. 상상의 뇌는 멈추고 잠시 대기 중에 있게 된다. 제3의 눈이 열린 상태가 되면 정말 아무런 노력도 하지 않는데 누가 내 눈앞에 영상을 틀어 주는 느낌이다. 그리고 나의 뇌가 알아서 이야기를 마구 합성하는 느낌인데 그 속도가 너무 빨라서 속으로 감탄한다. 내 안에 이야기를 지어내는 AI가 있는데 상상 초월이라고.

이건 그래, 이런 느낌이다. 그러니까 나의 상위자아든 뭐든 초의식이 나의 뇌를 나의 의지와 상관없이 사용하는 느낌이다. 그들이 알려 주고 싶은 정보가 있는데 그 정보를 내가 알고 있는 언어적 개념과 단어와 이해수준과 이미지와 각종 자료를 이용해서 표현해 주는 느낌이다. 그래서 리딩을 하면 힐러들마다 그 이미지와 표현이 자신의 체를 통과한 것처럼 즉 그 힐러의 개인 뇌를 거친 것처럼 조금씩 차이가 나고 다양해지게 된다. 그런데 의미는 비슷한 지점들이 생기게 되는 것이다. 얼마나 깊고 장대한 개념과 이미지와 이해를 가지고 있느냐에 따라 정보를 접속하고 받아 내고 해석하고 처리하는 데 질과 양의 차이가 나게 될 것 같다.

나는 이런 상태로 에너지작업을 하면서 (진짜로 열린) 무당들이 뭔가를 보고 맞추는 그 일이 실제 일어날 수 있음을 알게 되었다. 수준과 명료함의 차이는 있겠지만 "정말 그들이 뭔가 보이는구나…. 이게 진짜 존재했어."였다. 그리고 내가 가장 힘들었던 지점, 바로 우주 이야기(우주전쟁, 외계인, 행성, UFO 등)가 나오는 순간들이었다. 지금은 정말 익숙해졌지만 그 가능성에 대한 이해를 어쩔 수 없이 늘리고 수용하는 과정이 필요했다.

내가 한때 영화광이었지만 SF 쪽은 정말 웬만해선 집중이 잘 안되었다. 그래서 〈스타워즈〉도 제대로 다 보지 못했다. 솔직히 말하면 너무 유치했다. 인간사의 전쟁도 힘든데 우주에서까지 전쟁이라니 '남자들은 왜 맨날 시공간을 넘어서 전쟁 이야기만 상상하고 창작할까?'라고 생각했다. 그런 내가 내담자의 에너지장에서 우주의 행성과 우주전쟁 장면을 보게 되었을 때 어떤 느낌이 들었겠는가? 정말 오글거리고 현타가 세게 왔다. 받아들이고 소화하기 힘들었다. 그런데 이런 리딩이 어떤 경로로 나를 납득시켰냐면 바로 무당들이 과거를 보는 방식을 사용했다.

  사람들이 무당의 말을 믿게 되는 경로는 무당이 한 사람의 과거 정보를 정확하게 리딩해 내기 때문이다. 그 사람만이 아는 특정 정보를 무당이 말하면 무당이 과거도 정확하게 보기 때문에 미래도 볼 수 있다고 생각하게 된다. 여기서 잠깐 추가 설명을 하자면, 무당들이 과거는 정확하게 볼 수 있지만 미래는 복불복이 되는 이유는 한 존재가 이미 체험한 과거에 대한 기록은 정확하게 특정되어 있지만 미래는 아직 일어나지 않았기 때문에(당사자가 체험을 하지 않았기 때문에) 여러 가지 가능성의 버전으로 존재하기 때문이다. 그러니까 무당은 이 사람한테 일어날 여러 가지 미래의 버전 중에 하나를 보게 되는 것이다. 그래서 그 사건은 일어날 수도 있고 일어나지 않을 수도 있게 된다.

  어느 날 한 내담자를 리딩하는데 다리 안에서 살짝 누렇고 하얀 솜털 같은 보푸라기들이 일어나는 이미지가 보였다. 처음 보는 거라서 "저게 뭐지?" 하며 최대한 내가 가지고 있는 정보로 파악해 보려고 노력했다. "내가 저걸 어디서 봤더라? 아… 저건… 석션? 허벅지 지방 흡입 수술 장면에서 본 이미지 같은데…. 혹시 지방 흡입 수술 하셨어요?" 세상에… 한 적이 있단다. 내가 지금 지방 흡입 수술한 기록을 읽어 냈다고? 이게 도대체 어떻게 보이는 거야? 내가 하면서도 정말 소름이었다.

  도대체 우리는 어디를 살고 있는 거지? 여긴 어디지? 나는 누구지? 리딩을 하면서 이런 순간을 종종 겪게 된다. 종종 내담자와 나는 둘이 같이 소름 돋아 하게 된다. 그러니까 이런 리딩을 하게 하고 우주전쟁을 보여 준다고 생각해 보라. 너무 오글거리고 막 거부하고 싶은데 지방 흡입의 기록이 나올 수 있다면 우주전쟁도 진짜 있었던 일일 수도 있는 게 되는 것이다. 정말 환장할 노릇이었다. 이런 식으로 모든 정보를 내가 받아들이지 않을 수 없게 만들었다.

나는 에너지리딩 작업을 하면서 인간의 에너지장이 어떤 구조를 가지고 있는지 내가 무엇을 하고 있는지 점점 더 알게 되었다. 그러니까 당신의 몸을 둘러싼 당신의 에너지장인 오라(Aura)에는 당신이라는 영혼이 이 우주에 탄생한 이래 전 차원적으로 체험한 모든 저진동의 체험과 고진동의 체험이 기록되어 있다. 당신은 지금은 지구의 인간 몸 안에 있지만 과거에 어느 시점에는 다른 차원 다른 행성에 다른 형태의 몸으로 체험을 진행했을 수 있다.

당신이 이번 생을 살 때 강렬히 힘들었던 체험이나 강렬히 행복했던 체험을 기억하는 것처럼 우리의 에너지장에는 당신에게 강렬한 부정적 감정을 일으킨 저진동의 체험과 강렬히 긍정적인 감정을 일으킨 고진동의 체험들이 기록되어 있고 나는 저진동 에너지의 기록을 처리하고 고진동 에너지를 활성화시키면서 당신의 전 에너지장을 정화하고 고진동으로 재건하는 작업을 하는 것이었다.

이번 생의 새로 얻은 당신의 몸에는 이번 생의 당신이 육체적으로 정신적으로 감정적으로 힘들었던 모든 에너지들이 기록되어 있다. 당신이 당신 육체에 가한 물리적 화학적 충격과 상처도 기록되어 있다. 술, 담배, 마약 같은 약물류의 화학적 상흔의 기록, 수술이나 폭력 같은 물리적 상흔의 기록이 당신의 의식이 힘들게 느끼지 않아도 육체에는 일종의 충격과 고통이었음으로 기록이 되어 있는 것이다. 당신이 어떤 체험을 했던 그게 당신에게 무거운 짐과 장애로 작용하고 있다면 기록되어 있다. 그 지점을 내가 리딩하고 처리하게 된다.

반대로 고진동 빛의 기록들도 있다. 이 부분은 뒤에서 좀 더 다루겠다.

사실 지금 할 이 이야기를 하려고 뒤에서 다루어야 할 에너지작업에 대한 내용을 좀 더 디테일하게 해 버렸다. 자, 나는 빌드 업을 충분히 쌓았다고 생각한다. 당신이 이 책을 지금까지 내려놓지 않았다면 나의 의식의 흐름을 충분히 합리적 추론의 선상에서 따라오고 있었다는 것이다. 여기서 조금 더 점핑을 해 보려고 한다. 이것까지 따라오면 나는 당신과 훨씬 많은 이야기를 나눌 수 있다. 이제 더 이상 이 세상에 설명되지 않는 이야기도 없게 되고 그래서 신비체험이 더 이상 신비가 아니라 실제가 되는 지점까지 확장해 볼 수 있다.

어느 날, 나는 한 내담자의 에너지리딩에 들어갔고 첫 장면에 내담자의 몸 위 허공에 펼쳐진 우주공간에 흑마 한 마리가 떠 있는 것을 보게 된다. 하얀색 유니콘은 종종 봤는데 흑마는 처음이었다. 흑마가 어찌나 생생한지, 빛이 날 정도의 검은 윤기와 탄력감이 이상하리만치 생생하여 나는 그런 생각이 들었다. "왜 진짜 흑마가 저기 있지?"

대부분 하나의 상징적인 이미지로 뽀얀 빛이 나거나 홀로그램 재질의 느낌으로 보이는 게 일반적인데 이 흑마는 정말 들판 위를 뛰어다니는 진짜 흑마가 생뚱맞게 우주공간에 있는 느낌이었다.

 나는 그 순간 정말 말도 안 되지만 놀라운 사실 하나가 그냥 그대로 이해가 되어 버렸다. 정말 인정하기 싫지만 나의 무의식이 나보다 먼저 그 사실을 진실로 접수해 버렸다. 흑마 한 마리가 그 큰일을 해냈다. 놀라운 퍼즐 하나… 모든 설명이 가능해지는 바로 그 지점!

 이 지구의 모든 창조물들이 사실은 이미 이 우주 어딘가에 존재하고 있는 것들이라는 사실이었다.

 우리가 누구인가? 어떤 민족인가? 이 우주의 다양한 존재의 피(에너지)가 섞이고 다양한 우주의 체험과 정보, 유전자가 저장된 우주 종합 선물세트 같은 지구인 아닌가? 그러면 이 지구문명이 진화하고 발달하는 과정에서 이루어진 모든 창조(창작과 발명들)의 아이디어는 어디서 나온 것이겠는가? 바로 우리 안의 다양한 뿌리인 우주 전체에서 나온 것이다.

 "이 우주에 새로울 것이 없다."라는 말이 그래서 생겨난 것이다. 우리는 이 우주 어딘가에 이미 있는 것들을 지구에 재현하고 있었던 것이다. 그리고 우주 곳곳에서 가져온 진귀한 문물들이 지구에 이식된 것이다. 믿어지지 않겠지만 모든 것, 바로크 양식, 패션, 디자인, 과학,

휴대폰, 비행기, 얼룩말, 노래, 음악, 미술, 공연, 무용, 드라마, 영화, 정치제도 등등, 인간이 생각해 내는 모든 무형, 유형의 창조물들 모두.

 우리는 이 우주 어디에선가 자신이 보았던 것, 체험해 냈던 것을 드라마로 영화로 제작하고 만들고 있었던 것이다. 그렇다면 영화 〈스타워즈〉도 우주의 실제 과거의 기억을 지구에서 현실적 영감으로 소환한 것일 수 있다. 물론 똑같은 것도 있겠지만 착안하고 응용되고 변형되어 지구 버전으로 재창조된 것이 더 많을 것이다.

 참고로 인간들이 지어내는 영화와 드라마의 모든 클리셰(반복되는 이야기의 뻔한 전개방식)는 어디서 왔겠는가? 우주전쟁과 범죄영화의 선악의 대립구조, 지구를 위해 악의 세력과 빌런을 무찌르는 우주 히어로, 순수한 어린아이들을 구하려는 지구 히어로의 끝없는 스토리. 제일 이상한 것이 모든 로맨스가 그 사랑이 완전히 이루어지기까지가 전체 스토리의 90% 이상을 차지한다는 것이다. 모든 로맨스가 〈로미오와 줄리엣〉의 100만 가지 버전이다. 이게 무엇을 의미하겠는가?

 실례로 술이 취하면 했던 얘기를 하고 또 하고 하는 사람을 보았을 것이다. 특히 가슴에 한이 많은 사람들은 아픈 과거 사건과 사연에 갇혀 있게 된다. 그리고 그 스토리는 계속 회자되어야 한이 풀린다. 우리는 무슨 일을 겪었던 것일까? 도대체 무슨 한 많은 충격적이 사건이 우주와 존재들에게 일어났기에 인간을 통해 무한버전의 (결국 한 가지) 드라마로 계속 회자되는가?

우리는 악의 세력과 실제로 전쟁을 했고 사랑하는 존재들과 가슴 아픈 이별을 했으며 지구에 와서 빛과 어둠의 가문의 자손들이 서로 사랑에 빠져야 했다. 우리는 우리가 체험한 것들을 대대손손 앞으로도 영원히 말하고 글로 쓰고 리듬을 넣어 노래하고 그림으로 그려 내고 영화로 만들어 내고 그렇게 우리의 한을 풀게 될 것이다. 무거운 기억과 감정의 영원한 압축풀기인 것이다.

자, 완전 합리적 추론 아닌가?

이 사실이 당신에게 기겁할 혼란을 일으키는가? 아니면 "아하! 아~ 그래서"인가?

뭐 받아들이거나 아니거나 상관없다. 이 사실이 이해가 되어도 당장 크게 달라질 수 있는 것은 없다. 그런데 뭔가 당신 안의 무의식적 이해가 급이 다르게 확장되어 갈 것이다. 그리고 내가 에너지작업 중에 하는 비현실적 작업들에 대한 거부감도 좀 덜하게 될지도 모른다. 모든 가능성의 세상이 대우주적으로 확장되어 가는 것이다.

좀 버겁겠지만 추가 설명을 하자면 흑마가 등장했던 에너지작업에서 흑마는 그 내담자가 우주전쟁 당시 사용했던 애마(탈것, UFO의 일종)였다. 나는 지금부터 여러분의 기존 상식적 개념을 가지고 이리저리 흔들게 될 것인데 좀 어지럽겠지만 따라와 주면 좋겠다. 인식의 놀이동산에서 바이킹을 탔다고 생각하면 좀 나을 것이다.

자, 우리가 아는 흑마는 지구 버전의 흑마이다. 지금까지 내가 말한 내용에 의하면 상식적으로 어떤 흑마가 더 원본이겠는가? 저 우주공간에 떠 있는 UFO 대용 흑마가 원본인 것이다. 원래의 흑마는 저 우주 어딘가에서 먼저 시작되었다. 나는 가끔 그런 상상을 한다. 인간이 발명한 과학과 영성(신)이 서로의 접점을 찾아 잘 융합된다면 우주의 차원의 문이 열리고 신비가 현실이 되는 순간을 맞이할 거라고.

지금까지 인간이 진척시켜 놓은 우주과학 분야는 결국 인간의 시각이 감지할 수 있는 3차원인 물질차원에 제한된 우주의 영역이다. 보이지 않는 것은 믿지 않는 과학적 유물론, 그 어마무시하게 제한된 의식과 감각기관으로 관찰하고 연구해 놓은 개미 콧구멍만 한 우주라는 것이다. 그러니까 인간은 계속 고철 덩어리 우주선을 만들어 대면서 우주쓰레기만 만들고 지구도 모자라 우주까지 오염시키려는 무지의 죄를 대우주적으로 짓고 있는 것이다.

여기서 보이는 물질차원 이상의 차원을 인정한다면 더 많은 것이 설명된다. 달과 화성에서 생명의 흔적을 찾겠다고? 생명의 흔적이 꼭 물질적이어야 하나? 생명을 가진 존재들이 꼭 물질수준으로만 존재하라는 법이 있나? 물질의 상태와 수준과 차원을 제한하고 국한시켜 놓으면 백날 찾아 봐야 아무것도 못 찾을 것이다.

인간의 시각적 감각만으로 태양계와 우주를 관찰하면 도저히 시공간적으로 감이 오지 않을 만큼 멀고 마치 불이 꺼진 도시처럼 행성과 항성들은 텅텅 비어 있는 빈집들 같을 것이다. 그런데 눈으로 보이는 세상 너머를 볼 수 있다면 즉 에너지차원의 세상과 존재들을 감지하고 인지하고 체험할 수 있다면 태양계와 모든 우주가 엄청나게 가득 찬 대도시라는 것을 알게 될지도 모른다.

 인간의 시각과 유물론적인 과학의 잣대로 보면 지구는 하나의 차원에 속하지만 보이지 않는 차원을 인정하는 순간, 지구와 모든 우주는 다양한 차원과 우주가 중첩되어 있는 다차원 지구, 다차원 우주가 된다. 내가 제3의 눈으로 보이지 않는 4차원 영역을 들여다볼 수 있게 되자 우주의 보이지 않는 에너지차원에 존재하는 우주의 상황과 흑마가 관찰되기 시작했다.

 저 생생한 에너지 흑마는 고철 덩어리 UFO보다 훨씬 강력하다. 일단 차원이 다른 곳에 존재하고 있으며 물질차원의 UFO들은 저 흑마를 관측해 낼 수 없으며 물질차원의 UFO들이 쏘는 무기와 공격의 에너지는 저 흑마를 관통하거나 영향력을 주지 못한다. 마치 투명 인간과 싸우는 것과 같다.

 그리고 빛의 흑마는 3차원에 종속된 물질계의 우주영역과는 다른 시공간 시스템 속에 있다. 그들은 빛의 속도로 움직인다. 인간이 만든 UFO는 빛의 흑마를 따라올 수조차 없다. 물질차원에서 체감하는 빛의 속도는 에너지차원에서 일반적인 속도와 같다. 그들은 에너지 즉 빛이기 때문에 빛의 속도로 움직일 뿐이다. 그리고 에너지, 빛의 영역에 있기 때문에 빛의 속도로 존재한다.

지금 지구의 하늘에서 관측되고 있는 빛의 UFO들의 움직임을 보라! 빛의 속도로 움직인다. 왜냐면 진짜 빛, 에너지체들이기 때문이다.

자, 어떤가? 이제 우주와 우리가 속한 태양계가 불 꺼진 새까만 밤하늘 같은 우주가 아닌 불 켜진 놀이동산과 불 켜진 회전목마로 보이는가?

지금 지구를 구하기 위해 지구를 중심으로 상승을 앞둔 존재들을 지원하기 위해 우주의 전 차원적 존재들이 대기 중에 있다. 그들은 우리와 연결되고 싶어 하고 우리를 돕고 싶어 한다. 그런데 진동수가 너무 차이가 난다. 그들은 우리 가까이 오고 싶지만 올 수가 없다. 지구로 진입하는 것 자체가 그들에게는 엄청난 위험을 무릅쓴 시도이다.

인간들은 그들에 대한 그 어떤 이해도 없고 교류할 에너지 상태도 되지 못한다. 우리의 몸은 여전히 무겁고 밀도가 높고 카르마 에너지(두려움과 공포, 슬픔과 고통 등의 부정적 감정체)에 영향을 받으며 저진동 주파수를 뿜어내고 있다. 그들은 우리가 가벼워지고 그들과 비슷한 진동수가 되길 기다리고 있다. 어둠을 정화하고 빛으로 차오르길… 그렇게 빛의 몸과 존재가 되길… 우리의 동료들이 우리를 기다리고 있다.

주저앉아 있는 우리가 우리 힘으로 일어서기만 해 주면 그들은 우리의 손을 잡아 줄 수가 있고 도움을 줄 수가 있다. 우리는 지구에 와서 주저앉다 못해 지하로 들어가 있거나 누워서 꼼작도 못 할 정도로 지친 영혼의 상태가 되어 있다. 이런 우리의 에너지 상태를 누군가는 정화하고 복구시켜야 한다. 그 조력을 누군가는 해야 하고 그 누군가는 나처럼 먼저 깨어나고 열린 존재들이 하고 있는 것으로 보인다.

깨어나는 영혼들이 스스로 깨어나고 스스로 자신 안의 어둠(저진동)을 정화하고 빛(고진동)을 활성화할 수만 있다면 그보다 더 좋을 수 없을 것이다. 나의 역량만 보아도 너무 보잘것없어서 내가 도울 수 있는 존재들은 몇 안 되어 보인다. 그렇지만 반복되는 지구 삶에 지쳐 있고 자신 안에 스스로도 다 파악할 수 없는 에너지의 무게가 느껴지고 정화할 거리가 많게 느껴진다면 누군가의 도움을 받아 보는 것이 효율적이라고 말해 주고 싶다.

누군가에게 전적으로 의존하고 절대적인 신으로 모신다든가 스승과 제자로 종속된다든가 하는 것은 정말 권하고 싶지 않지만 철저히 당신의 깨어남과 에너지정화와 활성화를 위해 누군가의 도움을 이용하는 것은 당신을 나약하게 하는 것이 아니라고 말하고 싶다. 감당할 수 없는 육아시절 도움을 요청하는 행위 자체를 하지 못해 스스로 무너졌던 미련한 엄마 소울디를 기억하길 바란다.

하늘은 스스로 돕는 자를 돕는다. 나 같은 힐러나 도구에만 전적으로 의존하려는 마음으로는 정말 큰 발전과 효력을 얻어 가지 못할 것이다. 그런데 자신이 중심이 되어 스스로 일어서고 나아가고자 할 때

나 같은 힐러나 에너지작업과 도구를 어떻게 자신에게 효율적으로 이용하고 도움을 받아 내어 자신을 개선시켜 나갈 수 있는지도 아마 감이 오게 될 것이다. 내가 당신을 돕는 것이 아니라 당신이 나를 이용하는 것이다. 나의 에너지작업 서비스를 당신에게 찰떡같이 백배 이용하는 것이다.

　세상에는 당신을 위한 지원과 구원의 손길이 넘쳐 난다. 그 도구들을 당신을 살리는 데 쓰는 건 의존심이 아니라 나는 해낼 수 있고 모든 인연과 도구와 상황들이 나를 돕는 기회라고 인지하는 자신의 존재성과 잠재된 역량에 대한 믿음일 것이다. 그런 마음으로 접근한다면 소울디가 아니더라도 혹은 소울디보다 더 훌륭한 도구와 방법들을 찾아내고 당신에 맞는 모든 수단과 방법을 끌어당겨 결국 당신 자신을 스스로 살려 내게 될 것이다.

　그리고 이런 에너지작업이 누군가의 일방적인 희생이나 봉사가 되게 해선 안 된다. 몸을 해롭게 하는 1,000여 가지의 발암물질인 담배도 돈을 주고 사는 이 지구에서 당신의 에너지를 정화하는 작업에 대해 사례를 지불하는 것은 당연한 에너지 균형이다. 그러니 부디 당신의 돈과 시간이라는 귀한 에너지가 아깝지 않도록 영적분별력으로 사기꾼들을 잘 구별해 내고 당신과 잘 맞고 당신을 잘 도울 수 있는 힐러나 도구들을 꼭 찾아내길 바란다. (도움이 필요한 상황이고 도움을 이용하려고 마음을 먹었다면.)

그리고 만일 당신이 크고 섬세한 에너지처리를 필요치 않는 상태라면 나의 책 《빛의 시크릿(기본편)》과 심화편인 이 책을 읽는 것만으로도 의식이 어느 정도 깨어나고 확장되며 스스로의 감정을 정화하는 방법을 실천할 수 있도록 해 두었다. 나의 책이 당신에게 답이 아니라면 당신에게 답이 되는 다른 책과 방법을 찾아내어 실천하고 스스로 정화와 빛의 활성화를 해낸다면 충분히 당신이 원하는 창조든 초탈이든 상승이든 해낼 수 있을 것이다.

우주는 당신의 의식과 의지에 반응하고 스스로 돕는 당신을 도울 것이다. 그 누구보다 자신 안의 신성과 의지를 믿어 보길 바란다. 포기만 하지 않으면 이루어진다. 이번 생이 아니라면 다음 생에라도 될 때까지 하는 것이다.

● **에너지작업**

《초인들의 삶과 가르침을 찾아서》라는 책에서 초인들은 처음에는 마을 사람들을 도왔다고 한다. 그들이 아픈 몸을 이끌고 찾아오면 병을 낫게 해 주고 먹을 것과 필요한 것도 만들어 주었다고 한다. 그런데 몸을 낫게 해 주면 얼마 못 가 또 병이 나서 올라오고 또 식량과 물건을 달라고 했다는 것이다. 의존이 일어난 것이다.

병은 근본적으로 병을 일으킨 그 사람의 생활습관과 스트레스를 일으키는 감정과 생각의 습관을 정화하고 바꿔야 되는 문제인데 병을 낫게 해 주니 근본적인 원인 해결이 되지 않은 채로 손쉬운 초인들의 에너지와 약손에 의존해 버리게 된 것이다. 그리고 대신 물질창조를 해 주니 그들은 구걸하는 거지가 되어 버린 것이다. 초인들은 그들을 더 이상 도와주지 않게 되었다고 한다.

예수는 딜레마에 빠졌다. 그의 가르침은 "너희도 나와 같은 아버지의 자식들이며 나보다 더한 것을 해내리라."였는데 병든 자와 가난한 자들이 그를 따르며 그는 계속 그들을 낫게 하고 돌을 빵으로 바꿔 주며 그들을 먹여 주고 있었고 그 결과 그들 안의 치유력과 창조력 즉 신적권능을 퇴화시키는 상황이 되어 버린 것이다.

예수는 말했다.
"내가 너희들의 (스스로의) 보혜사(돕는 자, 성령: 아버지 하나님이 부여한 신성의 힘)를 막았다. 그리고 인간들이 그들 안의 신성과 권능을 깨우고 발전시키길 바라며 그렇게 진정한 신이 되길 바라며 인간들의 성장을 위해 인간 곁을 떠날 결심을 한다."

예수가 떠난 후 인간들은 예수를 이용해 종교를 만들고 상황은 더 엉망이 되었다. 인간은 외부의 절대 신 아래 종속되어 더 자신의 신성과 멀어지고 무지해지고 신 앞에 겸손이라는 종교인들이 심어 놓은 결계 아래 권능은 입 밖에 낼 수도 없는 오만방자한 단어가 되었다. 신성과 자신 안의 권능과 멀어진 무지하고 무능한 인간은 지구상에서 엄청난 죄를 지으며 서로 죽고 죽이는 전쟁을 일으키며 나의 신비체험 〈7차원설계안〉의 첫 장면이 시작된 것이다.

　예수의 지구 카르마, 자신으로 인해 지구에 기독교라는 종교가 만들어지고 신의 이름으로 살육이 자행되며 지옥이 되어 버린 지구를 좀 도와주소서! 7차원 어머니 에너지체여! 그리고 7차원설계안은 창조되었고 7차원에너지는 지구로 직접 투입되었다. 그리고 7차원인지 뭔지 에너지가 들어 있는 소울디는 에너지작업을 하고 지금 이 책도 쓰게 되었다.

　자, 인간들은 일단 도움이 필요한 상태이나 의존을 일으키지 않으면서 스스로의 자력을 키울 수 있는 방법을 고안해야 했다. 그래서 나의 에너지작업은 50 대 50의 작업의 형태를 띠게 되었다.

　내가 에너지작업으로 4차원 영역에서 내담자의 에너지처리를 하면 이것은 50% 처리된 상태가 된다. 그리고 나머지 50%는 내담자가 현실인 3차원 영역에서 자신의 의식으로 에너지작업에서 나온 처리해야 할 감정에너지를 집으로 돌아가 저진동 압축풀기로 제거하는 과제를 해내는 것이다. 이것은 철저히 협업이다.

　당신이 무언가 상태와 상황이 좋아지고 가벼워졌다면 그것은 나 때문이 아니다. 당신이 나머지 50%를 잘해서 내가 4차원에서 작업해 준 그 작업들이 3차원 현실에서 영향력을 가지고 작동되고 발현하도록 당신이 구현해 낸 것이다. 그래서 당신은 당신의 에너지와 현실을 바꿀 수 있는 신인 것이다. 나는 당신이 자신의 권능을 제대로 쓸 수 있는 상태가 되도록 조력하는 자이다.

에너지작업은 마치 한 영혼의 우주역사책을 읽어 내는 느낌이다. 한 영혼이 이 우주에 탄생한 이래 체험한 모든 저진동의 기록과 고진동의 기록의 한 페이지, 한 페이지를 읽어 내는데 저진동 중에서도 이 영혼의 에너지에 지금까지 영향을 주는 무거운 기록부터 처리되기 위해 나오며 이 영혼 안에 봉인되어 있는 고진동 빛의 에너지의 기록 또한 등장한다. 저진동이 처리되면 고진동이 나올 수 있고 고진동이 나오면 또 그에 맞지 않는 저진동이 처리되기 위해 다시 올라온다. 저진동 작업과 고진동 작업이 연동되어 진행된다.

내담자의 입장에서는 인간차원에서 당장 자신이 문제로 느껴지는 부분부터 리딩되고 처리되길 원하지만 (그 부분부터 나올 수도 있지만) 내담자 에너지장 전체의 입장에서 더 근원적이고 시급한 것부터 처리되기 위해 등장하게 된다. 의외로 저진동 에너지의 장애나 오염이 문제가 아니라 고진동 에너지가 너무 활성화된 채 에너지장이나 몸 안에 갇혀 있을 경우 과부하 상태가 되어 몸이 무거워져 있을 수도 있다.

이럴 경우, 리딩에 들어가자마자 엄청난 고음과 함께 (내 입을 통해 내담자 안의 고진동이 소리에너지로 자신을 표현함) 고진동 빛의 에너지가 터지고 SF를 방불케 하는 빛의 이미지들이 등장할 수도 있다.

그러나 대부분은 이번 생에 새로 얻은 몸에 기록된 이번 생의 무거운 에너지부터 처리하게 된다.

리딩은 크게 세 가지 방법으로 진행된다. 내담자의 몸과 몸 밖의 에너지장에서 이미지를 보고 그 이미지의 의미를 해석하고 정보를 알아내는 방식, 내가 내담자의 상태나 처리할 에너지를 (말이나 행동으로) 재현하는 방식, 빙의체를 처리하면서 주술이 나오거나 고진동 정보(상위자아나 내담자와 관련된 고차원존재들의 대사)가 내 입을 통해 녹음기 재생하듯 줄줄 나오는 방식 등이다.

정말 다양한 소름 돋는 순간들이 있었지만 생각나는 몇 가지를 말하자면, 내담자의 몸 위에 까만색 밥그릇 8개가 떠 있는 이미지가 보인 적이 있었다. 저건 누가 봐도 밥그릇인데 왜 밥그릇이 떠 있으며 밥그릇이 왜 까만색일까? 하고 의문을 가지면서 해석을 시도해 보았다.

일단 까만색은 두려움이라는 감정을 상징하는데 밥을 먹을 때 두려움을 느낀다? 밥을 먹을 때 왜 두려움을 느끼지? 눈칫밥 같은 건가? 그리고 내가 내담자에게 까만색 밥그릇 8개가 보인다고 말하며 "혹시 밥을 먹을 때 어려움을 겪거나 눈칫밥 같은 걸 먹은 적이 있나요?"라고 물으니 내담자는 자신이 눈칫밥을 먹었던 상황을 이야기해 주며 이렇게 말했다. "그런데 소울디 님~ 너무 소름 돋아요. 제가 그 눈칫밥을 먹은 게 8년이에요."라고. 그 내담자에게는 눈칫밥을 먹었던 8년이 무거운 고통이었기에 에너지장에 고스란히 기록되어 있던 것이다.

한 내담자에게서는 빨강 에나멜 비녀가 나오기도 했는데 나는 그 비녀가 주는 느낌을 계속 표현했다. "비녀가 너무 원색적이고 뭔가 유혹적이에요. 이게 왜 나오지?" 그랬더니 내담자가 말했다. 자신이 화류계에서 일한 적이 있다고.

나무로 된 마루판이 뜯겨져서 못이 빠져 있는 이미지도 있었는데 정말 생뚱맞아서 '이게 왜 나오며 무엇을 의미하지?'라고 생각하다가 혹시나 하고 내담자에게 아버지의 직업이 무어냐고 물었다. 그녀는 아버지와 단둘이 살고 있었는데 아버지의 직업이 인테리어 업자라는 것이다. 그러니까 그녀는 아버지가 일을 할 때 다칠까 봐 걱정하며 신경을 쓰고 있었던 것이다.

여성 내담자였는데 몸의 팬티 부분이 까맣게 되어 있는 이미지가 보였다. 마치 까만 삼각팬티를 입은 것처럼. 혹시 자궁 쪽이 안 좋으시냐고 물었더니 자궁근종을 수십 년째 앓아 오고 있는 상태였다.

리딩 시작하자마자 10분 정도 말이 안 나오는 상태를 재현한 적도 있었다. 말이 안 나오는 상태가 재현되고 있는 것 같다고 말을 해 드려야 되는데 말 자체가 안 나오니 정말 힘들었다. 겨우 재현 트랜스가 풀려서 물어보니 어린 시절 말더듬이 수준으로 말을 잘 하지 못했던 시기가 있었다고 한다.

내담자의 등 뒤에 일반적인 사이즈가 아닌 엄청 큰 도끼 하나가 있었고 그 도끼는 특이하게도 도끼 안에 도끼를 품은 이중구조의 도끼였다. 내담자에게 혹시 크게 배신을 당한 적이 있었냐고 묻자 남자친구를 1년 넘게 사귀었는데 그 남자에게는 1년 반 내내 다른 여자가 있었다고 한다. 그런데 그 남자를 한번 용서해 주고 계속 만남을 이어 갔는데 나중에 또 다른 여자가 생겼다고 한다.

얼마 전엔 리딩에 들어가자마자 누군가 내 머리를 눌러서 억지로 인사를 시키는 것처럼 고개를 들 수가 없었는데 그 느낌이 마치 누군가 내 얼굴을 도끼로 내려친 것처럼 강력했다. 그리고 학교에서 선생님이 학생의 이마를 손가락으로 꾹꾹 누르니 학생은 고개를 푹 숙인 채 뒤로 밀려나면서 혼이 나는 느낌 같기도 했다. 내가 이 모든 묘사를 했을 때 내담자는 소름이 돋는다며 바로 최근에 회사에서 상사에게 부당한 일로 불려가 질책을 당했다고 한다. 엄청난 모멸감과 함께 너무 속상하고 슬펐다고 한다.

보통 빙의령체는 나에게 해골이나 저승사자의 이미지로 등장하고 보이는데 한 내담자의 리딩에 들어가자마자 너무 리얼한 죽은 자의 이미지가 서 있었고 내가 그 모습을 최대한 묘사하자 내담자는 자신이 며칠 전 장례식장에 다녀왔다고 말했다. 그 내담자는 어린 시절부터 빙의에 시달리고 빙의령들을 평소에도 잘 보고 느끼는 에너지 민감자였다.

한 내담자는 리딩에 들어가자마자 누군가 그녀의 주변에 석유통을 들고 와 석유를 뿌리는 장면이 보여서 "아니 이게 뭔 일이야?" 하며 이

상황을 그대로 설명해 주었다. 그러자 내담자는 소름이 돋는다며 현재 자신과 법적 소송을 하고 있는 어떤 사람이 자신에게 평소에 했던 협박이 바로 "내가 너희 집에 불 질러 버리겠다."였다고 한다.

사실 이런 이미지들은 대체로 구체적이고 내담자 본인도 한 번에 알아채고 확인 가능한 정보들이다. 그런데 모든 게 이렇게 구체적이고 한 번에 해석 가능한 이미지 정보의 형태로 나와 주면 좋겠지만 그렇지 못할 때도 많다.

예를 들면 한 내담자의 리딩에서 우리가 집에서 뭔가를 수리할 때 쓰는 손바닥이 붉게 코팅된 면장갑이 나왔다. 도대체 이게 무엇을 의미하는지 알 길이 없었다. 최대한 내가 받는 느낌을 통합해서 내담자에게 질문을 하며 알아내는 수밖에 없었다. 손에 장갑을 낀다는 것은 뭔가 직접 만지기 싫다? 결벽증 같은 것이 있는 것 같은데? 그리고 하얀색은 책임감과 희생에너지를 상징하고 붉은색은 분노의 감정을 상징하는데, 이 모든 게 도대체 어떻게 관련되어 있는 건지 정말 어려운 수수께끼를 푸는 느낌이었다.

내가 이런저런 질문을 하면서 정보를 통합해 가는 과정에서 드디어 실마리를 풀었다. 내담자가 하는 말이 자신은 어릴 때부터 결벽증 비슷한 게 있었다고 한다. 아주 어릴 때였는데 한국인의 밥상에서 같이 국을 떠 먹거나 하는 일이 다반사임에도 자신은 그렇게 하지 않았다고 한다. 자신의 그릇 안에 있는 것만 먹고 특히 아빠와의 스킨십이나 아빠와 뭔가를 섞어 먹는 것을 극도로 싫어했다고 한다.

  여기서 실마리는 바로 아빠를 아이가 싫어하는 부분이었다. 아빠가 직접적으로 아이에게 뭔가 트라우마를 안기지 않았다는 게 확인되었을 때, 나는 내담자의 아빠와 엄마와의 관계를 물었다. 그리고 두 분이 사이가 좋지 않았고 엄마가 아빠와 이혼을 하고 싶었지만 자식을 위해 참고 살았다는 것을 알아냈다. 그러니까 어린 아이의 결벽증의 원인은 바로 아빠에 대한 엄마의 분노와 혐오감, 그리고 아이에 대한 책임과 희생 에너지가 억압된 결과였다. 민감한 에너지의 여자아이는 부모 중에서도 특히 엄마의 감정에너지가 전이되고 고스란히 다운로드받게 된다.

  내가 에너지작업 중에 가장 많이 하게 되는 말은 "이게 뭐지?"다. 리딩 작업을 한 지 6년이 넘어가면서 이미지 정보가 쌓여서 특정 이미지가 무엇을 상징하는지 일반화되고 코드화된 것들이 제법 있음에도 매일같이 새로운 이미지와 마주하고 수수께끼 풀듯 해석하고 해독해야 한다. 나의 에너지작업에 내가 익숙해지고 적응되고 숙달되고 통달되는 날은 오지 않을 것 같다. 그 정도로 하루하루 뭐가 나올지 어느 정도로 깊고 확장될지 알 수가 없는 에너지리딩의 형태다.

  채널러들이 천상의 메시지를 주욱 다운로드받듯이(고진동 리딩이 진행될 때 내 입을 통해 내담자의 존재에 대한 우주적 정보가 나올 때가 있음) 한 인간이 가지고 있는 감정과 기억의 정보도 그냥 정리되어 한 방에 설명되도록 다운로드시켜 주면 얼마나 좋을까라는 생각을 종종 했다. 왜 이렇게 복잡하고 난해하고 하나하나 수수께끼 풀듯 어렵게 처리해야 할까?

그것은 인간의 내면세계 즉 정신세계와 심리의 영역이 그만큼 미로처럼 복잡하게 얽혀 있고 켜켜이 가려져 있기 때문이다. 어떤 내담자는 이미지들이 형체를 알아볼 수 없을 만큼 다 뭉개져 있거나 일반적 이미지가 뒤틀리고 변형, 왜곡되어 있고 감정을 나타내는 색깔들도 도대체 무슨 색인지 알아볼 수 없게 너무도 많이 섞여 있기도 하다.

이럴 경우는 내담자의 성향이 너무 생각이 많고 분석적일 때이다. 자신에게 일어난 첫 감정과 첫 생각을 바로 해석과 분석을 가해 버리고 합리화하고 뒤틀고 포장하기를 거듭하여 도대체 자신에게 일어난 순수한 첫 감정과 첫 생각이 무엇이었는지 자신도 모르게 되어 있는 상태인 것이다.

이런 인간의 심리상태와 구조는 그 어떤 고차원존재, 상위자아, 신이 와도 모르게 되는 것이다.

그렇다면 인간 안의 이렇게 뒤엉키고 포장되고 변형되고 억압되고 뭉개진 감정과 기억의 실타래와 에너지들은 왜 풀리고 정화되어야 할까? 왜 이런 작업들이 진행되는 것일까? 《빛의 시크릿(기본편)》에서 나는 영혼들이 인간의 육체에 들어와 체험을 진행할 때 체험 즉 창조의 도구가 크게 세 가지가 있다고 말했다. 육체, 감정체, 사념체. 우리는 인간의 몸을 입고 우리가 행동하고 느끼고 생각하는 대로 창조하며 체험을 진행한다.

　감정과 생각은 결정적 창조의 도구이다. 내가 집중하고 반복한 생각과 감정과 행위가 나의 하루하루 시공을 채우며 사건사고를 끌어당기고 그렇게 나의 체험과 삶을 창조하게 된다. 인간의 몸과 감정과 생각은 인간이 된 신의 창조도구이다. 그런데 그 창조도구가 엉망이 되어 있다고 보면 된다. 마치 개복을 했더니 장기들이 다 뭉개지고 협착되어 있어 제 기능을 하나도 하고 있지 못하는 것과 같다.

　인간들이 정말 깨끗하고 산뜻한 감정과 생각의 도구로 자신이 원하는 감정과 생각에 집중해서 그것을 현실로 끌어당기고 창조를 해야 하는데 인간들의 정신과 감정의 내부는 그야말로 쓰레기가 가득한 지하창고처럼 혼란하고 엉망인 것이다. 인간들은 자신이 무슨 생각을 하는지, 무슨 감정을 느끼는지 제대로 자각하고 파악하지 못한 채 뒤엉킨 온갖 부정적이고 무거운 두려움에 사로잡힌 사념체와 감정체 속에서 그 감정과 사념이 불러오는 현실의 사건 사고에 창조가 아닌 반응을 하면서 겨우겨우 살아가고 있다고 보면 된다.

　지금 나는 에너지작업을 통해 인간들 안의 감정과 생각이라는 도구에 쌓인 먼지와 오물과 쓰레기와 이물질들을 털고 닦고 주름과 구김을 펴고 원상복구 하고 있다고 보면 된다. 이 작업을 가장 힘들게 하는 것 혹은 내담자의 상태는 바로 오랜 시간 마음공부나 심리분석이나 종교의 가르침으로 인해 자신의 감정을 바로바로 눌러 버리거나 회피하거나 합리화 및 포장해 놓은 상태들이다. 정말 길을 한참을 돌아서 가야 되는 상태라고 보면 된다.

 부정적 감정에 집중하지 않기 위해 분노나 증오 같은 감정을 바로 눌러 버리거나(내려놓기, 흘려보내기, 놓아 버리기 등등을 죄다 써서) 나름의 머리를 써서 즉 감정을 생각으로 판단. 분석하여 규정하고 정리해 버리는 방법들로 지하 저 밑 무의식으로 가라앉혀 버린 것이다.

 생각이 많고 판단분석이 자동화되고 감정까지 자신도 모르게 억압된 상태는 정말 에너지작업 하기가 어렵다. 그런 분들은 나라는 사람과 에너지작업 자체에 대한 의심과 판단분석도 많이 하기 때문에 에너지리딩이 원활히 이루어지기도 어렵다. 가장 리딩이 잘되는 분들은 정말 자신의 감정에 솔직하고 에너지가 많이 열려 있는 경우이다.

 상황이 이렇다 보니 에너지작업 자체가 내담자마다 정말 천차만별이다. 전생리딩 같은 경우도 정말 한편의 영화처럼 디테일이 살아 있고 스토리가 완벽한 정보로 리딩되는 경우가 있나 하면 마치 잘려진 필름처럼 조각조각 기억의 편린들이 흩어져 있어서 부분적으로만 리딩되는 경우도 있다.

 무엇이 얼마나 어떻게 나오고 무엇부터 나올지 정말 아무것도 모르는 상태로 모든 것을 내어 맡긴 채 이 내담자의 영혼이 오늘 나를 통해 보여 주고 먼저 처리할 것부터 진행할 수 있을 뿐이다. 내가 에너지작업을 잘하고 못하고를 결정하고 애를 쓸 수가 없고 에너지작업이 잘되고 못되고는 오로지 내담자의 에너지 상태에 달렸다.

 제3자가 외부에서 내담자의 심리를 분석해서 정리해 주는 것이 아니라 내담자의 에너지장에 등장하는 특정한 이미지를 해독하는 방식을 통해 내담자에게 내가 질문을 하고 그 질문에 답해 가는 과정에서 내담자는 자신도 잊고 있었던 기억과 감정의 기록들을 스스로 직면하고 알아채게 되고 처리하게 된다. 그 어떤 사건도 내담자 스스로가 주인공으로서 어떻게 체험하고 느끼고 기억하는지가 모든 정보의 실체가 된다. 엄밀히 따지면 완전히 객관적 사실이나 정보는 존재하지 않는다. 모든 체험이 본질적으로는 환상이고 모든 정보가 주관적인 판단과 체험으로 편집되어 저장되기 때문이다. 그 어떤 환영도 내담자가 어떻게 현실로 체험하고 기억하는지가 내담자 영혼의 역사적 기록이 된다.

 저진동 에너지처리의 경우 어렵거나 난해하더라도 그 정보를 확인할 수 있는 본인의 현실적 기억이 존재할 수 있으니 그나마 낫다고 볼 수 있다. 그런데 문제는 고진동 에너지처리이다. 와… 여기서부터는 정말 SF 판타지라고 보면 된다.

 영화 〈콘택트〉에서 우주로 가서 지구를 보며 조디 포스터가 이곳은 과학자가 아니라 시인이 왔어야 된다고 했지만 나는 정확히 반대의 말을 하고 싶었다. 내가 이 에너지작업을 하기 위해 과학이나 천체물리학이라도 공부했어야 하나? 아니면 시중에 나와 있는 온갖 유튜브의 우주 이야기들을 섭렵했어야 하나? 싶을 정도로 난해하고 정말 숨막히도록 따라가기 버거운 개념들에 노출되었다.

블로그에 공유된 작업 후기들은 실제 작업의 10%도 안 된다. 우주의 내용들이 너무 어렵고 벅차서 정말 트랜스가 깨면 내 머릿속에 하나도 저장되어 있는 것이 없을 정도로 날아가 버린다. 내가 신비체험 당시 7차원존재에 대한 정보를 다운로드받았을 때의 10배 수준의 개념들과 이야기들이 진행된다고 보면 된다.

내가 가장 좋아하는 트랜스 중에 하나는 바로 내담자의 영혼이 살았던 행성으로 가서 충전을 하고 오거나 UFO로 들어가서 내부를 구경하고 충전을 하는 작업들이다. 너무 아름답고 천국 같아서 계속 그곳에 있고 싶어지고 트랜스에서 깨고 싶지 않게 된다.

처음에는 너무 비현실적이고 오글거렸지만 나중에는 즐기게 되었다. 너무 생생한 행성의 풍경들과 그곳의 자연은 온갖 요정 이야기들을 합쳐 놓은 것처럼 영롱하고 아름다웠다. 밝고 하얀 허공 위에 떠 있는 푸른 호수라던가 촉수처럼 살아 있는 드넓은 초원의 잔디밭이라든가 모든 게 판타지 그 자체였다. 호수든 초원이든 그곳으로 들어가면 빛의 호수에서 빛을 충전하고 초록잔디가 몸을 에워싸며 생명의 에너지를 충전해 준다. 깨고 싶지 않은 꿈속과 같다.

UFO 디자이너도 있었으며 그 UFO를 디자인하고 실험하는 우주의 실험영역도 있었는데 정말 지구에 없는 개념의 장치들과 실험들이 존재했다. 차원과 차원 간의 이동경로인 웜홀 자체를 디자인하는 존재도 있었다. 차원의 개념도 차원이 달랐으며 너무 소화하기 어려워서 내가 아는 개념으로 최대한 설명해 내기 바빴다. 내가 너무 설명을 못해 내고 있어서 미안할 정도였다.

에너지리딩에서 아무리 21차원이 나오고 100차원이 나와도 내가 신비체험 당시 7차원존재의 에너지가 들어 있다는 정보를 받고서 "그래서 어쩌라고?" 했던 것처럼 내담자의 3차원 인간에고는 전혀 그 어떤 접점도 이해도 찾을 수 없고 이질감만 느낄 수도 있다.

그런데 이러한 고차원 정보는 본래 전 차원적 존재인 내담자의 영혼을 깨우는 자극이 되고 내담자의 무의식은 이 모든 정보를 통해 자신 안의 존재성에 대한 이해와 기억을 넓혀 가고 회복하며 에너지적인 근거 있는 자신감 같은 것이 생기게 된다.

실제로 고진동 에너지리딩 후 고차원적 정보에 대해 리딩한 나는 이해가 안 가지만 그 당사자인 내담자가 그 정보와 자신의 접점들을 찾아내고 평소 느끼고 있었던 지점이 정확히 나왔다고 알려 주기도 한다. 반대로 너무 이질감이 생기고 현실적인 그 어떤 연관성도 느낄 수 없다면 이 작업으로 내담자의 영혼이 깨어날 준비가 아직 안 되었거나 도움이 될 수 없기에 에너지작업을 중단하면 된다. 그 어떤 경우에도 자신의 느낌을 따르면 된다.

요즘 일어나는 작업 중에 '대천사 승급작업'이라는 에너지작업이 진행될 때가 있다. 정말 비현실적이고 판타지스럽지만 하나의 상징적인 의식처럼 진행이 된다.

나는 나에게 오는 내담자의 에너지리딩을 하면서 정말 많은 에너지 영역의 상황을 알게 되었다. 예를 들면 우리의 인간 몸 상태는 3차원 물질계에 정박되어 있지만 그 이상의 차원에서 우리의 영혼과 에너지체는 또 다른 체험과 역할을 해 오고 있었다는 사실이다. 리딩할 때 나오는 이미지 중에는 지하에 석탄이 매장된 경우가 있는데 이 석탄의 이미지가 상징하는 것은 따로 있다.

인간의 몸이 많이 열려 있을 경우 4차원에 존재하는 빙의령(두려움, 원한, 슬픔, 고통, 분노 등 온갖 무거운 감정체를 가진 채 몸만 벗어나 영혼세상으로 가지 못하고 지상을 떠돌고 있는 영체들)과 4차원의 외부유입체(4차원은 보이지 않는 에너지차원에서 가장 낮은 차원으로 이곳에 어둠의 세력의 하수인들이자 아바타들이 포진하고 있음, 4차원 영역은 현재 굉장히 오염된 상태여서 에너지가 함부로 열려도 위험함, 4차원존재들에 의해 오염되고 아바타로 쓰일 수 있음, 이렇게 될 경우 에너지, 기감체험이 너무 괴롭고 혼란스러워지고 현실생활이 불가능해짐)가 내담자의 몸과 에너지장을 들락거릴 수 있게 된다.

4차원 빙의령체와 외부유입체가 내담자의 에너지장에 들어와 내담자 안의 고진동 에너지로 인해 활성화되지 못하고 죽어서 사체화되어 있을 때 까만 석탄가루의 이미지가 나오게 된다. 그런데 이 석탄가루가 에너지장 지하구조에 어마어마한 양의 탄광처럼 매장되어 있다면 이것은 전생부터 내담자의 영혼이 의도하여 이런 에너지체를 자신의 에너지장 안으로 유입시킨 것이다. 왜일까? 여기서 바로 고차원에서 온 빛의 존재들의 사명내지 역할이 드러난다.

　빛의 존재들이 지구로 뛰어들었을 때, (지구에 뛰어든 빛의 존재들은 주로 자신의 행성과 성단에서 정화의 기능이 특화된 존재들이었고 지구가 정화가 필요한 상태임을 예상하고 옴) 지구는 이미 어둠의 세력의 손에 넘어갔고 인간들의 상태는 어둠의 에너지로 잠식당한 상태였다. 온갖 부정적 감정의 카르마 에너지에 압도된 상태로 3, 4차원 모두 오염되어 있었다.

　빛의 존재들이 처음 지구에 왔을 때 그들에게 빛을 알리고 깨우는 것이 우선이 아니라 (인류는 빛에 대한 개념과 에너지를 이해하고 받아들일 그 어떤 준비도 되지 못했음) 지구 안의 어둠을 청소해 주는 작업부터 시급했다.

　4차원을 오염시키고 있는 빙의령체들은 인간 안에 들어가 인간들을 괴롭히거나 분노를 증폭시켜 살인을 하게 만들어 카르마를 확장시킬 가능성이 있었기에 그 모든 빙의령들을 자신의 에너지장으로 흡수시키는 역할을 했다. 그런 역할을 환생하는 내내 진행했을 경우, 내담자의 에너지장 지하에는 거대한 탄광이 형성되어 있다.

이런 종류의 이미지들이 다양하게 나올 수도 있다. 그리고 그 모든 것들이 에너지작업을 거듭할수록 하나씩 나오며 이처럼 내담자의 에너지장의 역사책을 읽는다는 것은 마치 한 영혼의 전 차원적 업적을 읽고 처리하는 것과도 같게 된다.

그리고 그런 작업들이 어느 정도 진행되었을 때 마치 드디어 대천사가 지구에 와서 자신의 소명과 역할을 끝내고 다음 단계로 승급하는 것처럼 의식이 치러진다. 내담자의 몸에서 빛으로 된 대천사의 이미지가 분리되어 나와 허공에 떠 있게 되고 대천사의 머리에는 거대한 지름의 천사 링이 수여된다. 천사 링의 위아래로 빛이 뿜어져 나와서 흡사 대천사가 거대한 빛의 기둥 안에 들어 있는 것처럼 보이고 대천사의 빛의 날개는 너무도 장대하여 에너지장의 하늘을 다 덮을 정도가 되어 마치 빛의 지붕처럼 보일 정도가 된다.

사실 내담자의 영혼이 지구를 위해 인간으로서 그리고 보이지 않는 차원의 에너지체로서 환생하는 내내 진행한 역할들의 엄청나고도 처참한 무게와 스케일을 볼 때마다 숭고한 희생정신이 느껴져 숙연해지고 큰절을 하고 싶어지기도 한다.

이렇게 에너지작업 중에는 한 영혼의 수많은 기록들이 등장하고 장애와 오염이 처리되고 눌려 있던 고진동 빛이 회복되고 활성화되기를 반복하며 전 차원적인 자기존재성을 찾아가게 된다. 그리고 고진동 빛이 깨어나고 활성화되는 작업을 거쳐 우주차원의 더 확장된 작업들이 진행되기도 한다.

  우주 전체가 상승을 하게 될 때 새 우주로의 이동이 진행되는데 그 때 만들어질 새 우주에 대한 작업이 진행된다. 마치 우주 전체를 위한 작업이 내담자 개개인, 개체의 에너지장에서 진행되는 것처럼. 우주의 프랙털 구조를 이용한 거시적 작업이 미시적 형태로 진행되는데 그 개념들은 정말 무지막지하게 장대하여 어안이 벙벙해지는 초고도의 SF와 고차원적 개념을 방불케 한다. 모든 신과 근원의 개념을 계속계속 넘어서고 확장시켜 간다.

  무한확장의 우주처럼 개념 또한 끝없이 진화한다. 지구마블, 우주마블의 세계관을 100배로 확장시키는 듯한 이 모든 스토리와 세계관 우주관? 에 내가 오글거리다 못해 에너지작업을 감당하지 못할 것 같은 부담을 느낀다.

  너무 어렵고 너무 장대하며 너무 버겁다. 말도 안 돼! 하고 싶은데 우리의 무의식 어딘가가 그 개념을 따라가며 이해한다. 진짜 뇌가 억지로 확장되는 느낌이다. 나의 뇌의 뉴런들과 신경 스냅들이 이 감당 못 할 정보와 개념을 이해하려고 어쩔 수 없이 뇌의 신경세포를 증식하고 기능을 늘리는 느낌까지 드니 환장할 노릇이 된다.

에너지작업이 진행될수록 나는 고진동 빛의 작업들이 과연 에너지 차원에서 실제로 정말 진행된 건지 어떻게 진행되었는지 확인하고 싶어서라도 초탈을 하고 싶을 정도다.

이런 내용들은 인간 삶에 집중되어 있는 일반인들은 전혀 이해되지 않고 아마 오글거림과 거부감이 들 것이다. 이런 이야기들이 어딘지 모르게 와닿고 이해가 되는 존재들은 인간 안에 갇혀 있던 영혼이 깨어나기 시작한 상태일 수 있다. 나는 그런 존재들을 위해 이 책을 쓰고 있는 것이다.

● **영혼작업(에너지작업의 최종 목적)**

나는 이 작업을 '영혼작업'이라 부른다. 어느 날 내담자의 에너지장에서 내담자의 몸과 똑같이 복제된 몸들이 시신처럼 바닥에 널브러져 있는 장면이 나왔다. 어떤 분은 시신이 산처럼 쌓여 있기도 하고, 어떤 시신은 목매달아 있기도 하고 어떤 시신은 부채꼴 모양으로 배열되어 있기도 했다. 시신이 수백 구, 수천 구가 될 수 있고 양이나 스케일이 다양하다.

이 시신은 '전생의 나'들을 상징한다. 전생에 너무 힘들었거나 처리할 게 있는, 장렬히 전사한 '나'들인 것이다. 이제까지 일반적인 전생작업은 인간상태의 내가 힘들었던, 즉 인간차원의 감정들(극한의 분노나 슬픔, 고통 등)과 비극적인 상황과 사건이 전생에 발생이 되어서 그 에너지가 현생까지 영향을 주고 있는 게 있다면 어떤 이미지와 장면이 등장하고 전생 스토리가 나오면서 처리되고 해원되는 식으로 진행되었다. 억울한 죽임을 당했다던가 하는 전생의 장면과 스토리가 나오면서 응어리져 있던 압축된 감정이 풀리는 식의 작업이었다.

그런데 이것은 '전생의 나'들인데 일반적인 인간전생 리딩작업과 조금 결이 달랐다. 인간차원의 나 말고, 영혼차원에서, 영혼의 입장에서 너무 힘들었던 삶들에 관한 기록이었다. 이 작업이 처음 시작되었던 분의 예를 들자면, 리딩을 위해 그분과 발을 딱 맞대었을 때 그분의 몸과 똑같은 몸들이 시신처럼 오라장 바닥에 널브러져 있었다. 처음 보는 장면이여서 "이게 뭐지?" 하며 처리를 시도하자 시신들이 갑자기 일어나더니 좀비처럼 땅만 보면서 왔다 갔다 하는 것이었다.

이것은 내담자의 영혼이 환생하는 동안 좀비처럼 살았던 생의 기록을 의미하였다. 좀비처럼 살았던 생이란… 매 생에 태어나서 인간으로 매몰되어 인류 집단의 무의식 프로그램대로 산 것이다. 태어났더니 돈을 벌어야 해서 열심히 공부하고 일하고, 결혼하고 애 낳고 그렇게 살다 아프고 늙어서 죽고를 반복한 것이다. 인간차원에서의 나는 그런 삶이 너무 당연하고 부모들도 그렇게 살고 다들 그렇게 살기 때문에 그런 삶의 프로그램에 집중하고 오히려 그런 삶을 책임을 다해 잘 살아 내려고 노력한다.

그런데 영혼차원에서의 나는 그런 삶이 너무 숨이 막혔던 것이다. 이번 생도 내가 누구인지 모르고 내 빛과 에너지를 알지 못하고 깨닫지 못하고 깨어나지 못하고 초월하고 해탈하고 초탈하지 못하고 이대로 또 인간으로 살다 죽는 생인 것이다. 이런 생을 계속 반복한 것이다. 영혼 입장에서는 영혼이 자신의 진정한 존재성에 접속되지 못하고 그 존재성을 온전히 펼쳐 내지 못한 죽느니만 못한 생들이었던 것이다.

우리는 전 차원적 존재였고 인간차원의 무거운 감정과 기억의 처리가 진행되고 나니 이제는 영혼 차원의 무거운 감정과 기억이 처리되는 작업이 시작된 것이다. 영혼으로서의 내가 너무 힘들었던 생, 그 생에 장렬히 전사해 있는 '나'들을 지금의 내가 하나하나 깨우는 작업인 것이다.

시신이 목을 매달고 있는 상태는 영혼이 자살한 생에 관한 기록들이다. 영혼이 자살을 했다는 의미는 영혼이 몸을 포기하고 이탈해 버린 경우이다. 영혼이 인간의 몸에 깃들어 체험을 진행시킬 때 사용하는 3가지 체험의 도구는 육체, 사념체, 감정체이다. 그런데 육체적으로 사념적으로 감정적으로 겪는 고통이 어떤 한계를 넘어 버릴 때 영혼은 너무 고통스러워 몸 밖으로 저절로 이탈해 버리게 된다. 그 모든 체험을 포기해 버리는 것이다.

예를 들어 횡단보도에서 5살 아들이 교통사고가 나서 차바퀴에 내 아이의 몸이 으깨지는 것을 직접 목격한다면 엄마로서 나는 어떻게 될까? 그 순간 그 상황에서 오는 정신적 고통과 감정적 고통이 너무나 커서 아마 내 몸 역시 심장이 터져 버리거나 온 세포가 짓이겨지는 수준의 고통의 감각을 겪게 될 것이다. 그 모든 고통이 감당할 수 없는 수준을 넘어서게 되는 순간 정신이 나가고 넋이 나가 버리게 되는 상태가 영혼이 이탈해 버리는 순간이다.

목매달아 있는 시신들은 영혼이 감당하기 힘든, 선을 넘는 고통이 발생된 생에 관한 기록들인 것이다. 우리는 전쟁의 역사 속에 환생하였고 내 눈 앞에서 내 자식, 내 부모, 내 배우자가 목이 잘려 나가는 장면을 목격해야 했을 수도 있고 내 몸이 고문을 당하며 엄청난 육체적 고통에 직접 노출되었을 수도 있다. 영혼 입장에서는 그 어떤 생보다 이런 고통의 생들이 스스로 몸을 이탈하여 체험을 포기할 만큼 힘들었던 것이다. 영혼(넋)이 나간 채로 죽거나 빈껍데기 몸으로만 살았던 생에 관한 기록이다.

시신이 산처럼 쌓여 있는 경우는 이 영혼이 사랑이 많아서 자신이 고통을 당하고 죽는 것보다 사랑하는 사람이나 타인이 자신 앞에서 고통을 당하고 죽는 것이 더 힘든 영혼일 때 타인의 고통과 죽음을 자신의 것처럼 체험하거나 자신의 에너지몸을 써서 타인 대신 죽거나 죽음을 처리했던 생에 관한 기록이다.

시신이 부채꼴처럼 배열되어 있는 경우는 이 영혼이 전 차원적 연결성이 뛰어난 존재인데 지구에 갇혀서 모든 연결이 끊어진 상태가 되어 죽음보다 힘들었던 생에 관한 기록들이다.

영혼작업이란 것이 진행되면서 나는 뭔가를 깨닫게 되었다. 도대체 우리가 이런 에너지작업을 통해 무엇을 하고 있는가에 관한 퍼즐이 맞춰진 것이다. 나에게 내담자 한 분이 온다는 것은 우주가 하나 걸어 들어오는 것과 같다. 그 내담자의 영혼이 이 우주에서 겪은 모든 저진동의 체험과 고진동의 체험의 기록들이 등장하며 저진동 처리와 정화, 고진동 깨우기와 활성화 작업이 연동되며 반복된다.

그 과정에서 고진동 빛의 이미지와 정보가 등장할 때는 나도 너무나 황홀하고 행복하다. 그런 장면과 정보를 목도하게 해 주신 내담자님의 빛과 영혼에 감사하게 된다. 그런데 문제는 저진동 에너지처리다. 마치 쓰레기 하나하나를 너무도 세세하게 확인하고 처리하는 작업이 이걸 이렇게까지 해야 하나 싶기도 하다. 리딩할 때 나는 오늘 내가 무엇을 보게 될지 무엇을 재현하게 될지는 모른 채 모든 게 무방비로 진행된다.

어느 날은 한 내담자의 전생이 등장했는데 일제 강점기의 731부대의 장면이었고 고문받는 장면을 그대로 내가 재현하기 시작했다. 내담자는 전생에 손톱과 발톱 사이로 녹슨 대바늘이 꽂히면서 너무 고통스러운 나머지 온몸을 뒤틀다 허리가 뒤로 젖혀지는 순간 허리가 부러지면서 죽게 되는데 나는 그 장면을 재현하면서 실제 그 고통의 감각을 몸이 아닌 뇌로 느끼면서 똑같은 고통을 체험해야 했다.

그날 허리가 부러지면서 죽는다는 것이 어떤 느낌인지를 알게 되었던 것 같다. 전기가 나가거나 퓨즈가 끊긴 것처럼 하반신이 사라지면서 정신을 잃으며 의식이 몸을 빠져나가는 순간을 체험했다.

그 리딩을 하면서 관찰자로 있는 내 3차원 의식은 너무 힘들어서 내가 왜 이런 걸 해야 하나 하면서 정말 힘들다고 징징 울면서 리딩을 했던 것 같다. 그럼에도 이런 리딩조차 트랜스에서 깨어나면 1~2시간 악몽을 꾸었다고 생각하면 된다. 실제로 급속도로 감각들이 말끔히 돌아오기 때문이다.

그런데 내가 정말 힘든 건… 내게 오는 빛의 존재들이 이 지구에 와서 엉망으로 무너져 있고 오염되고 장애를 입고 인간으로서 상처받고 지하 저 아래까지 찌그러져 있는 처참한 모습을 너무 리얼하게 확인해야 되는 순간들이다. 그 모습들이 슬프다 못해 너무 화가 난다.

우리가 정말 무슨 부귀영화를 누리자고 혹은 도대체 얼마나 대단한 계획을 가지고 있기에 이곳에서 이런 엄청난 고생을 하고 있는 것인가…. 왕이나 신이 인간노예가 되어 만신창이가 되어 있는 모습을 보는 느낌이 들 정도다. 이런 느낌이 힘이 들어서 에너지작업 자체를 오래 하지 못하겠다는 생각이 들기도 했다.

동시에 저진동의 기록들을 이렇게 하나하나 굳이 확인하며 처리하고 정화해야만 할까? 저진동 카르마는 카르마고 그냥 우리 안의 빛에만 집중해서 그 빛만을 살려서 한 번에 짜안~ 하고 상승하고 초탈하면 얼마나 좋을까? 빛에만 집중해서 상승하는 순간 저진동은 저절로 정화되고 사라진다면 얼마나 편하고 좋을까? 왜 이토록 저진동 쓰레기를 한 땀 한 땀 확인하며 처리해야만 할까? 라는 생각이 항상 따라다녔다. 뭔가 한 방에, 한 큐에 처리하지 못하는 나의 무능함도 느끼며.

그런데 이 영혼작업이 진행되면서 이 모든 에너지작업이 무엇을 의미하는지 결국 어떻게 되려고 이 장대하고도 세세한 에너지정화와 활성화 작업들이 진행되고 있는지를 알게 된 것이다. (앞으로 더 알게 될지도 모르지만.)

내가 신비체험 당시 받은 인식에 의하면 지금은 우주가 지구라는 행성을 중심으로 상승을 하려는 시기이다. 그런데 지금 우주가 시도하려는 상승은 지금까지 우주에서 단 한 번도 일어나 본 적이 없는 상승이라는 것이다. 그래서 이 상승이 어떻게 일어날지 상승의 결과가 어떤 형태가 될지 아무도 모른다는 것이다. 이런 전에 없는 상승체험에 많은 영혼들이 도전하고 있지만 과연 누가 성공을 해낼지 아무도 모른다.

지금까지 우주에 있어 왔던 상승이란 한 영혼이 한두 생에 명상, 기도, 수행 등을 통해 자신의 무거운 카르마적 저진동 에너지를 적당히 가라앉히고 고진동 빛에만 집중해서 1~2단계 상승하는 식이었다. 그런 상승 체험은 늘 있어 왔다. 그런데 앞으로 벌어질 상승이란…….

당신의 영혼이 이 우주에 탄생한 이래 다양한 차원에서 다양한 존재로서 진행된 모든 저진동의 체험 중에, 당신은 어떤 차원에서는 어둠의 세력이자 악의 역할자를 체험했을 수도 있고 또 어떤 차원의 어떤 시기에는 정말 먼지보다 못한 미약한 존재, 저급한 존재를 체험했을 수도 있다. 그 모든 저급하고 무거운 에너지를 감당하며 체험해 낸 그 모든 '나'들을 하나도 버리지 않고 다 데리고 상승하겠다는 것이다.

실로 영혼 작업이 벌어지는 장면은 마치 전생에 엄청난 무거운 에너지를 감당하며 가장 힘난한 과제와 임무를 마치고 장렬히 전사해 있는 '나'들을 내가 하나하나 깨우고 일으켜 세워 그들에게 덕지덕지 붙은 오염과 장애물들 벗겨 내며 "이제 그만 집에 가자…. 나야~ 고생했어. 이제 다 끝났어. 네 할 일 다 완수했어. 이제 우리 고향별로 돌아가자." 하는 느낌이다.

빛의 존재들에게 어둠의 역할과 체험만큼 고통과 고난은 없을 것이다. 그 모든 '나'들을 하나도 버리지 않고 가장 쓰레기 같은 나의 에너지와 기록들을 짊어진 '나'들을 정말 한 땀 한 땀 정화해 내서 다 데리고 상승하겠다는 것이다. 그 모든 '나'들을 다 정화해서 같이 상승해 낼 때, 그렇게 상승된 나는 과연 어떤 내가 될까? 어떤 수준의 깊이와 부피와 넓이와 높이를 가진 내가 될까? 나는 누가 될까? 무엇이 되게 될까?

아무도 모른다.

아직 아무도 그런 상승을 해낸 존재는 이 우주에 존재하지 않으니까.

그런 수준의 상승을 우리는 시도하고 있고 감히 도전하고 있다고 한다. 나는 이 퍼즐이 맞춰졌을 때 내가 하는 에너지작업의 그 끝이 궁금해져서라도 한번 계속 해 보고 싶다는 생각이 들 정도였다. 영혼작업 다음으로는 또 뭐가 진행될지…. 이 모든 작업의 내용과 절차들을 미리 알았다면 과연 내가 제대로 이해를 하고 시작이나 할 수 있었을까 싶게 모든 게 하나씩 하나씩 알아서 진행되는 느낌이다.

영혼작업은 그야말로 이번 생에 내가 전생의 모든 '나'들을 구원하는 작업이다. 그런데 이게 왜 이번 생에 가능해졌을까? 이번 생에 내가 뭔가 자신의 저진동을 정화하고 고진동을 살릴 수 있는 방법이나 도구를 알아냈고 그 작업이 진행되었기에 이번 생의 내가 조금이라도 회복하자마자 가장 무거운 전생의 '나'들을 살릴 수 있게 된 것이다.

● 빛의 무기 작업(모든 카르마 프로그램의 근원)

빛의 무기 작업은 지구동화에서 잠깐 언급되었던 우주전쟁과 이어지는 내용의 작업이다. SF 영화 보듯이 들어 보길 바란다.

절대계의 우주는 상대계의 우주를 만들고 선악의 우주 드라마를 일으켜 거기서 발생되는 카르마 에너지를 이용한 전에 없는 극적인 기쁨의 상승체험을 설계했다. 빛의 존재들은 어둠의 세력들의 공격을 받기 전까지 누군가 자신을 동의와 허락 없이 공격을 한다거나 가해를 해 오는 체험을 한 번도 당해 본 적이 없었다. 그 일은 정말로 최초로 일어났다. 빛의 존재들은 어둠의 존재들의 공격을 받게 되자 자신의 행성과 성단을 지키기 위해 어쩔 수 없이 전쟁 준비를 하고 빛의 무기를 만들게 되었다.

처음 빛의 무기를 리딩한 날을 기억한다. 한 내담자의 등 안에 도끼가 있었다. 보통 등 뒤나 몸의 표면에 도끼, 칼, 창, 화살 같은 무기류가 꽂혀 있으면 그것은 외부의 공격적인 에너지와 상처, 고통, 스트레스를 상징하는 것이고 그 무기류가 몸 안에 있다면 그런 에너지를 기꺼이 수용하고 삼킨 상태라는 것을 의미한다. 그 도끼를 빼려고 보았더니 이상하게도 도끼의 자루, 손잡이가 없었다. 그 상태의 도끼를 처리했더니 도끼가 사라지지 않고 등 위에 1미터 지점에 떠 있었다.

그런데 우리가 아는 도끼날은 보통 한 면이 날인데 이 도끼는 4면이 모두 날로 이루어진 도끼로 부메랑처럼 날아다니며 모든 타깃을 다 잘라 버리는 수준의 무기였다. 이것이 내가 만난 첫 빛의 무기다. 그리고 이런 식으로 인간 세상에도 있을 법한 형태 몇 개만 내가 기억할 수 있을 뿐 나머지 무기는 정말 듣도 보도 못한 형태와 기능을 가지고 있었다.

빛의 무기는 정말 잔혹할 정도로 성능이 뛰어났다. 이런 일이 발생한 이유는 빛의 존재들은 인간에 비해 상대적으로 신과 같은 존재들이다. 그들의 권능으로 무기를 처음 만들어 보았고 그 결과 무기는 너무나 뛰어난 성능을 가지게 된 것이다. 무기가 이런 상태가 되자 빛의 존재들은 고민에 빠졌다. 이 무기를 제대로 쓰게 될 경우 상대편인 어둠의 세력이 전멸할 것 같았고 그렇게 되면 선악의 드라마는 펼쳐지지 못하고 다시 절대계의 상태가 되는 것이다.

그리고 만에 하나 빛의 무기를 쓰게 되고 상대방도 무기를 쓰면서 우주전쟁이 진행된다고 하더라도 빛의 무기의 성능이 월등히 뛰어났으므로 어둠의 세력의 피해가 커져서 장기적으로 빛의 존재들의 가해자로서의 카르마가 더 커질 것 같았다고 한다. 그래서 결국 빛의 존재들은 논의 끝에 빛의 무기를 사용하지 않기로 합의를 보게 된다. 그들은 남을 가해하느니 자신이 피해를 보는 것이 더 마음이 편한 존재들이었다.

에너지장에 빛의 무기가 나올 경우 내담자는 세 가지 존재 중에 하나였음을 의미한다. 빛의 무기를 직접 사용하는 빛의 전사였거나 빛의 전사들을 양성한 대천사였거나 빛의 무기를 직접 디자인한 대천사였거나. 빛의 무기가 엄청나게 많이 에너지장에 저장되어 있다면 그 내담자는 바로 빛의 전사들을 양성한 대천사였을 가능성이 높다.

빛의 무기를 사용하지 않기로 결정을 내렸을 때 빛의 전사를 양성한 대천사의 선택지는 하나밖에 없었다. 자식과 같은 빛의 전사들을 무기도 없이 전장으로 보낼 순 없었다. 대천사는 자신의 모든 에너지를 써서 행성과 성단 전체에 보호막을 씌운 후, 그 누구의 손에도 들어가면 안 되는 빛의 무기는 모두 자신의 에너지장 깊숙이 봉인을 걸어 잠가 버리고 아무런 방어력도 없이 홀로 전장으로 나섰다. 그리고 모든 공격을 받은 후 엄청나게 에너지가 하락하고 진동수가 떨어진 상태로 지구로 떨어지게 되었다.

여기서 스토리 하나가 더 추가되는 내담자도 있었다. 보통 대천사의 에너지장에는 마치 거대한 창고 안에 빛의 무기가 엄청나게 많이 저장된 이미지가 등장한다. 그런데 어떤 내담자는 저장된 무기와 함께 누워 있는 그의 몸과 에너지장 바닥에 빛의 무기가 꽂혀 있는 경우도 있었다. 빛의 무기의 공격을 받은 것이다. 도대체 무슨 일이 벌어진 것일까?

우주전쟁을 준비하면서 대천사는 빛의 전사들에게 상대편인 어둠의 세력에 대한 이해를 돕기 위해 그들에 대해 가르쳤다(적을 알아야 이길 수 있으므로). 그들의 특징과 성향과 그들이 우주 전체 큰 설계안에서 어떤 역할을 맡고 있는지에 대해서. 그 과정에서 조금은 예상치 못한 일이 벌어졌다.

우리나라는 1950년 6.25전쟁 이후로 남북으로 갈라진 분단국가가 되었다. 지금은 북한의 실상이 알려지고 오픈되었지만 1980년대까지만 해도 북한이 선택한 정치적 이념인 공산주의나 사회주의를 책(이론)으로만 접한 대학생들 중에는 특정 소수가 아닌 모두가 다 같이 잘 먹고 잘 살자는 사회주의 이념이 너무도 유토피아적인 이상국가적 이념으로 보인 나머지 북한을 동경하며 일종의 전향자가 생겨서 월북을 하게 되는 경우도 있었다.

이와 비슷한 일이 벌어졌다. 전체 설계안에서 어둠의 역할자의 수뇌부는 에너지가 강하고 역량이 큰 빛의 존재들이 맡았으며 그들은 전체 큰 그림에서 우주 전체의 상승을 위해 가장 큰 봉사와 희생을 선택한 것이 된다. 이런 어둠의 세력에 대한 배경설명은 일부 빛의 전사들을 매료시켰고 그들은 어둠의 역할자가 되기를 선택하게 된다.

　당신이 아무리 의식으로는 깨달음을 얻고 우주의 모든 정보와 메시지를 이해하고 큰 차원에서는 자신이 신이라는 것을 알게 된다고 해도 인간의 몸 안에서 인간체험을 하고 있는 한, 당장 내일 직장에 나갈 일을 걱정하게 되고 먹고살 길을 걱정하게 되는 것처럼 그렇게 자신이 선택한 인간의 역할과 체험의 현실에 집중되고 매몰되는 것처럼.

　그 모든 우주의 큰 설계를 이해했음에도 빛의 전사가 어둠의 역할을 선택하는 순간, 그들은 급격히 진동수가 떨어지며 어둠의 역할에 그 누구보다 충실하게 되어 그야말로 악마가 되고 말았다. 그들은 그들의 부모와 같은 대천사를 배신했으며 빛의 무기 일부를 탈취해서 어둠의 진영으로 넘어가고 말았다.

　이 경우 대천사의 선택지는 더더욱 하나밖에 없었다. 자신의 모든 에너지를 써서 모든 행성과 성단에 그 무엇보다 튼튼한 보호막을 설정하고 나머지 빛의 무기를 모두 봉인한 채 아무런 방어력 없이 홀로 전장에 나가게 된다. 그리고 자신을 향해 (더 이상 부모도 알아보지 못한 채) 빛의 무기를 겨누는 자신의 자녀들에게 말하게 된다. "그 무기를 나한테 모두 써라." 그리고 모든 빛의 무기의 공격을 받고 그렇게 우주에서 가장 위험하고도 강력한 빛의 무기를 회수하여 지구로 떨어지게 된다.

나는 이런 영화보다 더한 영화 같은 우주 스토리들을 내게 오는 내담자들을 리딩하지 않았다면 절대로 몰랐을 것이다. 에너지작업을 하면서 항상 느끼지만 내가 나 혼자 깨닫고 가망 없는 인간들과 지구를 빨리 포기하고 탈출할까 봐 어정쩡하게 열린 채 인간들 곁에서 이런 작업들을 하며 우주의 고진동 에너지와 정보에 계속 노출되고 서서히 깨어나고 초탈하도록 내 영적여정을 설계한 것 같다.

빛의 무기의 봉인이 열리는 작업은 빛의 존재들이 이제야 자신의 빛과 에너지의 권위를 회복하겠다고 우주에 선언하는 작업이라고 한다. 빛의 존재들이 지구에 와서 가장 먼저 하게 된 것은 어둠과 저진동에 매몰된 인간들에 대해 연민을 느끼며 그들을 있는 그대로 사랑해 주는 것이었다. 연민은 우주의 사랑이 지구 버전으로 변질된 형태이다.

고차원존재들이 고차원 행성에서 하는 사랑이란 나와 에너지수준과 진동수가 비슷한 존재들끼리 내가 상대방에게 A라는 사랑을 보내면 상대방은 A나 그 이상의 사랑을 보내는 그런 사랑이었다. 그 사랑은 누구 하나를 전혀 소진시키고 희생시키지 않으며 서로를 계속 확장시키고 플러스시키는 윈윈의 사랑이었다. 행복도 기쁨도 그야말로 두 배, 네 배가 되는 그런 사랑이었다.

그러나 지구에 왔더니 모두들 나보다 훨씬 진동수가 떨어지는 존재들이었다. 그들에게 나와 같은 에너지수준, 의식수준을 기대할 수조차 없었다. 고차원 빛의 존재들은 저급한 인간들이 안타깝고 가여웠다. 그들의 의식수준에서는 저렇게 밖에 생각하고 말하고 행동할 수밖에 없다는 것이 또한 이해가 되었기 때문이다.

그런 상태의 인간들에게 눈높이 사랑을 하듯 고진동 빛의 에너지를 강요하고 가르치려 하지 않고 오히려 빛을 숨기며 어둠의 저진동 에너지를 이해하고 존중하고 수용해 주려 했다. 그 결과 인간들은 빛의 존재들을 더욱 알아볼 수 없었고 약자로 인식하며 함부로 대하며 무시하고 짓밟았으며 선을 넘어 그들을 괴롭히고 모함하고 죽이기까지 했다.

할아버지의 등을 올라타고 콧수염을 잡아당기고 하는 어린 손자에 대해 할아버지는 손자가 아직 어리니 그럴 수밖에 없음을 십분 이해하며 오히려 귀엽게 허용해 주었다. 그랬더니 손자는 더 버릇이 나빠지고 덩치가 산만 한 어른이 되었음에도 할아버지를 짓밟고 할아버지 눈을 뽑고 살을 도려내고 있었다.

빛의 존재들의 인간에 대한 연민과 이해와 존중은 인간들에게 하나도 도움이 되지 못했다. 그들은 성장하지 못했고 더욱 거칠고 무례하게 망가졌다. 그리고 자신이 그런 상태라는 것을 전혀 알지 못하는 지경에 이르렀다.

나는 이제 빛의 존재들이 최소한 맞고 당하며 살진 않았으면 한다. 누가 자기를 때리면 그 사람한테 때리지 말라고 당신이 한 말과 행동은 나에게 폭력이라고 당당히 말하고 거부하고 거절할 수 있길 바란다. 빛의 무기로 공격은 할 수 없지만 최소한 자신을 지키고 방어는 했으면 한다. 왜냐하면 빛의 존재들이 자신의 빛을 포기하고 지키지 못해 자신이 빛의 존재인 줄도 모르고 빛의 기능도 모두 퇴화되어 있고 너무나 불쌍하고 힘없는 모습이 되는 바람에 이 지구에 빛이 더 사라져 버렸기 때문이다.

내가 독자카페에 나의 신비체험에 대한 글을 올렸을 때, 정말 난리가 났다. 나에 대해 받아들일 수 없어 받아들이고 이해하는 척 다들 자기식대로 함부로 판단하고 나를 심리분석하고 리딩하고 조언하고 난도질을 했다. 나는 떠난다는 글을 올리며 (분란과 논란을 일으키며 게시판을 어지럽히는) 나에 대한 모든 글과 댓글을 제발 멈추어 달라고 말했다. 댓글을 그만 달아 달라고. 판단과 분석을 멈추어 달라고.

그랬더니, 칭찬만 듣고 싶어 하고 비판을 받아들이지 못하냐? 세상을 살다 보면 타인의 비난과 비판은 당연한 거다. 나약하다, 어리다. (되묻고 싶었다. 왜 칭찬만 하면 안 되냐고. 왜 이 지구는 비난과 비판이 당연하냐고.) 메시아 증후군에 걸렸다. 자기 이상을 불러들였다. 삿된 것을 추구한다. 위험하게 사람들을 현혹하고 있다. 네가 글을 쓰면 그 글은 너를 떠났기에 그 어떤 소리도 달게 받아야 한다. 사람들이 하는 말에 왜 반응을 하냐? 넌 깨달은 자가 아니다.

다 헛소리들이었다. 나에 대한 비판, 비난 다 가능하다. 내가 무어라고 사람들의 생각을 통제할 수 있겠는가? 그런데 내가 참지 못하겠는 건 그들이 하는 판단과 비난과 비판들이 그들의 어떤 의식수준과 어떤 심리상태에서 나오는지가 빤히 보이는데 그게 무슨 대단하고 합당한 지성과 논리를 가진 정당한 비난과 비판이라고 내가 받아들일 수 있으며 받아들여야 한다는 말인가?

그럴듯한 깨달음과 분별의 논리에 근거한 정당성을 가진 비판이라는 껍데기를 씌웠을 뿐 그 안에는 온갖 몰이해, 받아들이지 못함, 열등감, 두려움, 시기와 질투, 거슬림, 분노 등이 드글드글거리는데. 그것도 나를 대단히 생각하고 사랑하고 돕는다는 명목의 껍데기를 씌워 자행되는 조언질들, 회칠한 무덤 같은 자들의 위선과 기만이 너무 싫다. 예수처럼 다 들고 엎어 버리고 싶었다.

이런 나의 답답함과 분노도 지금에서야 알아차리고 이렇게 정리할 수 있게 되었지 그 당시 나는 그저 얻어터지면서 그 모든 상황이 슬퍼지는 극도의 트라우마 상태였다. 옆에서 보다 못한 영혼남자가 게시판에 마지막 글을 올리며 예수의 분노와 같은 나의 분노를 터뜨려 주었다.

나의 글은 그들에게 독이 되고 혼란만을 야기했다. 당시 카페 대표님이 모든 공격을 다 막아 줄 테니 신비체험 글을 계속 올려 달라고 부탁했지만 나는 정중히 거절했다. 그들은 내 글과 내 존재를 소화할 그 어떤 상태도 되지 못했다. 나는 마치 비흡연자들이 모인 곳에서 혼자 흡연을 한 느낌마저 들었다. 나는 그들에게 불편함과 피해를 주고 있었고 그들에게 미안했다. 그래서 너무나 그곳을 떠나 주고 싶었다. 그래서 지구를 너무나 떠나 주고 싶다. 지금도.

 나는 나의 진심과 에너지를 알아주고 내가 죽어라 소진하고 얻어터지지 않고 사랑하고 사랑받을 수 있는 나의 동료들이 있는 별로 돌아가고 싶다.

 나의 별로 복귀할 때까지, 갈 때 가더라도 나는 이놈의 몸에 갇혀서 뭔가를 해야만 한다. 그중에 하나가 바로 나의 빛의 권위를 회복하는 것이다. 별건 없다. 먼저 공격은 하지 않겠지만 선을 넘을 경우 나도 가만있지 않겠다는 느낌이다. 남용을 일으키는 더 이상의 연민도 자비도 없다. 이건 그들에게 독이 되었다.

 오랜 시간 인간의 삶을 반복하는 동안 어차피 나는 모든 게 소진되었다. 인내심도 고장 난 문고리처럼 더 이상 작동하지 않게 되었고 사랑 많은 인간이 되고 싶다는 인간에고의 욕심도 다 내려놔졌으며 두려움도 압축풀기로 90% 이상이 날아가 버렸다. 오직 빛의 분별과 통찰만을 살려 두었다.

 나는 나를 공격하는 어둠의 에너지가 그들에게 되돌려지도록 만들 것이다. 내가 그렇게 만드는 것이 아니라 지구의 에너지가 더 빠른 속도로 인과의 법칙을 작동시킬 것이기 때문이다. 그들이 아무리 대단한 의미로 포장하여도 그들 안의 받침생각(진짜 의도)과 진짜 감정의 상태가 결국 그 모든 창조를 해낼 것이기에 그들이 보낸 부정적 에너지는 그들에게 언젠가는 반드시 되돌아가게 될 것이다.

빛의 무기의 봉인을 풀면 그 무기로 인간들을 다 쓸어버리는 것이 아니라(그러면 카르마는 더 확장되고 지구상승이 지연되므로) 크리스털 에너지로 변형된다. 은빛의 무기들은 그 날카로움과 예리함이 무뎌지면서 크리스털 빛의 기둥으로 바뀌어 허공에 뜨게 된다.

크리스털 에너지는 《초인들의 삶과 가르침을 찾아서》라는 책에서 초인들이 말한 바로 그 '수정의 시대'의 에너지를 상징한다. 신비체험 당시 에너지가 열리면서 수정에너지가 저진동 정화와 고진동 증폭기능을 가지고 있다는 것을 알게 되었다.

그리고 수정에너지는 지구를 중심으로 온 우주가 깨어나고 있는 이 시기에, 전 우주적으로 전 차원적으로 전 존재적으로 전 지구적으로 전 인류적으로 그동안 누적된 모든 저진동의 카르마 에너지가 들고 일어나며 동시에 봉인되어 있던 모든 고진동 빛의 에너지가 활성화되는 이 과도기에 가장 필요한 에너지가 될 것이었다.

우리는 인간의 몸 안에 갇혀 자신의 전 차원적 에너지와 연결이 끊어진 채 창조를 하게 된다. 그래서 인간들의 창조물이나 발명품은 늘 2% 부족한 불완전성을 띠며 결국 자연을 오염시키고 인간에게 해가 되는 파괴를 불러오는 식이 된다. 그런데 자신의 전 차원성과 연결된 고차원존재들은 창조를 할 때 자신의 창조물이 전 차원적으로 어떤 영향을 미칠지 미리 예상하고 영감을 받아 낼 수 있다.

그들은 빛의 무기를 창조할 때 빛의 무기가 너무 성능이 뛰어날 경우 결국 자신들이 빛의 무기 사용을 포기하게 될 가능성을 미리 알았고 그렇게 포기한 빛의 무기를 에너지 역량이 큰 대천사의 에너지장에 봉인하여 그 대천사가 지구에 떨어질 경우, 어느 시기가 되면 빛의 봉인이 풀리고 그 빛의 무기는 그 시기(지금의 시기)에 가장 필요한 크리스탈 에너지로 바뀌도록 미리 알고 디자인한 것이었다. 그들은 신이었으므로… 이 모든 게 가능했다.

봉인이 풀린 빛의 무기는 크리스탈 에너지 기둥으로 변형하여 마치 두루마리 화장지가 풀리듯 돌아가며 크리스털 빛의 오로라가 끝도 없이 풀려 나오면서 내담자의 에너지장이자 그의 온 우주로 끝도 없이 퍼져 나가고 세팅된다. 마치 이제부터 당신 안의 전 차원적 저진동 정화와 고진동 활성화를 지원하겠다는 신호와 같다.

그리고 두둥~ 이제 결정적인 저진동 에너지의 뿌리가 등장한다. 모든 카르마 프로그램의 원흉이자 근원의 에너지. 나는 《빛의 시크릿(기본편)》에서 이런 말을 해 오고 있다. 외부에서 나에게 분노를 일으키는 사건이 일어나서 분노를 느끼고 체험하는 게 아니라 이미 분노라는 감정의 카르마 에너지가 전생부터 우리 안에 압축되어 있기 때문에 그 에너지가 계속 외부에 분노를 체험하게 하는 사건 사고를 창조하게 되는 거라고. 그래서 중요한 건 외부의 상황을 바꾸는 것이 아니라 분노의 체험을 창조하는 내면의 분노의 감정 자체를 풀고 정화하여 제거하는 것이 근원적 답이라고.

우리 안에는 언제부터 카르마 감정의 압축이 형성된 것일까? 그 시작점이 바로 이 우주전쟁이었다. 고차원 빛의 존재들은 신과 같은 존재들로서 두려움이라는 개념조차 없었다. 그런데 아무런 힘도 없이 모든 방어력을 포기한 채 무방비로 홀로 전장으로 나가 어마어마한 공격을 받게 되었을 때 난생처음으로 공포라는 감정을 느끼게 된다. 최초의 공포와 두려움이 압축된 순간이었다.

당신이 태어났을 때부터 하인이었고 노예였다면 누군가 자신을 짓밟고 선을 넘어올 때 그 모든 것이 큰 타격 없이 익숙했을지도 모른다. 그러나 당신은 신이자 왕이었다. 그런 신이자 왕이 아무런 힘도 방어력도 없이 전쟁에 나가 공격을 받는다는 것은 마치 헤라클레스가 자신의 힘을 거세당한 채 무릎을 꿇는 것과 같았다. 엄청난 굴욕감과 수치감과 모욕감이 느껴져야 했다. 그 모든 감정이 그때 처음 체험되었고 압축되었다.

행성과 성단을 지키기 위해 강력한 보호막을 설정하는 순간, 당신은 사랑하는 모든 동료들과 한순간에 이별을 해야 했다. 엄청난 고립과 외로움, 이별의 고통이 처음으로 체험되며 압축되었다.

내가 키우고 사랑한 나의 자녀들이 나를 배신하며 나에게 무기를 겨누고 있다. 이때 처음으로 분노와 배신감과 함께 연민이라는 감정이 체험되었다. 연민은 자신보다 한참 에너지수준이 떨어지는 존재들에게 느끼는 이해와 사랑이었다. 자신의 자녀들이 저진동 에너지가 되었을 때 대천사는 그들의 선택과 그들의 상태를 있는 그대로 존중해주고 싶었다. 내 자식이 저 지경이면 부모는 연민을 느끼게 된다. 이 모든 감정이 처음으로 생성되고 동시에 압축되었다.

빛의 무기를 저장하거나 폭격을 받은 당신의 에너지장은 마치 핵폭탄이 떨어진 직후의 폐허처럼 온갖 감정의 색깔들이 뒤섞여 어둡고 칙칙하다. 두려움과 공포, 슬픔과 고통, 배신과 분노, 굴욕과 치욕, 답답함과 연민 등 그 모든 카르마 감정이 이때 생성되고 압축되어 지구로 떨어진 당신은 이 카르마 프로그램이 창조하는 인간의 삶을 반복하며 지금까지 살아오게 되었다.

이 모든 카르마의 원초적 압축이 등장하며 풀려 간다. 그리고 빛의 무기는 크리스털 에너지로 변형하였다. 당신이 당신 안의 저진동 카르마 감정을 압축풀기로 풀어내고 당신의 가슴을 기쁨의 고진동으로 채우고 무장해 낼 때 그 어떤 저진동 에너지도 당신을 무너뜨릴 수 없을 것이다. 당신이 당신 안과 밖으로 가장 진동수가 높은 기쁨의 감정으로 된 빛의 고진동의 성벽을 쌓는다면 그것은 빛의 거울 벽이 되어 당신을 향한 모든 저진동의 공격에너지를 반사시켜 그들 자신에게로 되돌리게 될 것이다.

그렇게 빛의 존재들이 빛의 권위를 회복해 내길 바란다.

● **소울디 사용법**

내게 오는 내담자 중에는 심리상담사도 있었고 무속인도 있었다. 나의 대학전공에는 사회복지와 교육심리가 있었고 나는 이혼할 무렵 새로운 직업을 위해 상담심리대학원에 입학했다가 결국 등록을 취소했다. 인간이 정신과 심리의 영역으로는 완전히 설명되고 이해될 수 없는 그 이상의 영적 존재라는 사실을 부정할 수 없었기 때문이었다.

그리고 한 인간의 에너지장을 리딩해 보면 알 수 있다. 인간은 자신의 생각과 감정을 충분히 속이고 기만할 수 있으며 자신조차 알 수 없는 형태로 변형시키고 다다를 수 없는 무의식영역으로 숨기고 회피할 수 있음을. 이런 정신세계의 체계적이고 교묘한 혼돈의 상태는 인간이 악해서가 아니다. 약해서이다.

도저히 이해되지 않고 예측할 수 없는 외부의 자극들에 대해 나의 생각과 감정은 끊임없이 상처를 입는데 그런 외부의 자극으로부터 생존하기 위해 온갖 방어기제를 작동시키게 된다. 멀쩡해 보이는 정신과 멀쩡해 보이는 감정으로 자신을 삶의 한 가운데로 내동댕이쳐지지 않게 세워 두기 위한 발악 같은 것이다.

이런 혼돈의 심층적이고 방대한 심리영역을 누군가 그것도 인간이 분석하고 판단하고 분류하고 정리해 준다는 것은 한계가 많으며 그 심리영역은 그냥 그 존재의 정신적 감정적 에너지의 부산물이자 쓰레기들이기 때문에 쓰레기를 분석하고 있는 것에 지나지 않는다. 쓰레기는 분석의 대상이 아니다. 처리할 대상이다. 저 사람과 저 상황으로 내가 화가 난 것이 아니라 근원적으로 내 안의 분노가 저 사람과 저 상황을 불러온 것이다.

 왜 내가 화가 났는지를 분석하는 것은 표면적이고 맥락적인, 분노를 건드린 사건에서 원인분석을 해내고 있는 것인데 그것은 근본적인 원인이 아니다. 나를 분노하게 하는 사람과 상황이 사라지면 일시적으로 분노가 일어나지 않게 될 수 있지만 시간이 지나면 당신 안의 분노는 또 다른 상황과 사람을 통해 분노의 체험을 하게 만든다. 분노의 원인을 찾으려 할 때 분노 자체가 원인이라고 말해 주고 싶다. 그러니 분노라는 쓰레기를 분석할 필요 없이 그 감정 프로그램을 제거하는 것이 더 근원적인 답이다.

 에너지리딩 작업이 시작되면 당신이 잊고 있었던 무의식의 감정과 기억의 뒤엉킨 에너지 상자가 열리게 된다. 나는 마치 개복수술을 하는 의사가 되어 협착된 혈관과 장기 그리고 세포 하나하나를 분리하며 처리하기 시작한다. 대수술이자 대청소 작업이다.

 나를 찾아온 무속인 내담자는 자신이 방송에도 출연한 적이 있으며 무속인 생활을 하다가 돈과 인간관계에 대한 카르마 체험이 일어나 무속인을 그만둔 상태라고 말했다. 그러면서 이런 말을 했다. 처음에 신내림을 받게 되면 영안이 깨끗한 상태로 영발이 가장 좋게 되는데 그때 몇 개월 반짝 제대로 된 신점을 보면서 익힌 정보와 스킬로 그 이후의 나머지 점을 보게 된다는 것이다. 그래서 대부분 복불복에 가깝다는 것이다.

내가 에너지가 열리면서 이해하게 된 무속인(무당)의 상태에 대한 설명을 해 보고자 한다. 한번 들어 보시라. 흥미로울 것이다. 신비가 현실이 되는 순간이 오고 있다. 내가 트랜스 상태로 에너지리딩을 하면서 눈을 감아도 보이고 떠도 보이는 상태(인당, 제3의 눈으로 보이는 상태)가 되면 내담자의 몸 안에 과거의 모든 기록이 보인다.

특히 감정적으로 정신적으로 힘들었거나 무거운 에너지일수록 크게 기록되어 있고 그것이 주로 보인다. 내가 처음 그런 이미지들을 보게 되었을 때 얼마나 놀랐겠는가? 저게 도대체 왜 보이며 어떻게 보이는 것이지? 내가 보고도 믿기지 않았다. 지금도 적응이 잘 안된다. 리딩 후에 혼자 닭살이 돋아서 팔을 쓸어내리고 있다.

인간이 죽게 되면 영혼과 영체 즉 에너지몸이 육체를 벗어나게 된다. 보통의 영혼들은 내가 이번 생의 몸으로 어떤 수준의 희로애락를 체험했건 웬만하면, 특히 죽을 때 자신의 죽음을 기꺼이 평화롭게 받아들인 영혼들일수록 곧장 영혼세상으로 가게 된다. 너무 어린아이들을 두고 온 어머니 영혼은 며칠, 몇 달은 떠나지 못하고 머물다가 갈 수도 있지만 웬만하면 다음 생을 다시 계획하기 위해(두고 온 자식의 자녀로 태어나기로 계획할 가능성이 높음) 영계로 가게 된다.

그런데 살아 있는 인간들의 상태만큼 죽은 영체의 수준과 상태들도 너무 다양하다. 만일 평화롭게 죽지 못하고 너무 한이 많은 생을 살았다든가 처리되지 못한 분노, 고통, 슬픔 등이 가득한 상태로 죽는다면 몸만 벗어난 채로 지구의 4차원 영역을 떠돌게 된다. 몸을 벗어난 영체들은 그 존재의 수준이나 역량에 따라 에너지몸을 쓸 수 있는 기능이 다양하다.

4차원 에너지몸이지만 3차원의 물질계의 물건에 힘을 가할 수 있어서 물건을 움직이고 인간들의 가청 영역으로 소리를 낼 수 있어 말도 걸 수 있게 된다. 이런 기능들 때문에 아무도 없는 공간에 의자가 저절로 움직인다든가 물건이 날아다닌다든가 하는 일이 벌어진다. 내가 너무 사랑하는 사람이 죽었을 경우 당신의 감정이 그와 너무 연결되고 싶어 할 때 죽은 사람의 소리와 손길을 느끼고 교감이 가능한 것도 이 때문이다.

나는 사실 무당에 대한 관심이 크게 없어서 제대로 된 개념조차 없는 것 같아 정말 이 책을 쓰기 위해 오늘 무당의 사전적 의미를 한번 찾아보았다.

* 무당: 귀신을 섬겨 길흉을 점치고 굿을 하는 것을 직업으로 하는 사람. 주로 여자를 이른다. 한자를 빌려 '巫堂'으로 적기도 한다.

오~ ㄷㄷ 귀신을 섬긴다고 한다. 정말 이렇게 적혀 있다. 여기서 귀신은 죽은 자를 말한다. 당신도 죽어서 영혼세상으로 곧장 못 간다면 귀신이 된다. 4차원 영역의 존재들은 자유로운 에너지몸 상태이기 때문에 3차원의 인간 몸으로 들어올 수 있고 인간을 자신의 아바타로 쓸 수 있다.

평소 정신과 몸이 쇠약하고 감정기복이 심하고 불안정하며 자신의 자아정체감인 인간에고가 자신의 육체, 사념체, 감정체의 주인으로 바로 서 있지 못할 때, 즉 자아가 약할 때, 거기다 에너지가 열리고 기감이 발달되어 있다면 4차원존재들(귀신, 어둠의 세력의 하수인들)의 아바타용 먹잇감이 되기 쉽다.

그리고 반대로 에고가 강한 상태에서 에너지가 열리고 신과 연결되고 신을 받기를 원할 때도 아바타가 될 수 있다. 귀신을 섬기는 무당이 되거나 자신이 신이라고 하며 인간들을 지배하려는 놀이를 하고 싶은 교주가 된다. 4차원존재들이 3차원 인간 몸에 영향을 주고 자유자재로 쓸 수 있는 것은 이해가 되는데 그렇다면 살아 있는 한 인간의 과거 정보는 어떻게 알 수 있을까? 그 정보에 어떻게 접속이 가능할까?

여기서 이제 아인슈타인의 상대성이론이 등장한다. 오~ 엄청 재미있지 않은가? 4차원 영역이 어떤 영역인가? 시공간이 접힐 수 있는 영역이다. 시간은 3차원 영역의 공간을 이동한 거리의 축척된 양의 단위를 설명한 개념이다. (지구의 시공간 시스템에 대한 설명을 아주 이해하기 쉽게 설명해 놓은 블로그 글 〈신비체험 고찰 시리즈 - 4. 준비가 되면 에너지가 열린다(3)〉을 참고해 주길 바란다. 설명이 아주 기똥차다.) 그런데 4차원 영역은 입자적 위치와 공간이 특정되어 있지 않은 초월된 영역이다. 고로 시간의 개념도 사라진다.

당신이 3차원의 단단한 물질계를 벗어나 에너지차원인 4차원 영역에 있게 되면 시공은 사라지고 모든 것이 지금 이 순간에 동시에 이루어지는 상태가 된다. 공간이동 가능, 현재, 미래, 과거가 동시에 접속 가능해진다. 단단한 공간이 붕괴되니 시간이 사라지게 되는 것이다. 에너지몸은 빛의 속도로 움직일 수 있게 된다.

그러면 한 인간의 에너지장에 모든 과거의 기록이 저장되어 있는 것을 볼 수 있는 원리는… 그렇다. 3차원의 당신은 바로 앞사람의 지금 얼굴만을 볼 수 있지만 4차원에서 보게 되면 과거, 현재, 미래가 동시에 접속 가능하다. 과거가 과거가 아니라 바로 지금 이 순간에 현존하게 되는 것이다.

무당은 말한다.
"2년 전에 교통사고 났구나! 너 물에 들어가지 마! 올여름에 물에 들어가면 물귀신 돼!"

영발이 맑으신 무당이 과거는 정확히 맞출 수 있지만 미래는 복불복이 되는 이유는… 그렇다.

과거는 특정 체험을 이미 해서 3차원의 나의 에고가 그 체험을 자신의 현실로 깊이 인지하고 저장해 두고 마치 아카식레코드 우주도서관에 "이 책 내 책이고 확실한 내 정보예요."라고 찜해 놓았기 때문에 명료한 열람이 가능하다.

그런데 미래는 아직 특정체험이 진행되지 않아서 3차원에고가 "이게 내 확실한 체험의 정보예요."라고 찜을 해 놓은 상태가 아니라 여러 가지 가능성의 체험으로 떠 있는 상태인 것이다. 그중에 가능성의 미래 하나를 볼 수 있기 때문에 맞을 수도 있고 틀릴 수도 있게 된다.

이 지점이 아주 중요하다. 미래가 완벽히 결정되어 있지 않고 가능성의 버전으로 마치 여러 개의 선택지가 있는 것처럼 된 구조. 이 부분이 바로 우리를 창조주 신으로 만드는 지점인 것이다. 나에게는 명리학이나 사주를 공부하시는 분들도 오신다. 서양의 점성학이나 우리나라의 명리학에서 말하는 것처럼 인간의 생이 구조적으로 조건적으로 어느 정도 정해진 요소들이 있을 수 있다. 당신이 이번 생에 태어날 때 부모, 성격, 체질, 재능, 직업, 배우자, 질병, 수명, 재산에 대한 굵직굵직한 윤곽들을 계획하고 선택해서 태어날 수도 있다.

그것은 마치 내가 살게 될 집을 미리 설계하고 온 것과 같은 것이다. 내가 살게 될 집이 쓰러져 가는 판잣집일지, 반지하일지, 강남의 고층 아파트일지, 하와이 대저택일지가 어느 정도 결정된 채로 태어나는 것이다. 그리고 여러분은 이런 기준에 골몰해 있을 것이다. "내가 아무리 노력해도 나는 결국 반지하에 사는 거야? 내 운명은 왜 이래!", "내가 아무런 노력을 안 해도 나는 하와이 대저택에 살게 된다는 거야? 아싸~"

여러분의 운명은 외부의 조건이나 환경의 구조적인 부분이 아니다. 그 모든 조건 속에서 내가 어떤 감정체험을 해내느냐이다. 내가 강남의 비싼 아파트에 살고 하와이 대저택에 살게 된다는 것과 내가 행복하게 되는 것은 차이가 날 수 있다. 당신이 왕이 될 상이라고 해서 당신이 왕이 되어서 행복하게 살게 될지는 또 다른 문제가 된다. 중요한 것은 그 어떤 유전적 한계와 조건적 한계를 설정하고 태어났더라도 내가 그 모든 조건에서 어떤 감정 상태로 살아가느냐에 따라 당신의 체험이 달라지고 따라서 당신의 외부조건에도 변화가 오게 된다.

내가 집중하는 것이 내 현실이 된다. 웃으면 복이 온다. 그러면 당신은 이렇게 말할 것이다. "큰 집으로 이사하면 웃을 수 있을 것 같아요." 25평에서 35평으로 이사하면 3~4개월간 웃을 수 있다. 그리고 이내 익숙해지고 그 외부의 조건적 행복은 사라져 버린다. 당신은 다시 50평대를 꿈꾸게 될 수도 있다. 이렇게 되면 외부적 조건에서 오는 행복에 대한 욕망은 끝이 없다.

답은… 당신은 이미 내면에 조건 없이 행복한 감정 자체의 부자이면 된다. 늘 행복과 기쁨을 느끼고 유지할 수 있다면 그 감정이 당신의 체험을 불러오고 행복한 체험들이 쌓여 당신의 운명을 다시 성형하게 된다. 당신이 그 어떤 무의식적 두려움과 결핍감과 슬픔, 고통, 분노 등이 없는 상태로 하루 24시간을 고진동의 기쁨과 긍정과 행복의 감정 상태로 자신의 에너지 진동수를 유지할 수 있다면 반지하에서 1년 안에 25평 아파트로 이사하게 될 수도 있다.

 영혼남자는 이혼을 하며 모든 집과 재산을 아이를 키우고 있는 전처에게 다 주고 맨몸으로 나와 찜질방이나 사무실에서 자면서 하루 김밥 한 줄을 먹으며 일했고 나를 만났을 때는 경기도에 작은 아파트 하나를 매입한 상태였다. 무당이 말한 물가에서 물귀신이 되는 일은 당신의 감정 상태 즉 내면의 존재상태에 따라 창조되지 않을 수도 있다.

 당신의 생각과 감정이 당신의 삶을 재창조할 수 있다. 당신이 두려움과 부정적 사고와 감정 속에 있다면 왕이 되고 강남아파트에 살아도 사건 사고가 끊이질 않게 될 것이다. 무당의 점은 다 무용지물이 된다. 신은 무당이 아니라 자신의 생각과 감정으로 자신의 삶을 창조하고 있는 당신이기 때문이다.

 무당은 귀신 즉 4차원 영역에 존재하는 죽은 자의 도움을 받아 지극히 인간차원인 카르마적 인간사에 관여하여 인간 삶에 집중된 인간을 돕도록 되어 있다. 나의 경우 4차원을 넘어선 우주차원까지 확대된 영역인 전 차원적 존재성을 다루는 상태로 보인다. 인간사만이 아닌 영혼이 깨어나 전 차원적인 우주적 인식이 확장되고 있는 분들은 무당들이 에너지를 읽어 내는 데 한계가 있을 것이다.

　무속인도 자신 안의 인간적 카르마인 부정적 감정과 기억체를 정화하고 처리하지 않으면 에너지가 열리고 신과 접속된 채로 카르마 체험을 하게 된다. 그런데 자신 안의 카르마인 부정적 감정의 에너지를 정화해 낸다면 마치 깨달음을 얻는 과정처럼 시간이 갈수록 혜안과 영안이 열리고 영발이 몇 개월이 아니라 시간이 지날수록 더 진화되고 활성화될 것이다.

　당신은 이런 생각이 들 것이다. 그럼 에너지몸이 되려면 죽어서 귀신이 되면 되지 않느냐고. 그건 아니다. 귀신은 말 그대로 4차원에 갇힌 에너지몸의 상태다. 산 자는 3차원 몸의 물질계에 갇힌 상태, 죽은 자는 4차원 에너지몸의 에너지차원에 갇힌 상태인 것이다.

　람타가 바람에 자신의 몸을 일체시켜 초탈해 가는 과정에서 중간에 유체이탈 현상이 일어났다. 그때 람타는 그 자유로움에 감복하여 하늘을 향해 엎드려 절을 한다. 그리고 점점 몸을 이탈하는 것이 아니라 몸을 가지고 바람(에너지몸)이 되는 훈련을 해 나갔다. 그는 말을 타고 훈련 중인 자신의 병사가 말에서 떨어지는 것을 본 순간 자신이 그 병사의 몸을 받치게 되는 것을 체험했다. 순간이동이 가능해진 것이다.

　그리고 더 이상 전쟁을 하지 않고 에너지몸으로 적진의 천막에 들어가 그들의 작전을 모두 파악한 후 그들이 스스로 무너지게 했다. 나도 이럴 수 있으면 너무 좋겠다. 몸 안에 갇혀 있지 않고 시공을 초월하여 자유자재로 움직일 수 있을 때 우리는 훨씬 많은 문제들을 처리할 수 있게 된다.

소울디 사용법을 설명하기 위해 심리상담사와 무당과 나의 차이를 설명했다. 나는 그 모든 것을 합친 더 확장된 영역을 다룬다고 보면 된다. 그러니 만일 나의 조력을 원한다면 나와 나의 에너지작업을 어떻게 활용할 것인지 소울디를 어떻게 가성비 좋게 이용해 먹을 것인지 연구를 해야 한다.

나의 에너지작업은 당신 안의 정화하고 청소해야 할 쓰레기를 좀 더 세세하고 깊고 장대하게 들여다볼 수 있는 현미경, 확대경 같은 도구이며 쓰레기를 잘 처리할 수 있는 집게, 빗자루, 진공청소기 같은 도구이다. 그리고 반대로 쓰레기에 눌려 있는 당신 안의 빛과 고진동을 좀 더 세세하고 깊고 장대하게 들여다볼 수 있는 현미경, 확대경 같은 도구이며 빛과 고진동 에너지를 살려 내고 회복시키고 활성화하는 증폭기 같은 것이다.

나의 용도는 〈빛의 시크릿 소울디 블로그 안내글〉에 잘 정리해 두었으니 필요하신 분들은 참고하시면 된다. 이 책에서는 〈블로그 안내글〉에 설명하지 못한 부분을 보충해 두겠다.

나의 첫 번째 책 《내 안의 권능 사용법》에는 〈일반 명상과 마음공부의 한계〉라는 글이 있다. 사람들이 마음공부를 해서 어떻게 교묘하게 자신의 감정을 제대로 직면하지 못하고 가라앉히고 회피해서 결국 더 압축하는지 설명해 두었다. 감정을 흘려보내고 내려놓고 놓아 버리고 이런 감정 처리는 일시적인 분리이다. 감정을 그냥 느껴 주는 것만으로도 부족하다. 절대 제대로 완전히 처리될 수 없다. 오히려 제대로 된 직면과 압축풀기를 방해하고 지연시킨다.

그리고 이런 방법을 아직 쓰고 있고 습관화되어 있다면 아마 나의 방식에 거부감을 느끼거나 제대로 된 이해를 막을 것이다. (해 보았거나 자신이 하고 있다고 느낄 것이다.) 기존의 마음공부에 한계를 느낀 분이라면 《빛의 시크릿(기본편)》에서 안내하는 저진동 감정의 압축풀기의 실천이 잘될 수도 있다.

호흡에 집중하거나 빛에 집중하는 일반 명상을 저진동 압축풀기의 정화과정 없이 함부로 하게 되면 에너지가 열려 감당할 수 없는 기감 증상으로 오히려 고생을 하게 될 수도 있다. 나에게 오시는 분들 중에는 명상이나 수행을 하다가 에너지가 열려 오히려 고생하고 계신 분들이 많다. 심한 망상, 조현병 등 너무 심한 신체적 정신적 기감증상을 겪고 계신 분들은 이미 육체, 감정체, 사념체가 빙의령이나 외부유입체 등에 50% 이상 주도권이 뺏겨 지배당하고 있는 상태일 수 있다. 이런 상태의 경우 나는 도와줄 수가 없다. 이것은 내가 역량이 부족해서이니 좌절하지 말고 꼭 나보다 더 훌륭하고 능력 있는 퇴마사든 스님이든 무당이든 힐러든 찾아가길 권한다.

내가 하고 있는 에너지작업은 대대적인 대청소 작업이다. 한 영혼의 장대한 에너지장의 장대한 무게를 정화해 내고 그 밑에 깔린 빛의 고진동 에너지를 살려 내는 작업이다. 이 작업마저 50 대 50으로 본인이 반을 스스로 해내야 한다. 그렇게 스스로 본인의 자력과 에너지를 회복하고 육체와 사념체와 감정체를 제대로 창조의 도구로 사용할 수 있도록 그렇게 제대로 된 신이 될 수 있도록 돕는 작업이다.

이 작업은 장기전이다. 그래서 기본적으로 자아정체감이 바로 서 있어야 하고 자신이 자신의 에너지의 확실한 주인의 상태여야 하고 이 모든 대청소의 50%를 스스로 해 나갈 현실적 여력들이 어느 정도 필요하다. 주저앉아 있는 영혼이 아닌 본인의 힘으로 일어날 수 있는 영혼들을 내가 손을 잡고 갈 수 있는 상태이다.

돈도 들고 시간도 들고 에너지도 든다. 그래서 모든 결정을 내담자 본인에게 맡긴다. 나의 에너지작업을 어떤 간격으로 얼마나 이용할지 내담자의 결정과 의지에 따른다. 나를 일종의 헬스트레이너로 생각하면 된다. 일시적으로 지방 흡입을 해서 살을 빼게 하는 게 아니라 당신의 전반적인 에너지 상태를 파악하고 처리하고 동시에 당신의 생활습관을 바꾸듯 생각과 감정을 정화하고 처리하고 현실창조에 쓰는 습관을 바꾸는 훈련을 하게 된다. 그 모든 과정을 내가 함께 가며 조력하게 된다.

참고로 당신이 나의 에너지작업을 신청하게 되면 나는 나의 손으로 당신의 에너지가 나의 에너지작업이 가능한지를 체크하게 된다. 에너지작업 초반에 한 내담자의 에너지작업 후 나의 몸이 (두통과 체기 등) 너무 힘들어짐을 경험하게 되었다. 이 현상을 통해 에너지작업을 하면 안 되는 사람에게 작업이 진행되었다는 것을 깨닫고 원격으로 에너지작업을 모두 철회하자 모든 증상이 사라졌다.

그리고 그 이후 내가 그 사람의 에너지장을 작업해도 되는지 그의 깨어남의 여정과 정화와 빛의 활성화의 과정에 개입해도 되는지를 미리 체크해서 에너지작업을 하게 되었다. (에너지를 체크하게 되면 나의 손이 다양한 움직임으로 그 사람의 에너지 상태를 표현하게 된다.) 이 부분은 〈블로그 안내글〉에 설명되어 있으니 에너지작업을 받고 싶으신 분들은 참고하면 된다.

부디 나와 나의 에너지작업에 대한 이해와 필요성이 진실하고 절실하신 분들이 작업을 신청해 주면 좋겠다. 만일 나를 시험하려 하거나 간을 보거나 의심이 가득한 채로 오게 되면 에너지작업이 가능하다고 하더라도 제대로 진행도 안 될뿐더러 에너지작업은 지속되지 못하고 나와의 인연은 금방 끝나게 된다.

나는 내담자의 모든 의식(판단, 생각, 감정, 에너지 등)과 의지에 반응하고 그 모든 것이 끝도 없이 변하게 될 것임을 안다. 그러니 부디 나와 에너지작업에 대한 제대로 된 이해와 신뢰와 의지가 생길 때 신청하면 된다.

그리고 나의 에너지작업을 이용하지 않더라도 나의 블로그의 글들을 활용할 수 있다. 특히 〈빛의 시크릿 소울디 - 인식 나눔글〉에는 책에 다 쓰지 못한 상세한 설명들이 나오니 관심이 생긴다면 참고하길 바란다. 내가 소울디로서의 활동을 멈추더라도 이 블로그는 마치 작은 도서관처럼 살려 두겠다.

> **인식 나눔글의 제목들**
> 〈영적 분별〉, 〈선악의 초월〉, 〈초탈카드〉, 〈존재의 목적〉, 〈카르마의 구조와 창조〉, 〈상승론〉, 〈정화의 기술〉, 〈실천을 실천하는 법〉, 〈영적 역할의 스펙트럼〉, 〈우주최강의 빛〉, 〈타인으로부터의 자유 & 나로부터의 자유〉, 〈나에게 초탈이란〉, 〈지구별 생존전략/예민함 줄이기〉, 〈천국의 열쇠〉, 〈힐러가 된다는 것〉

사실 내가 에너지작업의 모든 방법과 과정을 블로그와 이 책으로 공유하는 이유는 내가 이 에너지작업을 오래 할 의향이 많이 없기 때문이다. 나의 꿈은 에너지작업을 하는 힐러가 아니라 초탈이기 때문이다. 앞으로 점점 정말 나의 에너지작업이 필요하고 도움이 되고 절실하신 분들만 해 드리는 방향으로 줄여 나갈 계획이다.

그래서 누군가 나 대신 해 주거나 이 일을 좀 나눠서 했으면 좋겠는데 내가 하는 에너지작업을 내가 어디서 배운 것이 아니고 이런 기능들이 가르쳐질 수도 없는 거여서 혹여나 '100번째 원숭이 효과'와 같은 일이 벌어지길 기대하며 모든 걸 공유해 보고 있다. 누군가에게 나와 같은 에너지작업을 하는 기능 내지 증상들이 전이되고 공유되길 바라는 마음이다.

실제로 그 비슷한 일이 벌어지고 있어서 조금 신기하긴 하다. 내게 에너지작업을 받으시는 분들 중에 레이키를 배우다가 에너지가 열려 실제 활동하는 분들이 계시기 때문이다. 그분들이 내가 보는 이미지들을 본다고 한다. 내가 보는 이미지들의 정보가 그분들에게도 보이고 그렇게 도움이 필요한 분들에게 도움이 된다면 더할 나위 없을 것이다.

지금 지구에는 다양한 인간의 수준과 상태들이 공존하고 있으며 깨어나는 영혼들의 수준들도 천차만별의 상태이기 때문에 그들을 돕는 조력자들도 다양한 수준과 방식과 형태로 존재할 수밖에 없다고 생각한다. 지구상에 존재하는 모든 방식의 힐러들(심리상담사, 무당, 에너지 힐러, 기치유사. 에너지리딩가 등등)이 각자의 방식과 위치에서 자신의 에너지수준에 걸맞는 사람들을 도울 수 있다고 생각한다. (물론 사기꾼들을 항상 조심해야 함. 자신에게 맞는지 안 맞는지, 자신에게 진짜인지 가짜인지, 자신에게 도움이 되는지 아닌지 잘 분별해 내야 함)

당신은 나를 정확히 뭐라고 잘 규정할 수 없을 것이다. 나는 지금까지 우리가 보아 왔던 스승도 성인도 아니고 지금까지 없었던 유형, 즉 변종이자 특이종이다. 당신이 나를 통해 그 무엇을 체험하든(유능하든 무능하든, 높든 낮든, 옳든 그르든, 좋든 나쁘든) 그 모든 것이 나이다. 참고로 나는 예수도 부처도 아닌 처음부터 끝까지 그냥 나이고 싶을 뿐이다.

나는 예수와 부처가 그렇게 위대해 보이지가 않는다. 그들은 자비와 용서와 사랑을 가르쳤지만 카르마가 드글거리는 인간사의 중심에서 그런 프레임과 과제는 인간들의 분노와 고통을 더욱 억압시키고 누군가가 미워지는 감정에 죄책감을 느끼도록 해서 인간들이 순수한 자기감정을 부정하고 억누르도록 했다. 누군가가 미워지는 증오와 분노는 악마나 수행이 덜된 저급한 존재들의 상태이기에 그들은 부정적인 감정을 느끼면서 동시에 자신을 미워하고 용납하지 못하게 되었다.

그 결과 인간들은 더 뒤틀리고 왜곡되며 그 스트레스를 더욱 기만과 폭력으로 분출하게 되었다. 지금 사회가 이 모양 이 꼴이 된 것은 타인에 대한 사랑이 부족해서가 아니다. 반대로 종교들이 인간들의 자신에 대한 사랑을 막았기 때문이다. 자신을 진심으로 이해하고 존중하고 사랑하는 사람들은 타인에 대해서도 그 모든 것이 가능하다. 자신을 사랑하는 첫 번째 방식이 자신의 감정을 판단하지 않고 있는 그대로 존중해 주는 것이다.

종교로 인해 우리는 우리 자신의 감정을 더욱 제대로 파악하지 못하게 되었으며 우리는 신이 아닌 보잘것없는 불쌍한 중생이요, 죄 많은 인간들로 규정되었다. 자신을 낮추는 겸손과 사랑이 밥을 먹여 주었나? 그 반대이다. 쫄쫄 굶고 겨우 먹고 살면서 나는 돈을 밝히지 않는 탐욕 없는 수준 높은 현자요, 죄를 짓지 않는 순결한 신앙인이면 되는 것인가? 아니다. 당신은 그 누구보다 풍요하고 완전한 신이다.

예수가 마지막에 "아버지! 그들은 알지 못하나이다."라고 울부짖었지만 반대로 예수도 딱히 인간들의 상태를 잘 알았다고 볼 수 없다. 인간으로 많이 살아 본 나도 아직 인간을 모르겠다. 정말 신기하지 않은가? 우리가 이토록 많은 생을 인간으로 살아왔다면 이쯤 되면 짬밥이라는 게 있고 서당 개 3년이면 풍월도 읊는데 우리는 여전히 인간에 숙련된 인간전문가가 되지 못하고 있다.

시간이 갈수록 인간이 더 고달프고 매 생에 태어나면서 아직도 돈벌기와 인간관계에 능숙하지 못하다. 그것은 정상적인 업무와 체험과 스펙의 누적 상황이 아니다. 체험이 누적되는데 아직도 더 약해지고 무능해지고 적응 못 하고 허둥대고 있다면 그것은 그냥 체험이 아니라 트라우마의 반복이었다고밖에 볼 수 없다.

소울디가 누구인지는 중요하지 않다. 나도 나를 다 모르겠다. 내가 신이라는 것을 확신하고 증명할 순 없지만 내가 인간만이 아니라는 것, 우리가 인간만이 아니라는 것은 확실하다. 그리고 나는 지금 이 지구와 인간의 상태를 벗어나고 싶어 하는 초탈이 고프고 지구의 인간 졸업이 임박한 영혼이라는 느낌은 확실하다.

나는 보시다시피 특별하지 않다. 다만 작은 기능 하나가 열렸다. 그 기능조차도 협착된 장기를 들여다보듯 저진동 에너지의 기록을 엄청 자세하고 장대하게 볼 수 있는 능력 같은 것일 뿐이다. 이건 결코 오래 하고 싶지 않은 기능의 일이기도 하다. 당신이 내가 말한 이해들이 이해가 된다면 그리고 혹여나 나처럼 카르마를 제대로 정화하고 싶고 자유로워지고 싶고 신적 권능을 회복하고 싶고 이번 생이 마지막이고 싶고 초탈이 꿈이라면 나를 이용하면 된다.

  그 어떤 도구나 기계도 내가 알고 이해하는 만큼 활용할 수 있다. 휴대폰의 100가지 기능 중에 아는 몇 가지만 사용하고 있는 것처럼. 당신은 나를 포함 그 어떤 도구들도 당신이 알고 이해한 만큼 활용하고 효과를 얻어 낼 수 있다. "너의 믿음이 너를 치유케 하리니~ 진리가 너희를 자유케 하리니~" 당신은 이해되지 않는 것을 억지로 믿을 수 없다.

  그것은 종교에서나 자행되는 짓이다. 그러면 절대 안 된다. 그것은 자신을 속이는 일이다. 당신은 당신의 직관적 이해와 앎을 믿고 따라야 한다. 그렇게 해야만 제대로 깨어나고 당신만의 자유의지와 고유한 에너지와 깨어남의 여정이 훼손되지 않게 된다.

  나는 나를 그 어떤 특정 개념으로 규정하고 가두고 싶지가 않다. 왠지 계속 바뀌고 의식적으로 진화될 것만 같다. 그냥 나는 흘러가는 강물이고 바람이고 싶다. 그리고 너무 많은 체험을 한 존재의 무게가 느껴져서 무로 돌아가 체험 자체를 쉬고 싶다는 생각이 드는 존재 상태이기도 하다. 실제로 내게 오시는 내담자들 중에도 이런 분들이 있다.

  어떤 식으로든 내가 당신에게 느껴지고 판단이 될 텐데 그게 모두 나다. 이런 책을 쓰고 있고 이런 이해와 인식을 가지고 있고 이런 에너지작업을 하고 있는 소울디의 인식과 에너지작업을 어떻게 이용할지에 집중하길 바란다. 나와 나의 에너지작업이 당신을 도울 수도 있고 돕지 못할 수도 있다. 도움이 안 될 땐 과감히 버리면 된다. 분명 당신에게 맞는 멋진 도구와 방법들은 이 우주에 널리고 널렸다. 이런 선택들조차 당신이 창조해 나가는 것이다. 당신이 신이므로.

● 신이 된다는 것

우리가 키우는 고양이 사랑이가 집을 나간 적이 있었다. 집 뒷마당에 길냥이들의 밥을 주고 뒷문을 제대로 닫아 두지 않는 바람에 그만 사랑이가 나가 버렸고 나는 뒤늦게 그 사실을 알게 되었다. 전원주택이라 외출냥이로 키워 보려고도 했는데 고양이는 개와 달리 호기심이 많아서 길을 잃어버리고 결국 찾아오지 못하게 된다고 한다. 밖에서 몇 번 놓친 적이 있어서 절대 나가게 하지 않는데 드디어 사고가 터진 것이다.

나는 가슴이 철렁하고 혼비백산되었다. 내가 이런 게 싫어서 다시는 생명체를 키우고 정을 주려고 하지 않았건만 또 이렇게 되어 버렸다. 미친 듯이 뒷마당으로 뛰어나간 나는 저 산 너머로 올라가고 있는 사랑이의 뒷모습을 발견하고 엉엉 울면서 휴대전화로 영혼남자에게 "사랑이 간다. 사랑이 간다." 하며 발을 동동 굴렀다. 정확히 아이를 잃어버리고 헤어지는 고통이 건드려진 순간이었다.

나는 정신을 다잡고 진정하고 일단 집으로 들어와 "그래도 한 번은 돌아올 것이다. 화장실을 가거나 밥을 먹기 위해서라도 한 번은 올 것이다."라고 생각하며 문을 열어 둔 채 다 식어 버린 밥을 꾸역꾸역 먹으며 오히려 소리를 내서 자극하지 않으려고 무심하게 행동했다. 얼마 지나지 않아 문 사이로 사랑이의 꼬리가 보였다. 그리고 어느 순간 수욱 들어왔다. 잡았다 요놈! 그렇게 소동은 마무리되었다.

영혼남자는 사랑이는 둘째 치고 내가 정신을 잃고 슬퍼하니 내가 걱정이 되어 집으로 차를 몰고 오다가 사랑이가 돌아와 내가 진정된 것을 확인 후 다시 직장으로 돌아갔다. 나는 고양이 한 마리로 무너지는 나의 멘털과 감정의 상태를 보면서 깨달음이 왔다.

왜 이렇게 슬픈 것인가? 사랑하는 대상과 헤어지는 것은 왜 이다지도 가슴이 찢어지게 아픈 것인가? 이름 모를 알지도 못하는 고양이가 나를 떠난다면 아무렇지도 않을 텐데 왜 사랑이는 자식이 떠나는 것처럼 아픈 것인가? 뉴스에 나오는 이름 모를 아이가 횡단보도에서 교통사고를 당해 죽었다면 그냥 안타깝고 말 것인데 내 아이가, 내 조카가, 내가 아는 이웃 아이가 당해서 죽었다면 나는 왜 무너지고 가슴이 아픈 것인가?

나는 아주 놀라운 사실을 발견했다. 나를 떠난 것은 사랑이가 아니었다. 나였다. 사랑이는 그냥 고양이가 아니었다. 나의 에너지가 들어간 나였다. 내가 먹여 주고 입혀 주고 쓰다듬어 주고 똥을 치워 주고 걱정해 주고 예뻐해 주고 행복해 주고 귀여워해 주고 사랑스러워해 준 나의 정성, 나의 시간, 나의 생각, 나의 감정이 들어간 나였다. 나는 사랑이를 통해 내 체험의 우주를 확장시키고 있었다. 사랑이는 내 우주의 일부이자 나의 일부였다. 나는 방금 나와 헤어질 뻔한 것이다.

　나의 에너지와의 이별이자 나와의 이별이 이토록 특별히 아프고 슬픈 것이었다. 이 슬픈 합리적 추론을 따라오겠는가? 자, 그럼 이제부터 나와의 이별이 왜 이토록 슬픈지 이 상황에서 어떤 감정의 압축이 거의 트라우마처럼 건드려진 것인지에 대해 설명해 보겠다.

　우리 안에는 신과 분리된 최초의 트라우마가 있다. 메타의식과 창조의식으로 갈라진 우주의식은 창조의 영역에 자신을 무한대로 개체화시키며 분화했다. 우주의 모든 것 속에 신적의식(신성)을 심어 놓았지만 개체들은 자신이 신인지 잊어버리게 되었다. 자신이 신임을 잊어야 자신이 신임을 깨닫고 신으로 회복하는 체험과 창조가 가능해지기 때문이다. 신으로부터 분리되는 과정은 그야말로 자신의 모든 완벽성과 완전성으로부터 분리되는 과정과도 같았다. 나의 모든 완벽한 에너지를 박탈당하고 억지로 나로부터 나를 찢어 버리는 것이다.

　이것은 모든 존재들에게 어마어마한 트라우마로 남게 된다. 나의 모든 권능이 박탈되고 내가 누구인지도 모른 채 망망대해의 우주에서 미아가 되는 것이다. 무엇을 할 수 있겠는가? 무엇을 알 수 있겠는가? 한때 한 몸이었던 아이와 부모가 헤어지는 고통은 존재들의 근원적인 신과의 분리의 트라우마를 건드리게 된다. 그래서 그 어떤 영화와 드라마 속에 부모와 아이가 헤어지는 장면은 넘사벽 신파가 된다. 그냥 본능적으로 눈물이 줄줄 흐르게 되어 있다.

나는 감히 단언할 수 있다. 신이 된다는 것은 특별한 것이 아니다. 내가 잃어버린 나를 찾고 헤어진 나와 다시 만나는 과정이다. 본래 완전했던 나 자신을 되찾고 완전한 신의 상태인 나의 상태를 회복하는 작업이다.

끌어당김의 법칙인 시크릿의 방법은 내가 되고 싶은 것이 되었을 때의 행복한 느낌을 미리 느껴 주는 것이다. 나는 내가 초탈했을 때를 처음 느끼는 순간 오열이 터지는 체험을 했다. 너무 서럽고 오만가지 회한이 밀려오고 뭔가 부당하고 억울한 일을 오랫동안 당한 것처럼 목놓아 엉엉 울었다. 신이 자신이 신인 것도 모르고 지갑은 다 털리고 몸도 얻어터지고 굶주린 채 어두컴컴한 범죄가 가득한 뒷골목을 천년만년 헤매다가 겨우 집으로 돌아온 느낌이었다.

신이 된다는 것은 그냥 원래의 완전한 내가 된다는 것이다.

다시는 이런 가슴 아픈 이별은 없는 곳으로 간다는 것이다.

나는 그저 내가 미치도록 보고 싶고 나를 미치도록 만나고 싶은 것이다.

7. 천국의 마지막 관문

나의 에너지작업에서 당신의 고차원적 기록과 고진동 정보가 나올 수 있다. 대부분 상징적인 이미지로 진행되지만 정말 어떤 분은 정확한 행성 이름과 그 행성에서의 자신의 이름, 살았던 방이나 공간과 마을까지도 등장할 때가 있다.

당신이 시리우스에서 살았던 존재라고 해서 당신이 인간이 아니고 5차원 시리우스의 존재라는 의미가 아니다. 다음에는 또 다른 정보가 나올 수 있다. 당신은 다양한 차원의 다양한 존재로 살았다. 지구의 인간으로서도 전생 중에 당신은 서울에 사는 양반이기도 했고 섬마을 천민이기도 했고 학자이기도 했고 백정이기도 했던 것처럼.

당신은 당신이 누구인지 알고 싶을 것인데 그 모든 것이었다. 그리고 시공간연속체를 벗어나면 과거, 현재, 미래가 동시에 진행되고 있는 관점에서는 현재, 당신은 그 모든 것이다. 그 모든 행성과 존재들의 기억과 정보를 통해 통합된 전 차원적 자신의 존재성을 당신의 무의식이자 잠재의식은 회복해 간다.

중요한 것은 '그 모든 차원에서 다양한 나였던 나의 존재가 지금 이 순간 이 지구에서 무엇이 되고 싶은가?'이다.

당신은 지금 그리고 앞으로 자신을 무엇으로 창조하고 체험하고 싶은가? 당신은 신이다. 신은 모든 것이 되어 볼 수 있다. 무엇이 되고 싶은가를 매 순간 내가 결정하고 그대로 창조하는 신이 되고 싶지 않은가? 나는 그러고 싶다. 시리우스인, 플레이아데스인, 예수, 부처가 아니라 그 모든 것을 원하는 대로 다 되어 보고 체험할 수 있는 신의 상태가 되는 것이 내가 되고 싶은 최종 목표 같다. 그 정도는 되어야 내 영혼이 자유를 느끼는 수준이 되어 버린 것 같다. 지구의 인간에 오래 갇혀 있게 되면 꿈이 이렇게 커져 버리나 보다.

지구는 앞으로 멸망할 수도 있고 하지 않을 수도 있다. 할 가능성이 많지만 정확히 언제일지는 아무도 모른다. 미래에 무슨 일이 일어날지를 맞추는 것은 미래에 일어날 수 있는 여러 버전의 사건 하나에 접속하는 것이다. 맞을 수도 있고 아닐 수도 있다. 특정 시간과 특정 사건을 예언하는 것은 흘러가는 강물 위에 깃발을 꽂는 것과 같다. 예언은 예언을 하는 바로 그 순간 그 사건을 창조하고 있는 관련된 모든 유기적 요소들에 대한 통계를 통해서이다. 그런데 그 요소들이 결코 고정되어 있지가 않다.

지구의 외부사건을 창조하고 불러오고 있는 요인들은 인간들의 의식과 감정 상태, 지구의 에너지 상태, 깨어나는 영혼들의 의식과 의지의 상태, 정화되고 깨어나는 속도, 지구를 둘러싼 다른 외계행성과 존재들의 기대와 영향력 등등 너무 많다. 그 모든 요인들이 마치 살아 있는 생물처럼 약동하고 급변한다, 기상청의 날씨 예보만큼 복불복이다. 슈퍼컴퓨터가 와도 안 된다.

지구멸망, 지구 종말은 중요하지 않다. 지구 종말이 오지 않아도 인간은 매생에 개인적 종말인 죽음을 맞이하고 있다. 지구가 특별히 멸망하지 않아도 당신은 어차피 늘 그래 왔던 것처럼 오래 버텨야 100년 언저리에서 죽게 될 것이다. 그리고 앞으로 오게 될 지구 종말에서 육체적 생존은 의미가 없게 될 것이다. 지구는 에너지차원의 행성으로 진화와 상승을 앞두고 있기 때문이다.

지구 종말을 기다리듯 곧 자신의 행성에서 동료들이 자신을 구하러 온다고 믿고 있거나 이번 생은 어차피 아무것도 안 해도 저절로 마지막 생이 되고 모두 상승한다고 믿는 상태는 특정 종교에서 곧 지구의 마지막 심판의 날이 올 것이고 그 종교를 믿기만 하면 저절로 구원받게 된다고 믿는 사람들과 뭐가 다른가?

이 상대계 우주의 구조적 원리상 모든 것은 두 가지의 힘이 서로를 끌어당길 때 연동과 공명에 의해서만 작동하게 되어 있다. 일방적인 것은 없다. 외부는 내면의 발현이요. 하늘에서와 같이 땅에서도 이루어지며 하늘은 스스로 돕는 자를 도울 수 있을 뿐이다.

* 줄탁동시(啐啄同時): 병아리가 알에서 깨어나기 위해서는 어미 닭이 밖에서 쪼고 병아리가 안에서 쪼며 서로 도와야 일이 순조롭게 완성됨을 의미함. 즉, 생명이라는 가치는 내부적 역량과 외부적 환경이 적절히 조화돼 창조되는 것을 말함.

당신이 집중하는 것이 당신의 현실이 된다. 당신이 현재 집중하는 에너지가 당신의 미래를 창조해 낸다. 신으로의 상승과 자유와 빛의 몸과 초탈과 천국을 원한다면 그 모든 에너지와 진동수에 집중해 주어야 한다. 당신이 당신의 힘과 의지로 그 일을 해내고 있을 때 우주도 당신의 고차원 동료도 당신을 도울 수가 있을 뿐이다.

● 마지막 퍼즐(지구마스터)

당신이 한 학교의 교장이라고 가정하자. 당신의 학교를 학업성취도 전국 최우수 학교로 만들고 싶다면 어떤 전략을 짜야 할까? 전국에서 가장 성적이 높은 학교로 만들고 싶다면. 전교생 전부를 늦게까지 남겨 공부시키면 될까? 가장 효율적인 방법은 전체 평균을 깎아 먹고 있는 가장 점수가 낮은 꼴통 반을 1등으로 만들면 된다. 지구의 인간이 바로 그 꼴통반과 같다.

물질에 대한 집착을 내려놓는 불교의 무소유 정신을 나는 이해한다. 붓다가 보기에 인간들이 고통받는 이유는 모든 것에 대한 집착 특히 물질에 대한 소유욕 때문으로 보였을 것이다. 인간사의 한가운데서 모든 카르마를 일으키는 주범이자 주요 아이템이 바로 '돈'이기 때문이다. 돈 때문에 인간들의 인생 목표가 좌우지되고 꿈이 결정되고 생과 사를 오가며 돈 때문에 서로 죽고 죽이며 가족이 동반자살을 하고 배신하고 분노하고 온갖 상처와 고통과 굴욕과 서러움이 일어난다. 인간의 생은 고(苦)가 된다.

그런데 고타마 싯다르타는 왕의 아들이었다. 그는 최소 20년 이상을 모두 소유해 본 다이아몬드 수저 출신이었다. 그런 그가 평생 단 한 번도 제대로 물질을 소유해 보지 못한 가난한 중생들에게 집착을 버리라니. 20년 이상 풀소유해 보고도 행복하지 않았다면 돈이 다가 아니라는 것을 깨달았을 수 있지만 그렇다고 돈이 모든 고통의 원흉이라고 본 것은 오판이다.

물질과 돈이 필요한 세상에서 물질을 버리라고 하는 것은 창조의 영역에서 창조의 도구와 재료를 버리라고 하는 것과 같다. 물질창조의 체험을 포기하거나 금지하는 것과 같다. 물질계의 신적 체험을 극도로 제한시키는 것과 같다.

돈은 죄가 없다. 돈은 중립적 물질이다. 이 돈을 누가 어떻게 체험하느냐에 따라 돈은 고통유발물이 될 수도 행복유발물이 될 수도 있다. 온갖 두려움, 고통, 분노, 슬픔, 억울함 등의 부정적 감정 프로그램인 카르마를 가득 지닌 인간들은 돈이 아니라 돌을 가지고도 그런 체험을 해낼 수 있다.

돈이 문제가 아니라 그 돈의 주인인 사람의 감정 상태가 문제인 것이다. 이곳은 물질계이다. 우리는 물질 몸인 육체를 입고 그 몸을 먹여 살리기 위한 물질과 돈을 필요로 하는 차원에 살고 있는 신들이다. 지구를 지배한 어둠의 존재들이 인간노예화를 좀 더 자동적이고 지능적으로 진행시키기 위해 돈을 만들었는데 그것은 그들의 의도고 그들의 실험이자 체험이다. 잊지 마라. 우리는 지구의 모든 조건을 이용, 역이용할 것임을.

　물질 몸을 입고 물질을 거부하고 부정하고 가장 필요한 돈을 죄악시하고 저급한 에너지로 몰아 마치 돈을 필요로 하지 않은 상태가 자유인 것처럼 하고 있는 것이다. 얼마나 자가당착인가? 보리수 아래서 이슬만 먹고 살 것인가? (보리수도 물질이고 이슬도 물질이다.) 물질계에서의 자유는 물질을 필요로 하지 않는 상태가 아니다. 내가 원하는 모든 물질을 언제든 가질 수 있는 상태가 자유다.

　우리는 전 차원적 존재다. 그 어느 차원에서든 자신을 자유로운 신으로 체험하고자 하는 신들이다. 그 신들이 가장 자신을 신으로 체험하기 힘든 곳, 즉 창조가 잘 안되는 곳이 바로 에너지 밀도가 높고 단단한 물질차원인 지구다. 단단한 물질차원이 아닌 에너지차원에서는 즉각 창조가 가능하다. 당신이 생각하고 집중한 모든 것들이 시공을 거치지 않고 바로 창조된다.

　책《금성에서 온 여인》에서 옴넥은 금성에서의 모든 기억을 가지고 지구의 7살 소녀의 몸으로 워크인된 존재였다. 옴넥이 말하길 지구와 다른, 에너지차원의 금성에서는 어릴 때 심상화 훈련을 한다고 한다. 생각한대로 물건이 바로 창조되니 머릿속으로 생각을 정교화하고 완전하게 하는 훈련 같은 것이다. 의자에 대한 상상을 완전하게 잘 해내지 못하면 의자의 다리가 3개짜리로 만들어지기 때문에 머릿속으로 원하는 디자인의 의자를 완벽하게 구상해 내는 훈련을 하는 것이다. 정말 꿈같은 훈련이자 수업이지 않는가? 우리도 유치원이나 학교에서 이런 수업을 할 수 있다면 얼마나 재미있을까?

 모든 고차원존재들이 유일하게 자유자재로 창조가 안 되는 곳이 바로 지구인 것이다. 원하는 물건 하나를 얻기 위해 모든 시공의 에너지를 쓰고 힘들게 돈을 벌어야 겨우 하나를 창조하는 곳. 그 과정도 구차하고 힘들지만 힘들게 돈을 벌고 창조를 해도 그 돈이 오히려 화를 불러오는 카르마 체험을 하기 일쑤인 곳. 부자가 되면 모든 문제가 해결될 것 같았지만 부자인 상황이 오히려 골치 아픈 스트레스를 불러오는 곳.

 그래서 지구에 온 고차원존재들은 물질 창조를 하기도 어렵고 해도 문제가 되는 이 지구에서 물질에 대한 욕심을 내려놓고 돈을 벌기 위해 감당해야 하는 외부의 스트레스를 줄이고 마음의 평화를 얻기 위해 물질의 자유대신 의식의 자유를 얻기로 선택하게 된다. 그렇게 동굴로 들어가 명상을 하고 수행을 하며 득도를 해서 돈도 없고 몸도 아프고 관계도 단절되었지만 마음만은 평화로운 정신승리의 끝판왕의 존재들이 되었다는 슬픈 스토리다.

 몸을 입은 채, 의식의 차원 즉 보이지 않는 에너지차원에서 당신은 신도 될 수 있고 평화와 자유도 얻을 수 있다. 단, 오로지 명상상태에서만. 오로지 자신의 의식과 생각 속에서 만이다. 3차원 물질차원에서의 당신의 모습을 보라. 가난하고 아프고 집에만 처박혀 있는 고매한

히키코모리에 불과하다. 이건 물질차원의 완전한 신의 모습이 아니다.

그 어떤 날고 기는 신들이 다 도전해도 자유로운 신적 창조와 신적 체험을 해내기 어려운 곳 지구, 이 지구에서 당신이 당신의 창조의 도구를 제대로 써서 제대로 신적 창조의 체험을 해낼 수 있다면 당신은 전 차원적 신이 되는 마지막 퍼즐을 맞추게 된다. 지구차원에서 신의 상태를 회복한다면 당신의 나머지 차원은 저절로 상승된다.

지구가 천국의 마지막이자 결정적 관문이었다. 인간졸업을 할 때 하더라도 F학점 받고 졸업할 순 없다. 가난하고 아프고 찌질하고 우울한 채로 졸업할 순 없다. 이렇게 가면 당신은 지구의물질계에서 이루지 못한 신적체험에 대한 미련이 무의식에 남아 다시 지구와 같은 행성에 이끌릴지도 모른다. 이 물질계에서 부유하고 행복하고 건강한 신으로 졸업하는 것, 이것을 해내면 당신은 그 어느 차원에서도 더없는 신적 체험이 가능해질 것이다.

지구의 물질창조수업은 초탈창조를 위한 훈련이 될 수 있다. 물질창조를 해낸 방식으로 목표만 초탈로 잡으면 된다. 내가 정말 인간사회에서 타인의 인정을 받기 위해 유명한 재벌이 되고 돈을 버는 게 아니다. 우리의 창조는 신으로서 창조자체를 즐기는 창조가 되면 된다. 무언가가 되고 부자가 되는 것은 그것 자체가 뭔가 대단한 의미와 가치를 가져서가 아니라 내가 되고 싶은 그 무엇이든 될 수 있고 내가 갖고 싶은 그 무엇이든 가질 수 있음을 체험하는 데 의미가 있는 것이다.

당신이 아직도 인간사회에서 뭔가 이루고 싶다면 그 꿈을 이용하면 된다. 이 모든 것은 기쁨과 행복을 위한 창조활동이면 된다. 당신 존재의 목적은 이 지구에서든 다른 차원에서든 결국 기쁨임을 잊지 말길 바란다.

물론 반대로 지구에서 인간 삶이 너무 지친 영혼들은 창조에 대한 그 어떤 여력도 의지도 없을 수 있다. 마치 모험 가득한 체험의 여행을 떠나야 하는데 너무 지쳐서 여행에 대한 의욕 자체가 상실된 상태처럼. 그럴 땐 우선 휴식이 필요하다. 그리고 자신을 지치고 힘들게 한 모든 무거운 감정들을 정화하는 시간과 자신에 대한 사랑을 회복하는 시간이 필요하다.

당신의 영혼이 우울증에 빠져 있는 가장 큰 이유는 바로 가슴 뛰는 창조 활동을 오랜 시간 하지 못했기 때문일 수도 있다. 지구에 와서 기쁨의 창조 활동 대신 자신이 무엇을 원하는지, 무엇을 해야 행복한지도 모르고 그것을 알아도 꿈이 좌절되고 실패하는 체험을 반복하며 하기 싫은 일들을 생존을 위해 억지로 하며 오로지 책임감으로 삶을 버티는 수동적인 창조밖에 하지 못했기 때문이다. 그래서 더욱 지구를 떠나고 싶을지도 모른다. 가슴 뛰는 창조가 잘되는 곳으로 가서 고통을 나누지 않고 행복을 나눌 수 있는 동료들과 함께 행복하게 살고 싶은 것이다.

지구에서도 가능할 수 있다. 좀 힘들고 빡세겠지만 불가능은 없다.

이곳에서 가능하게 되면 우주 어디에서도 가능한 그야말로 당신의 전지전능은 업그레이드될지도 모른다. 나는 영혼남자를 만나기 전까지 이 지구에는 나를 이해하고 나와 소통되는 사람이 아예 없을 거라고 생각했다. 그런데 있었다. 나는 나의 가족들 속에서 제대로 이해받고 소통된 적이 없었기 때문에 나의 글을 읽고 공감하여 나에게 오는 분들을 보면 그렇게 신기할 수가 없었다. 처음엔 나를 찾아오는 사람들마다 "진짜 제 글이 이해가 되세요?"라고 묻기 바빴다.

우리가 지금 하려는 지구의 마지막 창조코스는 지금껏 예수도 부처도 제대로 해내지 못한 것이다. 부처는 물질 창조력을 완전히 부정하고 포기하고 반대의 길로 가 버렸고 예수는 반대로 너무 수준 높은 창조인 기적을 일으키다가 (물질계에서 에너지계의 치트키를 써 버림) 십자가형을 면치 못했다. 그래서 그들은 지금도 지구 어딘가에 누군가로 계속 환생하고 있을 수도 있다.

완전 도전욕구 생기지 않는가? 당신이 첫 지구마스터가 되는 것이다. 우주에서 가장 힘든 창조코스인 지구마스터! 지구마스터가 된 당신은 초탈하게 되면 우주최강의 마스터가 될 것이다. 물론 나의 합리적 추론이다.

마치 길들여지지 않은 야생마를 다루듯 당신은 지구라는 체험의 막장으로 와서 가장 거칠고 단단하고 무거운 에너지를 조련하는 창조마스터 훈련을 하고 있다. 이 물질계의 에너지를 당신이 자유자재로 다루게 된다면 그 다음은 무슨 일이 벌어질 것 같은가?

나도 모른다. 꼭 해내서 무슨 일이 벌어지는지 체험해 보고 싶다. 같이 해 보지 않겠는가?

● **창조의 모든 것**

당장 초탈하고 싶지만 생존을 위해 돈도 벌어야 하는 영혼들에게 말하고 싶다. 지구의 모든 상황이 기회라고. 그 모든 기회를 이용해서 초탈하도록 우리는 설계하고 이 지구를 선택한 거라고. 앞서 언급한 것처럼 나에게 당장 돈이 없는 상태는 창조 훈련의 기회이다. 우리는 100억을 창조하는 훈련과 창조의 체험으로 목표만 초탈로 바꾸면 초탈도 창조해 낼 수 있게 된다. 일석이조다.

자, 천국의 마지막 관문이자 지구마스터 창조수업에 오신 걸 환영한다. 핵심만 정리해 낼 테니 잘 들어 보길 바란다.

인간의 상태에서 쓸 수 있는 창조의 도구는 크게 세 가지(육체, 사념체, 감정체)이다. 이 중에서 가장 중요한 것은 감정체이다. 당신은 당신이 말하고 생각하고 느끼는 것을 창조한다. 이 중에서 가슴으로 느끼는 것이 가장 큰 창조의 힘, 유인력을 작동시킨다. 그 근거 자료들을 보여 주겠다.

(블로그 신비체험 〈4-1. 창조의 공식〉 중에서)

* 《데이비드 아이크의 X파일》 책

  심장이 핵심이다. 심장은 이제 '심장뇌'로 불릴 정도로 고유의 지성(뇌보다 훨씬 높은)과 신경계를 가지고 있는 것으로 나타났고 정보를 해독하고 부호화하는 감각기관이라는 사실이 발견되었다.

  우리는 심장과 가슴차크라 볼텍스를 거쳐 직관(직관적인 앎)을 느낀다. 뇌는 생각하지만, 심장은 (그냥) 안다. 심장의 호르몬 분비는 우리가 제3의 눈이라 부르는 정신감응 기능의 일부인 뇌의 솔방울샘(송과체)과 뇌하수체를 아우르는 뇌분비계와 연결한다.

  심장은 몸에서 가장 강력한 전자기장을 투사하고, 심장이 뇌와 신경계와 조화를 이루고 있으면 우리는 완전히 새로운 수준의 지성, 사랑, 정신적 정서적 균형, 명료한 생각, 직관적 앎을 갖고 상위'의식'에 연결되는 변화를 거친다. 심장은 모든 것의 중심에 있다.

* 〈진동과 주파수의 비밀 1〉 유튜브 동영상

  우리에게 금지되어 온 것들 중 하나는 우리의 '감정의 힘'이다. 우리의 감정은 우리 주변 세계에 실질적으로 영향을 미친다. 우리는 실제로 느낌과 감정의 강도에 기반하여 우리 삶에 물건이나 상황들을 끌어온다.

* 〈깨어나기 희망의 메시지〉 유튜브 동영상

  인간의 마음은 몸의 전자기장을 일으키는 가장 강력한 원동력이라는 사실이 입증되었다. 이것이 중요한 이유는 이제껏 우리가 알기로 뇌가 전자기장을 일으킨다고 알고 있었는데 하지만 그것은 심장에 비하면 상대적으로 미약하다.

심장은 뇌보다 전자기장으로 100배, 자기장으로 5,000배 더 강하다. 뇌보다 자기장이 5,000배나 강한 것이다. 그리고 그 이유는 중요하다. 우리가 알고 있는 물질세계는 그 두 가지 에너지, 전기장과 자기장으로 이루어졌다는 것이다.

물리학에서 말한다, 만약 우리가 원자의 전기장 또는 자기장을 변화시키면 우리는 말 그대로 그 원자 자체 즉, 이 세상을 구성하는 그 물질을 바꾸게 된다. 현재 인간의 마음은 그 두 가지 에너지를 다 바꿀 수 있도록 만들어진 것으로 보인다. 그렇게 우리가 감정적 반응에 의해 창조한 이 현실은 이 뇌와 마음 사이에서 나온 것이다.

자신의 신경체계를 발달시켜 평화의 등대가 되어 평화를 창조해 발산하는 단계까지 가는 사람들이 필요하다.

당신이 감정적으로 내보내는 에너지는 당신의 현실이 된다. 그것은 모든 인간에게 주어진 능력이다. 우리가 긍정적인 감정을 느끼면, 해변의 노을을 보고 기뻐하거나, 진심으로 사랑을 느끼고 누군가를 아껴 줄 때, 심장 박동이 매우 다른 메시지를 보낸다.

그때 심장은 몸에 훨씬 더 큰 자기장을 일으킨다. 그러므로 우리가 감정을 변화시키는 법을 배우면 그 변화된 정보가 심장에서 나와 자기장에 암호화되고 그것이 우리를 둘러싼 세상에 영향을 미친다. 당신이 보내는 감정적 에너지는 그 무엇이든 당신의 현실로 나타난다.

* 〈시크릿 동영상〉

지금 이루어졌다고 느끼면 우주가 반응한다. 더 정확히 말하면 당신은 당신이 생각한 것보다 느끼는 것을 받게 된다. 사람들은 감정만 바꾸면 하루 전체가 아니 인생 전체가 바뀐다는 것을 모르고 있다. (내가 선택한 그 행복한 감정이) 바뀌지만 않는다면 끌어당김의 법칙에 의해 그 행복한 감정을 느끼게 해 줄 상황, 환경, 사람들을 계속 끌어당기게 될 것이다.

좋은 날, 나쁜 날, 부익부, 빈익빈, 이 모두가 그 사람이 지속적으로 주로 느끼는 감정에 달렸다는 것이다. 당신은 당장이라도 건강하다고 느낄 수 있고 풍요롭다고 느낄 수 있다. 자신을 감싸는 사랑을 느낄 수 있다. 주변에 사랑이 없을지라도, 이렇게 행동하면 우주는 당신에 응답할 것이다. 우주는 내면에 반응하고 당신의 감정에 따라 현실을 만들어 낼 것이다.

좋은 기분을 느끼는 것은 정말로 중요하다. 왜냐하면 이 좋은 기분이 신호가 되어 우주로 전송되면서 그런 좋은 기분을 당신에게 더 끌어오기 때문이다. 그러니까 기분이 좋으면 좋을수록 기분이 좋아지는 일을 더 많이 끌어당기게 되고 계속해서 점점 좋아지게 되는 것이다.

당신이 생각과 감정을 충분히 이해하고 다룰 수 있게 된다면 이제 당신은 현실을 스스로 만들 수 있게 되고 그 순간 당신은 자유를 누리고 힘이 생기게 된다. 당신의 삶을 어떻게 의도적으로 만들어 가는지 깨닫게 되는 순간이다. 자신의 삶 속에서 스스로 창조자가 되어 끌어당김의 법칙을 사용하게 된 당신은 감히 지금 상상하는 것 이상의 삶을 누리게 될 것이다.

멋진 기분이 되세요! 그것을 받게 되면 느낄 감정을 느끼세요. 지금요! 그리고 이 모든 과정에서 행복한 감정을 느끼는 것은 매우 중요하다. 왜냐하면 기분이 좋을 때 자신 스스로가 자신을 원하는 것을 받는 것과 같은 주파수에 놓기 때문이다. 이곳은 감정의 우주이다.

만약에 무언가를 지성적으로 믿지만 그에 상응하는 감정이 받쳐주지 않는다면 당신이 원하는 것을 실현할 힘이 충분치 않게 된다.

"느껴야만 한다!!!"

끌어당김의 법칙을 연구하고 활용한다는 것은 이미 소원이 이루어졌을 때의 감정을 유발할 방법을 찾는다는 뜻이다.

원하는 것이 이루어지는 방법을 알아낼 필요는 없다. 전념하고 믿으면 방법은 자연스레 나타날 것이다. 방법은 우주가 관장하는 영역이다. 우주는 당신의 꿈을 가장 빠르고 신속하고 조화롭게 이루어 줄 방법을 알고 언제나 알고 있다. 우주에 맡기고 나면 찾아오는 결과에

> 놀라서 당신은 눈을 제대로 뜨지도 못할 것이다. 이때가 바로 마법과 기적이 일어나는 순간이다.
>
> "더없는 기쁨을 추구하라. 장벽뿐이던 곳에 우주가 문을 만들어 주리라."
>
> 내 눈엔 끝없는 잠재력의 미래가 보인다. 끝없는 무한함이다. 인간은 단지 잠재력의 5%만 활용하고 있다는 것을 명심하라. 잠재력의 100% 발휘를 위해서는 적절한 교육이 필요하다. 사람이 마음과 감정의 잠재력을 모두 활용하는 세상을 상상해 보라.
>
> 우리는 어디든 갈 수 있고 무엇이든 할 수 있고 무엇이든 이룰 것이다.
>
> - 블로그 신비체험 〈4-1. 창조의 공식〉 중에서

나에게는 현실창조를 통해 돈을 벌고 싶은 분들도 오시지만 시크릿을 제대로 해서 성공해 보신 분들도 오신다. 그중에 한 분이 자신이 어떻게 돈을 엄청 벌어 보았는지 말해 주었다. 그녀는 자신이 하는 일로 인해 무리한 투자를 하게 되어 어느 순간 대출이자와 대출금에 대한 압박이 심해지면서 한 달 후면 감당할 수 없는 빚더미에 올라앉게 되었다.

모든 돈줄이 막혔고 그 어떤 현실적 대안도 없이 절벽으로 내몰린 그녀는 책에서 읽은 시크릿을 마지막으로 해 보기로 했다. 지금 생각해 보면 자신의 방법이 시크릿의 기본원리에 가장 부합했다고 한다.

그리고 지금 다시 하라면 못할 정도로 올인했다고 한다.

그녀가 선택한 방법은 하루 24시간 '나는 5,000억이 있는 사람'이라는 느낌에 집중하는 것이었다. 1,000억도 해 보고 1조도 해 보았는데 5,000억이 가슴에 가장 와닿았다고 한다. 그녀는 하루 종일 가슴으로 나는 5,000억이 있는 사람이라는 생각과 느낌에 집중하고 그냥 정말 그 사람인 것처럼 느끼려고 노력했고 신과의 합일 수준으로 5,000억과의 합일과 일체의 느낌이 되려고 노력했다고 한다.

자기 직전까지 느끼고 눈을 뜨면 느끼고 꿈에서 자각을 하면 꿈속에서도 느끼려 했다고 한다. 매 순간 그 느낌 속에 집중했다. 그리고 한 달쯤 되었을 때 꽁꽁 묶여 있던 돈줄이 하나둘 풀리면서 상황이 반전되며 엄청난 수익이 발생하기 시작했고 그때 엄청난 돈을 벌어 보았다고 한다.

느끼는 것이 창조의 전부고 가슴차크라의 감정을 이용하는 것이 가장 강력한 창조의 도구이다. 우리는 답을 알고 있다. 자, 이제부터 5,000억을 창조해 보자.

어떤가? 바로 할 수 있겠는가? 느껴지는가?

내가 얘기하면 모든 사람들이 빵 터지는 한 내담자의 웃픈 사례가 있다. 그녀가 나처럼 '나는 신이다' 만트라를 했더니 바로 "나는 병신이다."가 떠올랐다고 한다. "나는 신이다."를 할 때마다 "나는 병신이다."만 계속 떠올라서 만트라를 도저히 할 수 없었다는 것이다.

당신이 "나는 5,000억이 있는 사람이다."라고 느끼려고 하는 순간, 무슨 일이 벌어지겠는가? 당신에 대한 부정적 기억의 사념체와 감정체가 끼어들 것이다.
"으이그~ 통장에 5만 원도 없는 놈이 무슨 5,000억이냐? 정신 차려라잉~"

자, 보아라~ 우리는 답을 알고 도구를 알았음에도 가슴속 감정의 도구를 제대로 쓸 수가 없다. 당연하다. 우리의 가슴속은 부정적 감정의 기억체(카르마)들이 마치 타르 진흙처럼 가득 차 있고 당신의 심장차크라의 불을 켤 수 있는 라이터는 진흙에 묻혀 녹슨 지 오래다.

당장 한 달 후면 빚이 수십억이 되어 내가 감옥에 가거나 자살이라도 해야 되는 상황이 와서 즉 발등에 용암 정도는 끼얹어지고 누군가 나의 숨통을 쥐고 있어 숨이 끊어지기 일보직전이거나 절벽에 매달려 1분도 못 버틸 상황이 되면 가능할지도 모른다.

그런 상황이 되면 내가 통장에 5만 원이 있건 50원이 있건 "이거 밖에 답이 없다."라고 생각이 들 때 정신일도하사불성(精神一到何事不成)으로 목에 칼이 들어와도 "나는 5,000억이 있는 사람이다."에 집중이 가능할지도 모른다. 다 젖은 녹슨 라이터를 24시간 한 달간 켜 보며 결국 라이터에 불을 붙여 낼지도 모른다.

불이 붙어서 반짝하고 불을 이용해서 빛을 낼 수 있다. 그런데 문제는 진흙을 빼지 않았기 때문에 라이터는 곧 진흙에 묻혀 버린다. 돈은 왔다가 사라진다. 혹은 다른 불행이 찾아온다. 진흙이 그대로 있기 때문이다. 진흙을 먼저 빼지 않으면 라이터를 찾기도 어렵고 찾아도 불을 붙이기도 어렵고 불을 붙여도 유지시키기도 어렵게 된다.

그래서 애초에 "진흙부터 빼고 시크릿(원하는 생각과 감정에 집중하기)을 하자."가 나의 저진동(부정적 감정) 압축풀기 방법이다. 이 작업이 너무도 중요하기에 내가 《빛의 시크릿(기본편)》으로 아주 상세히 책 한 권으로 정리해 놓은 것이다.

우리는 가슴 속에 감정체라는 심장차크라의 어마어마한 (전)자기장 창조기기를 장착하고 있다. 이 기기에 기쁨과 행복과 풍요의 감정만 제대로 실릴 수 있다면 이런 고진동 주파수 감정의 불을 붙일 수만 있다면 창조의 게임은 끝나게 된다. 나 혼자 레벨 업이 된다.

당신의 창조 치트키인 감정체를 제대로 쓸 수 없는 이유는 당신 안의 부정적 생각과 감정이 전혀 정화되지 않았기 때문이다. 돈 자체에 대한 부정적 생각과 감정들(돈은 벌기 어렵고 돈이 없는 게 너무 서럽고 불편하고 창피하고 싫고 돈이 원망스럽고 돈이 없어질까 두렵고 등등)과 나 자신에 대한 부정적 감정과 생각들(나는 무능하고 열등하고 자신이 너무 싫고 화가 나고 창피한 감정 등)이 당신의 가슴속에 뻑뻑한 타르 진흙이 되어 채워져 있기 때문에 아무리 밝고 긍정적인 생각과 감정을 느끼려 해도 씨알도 안 먹히고 뿌리도 제대로 내릴 수가 없게 된다.

이런 상태에서 "나는 신이다. 나는 5,000억이 있다."라는 선언은 억지스러운 마인드컨트롤급의 세뇌작업밖에 되지 못하고 가슴속에 느낌의 불이 붙지 못하게 된다. 느끼기는커녕 그런 생각을 가지는 것 자체가 스스로 오글거리고 자신에게 거짓말을 하는 것이 되어 버려서 집중도 안 되고 창조가 될 때까지 오래 하지 못하는 것이다. 만일 그렇게라도 될 때까지 억지로 해낸 사람은 대단한 사람이다.

뇌는 진짜 감정과 가짜 감정을 구분하지 못하니 당신이 진짜 감정으로 느꼈건 가짜 감정으로 의도해서 느꼈건 (전)자기장은 같은 주파수를 내보내며 창조를 해내게 된다. 그런데 그렇게 억지로 무리하게 해낸 사람들의 공통점이 다시는 그 짓을 못하게 된다는 것이다.

기쁨 느끼기가 너무 억지가 아니라 자연스러웠다면 너무 기쁘고 행복해서 저절로 되고 그 과정을 즐기면서 평생을 숨 쉬듯 계속 해 나갈 수 있었을 것이다. 그런데 내가 살기 위해 돈을 벌기 위해 너무 억지로 애를 써서 과제를 하듯 의무감으로 일처럼 했다면 질려 버리고 다시는 하고 싶지 않은 고행이 되어 버릴 것이다.

기쁨 느끼기가 하나의 일이자 고행이 되어 버리는 아이러니가 일어난다. 마치 어린 시절부터 국가대표가 되기 위해 30년 넘게 하루하루 반복되는 고된 루틴과 운동을 해 온 선수가 은퇴하면 운동 근처도 안 가게 되는 것처럼.

그래서 이 모든 과정이 과격하고 조급한 몰아붙임이 아니라 장기전이 될 수밖에 없다. 당신이 긍정적인 기쁨의 생각과 감정에 집중하고 느끼지 못하게 막는 당신 안의 부정적 감정의 압축, 즉 카르마의 양은 개인마다 차이가 나지만 하루 3시간 기준 3년을 풀어내면 80% 이상은 풀릴 것이다.

지금 우리가 풀고자 하는 카르마는 이번 생만이 아닌 당신이라는 영혼이 이 우주에 탄생한 이래 모든 차원과 존재적 체험을 통해 압축시켜 온 카르마가 건드려지고 풀리는 것이기에 그 대청소 작업을 3년이 아니라 이번 생을 다 바쳐 100년이 걸려 풀어내어도 그건 기적이라고 볼 수 있다.

우리는 당장 100억을 버는 것이 아니라 제대로 된 창조의 도구부터 살리고 그렇게 감정이라는 창조 치트키를 써서 물질창조와 초탈창조를 자유자재로 할 수 있는 상태를 회복하는 것을 목표로 삼아야 한다. 그 훈련을 100억 창조로 시작해 보는 것이다.

앞서 소개한 사례자처럼 정말 우리가 '24시간 나는 5,000억이 있는 사람'이라는 느낌에 집중할 수 있다면 우리는 부자가 될 수 있다. 상황이 급하거나 이 방법을 당장이라도 할 수 있다면 시도해 보길 바란다. 그리고 정화부터 차근차근 해 보고 싶은 사람은 그런 느낌을 자유자재로 느낄 수 있는 상태가 되는 것을 목표로 자신을 서서히 훈련시키면 된다.

우리의 목표는 100억 벌기가 아니라 100억을 창조할 수 있도록 느낌 느끼기에 집중할 수 있는 상태를 만드는 것이고 부정적 감정 정화하기와 기쁨 느끼기를 훈련하는 실천 자체를 잘 해내는 것이 목표가 되어야 한다. 이 실천 자체를 즐기면서 기쁘게 해내는 습관화를 들여 내가 5,000억이 있는 사람이라는 느낌에 집중하는 것이 가능해지고 그 느낌이 너무 좋아서 시간을 점점 늘려 가다 보면 그 결과 부차적으로 어느새 수익이 점점 늘어나게 되는 방식이다.

부정적 감정의 압축풀기를 장기적으로 하는 것이 많이 힘들 것이다. 나 역시 80% 이상 푸는 데까지 3년이 걸렸고 행복스위치가 켜졌다 잠잠해진 후 (행복스위치가 켜지는 체험은 《빛의 시크릿(기본편)》 참고) 그 행복감을 스스로 다시 느끼기까지 또 3년이 걸렸다. 나는 여러분들보다 한 발자국도 아닌 반 발자국 먼저 가고 있는 느낌이다. 정확히 나 자신의 여정 자체를 본보기로 내 모든 것을 갈아 넣어 단계, 단계 내가 얻게 되는 인식과 방법들을 공유하며 여러분과 같이 걸어가고 있다.

당신이 "소울디 님은 이 모든 방법을 이용해서 5,000억을 창조했나요?"라고 묻는다면 나 역시 아직 창조하지 못했다. 나 역시 그런 물질 창조와 초탈창조를 할 수 있는 상태를 장기적으로 훈련하고 준비해 가고 있다. 그리고 서서히 창조가 일어나고 있다. 10년 전의 나와 지금의 나를 비교한다면 기적이라고 할 수 있을 만큼 많은 변화가 창조되었다.

나는 포기하지 않을 것이다. 한 1~2년 하고 "이거 안 되네." 하며 포기하지 않을 것이다. 나는 뭔가를 하면(특히 "이건 답이다"라는 이해와 느낌이 강력하게 왔다면) 될 때까지 할 자신이 있다. 이번 생에 안 되면 다음 생에라도 반드시 한다. 그래서 이 여정에 있어 나에게 포기란 없다.

하다가 안 될 수도 있고 빨리 결과가 안 나올 수도 있다. 그런데 나는 전생에 이보다 더 안 되는 상황을 너무 많이 체험해서 그런지 금방 결과가 안 나타나는 정도는 일도 아니다. 어떤 조바심도 좌절도 일어나지 않는다. 그거 느낄 순간에 만트라 하나 더 하고 기쁨 느끼기 한 번 더 하면 된다.

이런 노력과 훈련을 내 스스로 완전한 이해와 자각과 확신 속에서 이번 생에 할 수 있는 것 자체가 행복하고 감사하고 축복이라고 생각한다. 나는 나의 여정의 진도를 빼고 있는 중이다. 죽을 때 죽더라도 이번 생에 내가 깨닫고 알게 된 나의 답들을 실천하는 데 최대한 시간과 에너지를 들여 저축하고 죽는 것, 그것이 나의 이번 생 목표다.

물론 내 영혼의 상태는 초탈을 당장 안 하면 죽을 것같이 급하긴 하다. 그리고 이런 영혼의 임박함도 나의 실천의지와 동기를 자극하는 하나의 기회가 된다고 생각한다. 나는 죽자고, 아니 초탈하자고 모든 상황을 이용, 역이용할 것이다. 두고 봐라. 나에게 더 이상 거지 같은 인간 삶은 없다.

생각해 보라. 우리가 이 지구에 환생하는 동안, 특히 전쟁의 역사로 점철된 한국에서 환생하는 동안 부자로 살고 물질적 풍요가 원 없이 채워져 본 생이 얼마나 되겠는가? 우리는 물질차원에 와서 물질의 결핍만을 체험하다가 가는 것이다. 당신 자신이 불쌍하지도 않은가? 지구를 떠날 때 떠나더라도 당신이 지구에 와서 압축된 결핍의 한을 풀어 주고 가야 한다. 당신 자신에게 물질적 풍요와 경제적 자유를 선물하고 가야 한다. 그래야 그 어떤 미련도 아쉬움도 한도 없는 완전한 지구 졸업이 완성된다.

그리고 이거 하나는 확실하다. 내가 로또에 당첨되었거나 5,000억이 있었다면 에너지작업도 안 했을 것이고 이 책도 쓰지 않았을 것이다. 내 꿈은 초탈이기 때문에 돈이 많았다면 돈에 대한 한과 결핍, 불균형의 에너지를 해소하고 그 돈으로 오로지 초탈에만 집중하고 조용히 지구를 떠났을 것이다. 나는 이 모든 일들을 대단한 사명과 봉사정신 같은 것으로 하고 있지 않다. 그런 건 사치일 정도로 내 코가 석 자였다. 그리고 내가 초탈한다면 나는 지구에 다시는 오지 않을 것이다. 지구의 인간들에 너무 시달리고 데어서 저 멀리 안드로메다로 가서 일단 좀 쉴 것이다.

그래서 지금 나에게 벌어지는 모든 상황들과 여정의 모든 속도가 정확히 완벽함을 느낀다. 나의 필요와 욕구가 불러오는 창조의 모든 속도와 형태들이 완벽히 맞물려서 결국 지구에 와서 내가 하도록 되어 있는 일들을 하게 만들고 있다. 이게 7차원설계안의 완벽성인 것 같다.

끝날 때까지 끝난 게 아닌 느낌의 저진동 압축풀기를 그래도 포기하지 않고 푼다면 이런 순간이 오게 될 것이다. "왜 해도 해도 안 되지?" 속에서 포기하지 않고 계속 하다 보면 어느 순간 내가 전혀 노력하지 않은 지점에서 "이게 왜 되지?"라는 체험도 하게 된다. 내가 체험해 보았는데 정말 신기했다. 우리가 쏟은 시간과 에너지는 어디 가지 않고 당신의 에너지장에 차곡차곡 쌓여서 모든 것이 유기적으로 연결된 당신의 모든 영역에 영향을 주게 되어 있다.

정말 죽어도 안 되는 지점으로 힘들겠지만(너무 안 되는 지점은 좀 쉬어 가거나 과감히 포기해도 된다) 어찌 되었든 끈을 놓지 않고 전반적 노력을 이어 나간다면 내가 전혀 생각지 못했던 지점이 그 어떤 노력 없이도 갑자기 개선되기도 한다.

감정정화의 3년 동안은 끌리고 하고 싶은 일을 하되, 무리한 투자, 주식이나 사업은 추천하고 싶지 않다. 당신 안의 모든 저진동이 들고 일어날 시기라 분명히 카르마 체험과 리스크의 사건이 생길 수 있다.

하던 일을 꾸준히 하면서 정화작업을 하거나 수익이 없는 백수인 분들은 돈이 계속 빠져나가면서 "나는 5,000억이 있다."에 집중하는 것이 힘들 테니 운동 삼아 청소일이나 아르바이트라도 하며 단돈 100만 원이라도 벌면서 하면 더 집중이 잘될 것이다.

머리보다 몸을 쓰는 일들은 적응만 되면 압축풀기나 고진동 만트라, 감정 느끼기 등을 일하면서 할 수 있으니 추천한다. 투자는 당신이 주식이 -10억이 되어도 기쁨에 집중할 수 있으면 하면 된다. 그게 아니라면 추천하고 싶지 않다. 정화의 3년이 지나고 꼭 3년이 아니더라도 부정적 감정의 압축풀기가 50% 이상 진행된 것 같으면 2단계로 넘어가 고진동 만트라와 기쁨 느끼기 훈련을 시도하면 된다. (《빛의 시크릿(기본편)》 참고)

그러면서 나의 내면에 진정한 평화가 오고 부자가 되었을 때의 기쁨에 집중할 수 있는 내면 창조가 먼저 일어나면 그런 내면의 감정에너지가 외부의 변화와 창조를 불러오게 된다. 이런 창조의 메커니즘과 시스템이 원래 신들이 쓰는 방식이다. 외부를 바꾸기 위해 머리를 쓰고 몸을 쓰는 게 아니라 당신 안의 가장 강력한 창조도구인 감정에너지를 써서 3차원에 갇힌 인간의 의식과 에너지가 아닌 전 차원적 나인 우주가 더 장대한 시야와 능력으로 나의 모든 현실적 창조를 돕게 만드는 것. 이것이 신이 하는 창조인 것이다.

그 창조는 당신이 예상하고 생각하고 상상치 못한 방식으로 온다.

그러니 무엇을 해서 돈을 벌게 될지 지나치게 궁리하지 말길 바란다. 어차피 당신의 머리는 완전한 방법을 알지 못한다. 그냥 무슨 일을 하고 방법을 쓰게 되든 "그 결과 나는 부유하고 행복하다."라는 생각과 감정에만 집중하고 나머지 창조의 방법, 이루어지는 시기, 결과의 형태는 모두 더 큰 나인 우주에 내어 맡긴다.

청소부 일을 해서는 도저히 5,000억이 벌릴 수 없지만 그 판단은 인간의 의식상태(인간수준의 상식과 논리)에서 이루어진다. 그러나 당신이라는 신이 가슴 속에 원하는 것이 이루어졌음에 대한 주파수의 감정을 5,000배의 자기장으로 뿜어낸다면 제한 없고 한계 없는 무한에너지의 능력을 가진 우주가 일하게 되고 청소를 하다가도 5,000억이 생기는 기적이 일어날 수 있게 된다.

영국의 유명한 대안학교 서머힐 학교의 학교 모토는 "노이로제에 걸린 학자보다 행복한 청소부가 되자."이다. 공부 스트레스가 심해서 고등학교 자퇴까지 해야 했던 나의 꿈도 "정말 안 되면 행복한 청소부가 되면 된다."였다. 행복한 청소부가 되면 된다.

청소일을 해서 스스로 자신을 창피하게 여기고 사회적 지위를 비교하며 열등감을 느끼는 청소부가 아니라 이 더러워진 지구의 귀퉁이를 청소하고 정화하는 위대한 일을 하는 자신에 대해 자부심을 느끼고 하루하루 노동에 대한 대가를 받을 수 있음에 감사를 느끼면 당신은 최고의 승자가 된다.

내 자신의 월급은커녕 다달이 적자가 나며 사업을 하다가 망해 본 경험상 하루하루 일하고 월급을 받을 수 있는 거리의 청소부가 부러웠다. 내게 오는 의사, 교사, 변호사분들 중에는 일을 그만두고 싶어 하는 분들이 많았다. 겉으로 번듯하고 좋아 보인다고 그 직업의 만족도와 체험이 좋고 행복한 것은 아니다.

　당신이 당신의 직업 속에서 어떤 마인드와 감정 상태로 일하느냐가 모든 것을 결정한다. 돈도 직업도 죄가 없다. 그 돈과 직업을 어떤 감정 상태로 체험하느냐가 그 직업을 통해 부유와 행복을 창조하게 만든다. 우리의 목표는 어떤 일을 하든 안 하든 직업이 있든 없든 행복한 부자가 되는 것이다.

　(기쁨을 느끼는 데 걸림돌이 되고 자신의 현실적 체험을 계속 불행하게 만드는 자신 안의 부정적 감정의 정화를 혼자 하는 데 한계가 느껴지고 좀 더 세심한 정화와 코칭을 받고 싶고 자신 안의 고진동 에너지를 활성화시키는 데 도움을 받고 싶다면 나의 에너지작업을 이용하면 된다.)

　"더없는 기쁨을 추구하라. 장벽뿐이던 곳에 우주가 문을 만들어 주리라."

　천국의 마지막 관문은 더없는 기쁨이다. 당신의 가슴속 기쁨의 감정을 이용하며 당신은 지옥별 지구에서 천국의 체험을 창조할 수 있을 것이다. 지옥별 지구에서 천국을 창조한 신은 이 우주 어디에서도 천국을 창조해 낼 것이다. 이 우주에 그런 신들이 많이 필요했나 보다. 우리가 모두 이곳에 있는 것을 보면.

 여기까지 쓰고 이 단락을 마치려고 하니 추가하고 싶은 내용이 생겼다. 시간의 밀도에 관한 이야기를 들려주고 싶다. 당신이 뭔가를 실천함에 있어 시간이 없다는 핑계를 댈 수가 있는데 그런 핑계를 원천 차단할 수 있는 내용이다. 나는 당신이 시간을 얼마나 상대적이고 주관적으로 밀도 있게 사용할 수 있는지에 대해 알려 주고 싶다. 한번 들어 보시라.

 자, 시간은 공간의 이동거리를 측정한 단위라고 했다. 공간이 있는 곳에서만 시간이 존재하게 된다는 의미다. 우리는 3차원 시공간 연속체 시스템 안에 있다. 공간이 있는 곳에서 움직임으로 시간을 누적시키고 만들어 낸다.

 당신이 발로 걸어서 이곳에서 저곳까지 몸을 움직이지 않고 가만히 있는데도 당신의 시간이 가는 이유는 당신의 발은 움직이지 않았지만 당신 육체 안의 장기와 세포들은 끊임없이 뭔가를 하고 미시적인 움직임과 공간이동이 계속 이루어지고 있고 당신은 움직이지 않지만 당신 주변의 모든 것들이 계속 움직이기 때문이다.

 자동차가 움직이고 새들이 날아다니고 다른 사람들이 그들의 공간들을 분주히 이동시킨다. 그리고 당신은 그런 시공간의 흐름과 환경 속에 공존한다. 자, 여기서 공존시킬 수 있는 것은 당신의 몸이다. 공간을 차지하고 있는 몸. 그렇다면 공간을 차지하지 않는 생각과 감정은 어디에 있는가? 그렇다. 시공간 시스템의 3차원 물질차원이 아닌 시공을 벗어난 에너지차원(4차원 이상)에 있을 수 있다.

아주 신기한 현상이 무엇인 줄 아는가? 내가 사람들의 전생이나 이번 생의 기억을 읽어 낼 수 있는 가장 큰 매개체가 바로 감정이다. 대부분 내 가슴으로 감정부터 느껴지고 그 감정을 생성시킨 스토리와 정보가 풀려 나온다. 이걸 역으로 말하면 당신은 감정의 단위로 당신의 체험을 저장하고 있으며 극심한 감정이 발생된 사건 사고를 자신에게 유의미한 체험으로 기록하고 있다는 것이다.

당신이 살아온 인생을 되돌아볼 때 무엇부터 떠올려지는가? 한번 해 보시라. 행복했던 순간, 박장대소했던 순간, 평화로웠던 순간, 힘들었던 순간, 놀랐던 순간, 슬펐던 순간, 화가 났던 순간, 상처받았던 순간, 몸이 아팠던 순간, 아름다운 여행지의 장면 한 컷, 사랑하는 사람들의 행복했던 미소, 어머니의 고단해 보이는 뒷모습 등등 모두 다 당신의 감정을 건드리고 당신의 감정이 진하게 체험되고 배어 있는 장면과 상황들일 것이다.

당신은 100년의 인생 동안 하루하루 똑같은 의미와 느낌과 무게와 밀도로 삶을 기억하지 않는다. 100년의 인생 중에서 유난히 행복했거나 지독히 힘들었거나 하는 식으로 당신의 감정을 진하게 건드린 사건 사고를 자신의 인생으로 편집해서 기억한다.

당신은 3차원 시공간 속에서 에너지차원의 감정과 생각으로 시간을 쓰고 체험하고 인생을 살고 있는 것이다. 그래서 찰나를 영원처럼 쓸 수 있다. 완전 합리적 추론 아닌가?

실제로 당신이 해병대 캠프 10일을 다녀오면 그곳의 체험이 그냥 평범한 일상 1년을 합친 것보다 많은 일을 했다고 느껴지고 그래서 10일이 10일이 아니라 1년처럼 느껴질 수도 있다. 너무 힘들었고 너무 고단했고 몸과 마음의 감각과 감정이 엄청 진하게 자극되고 건드려진 것이다. 그 진하고 짧은 체험이 평생 각인되고 그래서 남자들이 군대 시절을 두고두고 회자하는 것이다.

그래서 감정을 진하게 느끼며 감정을 진하게 쓰는 것이 감정 없이 몸만 움직이는 것보다 훨씬 밀도 있는 시간을 투자한 것과 같게 된다. 그러니 창조할 때 느끼는 것이 중요한 것이다. 훨씬 효율적인 것이다. 한 번 생각하고 한 번 말하는 것보다 한 번 느끼는 것이 100번 말하고 생각한 것보다 더 큰 힘을 발휘하고 실제 나의 체험과 현실로 뇌가 받아들이게 된다.

무언가에 몰입을 하게 되면 시간이 멈춘 듯한 체험을 하게 된다. 몰입한 당신은 방금 3차원 시공간 시스템을 산 것이 아니다. 당신은 그곳에 있지 않았다. 당신은 시공간을 벗어나 당신의 모든 감정과 정신의 세계가 전부인 상태 즉 에너지차원에 존재했다. 잊지 마시라. 우리는 입자성과 파동성, 물질차원과 에너지차원에 동시에 존재하는 상태임을.

시간을 잊을 정도로 기쁨에 몰입하는 것이 당신을 천국의 상태로 진입시키고 연결하는 방법이다. 5분이면 충분하다. 5분을 50분처럼 체험하고 활용하면 된다. 가능하다. 그러니 시간이 없다고 포기하지 말길 바란다. 하루 중 자기 전 단 1분이라도 기쁨 느끼기에 몰입하면 된다. 1분 안에 천당과 지옥 다녀오기가 가능하다.

깨달음을 추구하는 영역에서 현자들이 말하는 "현존하라! 깨어 있으라!"라는 각성, 자각상태의 중요성을 의미한다. 이것은 언뜻 보면 몰입과 반대의 개념처럼 들린다. 항상 내가 무엇을 하는지 자각하고 있다면 시공간을 잊은 몰입된 상태가 아닌 것이다. 우리가 깨어 있다는 것은 메타의식(관찰자 의식)이 작동되는 상태로 내가 나를 계속 주시하면서 의식하고 있게 되는 것이다. 그런데 창조를 함에 있어 우리가 너무 깨어 있게 되면 오히려 창조에 방해가 된다. 내가 뭔가에 심혈을 기울이는 작업을 해야 하는데 누군가 나를 보고 있다고 생각하면 의식이 되어 집중이 잘 안되는 것처럼.

메타의식은 신이 창조의 영역으로 가서 창조체험을 하는 동안 계속 그 모든 과정을 관찰자처럼 주시하고 있는 의식이다. 이 의식은 우리와 연결되어 있다. 그리고 우리가 깨어 있고 스스로 무엇을 하고 무슨 생각을 하고 무슨 감정을 느끼는지 스스로 성찰하고 자각하고 알아챌 수 있게 한다. 그런데 24시간 내가 나를 계속 주시하고 성찰하고 관찰하는 메타의식 상태에만 집중되면 나는 창조의식에 집중하여 창조를 제대로 해낼 수 없게 된다. 그냥 내가 신임을 알고 자각하는 신으로만 존재해야 한다. 신으로 자신을 체험하는 창조행위를 할 순 없다.

이 메타의식은 내가 부정적 감정과 생각에 완전히 빠지지 않게 하는 데 쓰면 된다. 부정적 감정과 생각에 빠져서 자신이 원치 않는 창조와 체험을 반복하고 있는 나를 살리기 위해 사용하는 것이다. 왜? 우리는 기쁨의 존재이기 때문이다. 내가 부정적 감정과 생각에 빠져 있을 때 나의 상태를 자각해야 하고 그러고 있는 나를 관찰해 내야 한다. 부정적 감정과 생각의 상태는 신의 상태가 아니기 때문이다. 신은 기쁘자고 이 우주에서 모든 창조체험을 진행하고 있음을 잊지 말라.

메타의식은 그렇게 우리가 신과의 연결성을 잃지 않기 위해 우리를 지원하는 우주의식의 반쪽이다. 기쁨의 신적 상태와 멀어진 자신을 자각할 때 메타의식을 가동시키고 기쁨에 집중할 때는 오로지 창조의식으로 흠뻑 몰입해 내길 바란다. 그때조차도 메타의식은 당신 뒤에서 항상 대기하고 있다. 당신이 조금이라도 기쁨의 몰입에서 벗어나면 그 상태를 알려 주려고. 기쁨에 집중하지 않은 상태를 알기 위해 당신은 늘 깨어 있어야 하는 것이다.

부정적 감정과 생각에 휩싸였을 때 반드시 정신 줄 잡고 고도의 메타의식을 통해 자신의 잘못된 상태를 알아차리고 기쁨과 긍정성으로 방향을 바꾸길 바란다. 기쁨에 휩싸였을 때 정신 줄 놓고 기쁨의 감정에 몰입하며 원하는 것을 창조해 내길 바란다.

1. 감정 압축풀기

● Q&A

Q.
안녕하세요.《빛의 시크릿(기본편)》을 읽고 여기까지 와 버렸네요. (한 6번은 읽은 듯합니다.) 궁금한 점이 있어서 질문드려요. 유튜브에서 감정해소에 대한 다른 영상들을 여러 개 봤어요.

안 좋은 일이 일어나면 그런 마음이 무의식속에 있어서 내가 끌어당긴 것이니 감정을 자꾸 느껴 줘서 해소시켜 주라는 영상을 보고 안 좋은 상황이 생기면 그 느낌을 자꾸 곱씹어 보는데 이게 엄청난 스트레스로 다가오더라고요. 매일 안 좋은 감정을 곱씹고 쳐다보는 게 무척 스트레스입니다.

다른 유희거리로 회피하면 결국 감정을 무의식에 가두어서 똑같은 일이 반복되니 똑바로 마주 보고 느껴 주면서 해소시키라고 하더라고요. 그런데 소울디 님이 말씀하신 기분 좋은 일을 상상하기, 재미있는 오락거리 즐기기, 이런 것도 일종의 회피기제가 아닌지 그것도 궁금하네요.

저는 일평생 재밋거리만 찾고 산 것 같아요. 안 좋은 일 생기면 "뭐 어떻게 잘 되겠지." 하고 생각 자체를 회피하고 아무 생각 없이 살았는데 각종 영성책을 읽다 보니 이런 자세가 결국 무의식에 꽉꽉 부정적인 감정을 눌러 담아서 더 큰 사건으로 빵 터진다는 글을 읽으니 뭐가 먼저인지 모르겠습니다. ㅠㅠ

A.
《빛의 시크릿(기본편)》을 읽어 주셔서 감사합니다.

음… 그런데 6번이나 읽었는데 뭔가 정리가 안 되셨군요. 너무 여러 가지를 접하다 보니 혼란이 오나 봅니다. 우선 《빛의 시크릿》에 등장하는 감정 압축풀기는 무거운 감정을 자꾸 느껴 줘서 해소시키는 방법과는 차이가 있습니다.

특정 사건이나 인물에 의해 건드려진 감정이 있을 때 그것을 문장으로 만들어 말로 반복해서 표현하고 내뱉어 주는 방식의 정화법입니다. 이 과정에서 감정을 굳이 세게 느끼지 않아도 됩니다.

조금 정리를 해 드리자면, 그냥 느낌을 곱씹고 느끼는 것은 회피하고 눌러 두는 것보다는 낫지만 일종의 직면 작업이지 압축풀기같이 감정을 직접 말로 표현해서 덜어 내고 풀어 내는 작업은 아닙니다. 내 감정을 진하게 느껴서 그 감정으로부터 풀려날 수 있는 수준의 감정도 있지만 우리가 무의식에 눌러 둔 감정의 스펙트럼은 너무나 장대해서 다소 위험해질 수도 있습니다.

예를 들어 성폭행이나 집단폭행 같은 트라우마에 의해 발생되고 눌려진 기억과 감정은 당사자가 그 감정을 다룰 준비가 되지 않았다면 그 기억과 감정에 직면하고 다시 느끼는 것만으로 외상 후 스트레스 장애가 생길 수도 있습니다. 특정 감정을 느끼고 싶고 느끼면서 정화하는 게 더 정화가 잘되는 느낌이라면 그렇게 하면 되지만 굳이 부정적 감정을 모조리 진하게 느낄 필요는 없습니다.

중요한 건 강하게 느껴지든 약하게 느껴지든 내 안에 무거운 감정이 감지되고 그 감정을 정화하고 싶다면 소리 내어 말로 표현해서 소리에너지로 에너지를 빼내는 방법을 써 주세요.

화가 났을 때 화를 고스란히 느끼고 있으면 더 고통스럽고 스트레스로 세포들이 화상을 입는 것처럼 염증반응이 생기거나 종양이 생길 수도 있습니다. 화를 소리에너지로 표현해서 분출시켜 빼 주셔야 합니다. 이게 제가 말하는 압축풀기입니다.

압축풀기로 감정을 표현하고 터뜨려 줘서 내가 시원해져야 합니다. 부정적 감정을 느끼고 품는 게 아니라 욕 한번 시원하게 하고 털어 버리듯 표출을 해 주셔야 하고 그 과정에서 감정이 저절로 느껴지면 느끼면서 표현하고 빼 주시고 느껴지지 않는다면 굳이 안 느끼셔도 됩니다.

그리고 제가 어떤 맥락에서 기분 좋은 일을 상상하기와 재미있는 오락거리 즐기기를 언급했는지는 모르겠지만 절대 감정 회피용으로 언급한 것이 아닐 겁니다. 우리가 집중하는 것이 우리의 현실이 되니 압축풀기로 부정적 감정을 정화한 후, 2단계인 고진동 압축풀기 단계(감정을 이용한 현실창조 시크릿 단계)에서 내가 원하는 긍정적인 감정과 생각에 집중하는 방식에서 언급한 방법일 겁니다.

아니면 너무 스트레스가 심해서 부정적 감정의 압축풀기를 할 수 있는 여력이 없고 자살 충동 같은 더 심하게 우울해질 수 있는 상황에서는 부정적 감정의 압축풀기보다 우선 스트레스의 무게에서 벗어나는 게 급선무이니 에너지 환기와 전환차원에서 오락거리 즐기기(웃긴 동영상 시청 같은)를 추천했을 가능성이 있습니다.

○○님이 일평생 재밋거리만 찾고 "어떻게든 되겠지~" 하고 잘 사셨다면 괜찮은 삶 아닐까요? 그렇게 사셨는데 무탈하게 일이 잘 풀리고 행복하다면 그렇게 계속 걱정보다는 재미와 행복에 집중하면서 사시면 되고 만일 일이 잘 안 풀리고 뭔가 내 안에 무거운 감정이 감지되고 외부의 상황들도 나의 부정적 감정을 자꾸 건드린다면,《빛의 시

크릿》에 등장하는 저진동 감정 압축풀기 방법으로 정화를 해 나가면서 긍정적인 감정에 집중하는 시크릿을 해 보시길요.

단, 저진동 감정 압축풀기 할 때 주의사항 꼭 지켜 주시고요. (고진동 만트라 녹음한 거 반드시 틀어 놓고 하기)

● **고민 상담**

(○○님 문자)
소울디 님! 안녕하세요. 잘 지내시죠? 다름이 아니라 제가 너무 답답한데 어찌해야 하나 고민 끝에 문자를 드리게 되었어요. 6월 상담 때 말씀드린 직장에서의 남자분이 있는데 이분 때문에 스펙터클한 감정체험을 하고 있어요. 제가 압축풀기 한 지 1년 5개월 정도 되었는데요. 그동안 압축풀기를 열심히 해서 가벼워진 줄 알았는데 그게 아니었나 봐요.

이분 때문에 멘털이 탈탈 털리는 것 같아요. 밉고 화도 났다가 어떨 땐 좋기도 하다가 사랑과 연민 같은 게 느껴지다가 꼴도 보기 싫다가 불쌍하다가 힘들다가 고통스럽다가 여러 감정들이 쏟아져 나와 주체가 안 되고 있어요. 인간에 대한 정과 연민 이런 것들이 짬뽕이 된 건지 어쩐 건지 압축풀기 한 이후 가장 힘든 순간이 아닌가 싶어요.

저를 좋아해서 장난을 친다고 하지만 저는 버거울 때가 많았어요. 그리고 요 며칠 어떤 계기로 사이가 틀어졌거든요. 제 잘못도 크지만 저도 그분한테 스트레스 받은 걸 카톡 장문의 글로 되돌려드린 건데… 그게 문제가 되어서 노발대발. 그 이후 이분이 저한테 대놓고 엄청 못되게 하고 공격적이고 같은 조에서 아예 배척을 시키고 해서 많이 괴로운 상황이에요.

이런 상황이 불편하기에 내가 일을 그만두고 나가자 싶다가도 당장 일 구하기가 마땅치도 않고 나가면 여기 직장은 다시는 못 들어오는데 너무 고민이 되어요. 어찌 보면 간단해 보이는데 저는 뭐가 이리 복잡할까요?

소울디 님의 조언이 필요해요. 명확하게 이거다 싶은 게 떠오르지가 않아요. 앞으로 쭉 밀고 나가고 싶은데 자꾸 휘둘리고 힘이 없어요. 별거 아닌 한 사람의 말과 행동에 좌지우지되고 무너지는 게 어이없기도 해요. 현재 멘붕 상태라 압축풀기는 풀기대로 고진동은 고진동대로 쭉 나아가지지가 않아요. 제가 왜 이럴까요? 소울디 님 ㅠㅠ

(소울디 답변)
정말 많이 힘드신 상황이군요. 사실 저런 사람은 피하는 게 맞는데 피할 수 없는 상황이라면 사이코패스 옆에선 압축풀기를 하면 안 됩니다. 소용이 없고 그건 부정적 감정의 압축이 건드려진다기보다 그냥 그 사람의 에너지 그 자체를 ○○님이 누구보다 예민하게 감지하고 있는 것에 가깝습니다. 즉 ○○님이 그 사람에 의해 느끼고 있는 오만 감정은 ○○님 것이 아닐 가능성이 90프로입니다.

그러니 ○○님~ 이건 비상사태, 위급상황, 지옥 속에 있는 상황입니다. 너무 큰 저진동 상태에서는 절대 저진동 풀지 마세요. 더 힘들어질 뿐이고 다 같이 지옥 불로 빠지게 될 겁니다. 내가 느끼는 감정들 내 것이 아니고 그 남자 것인 걸 알고 "그래 네가 이런 감정을 드글드글 가지고 있다는 거지? 다 가져가라~" 해 버리고 ○○님은 오직 고진동 만트라(호포노)만 하세요. 하루 종일 "고마워, 사랑해."만 속으로 뱉으세요. 지금은 (자신을 지키기 위한) 고진동 만트라를 할 때입니다.

정신 바짝 차리셔야 합니다. ○○님이 느끼는 모든 감정 ○○님 것이 아니에요. 절대 분석하고 집중하지 마시고 관심도 두지 마시고 머리, 가슴 다 비우고 악귀 퇴치용 주문 외듯 그 사람이 ○○님한테 무슨 지랄을 떨고 왕따를 시키고 유치한 행태를 보이더라도 그건 그 사람 안의 저진동이 ○○님 안의 투명성과 고진동에 의해 발작버튼이 눌려져서 그러는 겁니다.

공격은 도와 달라는 외침이고 겁에 질린 개가 더 짖는 법이죠. 그 남자는 자기를 지키기 위해 ○○님을 공격하고 있고 애처럼 "나 너한테 상처받았어. 네가 나한테 팩폭 날려서 나의 실체를 직면하게 했잖아. 난 그 사실 인정할 준비가 안 되어서 무서워~" 하면서 지질하게 저항하는 겁니다.

그러니 그 모든 행동들과 표현들에 집중하지 마시고 그 사람을 비롯한 다른 사람들이 뭐라 하든 속으로 주문 외듯 오로지 "고마워, 사랑해."만 속으로 말하세요. 깨어나서 출근해서 최대한 속으로 "고마워, 사랑해."만 반복하고 그 고진동 말에만 집중하세요.

 어떤 판단도 하지 말고 감정도 느끼지 마세요. 지금은 고진동 만트라를 할 때입니다. 일단 그 고진동 말의 에너지가 ○○님을 최소한 돕게 될 겁니다. 일단 지옥 불에서 빠져나오든 지옥 불을 끄든 진화를 하고 나중에 엄청 여유가 생기면 제대로 압축풀기와 기쁨 느끼기도 하세요.

 지금은 생각, 감정 다 비우고 멈추고 그냥 "고마워, 사랑해~" 이것도 길면 "(○○아) 사랑해."만 하루 종일 속으로 중얼거리세요. ○○님 자신을 보호하는 악귀 퇴치용입니다.

 (○○님 문자)
 아~ 소울디 님. 정말 너무너무 감사합니다. 그분의 눈빛에서 빙의령과도 같은 요상한 눈빛과 분노를 감지한 적이 여러 번 있었거든요. 제 착각인 줄로만 알았는데 그게 맞았나 봐요. 쓰나미 같은 이 감정들 때문에 당혹스럽고 미치기 일보직전이었어요. 감당이 안 되었는데 제 것이 아니었군요.

 맞아요. 소울디 님. 진동수가 나락으로 떨어뜨려지는 기분이고 제가 좋다고 철썩 붙은 악귀 같은 그 사람을 어떻게든 연민과 사랑으로 품

으려고 했어요. 왜 전 이게 편하고 좋은 건지 ㅜㅜ

잘 알겠습니다. 소울디 님. 이제는 제 자신을 지키겠습니다. 정신 바짝 차리겠습니다. 소울디 님이 계셔서 얼마나 감사한지 말로 다 표현할 길이 없어요. 정말 감사합니다.

(소울디 답변)
○○님~ 연민은 사랑이 아니라 카르마적 감정입니다. 끄달리지 마세요. 불완전한 인간의 모습 속에서 나의 불완전함을 보면서 연민을 느끼고 그 사람을 이해하고 사랑해 주고 싶은 걸 수도 있습니다. 진짜 우주의 사랑은 감정이 복잡하지 않습니다.

진짜 건강하고 강한 부모는 어쩌면 온갖 걱정과 근심과 연민의 감정으로 아이를 사랑하는 게 아니라 따뜻하나 굉장히 차분하고 단호한 감정의 군더더기 없이 자신의 책임을 행동으로 다해 나가는 방식일 수 있습니다. 아이가 감정적으로 에너지적으로 정상이 아니고 날뛸 때 엄마는 차분하고 단호해야 합니다.

○○님의 감정의 스위치는 다 끄시고 어떤 연민의 생각과 행동도 하지 마시고 그냥 "사랑해~"라는 고진동 말과 그 에너지가 알아서 일하게 하세요.

(○○님 문자)

네, 소울디 님. 명심하겠습니다. 지금은 생각과 행동 대신 "사랑해."라는 말로 꽉 채워 나가겠습니다. 반드시 그렇게 하겠습니다. 따스한 손길로 저를 다시 한번 일으켜 주셔서 감사합니다.

● 분노 압축풀기 후기

〈○○님의 아빠를 향한 분노가 사라진 체험〉

 폭력적인 모습이 전혀 없던 아빠가 내가 성인이 되고 어느 순간부터 폭력적인 사람으로 변해 갔다. 큰 소리로 화를 내고 욕설을 하며 손을 올렸다. 나도 가슴에서 분노가 들끓기 시작하였다.

 아빠의 변한 모습도 당황스러웠지만 들끓어 오르는 분노도 나를 너무 당혹스럽게 하였다. 나한테 이런 분노가 있다고? 너무 어마어마한데. 그만큼 나는 분노가 올라오면 주체할 수가 없었고 분노에 휩쓸려서 점점 아빠와 자주 싸우게 됐다.

 처음엔 아빠에게 똑같이 화를 내기도 하고 정중하게 욕하지 말아 달라고 부탁도 해 보고 나한테 사과하라고 말을 해도 아빠는 오히려 더 화를 냈을 뿐 변하지 않았다.

 나는 이 분노를 해결하고자 세상에 알려져 있는 유명한 정화방법과 유명하지 않은 방법까지 모두 다 시도해 보았다. 물론 어떤 감정은 해소하는 데 효과가 있었다. 하지만 이 분노만큼은 전혀 해소가 되지 못했다. 나는 여전히 아빠와 싸웠고 분노는 계속 타올랐다.

어느 정도의 분노라면 나도 그냥 살아가겠지만 이 분노는 평범한 분노가 아닌 시도 때도 없이 들끓어 오르는 분노였기에 나는 이 분노를 해소할 다른 방법을 계속 찾아다녔다. 화와 관련된 책도 읽어 보고 화를 풀기 위해 살인하는 상상도 해 보고 명상도 해 왔다. 그러나 얼마 있지 않아서 아빠는 다시 나에게 화를 냈고 나 또한 분노에 휩쓸려서 똑같이 화를 내는 끝없는 싸움의 반복만 이어졌고 오히려 상황은 점점 악화되기만 하였다.

그렇게 외부도 내부도 변하는 것이 없어서 지쳐 갈 때쯤 나는 소울디 님께서 알려 주신 방법으로 저진동 압축을 풀기 시작하였다. 분노가 너무 심했기에 처음 며칠간은 고래고래 소리를 질러 내뱉었다. 분노가 올라올 때마다 내뱉어야 했기에 방음 항아리라는 것을 구매해서 밤이고 낮이고 가슴이 시원해질 때까지 소리를 내질렀다.

그리고 일상생활 하는 중에 분노가 건드려질 때마다 소울디 님이 알려 준 대로 녹음한 고진동 만트라를 틀어 놓고 분노를 내뱉었다. 30분을 내뱉고도 분노가 시원하게 사라지지 않으면 사라질 때까지 내뱉었다. 이렇게 연속으로 2시간도 내뱉었다. 그래야 분노가 시원하게 사라졌기 때문이다.

어느 날은 "화난다."라는 표현으로는 부족해서 "죽여 버릴 거야~!!" 라고 내뱉었다. 온갖 쌍욕과 저주와 험한 말을 입에서 나오는 대로 다 내뱉어 주었다. "죽여 버릴 거야! ×××죽여 버리고 싶다. 죽일 거야 ~!!" 이렇게 내뱉고 나면 가슴이 무척 시원했다. 그래서 압축풀기를 안 할 수가 없었다.

나는 사소한 것에도 분노가 올라왔고 올라오는 족족 내뱉어 주었다. 설거지를 하다가도 분노가 올라오면 분노를 내뱉으면서 설거지를 했다. 머리를 감다가도 자다 깨서도 분노가 건드려지면 바로 내뱉어 주었다. 그래야 마음이 편안해졌기 때문이다.

분노를 내뱉을 때 나를 화나게 했던 당사자에게 당장 뭐라고 하고 싶은 충동이 느껴질 때가 있었다. 이럴 땐 베개를 사정없이 주먹으로 내리치면서 "화가 난다. 죽여 버릴 거야. ×××!!!"라고 욕하면서 내뱉기도 하였다. 압축을 풀고 나서 분노가 사라지면 휴~ 당사자인 아빠에게 직접 화 안 내길 잘했다는 생각이 들곤 하였다.

저진동 압축을 풀면서 나는 따로 고진동 만트라를 내뱉지 않았다. 오로지 건드려지는 저진동만 압축을 풀었다. 그런데 신기한 것이 내가 의도하지 않았는데 속에서 고진동의 생각과 감정이 저절로 올라왔다. "엄마 사랑해~ 아빠 사랑해~ 누구누구야 고마워 행복하다~"

압축풀기를 시작한 지 5개월 동안은 아빠와 한 번 크게 싸운 일 말고는 큰 다툼이 없었다. 그리고 6개월 차가 되던 어느 날, 나는 아빠와 오랜만에 다시 말싸움을 하게 되었다. 서로 화를 내며 말을 주고받는 데 순간 뭔가 이상하였다. 분명 아빠와 화를 내며 싸우는 상황인데 나한테 분노가 전혀 느껴지지 않았다.

그렇게 들끓어서 나를 괴롭게 했던 분노가 하나도 올라오지 않았고 마음이 텅 비어져 있는 듯했다. 그리고 나는 아빠에게 더 이상 화를 낼 수가 없었다. 왜냐하면 분노가 전혀 없었기 때문이다. 분노가 없어서 화가 나지 않았다. 그래서 나는 좀 전까지 화를 내던 입을 다물었고 아빠는 여전히 나에게 뭐라고 하였지만 아빠의 말이 들리지 않았다.

화가 나지 않는 내 마음이 너무 신기해서 나는 속으로 "와 신기하다. 분노가 안 올라오네. 분노가 사라졌네."라며 연신 속으로 신기해하기 바빴다. 또한 내가 더 이상 화를 내지 않으니 아빠하고의 싸움이 크게 번지지 않았고 그날의 말다툼은 그렇게 마무리가 되었다.

그리고 아빠는 친구를 만나러 집을 나갔다 들어오시면서 나를 보며 갑자기 내 손을 잡고는 말씀하셨다 "○○야~ 아까는 아빠가 이러이러해서 그랬어. 아빠가 화내서 미안해."

이게 무슨 일이야? 아까는 그렇게 들끓던 분노가 전혀 안 올라와서 신기했는데 이제는 아빠가 먼저 사과를 하는 상황이 너무 신기했다. 누가 보면 고작 이런 일로 신기해하나라고 생각하겠지만 나에게는 너무나 신기했다. 아빠가 먼저 사과를 한 것은 처음 있는 일이었다. 게다가 나는 이번에는 오히려 아빠에게 사과받고 싶은 마음이 없었다. 왜냐하면 나는 아까의 일로 화가 전혀 안 났기 때문이다. 그래서 나도 웃으면서 "괜찮아. 아빠~ 나도 아까 화내서 미안해."하며 아빠와 악수를 하였다.

 이후로 나는 분노가 사라지고 없어짐을 체감하게 되었다. 그리고 내 안에 분노가 사라질수록 아빠도 달라졌고 나 또한 달라져 갔다. 그리고 싸우는 일도 없어졌으며 사이가 평온해졌다.

 저진동 압축을 풀수록 나는 고통에서 가벼워지고 자유로워졌다. 그렇기에 나는 저진동 압축풀기에 너무 감사하다. 그리고 이 도구를 알게 되어서 이 도구를 가지고 저진동을 풀 수 있는 내 육체와 공간이 있는 환경에도 너무 감사하다.

 이런 생각을 할 수 있었던 것도 저진동 압축을 풀었기 때문이며 나를 포기하지 않게 해 준 것도 모두 저진동 압축풀기 덕분이다.

 저진동 압축을 풀고 나서 문득 속에서 이런 말이 떠올랐다.
 "그동안의 생의 나야~ 전 차원의 나야~ 고생했어. 장하다. 포기하지 않아 줘서 너무 고마워~"

 "포기하지 않을게. 절대 포기하지 않을게. 고마워."

나는 이 도구를 통해 이번 생의 나와 전생의 나들 그리고 내 영혼과 전 차원적인 나를 살리고 자유롭게 할 것이다. 그리고 빛이 될 것이다. 그렇게 만들어 줄, 아니 그렇게 만들어 준 저진동 압축풀기에 감사하다고 말하고 싶다. 정말 너무 감사하다.

그리고 이 저진동 압축풀기 방법을 알려 주신 소울디 님께 진심으로 너무 감사드린다.

2. 몸의 압축풀기

《빛의 시크릿(기본편)》에서 다룬 인간의 3가지 창조(체험)의 도구(육체, 감정체, 사념체) 정화방법 중 감정 압축풀기와 사념 압축풀기에 이은 몸의 압축풀기에 관한 방법을 소개한다.

● 육체적 고통 압축풀기

만병의 근원이 스트레스인 것처럼 당신 안의 부정적 감정의 압축이 그 밀도의 한계를 넘게 되면 입자화, 물질화, 신체화가 진행된다. 당신 안의 고통과 분노와 두려움과 슬픔의 감정이 쌓여 종양이 되고 염증과 통증반응을 일으키고 당신의 면역력이 외부 바이러스를 방어할 힘을 잃게 만든다.

그리고 인간의 감정이 전생부터 압축되어 온 것처럼 인간의 육체도 환생하는 내내 육체가 당한 육체적 고통을 세포의 기억체 속에 모두 기록하고 압축시키게 된다. 이번 생이 마지막이라면 당신은 육체적으로 많은 증상들을 겪게 될 수도 있다. 병원을 가도 알 수 없는 증상들을 겪게 되는데 이런 종류의 병증들을 상승증후군이라고 불리기도 한다.

육체에 인간으로 환생하며 매 생에 겪어야 했던 온갖 고통들이 쌓여 발현되고 동시에 인간의 몸이 에너지화되는 과정에서 인간 안의 고진동이 깨어나서 에너지몸이 활성화될수록 육체의 입자성 안에 갇힌 저진동이 들고 일어나는 증상이기도 하다.

감정에 대해서 화가 나면 분노를 말로 표현해 내듯이 육체적 고통도 말로 표현하는 것이 도움이 된다. 아프면 "아프다."라고 말하는 것이다. (최소 30분 단위로 충분히 소리 내어 반복) 두통이나 복통에 특히 효과가 있다. 내가 이 방법을 알려 주기 전에 내담자 한 분이 스스로 생리통이 생겼을 때 "감정풀기도 되는데 몸도 되지 않을까?" 하고 "배가 아프다."를 반복하는 압축풀기를 했더니 조금 있다가 생리통이 사라졌다고 한다. 완전히 사라지지 않으면 조금 완화되기라도 할 수 있다.

감정의 압축풀기 원리를 설명하기 위해 예를 드는 상황이 한 가지 있다. 내가 중학교 시절, 두통이 너무 극심해 밤에 응급실을 간 적이 있었다. 나는 그날 응급실에서 밤을 새게 되는데 응급실에는 화상환자들이 실려 왔다. 고속도로에서 교통사고가 났는데 차 한 대에 5명의 가족이 타고 있었고 그 차에 불이 난 것이다. 그중에는 5살 정도로 보이는 어린 여자아이가 있었다.

나의 침대 커튼 틈 사이로 그 꼬마 아이가 보였다. 번개를 맞은 것처럼 얼굴은 까맣게 그을려 있었고 머리카락은 붕 떠 있었다. 그래도 엄청 크게 다친 건 아닌지 일어나 앉아 침대 난간을 붙잡고 있었다. 그리고 어른들의 비명과 신음소리가 들리는 가운데 이 꼬마 아이는 눈물이 그렁그렁한 채 정확한 워딩으로 "아파~ 아파~ 엄마~ 아파~"를 계속했다. 지쳐 잠들 때까지 밤새 "아파."를 반복했다. 그 아이는 정말 아프니까 아프다고 말하는 것이었다.

이것이 내가 말한 압축풀기의 근본이다. 어른들 중에는 단 한 사람도 말로 아프다고 표현하는 사람들이 없었다. 정말 참고 싶지만 참아지지 않는 도를 넘는 고통에 어쩔 수 없이 소리가 터져 나오는 신음과 비명만 나올 뿐이었다. 그렇게라도 도를 넘는 고통이 소리에너지로 어쩔 수 없이(뱉어 내지 않으면 죽을 것 같으니) 자신을 풀어내는 자동 압축풀기를 하고 있는 것이다.

아이를 낳게 되면 어린 아기는 모든 것을 울음이라는 소리에너지로 표현한다. 배가 고파도 앙~ 어딘가 불편해도 앙~ 잠이 와도 앙~ 그리고 그 아이가 말을 배우면 처음에는 이것저것 다 표현한다. "엄마 미워, 이

거 싫어, 안 해." 등등 이 시기의 아이들에겐 고통과 한(감정의 응어리)이 크게 없다. 그런데 시간이 지나면서 사회적 반응에 의해 자신이 부정적인 감정과 생각을 표현하면 상대방이 듣기 싫어하거나 좋아하지 않는다는 반응과 느낌을 받으며 점점 부정적 표현들을 잘 하지 않게 된다.

부모도 아이에게 "이제 그만 울어야지, 그런 말을 나쁜 말이야, 이제 좀 참아야지."라는 식으로 아이의 부정적 감정의 표현들을 자제시키게 된다. 그렇게 아이는 커 갈수록 자신의 부정적 생각과 감정에 대한 소리 에너지의 표현을 삼키고 억압하게 되고 이 과정에서 압축이 생기게 된다. 우리는 이런 삶을 이번 생만 산 게 아니다. 그런 표현의 억압은 타인을 불편하게 하지 않기 위한 사회적 생존의 기본 에티켓인 것이다.

그런데 5살 아이처럼 "나 아파."라고 말하는 것이 정상이다. 이렇게 해야 압축이 생기지 않는다. 내가 아플 때 충분히 아프다고 말하고 표현하지 않고 참고 살게 되면 어느 순간 당신은 큰 병이나 암에 걸려 누가 봐도 아프게 되어 버리거나 아무도 나의 아픔을 알아주지 않음에 서운해하며 매일 아프다고 징징거리는 사람이 될 것이다.

지금에라도 몸이 아플 때 아프다고 충분히 많이 말로 소리 내어 뱉어 줘야 한다. 타인에게 가서 말하지 않고 나 혼자 있는 공간에서 압축 풀기로 해내면 된다. 나의 아픔을 나라도 충분히 알아주고 표현해 주고 풀어 주면 타인을 향한 서운함이 쌓이지 않는다. 나조차도 나의 아픔을 알아주지 않고 억압하고 참아 버렸는데 누가 알아주겠는가? 내가 나를 사랑하는 것부터 해야 한다. 그 사랑은 내가 나의 육체적 감정적 고통을 잘 알아주고 표현하고 처리해 주는 것부터이다.

 우리는 보통 몸이 아프고 불편할 때 그 병증 증상들을 없애고 낫게 하는데 집중하게 되는데 그 노력과 함께 이런 육체적 고통의 압축풀기도 같이 해 주면 된다. 병을 낫기 위한 필요한 실제적 조치(약, 수술 등)와 함께 육체의 증상에 대한 저진동 압축풀기를 해 주고 그다음엔 육체에 대한 고진동 압축풀기를 해 주면 된다.

 예를 들어 당신이 불면증을 앓고 있다고 가정했을 때 아마 안 해 본 것이 없을 것이다. 일단 모든 실제적 노력(잠이 잘 오게 하는 습관과 영양제 등등)과 함께 저진동 압축풀기를 해 준다. "잠이 안 와서 너무 힘들어, 죽을 것 같아, 고통스러워." 등등의 표현들로 육체적 증상에 대한 고통의 감정을 충분히 풀어낸 다음, 고진동 압축풀기를 해 준다. "나는 너무 잠이 잘 와서 행복하다." 그리고 잠이 잘 올 때의 편안함 느끼기에 집중하는 훈련을 해 본다.

 평소 위장이 너무 안 좋아서 소화도 힘들고 스트레스가 많았다면 위의 건강을 위한 실제적 조치들을 해 주면서 저진동 압축풀기("소화가 안 되니 너무 힘들어, 내 위는 너무 약해, 짜증나, 불편해, 싫어." 등등)를 충분히 해 준다. 더 이상 이런 생각과 느낌에 집중이 안 될 만큼 풀어 준 후에 위장에 관한 고진동 만트라를 해 준다. "내 위는 건강하고 소화를 너무 잘한다. 위장아 고마워 사랑해~" 등등. 그리고 위가 뭐든

지 소화를 잘해서 편하고 행복한 느낌을 느껴 주는 훈련을 해 준다.

물론 몸이 너무 아프면 여력조차 없어서 힘들 수 있지만 어쨌든 저진동 압축풀기는 모든 육체적 고통과 질병에 다 접목할 수 있는 방법이다.

● **식이요법**

몸을 정화하고 저진동 압축을 푸는 방법은 크게 화학적 방법과 물리적 방법으로 나눈다. 화학적 방법은 내 몸에 무엇을 먹일 것인가? 식이에 관한 것이다. 나의 블로그의 신비체험 글은 재미있게도 다이어트 이야기부터 시작할 정도로 나는 우량아로 태어나 소아비만을 겪으며 40년 넘게 다이어트와의 전쟁을 해 온 사람이다. 내가 해 보지 않은 다이어트는 없을 만큼 인간의 몸과 식이요법에 대한 모든 정보와 실험을 내 자신에게 가한 결과 나는 이렇게밖에 말할 수 없게 되었다.

무엇을 얼마나, 어떻게 먹든지 당신 몸에 맞는 것을 찾아내야 한다는 것이다.

채식을 하든 육식을 하든 혼합식을 하든, 일반식을 하든 건강식을 하든 세끼를 먹든 간헐적 단식을 하든 그 무엇이든 당신의 체질과 알레르기 상태, 위장의 소화 상태, 대장의 배변 상태, 호르몬과 대사 상태와 기호도에 맞고 당신의 전반적 몸의 컨디션과 건강을 가장 좋게 유지할 수 있는 그 어떤 음식과 식이요법이라도 찾아내어 그것을 하길 바란다.

아무리 대단한 의사와 전문가들이 나와서 논문과 실험, 실제 사례를 들이대며 좋다고 말해도 나에게는 그렇게 작동되지 않고 맞지 않을 수도 있다. 정말 사람들의 몸은 천차만별에다가 한 인간의 몸도 나이가 들수록 상태가 또 달라질 수 있으니 모든 음식을 자신의 몸에 테스트해서 자신에게 맞는 음식과 식이요법을 찾아내길 바란다. 즉 자신의 몸에 맞는 답을 스스로 찾아내야 한다.

잘 먹고 잘 자고 화장실 잘 가는 몸으로 만들 수 있는 모든 방법을 찾아내길 바란다. 당신의 몸이 답을 알고 있다.

● **지압과 림프마사지의 활용법**

몸을 정화하는 물리적 방법은 마사지나 운동같이 몸에 물리적 자극을 가하는 것이다.

〈몸의 저진동 압축풀기 지압편〉
몸의 저진동 압축풀기 방법도 감정 압축풀기처럼 그 방법은 너무나 간단하다. 다만 다 풀릴 때까지 끝까지 해내느냐 못 해내느냐가 관건일 뿐이다. 방법은 손가락으로 내 몸을 눌러서 아픈 데가 없게 풀어 주는 것이다. 명치 같은 곳을 누르면 아플 수 있는데 이런 데를 찾아서 다 풀어 주는 것이다. 기준은 0.1밀리미터 간격으로 아주 촘촘히 그리고 아주 층층이 깊이까지 세밀하게 찾아내서 내 몸 안에 심층적으로 진행된 염증과 통증반응의 입자적 뭉침(압축)들을 샅샅이 찾아서 풀어 주는 것이다.

  이 작업이 필요하고 이것이 몸을 풀고 여는 선행적 방법이 될 수 있다는 인식을 얻게 된 계기를 설명해 보겠다. 내가 신비체험을 하던 시기에 벌어진 일련의 과정들을 기억해 보니 그 안에 답이 있었다는 것을 알게 되었다.

  에너지가 열려서 몸이 내 의지와 상관없이 움직이고 전생의 장면을 재현하는 일들이 벌어지고 난 다음 날, 내 몸은 저절로 팔다리를 휘두르며 체조 같은 것을 하기 시작했다. 거실에서 선 채로 진행되었는데 힘들어도 멈출 수가 없었고 거실의 시계가 2시간을 넘어서야 끝이 났다.

  팔다리와 몸이 내가 예전에 꺾어 보지 못한 방향과 각도로 마구 뒤틀리고 꺾이고 몸을 때리며 타공을 하기도 하며 내가 결코 이런 식으로 자극해 보지 않았으면 몰랐을 통증과 결림과 어딘가 뭉치고 막힌 지점들을 고스란히 느끼고 깨닫게 하며 온몸을 아주 세심하게 풀고 있는 느낌이었다.

  어딘가 굉장히 아픈 데가 있으면 그 지점이 풀릴 때까지 집중 타공과 체조 동작을 하면서 끝까지 풀어 내는 식으로 진행되었다. 그리고 다음 날 나는 침대에 누워 있었는데 갑자기 회음부 쪽에서 빛의 줄기가 올라오더니 아치형의 포물선을 그리며 나의 백회 쪽으로 들어가서 순환하며 돌기 시작했다. 그렇게 온몸에 황금빛 막이 덮이며 몸이 소생한 듯 청량하고 가벼워지는 쿤달라니가 열리는 체험이 시작된 것이다.

그 느낌들이 너무 좋았지만 너무 생소해서 좋다는 느낌보다 너무 적응이 안 되어 이상하다는 느낌이 더 강했고 나는 그 상태가 뭔지 확인해 보고 싶어서 그 일이 벌어진 직후 하나의 행위를 했다. 거실로 나가 매트 위에서 제자리 뛰기를 해 본 것이다. 왜냐하면 몸이 계속 에너지가 방방거리고 뭔가 지칠 것 같지 않은 느낌을 받았기 때문이었다.

10분 정도를 뛰었는데, 분명히 시계는 10분이 지났는데 나의 의식이 10분이 흐른 느낌 자체가 없었다. 내 의식이 시간의 트랙을 초월해 있어 보였고 내 의식이 10분이 흐른 느낌을 체험하지 않으니 내 몸 역시 시간의 흐름을 체험하지 않았다. 몸 역시 10분 전과 같이 아무런 에너지 소진이 없었다. 너무 이상해서 다시 40분을 뛰었는데, 시계가 40분을 지났는데 내 의식도 몸도 40분 전 그 자리에 그대로 있었고 그야말로 현존의 순간이었다.

몸이 뜀뛰기를 하면 뭔가 충격과 압력 같은 것이 느껴져야 하는데 이건 마치 구름 위나 무중력 상태로 뛰고 있는 느낌이었고 아무런 저항이 느껴지지 않거나 그 저항력에 내 의식이 집중되지가 않은 느낌이었다.

너무너무 이상해서 출근한 영혼남자의 사무실에 전화해서 오늘은 또 몸이 이렇게 이상해졌다고 마구 알렸던 기억이 난다. 그때부터 모든 본격적인 신비체험들이 시작되었다.

뭔가 인식이 오고 장면이 펼쳐지고 내 몸이 마음대로 움직이고 심지어 내 감정과 생각까지 모두 도구로 쓰이듯 내 의지와 상관없이 상상이 마구 일어나고 눈물이 흐르고 내 입에서 대사가 나오고 우주어가 나오고….

그리고 지금 생각해 보면 완전히 처음, 초기의 내 에너지작업은 마사지 형태였다. 12명의 에너지작업을 하라는 인식을 받고 에너지작업을 하게 되었는데 나는 에너지작업이 뭔지 어떻게 해야 되는지도 몰랐고 그저 손에 내어 맡기라고 해서 그렇게 했더니 내담자를 눕혀 놓고 그 사람의 결리고 막힌 몸을 손으로 풀기 시작했다.

이것은 누가 봐도 마사지였고 나는 마사지를 평소에 제대로 배워 본 적도, 많이 해 본 적도 없는데 너무 능수능란하게 해서 속으로 "내가 전생에 마사지사였나?" 싶을 정도였다.

그 당시 내가 힘을 다루는 범위가 어느 정도였냐면, 몸무게가 90㎏에 육박하는 육중한 남자분이 있었는데 그분의 몸을 내가 발과 주먹으로 이용해서라도 풀어 냈다. 그리고 나의 마사지를 옆에서 지켜보던 어떤 분이 마치 피아노를 치는 것 같다고 표현할 정도로 섬세하고 정교하기도 했다.

지금 생각해 보면 그 당시 0.5초 전에 머릿속에 내가 어떤 동작을 해야 하는지 이미지가 뜨면 내 손이 그 동작을 그대로 재현하는 식으로 진행되었는데 어떤 때는 그것이 너무 자동적으로 진행되어서 내 손에 뇌가 달렸나 싶게 저절로 진행되었다.

그리고 마사지는 거의 반트랜스 상태로 진행되면서 내 3차원 인간 의식(감정과 생각)은 절대 개입할 수 없고 관찰자로만 존재했다. 그다음 동작이 뭔지 모르고 내가 내담자분의 몸을 잘못 누르거나 했다가 다칠 수도 있다는 두려움이 개입했다면 나는 그 작업을 해낼 수가 없었을 것이다.

예를 들어 내가 주먹을 쥐고 내담자의 가슴을 내리치는 동작이 있는데 3차원의식이 개입했다면 나는 절대 그 동작을 할 수 없었을 것이다. 그런데 내담자 분의 가슴 위에서 내가 주먹을 쥔 채 내 입에서는 이런 말이 저절로 나왔다.

"아플 순 있지만 다치진 않을 거예요."라고. 그리고 탕! 내리친다. 그리고 탕! 내리쳐 보면서 내 3차원의식은 알게 된다. "다치지 않겠구나~"

그 느낌은 마치 내가 잔잔한 호수의 표면을 주먹으로 내리쳐서 동심원이 펴져 가는 듯한 느낌이었고 내가 물리적인 사람의 육체를 자극한다기보다 마치 종을 치듯 뭔가에 경종을 울리듯 오라장을 깨우는 느낌에 가까웠다.

 그런 식으로 한 달 정도 사람의 몸을 깨고 부수고 열고 하는 듯한 작업을 하고 나니 사람의 몸 안에서 뭔가가 보이기 시작했다. 어떤 분의 아랫배를 하다가 뭔가 까맣고 말라비틀어진 건포도 같은 것이 보여서 묘사를 한 후 "이게 뭐지?"라고 하면 누워 계신 내담자 분이 "제가 중절수술을 한 적이 있는데요."라고 했다. 그렇게 "아~ 이게 낙태한 태아를 상징하는구나~" 하고 한 가지 정보를 알아낸다.

 누군가의 머리를 마사지하다가 뭔가 보여서 묘사를 한 후 "이게 뭐지?"라고 하면 누워 있는 분이 자신의 기억을 소환해서 그 이미지가 상징하는 정보를 하나 알아내는 식이었다. 초기 버전의 에너지작업이 그렇게 시작되고 점점 진화해서 몇 년이 흐른 지금은 내담자의 몸에 손을 대지 않아도 이미지가 보이는 식으로 된 것이다.

 그리고 나는 그렇게 시작된 초기 버전의 마사지 형태의 에너지작업은 까마득히 잊고 있었다. 마사지는 마사지사라면 누구나 할 수 있고 몸을 직업 써야 하는 중노동이어서 손목에 무리가 오기도 했다. 이 모든 과정을 돌이켜 보면 에너지를 열기 위해 우리 몸에 입자적으로 뭉쳐진 부분들을 먼저 풀어 내는 것이 맞았다.

 당장 당신의 가슴팍과 명치를 한번 눌러 보라. 사람에 따라서 아무 느낌이 없을 수도 있겠지만 손만 스쳐도 아프거나 온몸에 유리 파편이 꽂혀 있는 느낌을 받을 수도 있다. 당신 몸의 껍질에 이토록 많은 염증과 통증반응이 진행된 상태로 살면 당신 몸의 내부에도 병이 진행될 수밖에 없다.

그리고 굉장히 반성하게 되고 겸손해진다.
"이런 몸으로 내가 명상을 하고 마음공부를 하고 빛에 집중하고 에너지를 열려고 했구나. 가슴팍과 명치를 누르면 못이 박힌 것처럼 아픈데 이런 가슴으로 기쁨 느끼기를 하려고 했구나."

내가 가슴을 누르면 칼로 찌르는 통증이 내장되어 있는데 그것을 그대로 둔다면 현실에서 실제로 가슴 찢어지는 사건이 벌어질 수 있는 것이다. 우리 몸은 에너지를 담는 그릇이고 그 에너지는 들숨과 날숨처럼 순환을 해야 한다. 마치 숨 쉬는 항아리처럼. 그 항아리가 굳어 있으면 에너지도 당연히 막히게 되는 것이다.

몸의 저진동 압축풀기의 목표는 내 몸을 숨 쉬는 항아리로 만드는 것이다. 새로 태어난 아기는 몸이 정말 유연하다. 다리를 벌리면 일자로 벌어지고 백회는 숨구멍처럼 볼록거리며 온몸이 말랑거린다. 아무런 저항이 없다. 아기 자신이 인지가 없어서 그렇지 아기의 몸은 에너지적으로 완전히 열려 있어서 전생을 기억하고 텔레파시도 가능하고 모든 것과 연결된 상태이다.

그런 아기가 태어나자마자 엄청난 지구의 중력에 노출되면서 자신의 몸에 힘을 주기 시작한다. 뒤집고 앉고 서고 걷고 하는 과정에서 몸에 힘을 주며 몸이 단단해지고 굳어 가기 시작하며 에너지도 막히게 되는 것이 아닐까 한다. 그래서 "다시 아기 몸으로 만들어 보자~"가 지압의 목표다.

인간이 환생을 할 때마다 몸은 새로이 태어나는데 몸을 둘러 싼 오라(에너지장)는 이미 전생의 기억들로 오염되고 장애를 입고 있는 상태와 같다. 환생하는 동안 극심한 고통과 분노, 슬픔 등의 카르마적 감정체와 육체의 고통체들이 오라장에 고스란히 기록되어 몸만 새것으로 태어나는 것이다.

이런 현상이 아주 극심하게 진행된 사례가 바로 장애아들인데 선천성 장애아들은 전생의 기록이 너무 강력해서 몸에 타격과 흔적을 남길 정도로 오라장의 기록이 영향을 준 것이다. 전생에 심장에 칼이나 총을 맞고 죽었을 경우 심장이 기형으로 태어날 수도 있다.

우리는 몸이 기형으로 태어나는 것은 피했지만 에너지장은 우리의 전생 속 모든 고통과 통증과 슬픔 등의 에너지적 기록들을 품고 있고 그 에너지장은 멀쩡한 우리 몸에 서서히 스며들기 시작할 수도 있다. 실제로 그런 고통과 통증을 일으키는 사건 사고와 상황들을 끌어당기고 체험시키면서 결국 전생의 체험을 비슷하게 반복시키고 있는 것이다.

단언컨대 육신을 입은 사람들 중에 0.1밀리 간격으로 눌러서 아프지 않은 몸이 없을 것이며 그것을 완벽히 풀어 줘 본 사람도 없을 것이다. 그것을 당신이 한번 해 보는 것이다. 내 감정을 내가 느끼고 내가 풀 수 있는 것처럼 내 몸의 통증 또한 내가 느끼고 내가 발견해서 풀어 낼 수 있다.

　처음에 지압을 하고 나면 멍든 것처럼 아픈데 3~5일 있다 다시 문지르고 눌러서 풀어 주는 식으로 해서 온몸을 눌러서 아픈 데가 없는 몸으로 만들어 주면 된다. 해 보면 알겠지만 다 풀어서 안 아픈 상태가 되었다고 지압을 쉬게 되면 한두 달 후에 만져 보면 다시 아프다. 지구에 인간 몸을 입고 사는 한은 계속 간간이 자기 전에 몸의 뭉친(압축된) 부분을 지압해 주는 것을 부정적 감정 압축풀기와 함께 습관화하면 된다.

　평소 관절을 풀어 주는 요가와 필라테스도 좋고 경제적 여유가 된다면 지금까지 지구 삶을 사느라 고생한 자신에게 주는 선물로 경락마사지 등을 받는 것도 추천한다.

　한 내담자의 에너지작업 중에 우주적 정보가 대사로 흘러나오는데 그 내용에 히든 차크라의 개념이 처음 등장했고 히든 차크라를 여는 작업이 진행되었다. 우리가 아는 7개의 기본 차크라는 아는데 히든 차크라는 처음이었다. 히든 차크라는 인체의 림프절 위치에 있었다. 림프절은 몸통을 중심으로 주로 머리와 팔다리가 연결되는 관절 사이에 많이 분포한다. 목, 양쪽 겨드랑이와 양쪽 고관절(사타구니). 그곳에 히든 차크라가 있다고 한다.

림프절 안에는 인체의 면역 작용을 하는 림프구가 주로 위치해 있어 림프관에 침입한 세균 같은 이물질을 제거하여 신체를 방어하는 역할을 한다고 한다. 림프절이 막히고 노폐물이 쌓이면 우리의 신체는 면역체계가 붕괴될 수 있다.

림프절 마사지를 하는 것이 몸의 면역반응을 지키는 것에 도움이 되고 히든 차크라를 여는 데도 도움이 된다. 림프절 마사지 방법은 유튜브 등을 찾아보면 여러 전문가들이 소개하고 있으니 자신이 따라 하기 쉬운 방법을 선택해서 자기 전에 해 주면 좋을 것이다.

● 어싱/맨발걷기의 에너지적 기능

이 세상에는 모든 답이 주어져 있다. 다만 그 답을 답이라고 알아볼 수 있는 이해력이 부족할 뿐이고 이해를 해도 그 답이 나에게 효력을 낼 때까지 실천하는 실천력이 부족할 뿐인 것이다.

어싱(접지)이나 맨발걷기에 대해 들어는 봤지만 제대로 이해하고 실천을 해 보진 않은 상태로 살다가 2년 전 쯤, 인터넷 기사에서 맨발걷기로 전립선암을 치유한 70대 남성의 사연을 보게 되었다. 그리고 맨발걷기와 어싱 관련 자료와 책을 읽어 보게 되었고 전에는 도달하지 못했던 이해들이 통합되었다. 나는 예전의 내가 아니었다. 이제 좀 더 세상에 널린 답들을 답으로 알아볼 수 있는 이해와 눈이 생긴 것이다.

어싱이 일종의 에너지의학이자 전기와 관련이 있다는 것을 알았을 때 신비체험 후 에너지가 열리고 사람들의 에너지장을 리딩하면서 인간의 몸이 전기체로 이루어진 몸이고 지구 또한 그럴 수 있다는 나의 인식과 연결되었다. 《어싱: 땅과의 접촉이 치유한다》라는 책 속의 정보와 개념을 통해 초탈이 꿈인 상태로 에너지리딩을 하는 내가 깨닫게 된 인식을 공유해 보고자 한다. 흥미로울 것이다.

우리는 우리가 아는 만큼 체험한다. 맨발걷기로 건강해질 수 있겠지만 우리가 더 많은 원리와 가능성을 이해한다면 그 이상을 해낼 수도 있게 된다.

어싱(접지)의 개념은 원래 건축이나 토목공사에 사용되는 용어였다고 한다. 집을 지을 때 땅에 접지장치를 하지 않는다면 그 집은 번개를 맞게 되어 타 버린다고 한다. 그런데 접지장치를 하게 되면 번개를 맞아도 전기가 땅으로 흘러 들어가 불이 붙지 않는다는 것이다.

그런데 인간의 몸은 70% 이상이 물로 된 전기가 통할 수 있는 전도체이다. 그런 전도체의 몸이 접지가 되지 않는다면 몸은 번개를 맞은 상태와 같아진다고 한다. 마치 정전기가 일어나듯 혈액의 적혈구들이 뭉치고 순환되지 않고 막힐 수 있는 것이다. 여기서부터 모든 염증반응이 생겨나기 시작한다.

　인간 몸의 분자구조는 전자와 핵으로 이루어져 있는데 접지가 되지 않은 상태에서는 전자를 뺏기게 되고 전자결핍상태는 몸을 만성 염증 상태로 만들어 각종 병을 일으키게 된다고 한다. 그런데 지구의 지표면에는 자유전자가 풍부하여 전자결핍상태의 몸을 접지시키면 자유전자가 몸에 충전되어 몸이 균형을 맞추게 되고 염증이 치유되게 된다는 원리이다.

　나는 《어싱: 땅과의 접촉이 치유한다》의 저자 클린턴 오버가 어싱과 질병의 관계성을 발견하게 된 계기가 무척 흥미로웠다. 그는 미국에서 케이블 사업으로 아주 성공한 사업가였으나 몸에 병을 얻게 되어 큰 수술 끝에 힘겹게 건강을 되찾는 체험을 하게 된다. 그리고 성공과 돈만 쫓아온 자신의 인생을 다시 돌아보며 자신의 삶을 채울 뭔가 다른 답을 찾아 보고 싶게 되었다. 그는 자신의 재산을 자녀들에게 물려주고 모든 것을 정리하고 캠핑카 하나를 사서 길을 떠나게 된다.

　그렇게 4년간 미국 전역을 돌아다니며 자아와 사명을 찾아 헤매다 아메리카 원주민 문화가 살아 있는 세도나에 도착하게 된다. 그리고 "여기 있어야겠어. 답을 찾을 때까지."라고 혼자 되뇌면서 2년간 머물게 된다. 그러던 어느 날 공원 벤치에 앉아 있다가 그가 그토록 찾고자 했던 답을 얻게 된다. 그는 사람들이 모두 신발을 신고 다니고 있고 그 신발의 밑창이 고무나 플라스틱으로 되어 있다는 것을 알아채게 된다.

1960년대 이후 플라스틱 산업의 발달과 대중화로 플라스틱은 모든 생활용품에 퍼지게 되었다. 플라스틱이나 고무 신발이 나오기 전 인간들은 동물의 가죽으로 된 접지 가능한 신발을 신고 다녔는데 플라스틱이 나온 이후 접지가 끊어진 것이다. 이 상황은 1960년대 이후 성인병이 이 증가하는 시점과도 겹친다. 물론 가공식품의 발달과 식습관의 변화로 성인병이 진행될 수 있지만 우리 몸에 독소와 염증반응이 생겨도 접지만 해 줄 수 있었다면 어느 정도 해독과 정화가 가능하지 않았을까?

참고로. 당뇨가 있는 나의 엄마에게 맨발걷기를 알려 드렸더니 엄청 열심히 실천하시며 당뇨체크를 계속 하셨다. 엄마는 자신이 실험해 봤는데 맨발걷기를 하니 하루 단감을 10개를 먹어도 당수치가 오르지 않는다며 신기해하셨다. (※사람마다 차이가 날 수 있음 주의) 그래도 10개는 너무 심하다며 적당히 드시라고 말렸던 기억이 있다.

클린턴 오버는 그날의 공원에서 인간의 접지가 끊긴 상태에 뭔가 답을 얻게 되어 그길로 철물점으로 가서 간단한 접지장치를 만들어 실험에 들어갔고 그 접지봉을 든 채로 잠이 들어 다음 날 눈을 뜨게 되었다. 평소 불면증을 앓고 있었던 그가 잠을 잔 것이었다. 그는 주변 사람들에게도 접지도구를 만들어 써 보게 하고 염증과 통증 반응이 완화되는 임상사례를 얻게 되었다. 그 후 그는 과학자들을 찾아가 어싱과 인체의 연관성에 대한 과학적 원리를 밝히게 되고 이 책을 쓰게 되었다.

어싱은 인간의 육체적 정신적 건강을 위해 그가 찾은 답이었다. 우리나라에도 맨발걷기 책을 펴낸 교수님이 계신다. 그분은 숲속에서 맨발걷기를 하다가 그런 생각을 했다고 한다. 조물주가 인간을 만들 때 그 당시의 자연환경에서 그 상태로 살면 가장 완벽한 모습으로 인간을 만들지 않았을까? 신은 인간 몸을 만들 때 신발을 신기지 않았다. 맨발로 자연의 땅을 밟고 살면 질병 없이 살 수 있도록 창조된 것이었다.

이제 내가 발견한 어싱에 대한 답을 정리해 보겠다. 집이 제대로 접지되지 않은 상태에서는 집 안의 가전제품들이 제대로 작동할 수 없다고 한다. 모든 전기 제품들이 고유주파수를 유지할 수 없어서 전파방해를 받고 TV는 화면 노이즈 현상이나 흑백의 스노우 현상들과 갖가지 전자기적 간섭현상들이 발생한다고 한다.

케이블 업체는 외부의 무관한 전자신호나 전자기장 때문에 케이블 전파가 간섭받는 것을 피하기 위해 집집마다 케이블 기기를 반드시 차폐하고 접지시킨다고 한다. 그렇게 해야 시청자들에게 깨끗한 화면과 흠 없는 신호를 제공할 수 있기 때문이라고 한다.

인간의 몸은 전압의 차이를 측정하는 전위측정기로 측정했을 때 수치가 0에 가깝게 나와야 한다. 그런데 영혼남자가 자신이 근무하는 사무실에서 측정을 했더니 영혼남자의 몸의 전압이 60V가 나왔다고 한다. 60V면 1.5V짜리 시계건전지 40개가 몸에 들어 있는 것과 같다. 이 같은 현상은 사무실 안에 너무 많은 전자기구들(에어컨, 컴퓨터, 휴대폰, 히터기, 공기 청정기 등등)이 있고 그 모든 기기들이 뿜어내는 전자파와 전기를 몸이 흡수하고 영향을 받고 있기 때문이다.

　인간의 몸이 60V라니 이건 정상이 아니다. 전원주택에 사는 우리가 잔디밭에서 맨발로 땅을 디딘 채 측정하면 수치는 0이 나온다. 이게 정상이다. 땅에 접지된 상태일 때가 정상이 되는 것이다. 우리의 몸의 세포들은 전기신호로 모든 정보를 주고받는다. 그런데 접지가 되지 않는다면 주변의 다른 전기신호들에 간섭과 방해를 받고 세포 안에서 전달되어야 할 신호들에 장애가 생기고 화면이 제대로 나오지 않는 TV 화면처럼 우리의 몸도 제대로 된 작동을 하기 어렵게 된다.

　우리 몸의 고유주파수와 전기신호가 제대로 유지될 수 없다면 그리고 주변의 다른 신호들의 간섭을 받는다면 우리의 생각과 감정 또한 마찬가지일 수 있다. 우리의 생각과 감정 또한 고유주파수를 지닌 하나의 전기신호들이고 정보들인데 내가 아무리 온전한 정신과 감정, 즉 내가 원하는 긍정적이고 밝은 생각과 감정을 유지하고 싶어도 접지가 되지 않은 상태라면 주변타인들의 부정적인 생각과 감정의 신호들에 간섭과 영향을 받는 전파방해가 생길 수밖에 없는 것이다.

　당신이 우울증이라면 당장 공원이든 바닷가든 맨발걷기를 하러 나가라고 권하고 싶다. 몸도 좋아지지만 우울증에도 특효약이다. 당신이 땅에 발을 딛는 순간 당신은 웬만해선 극심한 부정적인 감정과 생각에 집중이 잘되지 않음을 체험하게 될 것이다. 처음 맨발걷기를 제대로 했을 때 정말 온몸으로 생명에너지가 전달되었다. 그리고 깨달음이 왔다.

우리나라에는 *천지인(天地人: 삼재(三才)를 이루는 하늘과 땅과 사람을 아울러 이르는 말)*이라는 표현이 있다. 이 말의 유래 그리고 우리가 지구에 온 모든 이유가 설명되는 순간이었다. 우리는 고차원에서 바보가 아니었다. 신이었다. 신적 존재들이 이 지옥별 지구와 한계 가득한 인간 안으로 기꺼이 들어온 이유는 이 지구와 인간 안에 답이 있었기 때문이었다.

자, 당신이 맨발로 땅을 딛고 있을 때 전체 구조를 보라. 머리 위에는 하늘(우주), 중간에 당신, 그리고 발아래는 땅(지구의 지저세계)이 있다. 앞서 지구동화에서도 이야기 했지만 지구는 원래 갓 태어난 신생 고진동 천국별이었다. 지구 안의 중심 핵 부근에는 지저세계로 들어간 고차원 빛의 존재들이 지구의 고진동빛을 지키고 있다. 지구 안은 고진동 에너지다. 지구를 정복한 어둠의 세력들에 의해 오염된 것은 지표면이다. 그리고 지구 대기권 밖 우주는 다시 고진동 존재들이 우리를 돕기 위해 대기 중이다. 즉 하늘은 고진동 에너지의 상태다.

자, 보이는가? 이 구조가? 우리의 위치와 사명이? 우리는 고진동 빛이 가득한 지구 안과 고진동 빛이 가득한 지구 밖의 중간인 오염된 지표면에 발을 딛고 있다. 접지된 상태로… 우리의 역할이 무엇이겠는가? 우리가 저진동 어둠으로 오염된 지표면에 발을 딛는 순간 우리는 우리 안의 고진동 빛으로 지구 안의 고진동 빛과 지구 밖의 고진동 빛을 연결시키는 중간 매개체가 되어 지표면에 고진동 빛을 제대로 정박시키게 된다. 이것이 빛의 일꾼들의 역할이었다.

천광! 지광! 인광! 하늘의 빛! 땅속의 빛! 인간의 빛! 이다.

땅에 맨발로 발을 디뎌 보아라! 지구가 인사할 것이다. 이제야 왔냐고. 당신을 기다리고 있었다고. 처음부터 늘 그 자리에서…. 나의 에너지를 줄 테니 너의 에너지를 살려 우주의 에너지와 연결되라고. 나의 빛을 줄 테니 너의 빛을 살려 우주의 빛과 연결되라고. 그렇게 지구와 너 자신과 우주를 살리고 상승시키라고. 그러기 위해 이곳에 우리가 왔다고. 당신의 맨몸과 지구의 땅과 하늘이면 충분하다고.

정말로 우주정거장에 도킹하는 느낌이었다. 한번 해 보라~ 지구가 당신과의 제대로 된 접속, 접지를 기다리고 있다.

이제 초탈하자~ 이번 생은 해내자~

이번 생은 답을 답으로 알아보았지 않았는가?

● **성에너지를 이용한 기쁨 느끼기**

앞서 글에서 극심한 우울증과 가벼운 우울증의 지표로 성욕의 유무에 대해 설명했다. 성에너지는 생명에너지와 연결되며 창조에너지와도 연결된다. 살고 싶지 않게 되면 생명에너지가 약해지고 따라서 성에너지도 약해지고 살아서 뭘 하고 싶은 창조에너지도 약해진다. 반대로 성에너지가 약해지면 살고자 하는 생명에너지도 약해지고 뭘 하고자 하는 창조에너지도 약해진다.

우리가 부정적 감정의 압축인 카르마 프로그램 안에 갇히게 될 때 신인 우리가 인간 안에서 완전히 길을 잃지 않기 위한 정말 최후의 장치로 심어 놓은 것이 바로 성에너지인 오르가즘이다. 우리는 기쁨의 존재다. 우리가 이 우주에서 그 무슨 짓을 하고 그 어떤 위대한 존재가 되더라고 결국 목적은 기쁨임을 잊지 말라고 지구의 지옥에서도 아이를 창조하는 그 순간만이라도 기쁨을 느끼고 모든 인간존재가 창조하고 창조되는 그 순간만이라도 기쁨의 에너지에 노출되라고 심어 놓은 최후의 장치가 성적 기쁨이다.

성적 오르가즘은 육체적 흥분에 집중된 표현이고 성에너지 자체의 기쁨과 유희라는 표현이 좀 더 포괄적이다. 우리는 이루고 싶은 꿈을 창조하기 위해 그 꿈이 이루어졌을 때를 미리 느끼는 기쁨의 감정을 이용해야 하는데 만일 당신이 육체적 기쁨이 결핍되어 있다면 감정적 기쁨 또한 불이 붙기 어려울 수 있다. 모든 것이 다 연결되어 있기 때문이다.

나의 내담자들에게 이 부분을 지적하면 모두들 조금 놀란다. 그 부분을 한 번도 중요하다고 생각해 보지 않았다고 한다. 이런 깨달음이나 영적인 영역일수록 뭔가 정신적인 것이 중요하고 몸의 영역은 중요하지 않다고 생각했다는 것이다. 놉! 우리가 인간 몸을 입고 있는 한 육체, 감정체, 사념체 세 가지가 똑같은 지분으로 모두 중요하다. 그 세 가지 모두의 기쁨과 유희를 잘 돌보고 채워 주고 관리해야 한다.

성에너지의 기쁨과 유희가 어느 정도로 강력한 파워와 영향력이 있는지는 남녀가 사랑에 빠져서 사귀게 되는 초기단계를 떠올려 보면 된다. 사랑에 빠져서 내가 사랑하는 사람과 사랑을 나누며 사귀어 본 적을 떠올려 보라. 그때의 몸과 마음과 생각의 컨디션을~ 정말 하늘 위를 날아가고 구름 위를 걷는 것 같고 모든 것이 핑크빛이며 세상이 이렇게 아름다울 수 없으며 미소가 떠나질 않으며 가슴이 설레고 몸도 설레고 심장이 행복으로 두근거리고 터질 것 같은 그 천국의 느낌을….

시공간의 흐름도 굉장히 주관적으로 살짝 흔들리기 시작한다. 하루 종일 그 사람이 생각나고 그를 못 보는 시간이 너무 천천히 흐르는 것 같고 그 사람을 보는 순간 시간이 멈추는 느낌도 나며 모든 것이 꿈만 같다. 그 사람 즉 그 사람에 대한 나의 사랑의 에너지가 나의 몸과 마음과 생각을 사로잡아 마구 지배한다. 나는 사랑의 노예가 되었는데 너무 행복하다. 이런 사랑을 단 한 번이라도 해 보았다면 이성 간의 사랑이라 불리는 성에너지의 파워를 알 것이다.

가슴이 느끼는 이성 간의 사랑의 감정을 가장 생생하고 짜릿하고 리얼하게 느끼고 체험할 수 있는 것이 바로 육체가 하나 되는 성관계이다. 남녀의 성기가 서로의 몸에 삽입되는 이 연결감과 하나 됨은 이 지구의 인간육체로 온 신들만이 누릴 수 있는 최고의 선물 같은 것이다.

물질계 우주의 정반합을 이루는 최고의 합일의 경지인 것이다. 지구인간의 여성과 남성의 육체가 만나 서로의 에너지를 물질적으로 분비하고 결합하여 시너지를 폭발시킬 때 인간이 창조되도록 만들었다. 결국 인간을 만들어 내는 것은 신성한 성에너지가 들어 있는 인간이다. 인간이 인간을 창조하는 신이다.

그런데 인간들은 이 모든 신성한 창조의 기쁨에너지가 응집된 성관계에 대한 생각과 감정이 절대 편하고 자유롭지 못하다. 성은 더러운 것이고 성관계를 좋아하고 성욕을 밝히는 것은 저급한 것이라는 생각과 성적인 모든 것에 대한 수치감과 죄책감 등이 우리의 무의식에 깔려 있다. 이런 생각, 감정, 육체에 깔린 전방위적 성적억압의 역사는 어디서부터 시작된 것일까? 한번 추적해 보자. 나의 합리적 추론 실력을 총동원해 보겠다.

이문열의 〈들소〉라는 소설을 읽은 적이 있다. 원시시대의 이야기를 다룬 내용이라 엄청 새롭고 신선했다. 오래전이지만 아마 영화 제작도 시도했던 것으로 기억한다. 너무 오래전 읽은 소설이라 디테일이 좀 다를 수 있지만 한번 들어 보길 바란다. 소설 속 원시인 남자들은 10대 소년기에서 청년기로 접어들 때 성인식을 치른다. 성인식은 무섭게 돌진해 오는 들소를 피하지 않고 뿔을 잡고 올라타 제압하는 것을 성공하는 방식이다.

원시시대의 남자성인이란 그야말로 거칠고 강한 수컷 그 자체였다. 주인공 원시인 남자는 피지컬이 약하고 힘이 부족해서 성인식도 제대로 통과하지 못 할법한 캐릭터를 가지고 있었다. 그는 여자처럼 섬세하고 예민했으며 아름다운 노을을 보면 눈물이 흐를 만큼 감수성이 풍부했다. 그는 일종의 화가이자 시인 같은 예술성이 발달된 원시인이었다. 그는 그림을 잘 그려서 동굴벽화를 그리는 임무를 담당하고 있었다. 들소를 잡을 순 없지만 그릴 수 있었다. 이런 원시인 덕분에 지금의 우리가 원시시대의 생활상을 동굴벽화를 보며 알 수 있게 된 것이다.

시인이자 화가인 남자 원시인에게는 몰래 짝사랑하는 여자 원시인이 있었다. 그런데 말 한번 못 걸어 보고 있었던 찰나 눈앞에서 하나의 광경을 목격하게 된다. 성인식을 통과한 가장 힘센 수컷 남성이 너무도 당당하게 마치 그럴 수 있는 권한을 부여 받은 것처럼 화가 원시인이 짝사랑하는 여자 원시인의 머리채를 잡고 동굴로 질질 끌고 가고 있었다. (사이코패스 연쇄살인범이 여자 시신 끌고 가는 줄) 그 광경을 바라보며 화가 원시인은 하염없이 눈물만 흘려야 했다.

여기서 컷!

바로 이 부분이다. 엄청나게 강한 수컷이 암컷의 머리채를 끌고 가서 거의 강간 수준의 섹스를 마음껏 하는 부분. 지금까지 이런 섹스는 없었다. 이건 섹스인가? 강간인가? 이건 인간인가? 동물인가? 진화론에 입각하여 이분들이 우리의 조상님 되시겠다.

오로지 물리적 힘이 모든 생존의 최고이자 절대 권력이 되던 시기, 강한 남성이 지구의 모든 생태계의 최상위 포식자이던 시기, 여성은 남성의 성노리개였다. 그게 가능했다. 자, 상태가 좀 거시기하니 동물에 가까운 인간을 좀 진화시켜 보겠다. 시간을 빨리 돌려 최대한 현대와 가깝게 중세시대까지만 이라도 와 보자.

자, 인간은 농경사회를 지나면서 물질문명의 번성기를 이루기 시작한다. 더 이상 들소를 때려잡지 않아도 먹을 게 많아지고 비축분이 생기고 재산과 돈이 생기기 시작했다. 남성은 물리적 힘이 아니라 머리를 써야 힘이 생기는 문명사회의 일원이 되었다. 남성이 좀 진화가 되었을까? 음… 진화가 되었다. 성욕과 성적본능, 여성을 보면 내 것을 만들고 자유롭게 섹스하고 싶은 동물적 본능은 본능이라 그대로이지만 여성을 어떻게 나의 전용 성적도구로 만들고 통제하고 소유할 것인지에 대한 방법이 머리를 쓰면서 진화되었다.

물리적 힘을 가하여 여성의 머리채를 잡는 것은 못 배운 야만인이 되는 시대가 되자, 남성들은 여성의 머리채가 아닌 머릿속을 잡아채고 통제하기 시작했다. 교육과 특히 종교에서 세뇌가 시작되었다. 여자는 조신해야 하며 성욕을 느끼고 밝히고 섹스를 하고 싶어 하는 것은 수치스러운 일이고 죄악이다. 내 여자가 성욕을 밝히며 바람이 나고 다른 남자에게 가면 안 되므로 여성의 성을 최대한 통제해야 한다. 남자는 바람이 나도 된다. 남자는 능력이 많을수록 여자가 많은 것은 당연하다. 여성은 얼토당토 안 된다. 어디 감히 여자가!

내가 여자라 여성이 더 성적으로 억압된 역사에 대해 잠시 추적해 보았다. 어떤가? 제법 합리적 추론 아닌가?

지금의 우리는 남성이든 여성이든 (전생에 그 모든 것이었음으로) 대체적으로 성적으로 자유롭지 못한 무의식의 기억에 영향을 받고 있다. 그 안에 큰 기쁨과 자유가 있음에도 그 창조의 도구마저 억압되고 퇴화되어 있다고 보면 된다.

> 이건 번외의 이야기지만 물리적 통제가 안 되니 정신적 세뇌의 방법이 진행된 지점이 또 있다. 바로 지구를 지배하여 인간사회의 부의 90%를 독점하고 있다는 음모론의 주역들인 일루미나티의 좌뇌 중심 교육이다. 가슴 속에 신성을 간직한 채 영혼이 살아 있는 인간들이 감정을 사용해서 창조를 너무 잘 해내어 물질계를 지배하고 모든 권능을 되찾는 신이 될까 봐. 자신들이 도달하지 못하고 전혀 예측할 수 없고 통제할 수 없는 영역으로 날아갈까 봐. 감정을 쓰지 못하도록 머리만 쓰게 만드는 교육.
>
> 감정적인 건 나약한 것이고 논리가 부족한 것이라는 프레임을 씌

우고 느낄 시간을 주지 않고 감성을 메마르게 하고 똑똑하고 수학문제 잘 풀고 암기 잘하는 학생들에게 상을 주며 좌뇌의 발달에 집중하게 하고 그 기능만이 특화되도록 하고 학생들이 좋은 대학을 나와 중요한 위치에서 결국 그들의 하수인이 되게 만드는 구조.

감정이 판단을 흐리게 만들고 감정적이 될 때 그것은 현실적인 일의 수행능력과 성취를 떨어뜨리는 것이 맞다. 특히 그 감정이 부정적 감정일 때, 그리고 눈먼 사랑의 감정일 때이다. 그러면 답이 나오지 않는가? 분별력 있는 사랑의 감정과 긍정적 감정이라면 일의 수행능력은 좋아진다. 그리고 앞서 말한 감정 느끼기를 이용한 창조라면 단순한 머리와 IQ가 아닌 우주(인간의 IQ를 넘어서는 초능력적이고 초월적인 우주의 집단지성)를 움직일 수 있다.

성욕과 성에너지가 억압되면 인간사회는 어떻게 될까? 탄수화물을 극도로 제한하는 식이요법을 해 본 적이 있는가? 인간의 몸은 주인이 자신한테 저지른 결핍을 언젠가는 보복한다. 그것은 몸이 살려고 벌이는 생존적 에너지 균형이다. 탄수화물을 극도로 제한하게 되면 나중에는 자신이 평소에 별로 좋아하지도 않았던 달달한 도넛 같은 혈당폭발을 일으키는 초가공식품이 땡기는 현상이 일어난다.

성에 굶주리게 되면 혹은 내가 나의 성욕과 성에너지를 제대로 채워주지 않고 더 나가 성욕을 느끼는 자신을 수치스러워하고 비난하고 억압한다면 당시의 몸의 결핍은 균형을 맞추려고 무슨 짓이든 할 것이다.

당신의 정신을 온통 성에너지에 몰입하게 만들어 버린다든가, 상당히 왜곡되고 변태적인 형태로 폭발하게 만든다. 모두가 금지하는 방식으로 과격하고 변태적으로 음지화, 음란화되고 성범죄가 만연하게 된다. 결국 물리적인 힘으로 자신이 원하는 여성의 머리채를 끌고 가는 우리의 원시인 조상님이 깨어나 소환되는 것이다.

내가 대학에서 교육심리학을 전공할 때 서울대 교수님이 우리 학교로 오셔서 강의해 주시는 '문화인류학'이라는 교양과목을 수강한 적이 있었다. 교수님이 자신의 제자들을 데리고 지구 곳곳의 오지마을로 답사를 떠난 이야기를 마치 이웃집 마실 다녀온 것처럼 생생하게 해 주시는데 너무 흥미로웠다.

어떤 나라는 호수인지 바다 가운데 식물이 자라서 얽히고설켜 땅을 이루고 거대한 부표처럼 떠 있는 섬 같은 나라가 있는데 그 나라에 도착해 배에서 내려 땅을 밟으면 땅이 출렁하고 흔들린다는 것이다. 모든 것이 재미있었다. 그 수업 한 시간 동안 정말 다양한 나라를 여행하는 느낌이었다.

그중에 인상 깊었던 한 부족의 이야기가 있다. 이 부족은 아이들이 태어나서 성적 호기심이 생기고 서로의 성기에 대해 궁금해하고 성기를 만지다가 쾌감을 느끼고 그러다가 서로 섹스를 하게 되면 그것이 하나의 놀이가 되는 문화를 가지고 있었다. 유치원생 나이의 아이들이 그냥 섹스를 하며 노는 것이다. 그런 장면을 어른들이 보면 마치 레슬링하며 노는 아이들을 보듯 손뼉을 치며 "짜란다(잘한다)~"라고 해준다는 것이다. 그 부족에서 섹스놀이는 축복받은 기쁨의 놀이고 장려되는 순수한 사랑의 놀이였다.

 헐~ 문화충격이었다. 와우~ 이게 가능하구나. 그리고 여자아이들이 2차 성징이 시작되고 임신이 가능해져서 만일 섹스를 하다가 임신을 하게 되면 그렇게 태어나는 아이들을 마을 전체에서 공동육아로 기르게 된다. 마치 마을 전체가 하나의 가족 같은 부족이었다. 이런 문화를 가진 부족도 있다는 것이다.

 어떤가? 마치 탄수화물을 아무리 먹어도 살찌거나 탈이 나지 않은 몸으로 탄수화물 뷔페에 가서 탄수화물을 마음껏 먹을 수 있으니 오히려 탄수화물에 대한 과도한 탐욕과 왜곡된 식이장애가 생기지 않고 건강하게 적당히 탄수화물을 즐길 수 있는 상황 같지 않은가?

 저렇게 어린 시절부터 마치 엄마의 젖을 물고 빨고 하듯 남성과 여성의 성에너지가 육체적으로 자연스럽게 표현되고 교류되고 체험될 수 있다면 저 부족에게 야동이 필요할까? 성폭행, 아동 성매매, 집단난교 등의 왜곡되고 건강하지 못한 방식의 성에너지의 표출들이 일어날까?

 우리는 고도로 문명화된 사회를 살고 있다. 옷도 입고 신발도 신고 몸이 의복으로 어느 정도 가려진 것에 익숙한 것처럼 우리의 성에너지의 표현도 현대사회의 생활양식에 맞게 어느 정도는 절제되고 가려져야 하는 것은 맞다. 그리고 임신 가능성에 대한 대책도 세워야한다. 그런데 성에너지의 표현이 현대문명에 맞게 조정되고 세련되어져야 되는 것이지 성에너지에 대한 욕구 자체가 부정당하고 비난당하고 억압당하는 것은 옳지 않다.

아이들이 자신의 성기를 만지고 느끼고 놀 때 지나치게 반응하거나 못하게 하거나 혼내지 않고 그냥 넘어가 주는 식으로 하다 보면 아이는 지나치게 그 행위에 집착하고 몰두하지 않는다.

그리고 양성평등화가 진행된 이 문명사회에서 이성의 몸과 감정과 생각을 서로 이해하고 존중하고 배려하는 자세는 사랑을 나누는 섹스를 할 때뿐만 아니라 모든 사회적 교류에서 기본적인 태도와 매너가 되어야 한다. 아이들이 어린 시절부터 청소년기를 지나 어른이 될 때까지 어른들과 성에 대해 자유롭게 이야기하고 조심하고 유의해야 할 부분들에 대해 솔직하게 논의할 수 있고 건강하고 행복한 성문화를 익히고 즐길 수 있게 되길 바란다.

자, 이제 '성에너지를 이용한 기쁨 느끼기'라는 우리의 주제로 돌아오자. 지구의 카르마 지옥 속에서 우리가 기쁨의 존재라는 것을 잊지 말라고 심어 놓은 성에너지를 기쁨을 느끼는 데 사용하지 못하는 데는 오래된 성적억압의 역사만 있는 것은 아니다. 성에너지가 인간의 육체를 통해 체험될 때 현실적 한계들이 존재할 수 있다.

내가 스스로 그 어떤 성적억압이 없고 성을 너무나 사랑하고 즐기고 싶어도 그 대상을 만나기가 어려울 수도 있다. 정말 몸도 마음도 생각도 잘 맞는 이성을 만나 건강하고 자연스러운 사랑을 하고 황홀한 섹스도 하면 너무나 좋겠지만 상대를 만나는 것 자체가 힘들 수도 있다.

그리고 상대를 만나게 되더라도 육체적 섹스 자체만 놓고 본다면 성기나 가슴의 크기 같은 육체적 조건과 성적 취향 등이 안 맞을 수도 있고 성적 경험과 힘과 스킬이 부족해서 서로 상대를 만족시켜 주지 못할 수도 있다. 그리고 육체적 섹스만 하는 관계를 지향한다고 해도 성병과 같은 질병의 위험도 있다.

그래서 이래저래 사람들은 육체적 섹스를 마음 편하게 포기하게 된다. 섹스에 대한 욕구가 전혀 없고 그저 마음이 편하고 행복할 수 있고 가슴을 강렬한 기쁨으로 채울 수 있다면 당신은 정말 성욕으로부터 자유로워진 것이다. 마치 외부 음식을 먹어 주지 않아도 육체적 활동에 전혀 문제가 없는 독립영양 인간처럼 당신은 섹스를 하지 않아도 행복한 독립성적인간이 된 것이다.

그런데 당신의 몸이 음식의 영양소를 필요로 하는데 먹어 주지 않는다면 뇌는 식욕이 없을 수 있지만 몸에는 분명한 영양결핍이 생길 수 있다. 마찬가지로 당신의 뇌는 성욕에 집중되지 않을 수 있지만 몸 안에 세팅된 성에너지가 신호를 보내는데도 무시한다면 당신의 몸은 성적 기쁨과 에너지의 결핍이 생기게 된다.

당신 삶의 전반적 무기력과 우울 그리고 강력한 행복감의 부재는 몸이 필요로 하는 성에너지의 결핍과 연관되어 있을 수도 있다. 이럴 경우 당신은 스스로 성에너지의 스위치를 켜 주고 밥을 먹여 주듯 성적 쾌감과 기쁨을 자신의 몸에게 제공해 주어야 한다. 자신을 사랑하는 마음으로 그 누구보다 정성들여 자위를 해 주는 것이다. 이 행위 속에서 자신을 성욕의 노예가 된 동물처럼 여기거나 수치감이나 자괴감, 죄책감은 금물이다.

내가 나의 감정을 있는 그대로 존중하고 표현하고 풀어 주는 것이 나를 사랑하는 첫 번째 방법인 것처럼 성욕에 대해서도 똑같이 적용된다. 나의 성욕에 대해 그 성욕을 풀고 채워 주는 행위는 내가 나를 사랑하는 첫 번째 방식이다. 기쁜 소식이 있다. 당신이 그 어떤 상대를 만나더라도 당신 자신보다 당신 몸을 잘 아는 사람은 없다는 것이다. 나의 성감대와 나에게 맞는 성기의 크기와 취향과 애무와 터치의 모든 것을 내가 스스로 탐구해서 알아낼 수 있다. 내 몸이고 내 감각이기 때문이다. 당신 자신이 당신 몸의 전희마스터가 되는 것이다.

이성을 만나도 이런 부분에 대해 깊이 얘기하고 서로를 위한 자극을 개발시키지 못하면 평생 한 가지 몸과 한 가지 자극에만 노출되고 곧 자극은 무뎌지고 더 이상 쾌감이 없게 된다. 그래서 섹스리스 부부가 생기는 것이다. 그러니 연인이나 부부들을 부러워할 필요가 없다. 실제로 끝까지 연애 초기처럼 뜨거울 수 있는 부부는 별로 되지 않는다. 자, 이제 우리는 섹스를 나눌 상대가 없다고 모태솔로라고 집구석에서 자위만 한다고 전혀 쓸쓸해하거나 위축될 필요가 없다.

 섹스는 즉 성에너지의 기쁨은 나와의 과제, 나와의 파티다. 내가 나의 몸을 가장 뜨겁게 자극하고 기쁘게 만들 수 있다. 모든 방법을 연구하고 모든 도구들을 써라. 영상을 틀고 상상력을 자극하고 자신이 원하는 크기의 도구도 선택할 수 있다. 훨씬 다채로운 성적 기쁨의 체험이 가능할 수 있다. 그리고 누군가와 만나고 헤어지는 슬픔을 겪지 않아도 되고 돈과 시간 모든 에너지가 절약된다.

 그리고 당신의 몸에 성적 기쁨을 스스로 충분히 채워 주었다면 이제 다음 단계로 가 보자. 그 기쁨을 극대화시켜서 몸뿐만 아니라 나의 에너지장 전체가 기쁨으로 진동하게 해보는 것이다. 이것을 나는 에너지섹스라고 부르겠다. 그 어떤 도구도 물질도 필요 없다. 심상화 능력과 느끼는 능력만 있으면 된다.

 《빛의 시크릿(기본편)》에 내 안의 행복스위치가 켜지는 체험이 등장한다. 행복스위치가 켜진 후 기쁨의 고진동 에너지가 에너지장을 울리면서 나의 회음부 차크라가 건드려졌는지 갑자기 오르가즘의 황홀경이 오면서 나의 기쁨은 그만 오르가즘의 수준이 되어서 황홀경 상태가 되었고 나는 30분을 그 상태로 있게 된다.

 내 안의 기쁨의 에너지는 세포단위로 그리고 에너지단위로 모두 연결되어 있다. 그렇다면 행복스위치가 켜져서 오르가즘이 올 수도 있지만 반대로 오르가즘을 느낌으로서 행복스위치를 켤 수도 있다는 것이다. 시도해 보고 훈련해 볼 수 있다. 성에너지도 충족시키고 동시에 가슴과 에너지장 전체에 기쁨의 감정을 증폭시킬 수 있다.

  방법은 누워도 되고 앉은 상태도 된다. 상상이나 심상화로만 안 될 것 같으면 야동을 틀어도 되고 육체적 자극을 해도 된다. 중요한 것은 나의 회음부 차크라를 자극하고 활성화시키는 것이다. 일단 성에너지의 흥분모드 그리고 사정이나 오르가즘이 올 것 같은 느낌 직전까지 가는 것이 포인트다. 성적 흥분과 쾌감이 70% 정도까지 왔을 때 이 느낌을 몸 안에서 그냥 풀고 싶다면 아직 몸이 성에너지가 고픈 것이니 그냥 100%까지 흥분시켜 사정을 하거나 육체적 쾌감과 오르가즘으로 터뜨려 줘도 된다.

  그런데 에너지섹스를 하고 싶다면 흥분과 쾌감이 70% 정도까지 고조되었을 때 (그 에너지가 아마 사타구니의 회음부에 몰려 있을 것이다) 그 감각의 에너지를 빛 덩어리로 심상화하여 그 감각을 그대로 백회까지 끌어올린다. 그리고 백회 밖으로 터뜨려 내는 상상을 해 낸다.

  이렇게 되면 몸 안에서 터져야 할 오르가즘이나 성적 쾌감이 백회 밖 당신의 오라인 에너지장에서 터지면서 당신은 에너지장 전체의 기쁨이나 황홀경 속에 있게 된다. 육체에서 터지는 느낌처럼 엄청 진하고 생생하고 짜릿하진 않지만 마치 "아 좋아~"라는 감정이 계속 온 에너지장을 울리게 된다. 오르가즘이 폭발적이진 않지만 살짝 약한 상태로 계속되는 것이다.

   기분이 몹시 좋은 상태가 지속되는 느낌과 같다. 내 머리와 몸과 가슴이 기쁨에 길게 압도되고 그 느낌 속에 있게 된다. 계속 지속시킬 수 있다. 행복한 느낌이 가슴의 감정 수준이 아니라 육체, 사념체, 감정체 그리고 영체인 에너지장까지 전방위적으로 퍼지는 것이다.

   육체적 섹스를 하지 않아도 성에너지의 기쁨이 몸뿐만 아니라 머리와 가슴 에너지장까지 채워 준다. 우리는 사실상 모든 것을 이 몸 하나에 다 가지고 있다. 우주적 기쁨까지도. 이런 것이 있는 줄도 모르고 활용을 하지 못했을 뿐이다. 이제 알았으니 뭐든 시도해 보고 될 때까지 해 보길 바란다. 되는 것이 답이고 우리는 체험을 하려고 창조의 영역으로 뛰어든 신들이다. 그리고 그 모든 체험의 목적은 기쁨이다. 당신 안의 모든 기쁨을 추구하고 즐기길 바란다.

> * 깨어나는 영혼들을 위해 내가 직접 지구에서 인간 몸을 입은 채 깨어나면서 얻게 된 모든 나의 답들을 이 책으로 정리했다. 나는 이제 무거운 나의 과제 하나를 마친다. 그리고 이 책 속의 내가 알게 된 답처럼 나머지 여정 동안 나는 내 안의 창조력을 살려서 인간으로서도 행복하고 부유하고 건강하게 살며 조용히 초탈을 향해 정진하겠다.
>
> 그리고 이 책을 읽은 당신, 나보다 더 멋지고 훌륭한 자신의 답들을 찾게 될 당신의 고귀한 여정을 멀리서 응원한다.

3. 깨어나는 영혼들의 후기

(후기 1)

안녕하세요. 후기를 어디에 써야 할지 몰라 여기 올립니다. 살면서 앞뒤가 꽉 막힌 것 같을 때가 있죠. 그 시기가 길어지면 스스로 빠져나올 힘도 없어지는 것 같습니다. 그래서 소울디 님 상담을 신청했어요. 솔직히 이분이 정말 에너지작업을 하시는지 아닌지 상담 전에 미리 고민해 볼 에너지도 없었어요. 받기 전엔 모른다고 생각했고 상담을 장시간 받았습니다.

소울디 님의 작업 동안 저는 누구에게도 하지 않았던 이야기들을 모두 쏟아 냈던 것 같아요. 그리고 오래전에 제가 느꼈다가 잃어버린 근원과의 연결감을 다시 떠올렸는데, 이게 저의 가장 큰 수확이었습니다. 소울디 님이 에너지작업을 해 주시는 동안, 저는 오히려 그분의 따뜻한 말에서 심리상담을 받는 느낌이었어요. "아, 내가 그때 이랬었지." 지나갔다고 생각했지만 아직 제 안에 쌓여 있던 것들을 확인하면서 많이 울었네요.

상담 진행하는 동안은 소울디 님이 가이드해 주시는 대로 그대로 따라갔습니다. 매우 장시간 진행되었는데도 일관되게 따뜻하고 친절히 대해 주셨고 제가 하는 두서없는 이야기들을 모두 수용해 주시면서 계속 저를 위해 작업해 주셔서 그것만으로도 굉장히 위안받은 느낌이었어요. 아~ 왜 사람들이 그렇게 고마워했는지 알겠구나 싶었어요. 다른 외계의 지지세력보다 바로 지금 몇 시간째 전화기 너머로 나를 위해 애써 주는 이 사람의 수고가 더 와닿고 고마웠습니다.

기나긴 상담 동안 정말 오랜만에 많이 울어 버렸네요. 그리고 소울디 님의 말씀과 따뜻한 마음이 많은 위로가 되었습니다. 아직은 제 마음도 외부도 아무런 변화가 없지만, 그럼에도 불구하고 지난 상담시간은 제게 큰 의미가 있었어요. 그리고 그 시간 동안 오래오래 제 에너지를 위해 수고로움을 마다하지 않고 마치 제 일처럼 대해 주셨던 소울디 님께 정말 감사하고 싶습니다.

언젠가 힘이 좀 나게 된다면 제대로 된 후기를 다시 쓸 수 있을지 모르겠네요. 그때까지 알려 주신 압축풀기도 계속해 볼게요. 많이 고마웠고 수고 많으셨어요, 소울디 님.

(후기 2)
사랑하는 소울디 님 안녕하세요~ ○○입니다.
무더운 여름 잘 지내고 계신지요? 저는 잘 지내고 있습니다.

굉장히 오랜만에 문자를 드리네요, 지난 7월에 뵈었을 때 무소식이 희소식인가요~ 했던 말씀이 기억나네요. 맞습니다 저는 정말 잘 지내고 있어요. 혼자가 이리도 행복한 것인지… 절감하며 생활하고 있습니다. 제가 이런 잔잔한 평온과 행복을 누려도 되나요? 매일 물으며 마지막은 감사인사를 드려요. 이제야 온전하게 저를 살고 있는 것 같아요. 그건 너무나 오랫동안 잊어버리고 있었던 무언가 같습니다.

서울숲으로 이사 후 알차게 5분 거리의 서울숲 공원을 매일 산책하고 있어요. 제가 제일 좋아하는 시간입니다. 퇴근 후 피곤할 법도 한데 저는 그 시간 동안 그런 건 모르겠고 일단 너무나 행복합니다. 걸으며 압축풀기를 하기도 하고 그냥 노래 들으며 그 시간을 즐기기도 하고 최근엔 에너지작업 녹음을 들으며 걷기도 해요. 벌써 13번이나 리딩을 했더라구요. 그런데 한두 시간씩 산책하며 매일 들으니 금방 다 들어서 내용들이 익숙해졌어요 ㅎㅎ

그러면서 자연스럽게 저는 제가 전 차원적인 존재라는 것이 체감되었습니다. 물론 지구에 있는 '○○○'는 다른 차원의 '나'들과 연결이 끊어져서 동시성을 느낄 수는 없지만 기본적으로 "나는 전 차원 속에 현존하는 존재구나."가 체감되었어요. 에너지리딩마다 다른 '나'들을 마주하니까요. 새삼 다시 한번 리딩을 해 주시는 소울디 님께 감사를^.^

그래서 이젠 작업 초반과는 다른 시야로 "그래서 뭐 어쩌라고?"가 되었습니다. 초반엔 "그래서 뭐 어쩌라고, 나는 지금 지구에 갇혀서 죽을 것 같은데. 다른 차원의 내가 제 아무리 날고 기는 고차원존재인 게 지금 나랑 현실적으로 무슨 상관이야. 난 지금 당장 숨이 막혀서 지구를 뜨고 싶다고!"였는데.

지금은 "음… 나는 다른 고차원에서 저런 존재였구나. 신기하고 재밌네. 내 의식으로 기억은 안 나지만 내 영혼은 참으로 다양한 차원에서 다양한 체험들을 했구나. 근데 그래서 뭐 어쩌라고, 지금 나는 지금의 나에 집중할래. 내가 기쁘고 행복할 수 있는 것들에 집중할래. 하지만 알려 줘서 고마워, 덕분에 나는 확장된 인식으로 현존의 기쁨과 행복에 집중할 수 있게 됐어."가 된 것 같아요.

오~ 이렇게 보니 저도 여유가 생긴 거네요 ㅎㅎ 2년간 지난한 압축 풀기를 한 보람이 있군요.
물론 아직 모두 정화한 건 아니겠지만요.

최근 소울디 님께서 올려 준 글에 제가 우주의 사랑은 도대체 무엇인지 모르겠다고 댓글을 달았는데 사실 무의식적으로 알고 있는 것 같아요. 단적인 예를 들면 저와 소울디 님이 하고 있는 사랑이 우주의 사랑인 것 같습니다. 서로가 사랑으로 존재하고, 성장을 도모하며 그 어떤 카르마가 섞이지 않은 산뜻한 사랑이요. 존중과 존경이 베이스가 되는 사랑. 그게 우주의 사랑이 아닌가 싶어요. 또 새삼 저에게 우주의 사랑을 알려 주셔서 감사합니다, 소울디 님 ^_^

그저 무의식적으로 알고 있는 우주의 사랑이 여타 다른 지구의 인간들과 과연 체험할 수 있는 것인지 도대체가 알 수가 없다는 의문이 드는 것입니다. 물론 사실 이 체험이 굳이 필요하지는 않습니다만(저는 정말 그 정도로 지금 '혼자'인 제가 너무나 좋아서 죽겠습니다~~~ ㅋ

ㅋ) 궁금하긴 하거든요. 그저 영혼이 그런 사랑의 체험을 원하고 있구나, 정도로만 인정하고 인식해 주고 있습니다.

가끔은 지금 혼자인 제가 너무 좋아 영혼에게 "굳이 또 다시 인간과 사랑을 체험해야 하니? 혼자 지금 너무나 행복한데? 너도 알잖아… 인간과 사랑이 얼마나 카르마(고통 그 자체)인지."라고 묻습니다. 하지만 뭐 별로 이런 저런 생각에 카르마적인 감정은 안 들고 "그냥 그렇구나~~" 하고 있어요. 우와, 제가 정말 많이 여유로워진 상태 같네요.

이어지는 이야기인데 사실 소울디 님을 만나기 전에 제가 그냥 진한 카르마 체험만을 반복하고 있던 인간이었을 때도 인간들은 저를 좋아했어요. 자랑이 아니라 ^_^; 저는 무의식적으로 타인에게 무엇을 해 주면 좋아하는지를 알고 있어서 잘 맞춰 주니까 모두 저를 좋아했지요. (아마 고차원에선 모두가 다 이러지 않았을까… ㅎㅎ)

물론 군중 속의 고독이라고 저는 일생을 외로웠지만요. 지금 보니 인간 속에 있으면서도 왜 그리도 사무치는 고독에 뼈가 시리도록 아팠는지 알 것 같네요. 기본적으로 소통이 되지 않는 존재들에게 괴리감과 이질감을 느꼈던 것 같아요. 그땐 그게 무슨 인식인지도 몰랐겠지만. 저는 그냥 모두가 다 외롭고 고독한 게 디폴트라고 생각했었거든요.

아무튼 지금도 인간들은 저를 좋아합니다. 당연히 그러겠지요. 저는 이제 여유가 넘치고 에너지도 넘치니 항상 기쁨과 사랑 속에 있어 그들에게 온전히 그것을 거울삼아 체험하고 있거든요. 물론 그건 체험의 영역에서 저에게 기쁨과 행복을 줍니다. 깨어나지 않은 '○○○'이었다면 홀랑 그 체험에 눈이 돌아 또 타인을 위해 희생하려고 했겠지만 지금 저는 영혼이 깨어난 존재이니 ^^ 인간들이 가진 에너지 자체가 안 맞고 피곤하다는 생각이 드네요.

뭐 일상 속에서 소소하게 예를 들면 퇴근 후 셰어하우스 사람들과 마주쳐 이야기 나누는 것보다 혼자 산책하는 게 더 좋더라구요. 시간과 에너지를 온전히 저에게 쓰고 싶은 마음인거죠.

와~ 저 정말 이젠 희생하는 체험을 졸업했나 보네요! 아이고 좋아라~~ 그래서 충분히 좋은 환경 속에서 생활하고 있어도 혼자 사는 좋은 집을 심상화하고 있습니다. 지금도 너무 좋은데 "혼자 사는 집이 있으면 얼마나 좋을까?" 하면서요. 지금까지 여러 창조를 해낸 것처럼 혼자 사는 집과 부유도 창조해서 보여 드릴게요 ㅎㅎ

맞다, 그리고 말씀드렸던 것 같은데 저는 이제 정말 외로움이란 감정을 못 느끼게 된 것 같아요. 일생을 외롭고 그 외로움이 두려워 타인에게 희생했었는데 이젠 그 외로움이란 감정 자체가 저에게서 사라져 버린 느낌? 제 외로움의 근원을 알게 되고 환상의 카르마 감정을 에너지작업과 압출풀기로 해원하니 제게서 그 환상이 사라져 버렸어요. 외로움이 뭔지 개념도 없어진 것 같아요. 이젠 그냥 혼자 = 행복이 되어 버렸습니다. 크~ 이 맛에 압축풀기 한다~~~ 인간으로만 존재한다

면 이런 자유를 누릴 수 없겠죠? ㅋㅋ

정말 이번 생이 제 마지막인 듯 진행되어 가는 모든 것들이 초탈을 향해 가는 것만 같아서 설렙니다. 이것은 카르마 없는 순순한 설렘이네요 ^^

저번 5월에 했던 리딩에서 우주도서관이 나왔는데, 소울디 님께서 작업 후 "○○님이 정말 우주도서관과 관련된 존재라면 이렇게 생각하셔야 한다. 내 안에 해답이 다 있다. 나는 지금까지의 모든 우주적 기록과 연결되어 있다. 나는 다 안다. 모든 걸 알고 있다." 지구에서의 지난한 체험으로 제 영혼이 바이블을 완성했다며 해 주신 말씀이 일상 속에서 계속 울리고 있어요.

제 생을 돌이켜 보면 소울디 님 말씀이 맞습니다. 어쩌면 저는 다 알고 있었을지도 모르겠습니다. 그게 도대체 무엇인지 주관적인 앎이라 지구의 언어로 설명할 길이 없지만 그냥 저는 다 알고 있었습니다. 비록 지구에서 인간으로 어둠만을 체험하며 고통 속에서 살기 위해 발버둥 쳤었지만, 그 길도 결국은 다 알고 있었던 것 같아요. 그래서 이번 생의 '○○○'가 이 길을 가고 있는 것 같습니다.

저는 무엇이든 최선을 다 했습니다. 그게 정말 그 어떤 무엇이든. 인간 속의 관계이든, 꿈을 위해 한 노력이든, 하다못해 운동이든, 초탈을 향한 여정이든. 비록 인간적인 최선들은 희생과 두려움을 베이스로 하는 카르마 체험이었지만. 최선을 다한 것들에는 후회가 남을 수 없습니다. 저는 그걸 다 알고 그렇게 체험을 기꺼이 열심히 한 것 같아요. 이번 생의 과거에 그 무엇에도 후회가 없습니다. 그래서 저는 주저 없이 앞으로 나아갈 수 있어요 ^^ 열심히 최선을 다했던 지난날의 저에게 감사를 보냅니다.

"고마워, 네 덕분에 지금 나는 후회 없이 앞으로 나아갈 수 있어."

이번 문자도 길어졌군요~ "저는 아주 잘 지내고 있어요."를 굉장히 길게 풀어 써 보았습니다.

아무튼 전 이렇게 소울디 님께 장문의 문자를 쓰는 게 너무 좋아요. 개인적인 인식도 정리가 되고 이 시간은 잔잔한 평온 속에 현존하게 돼요. 그래서 소울디 님의 존재에 깊은 감사를 보냅니다. 다시 만나 뵙는 그날까지 소울디 님도 기쁨과 행복과 평온 속에 존재하시길. 아니지, 매 순간! 또 종종 소식 전하겠습니다. 감사합니다, 사랑합니다!

(후기 3)
소울디 님~ 오늘 정말 고생 많으셨어요. 녹음 들어 보니 고진동 소리가 엄청 오랫동안 자주 나와서 힘드셨을 것 같아요… ㅠㅠ

이번 에너지작업을 통해서 제가 입 밖에 내지 않아서 저조차도 그저 감정으로 인식하고 있는 부분이 리딩이 되는 걸 보고 나라는 사람이 그대로 다 기록되고 내게 남아 있다는 걸 다시 배우게 되네요.

　오늘 해 주신 말씀 제게 큰 위로가 되고 용기가 되어 주었습니다. 정말 감사드려요~♡ 이 길의 여정에서 무엇에 집중해야 하는지 집어 주셔서 감사해요. 이 힘들고 혼란스러웠을 길을 먼저 걸어 주시고 저와 같은 이들을 도와주셔서 감사해요^^

　압축풀기 정말 정화하는 데 좋은 방법인 것 같아요. 숨어 있는 감정들을 드릴처럼 파내고 표면에 드러나게 하더라구요. 그리고 실컷 말하면서 느끼다 보면 그 감정을 충분히 경험한 느낌? 아, 이제 이만큼 맛봤으면 됐다 하는 느낌이 확실히 들어요.

　이런 찰떡같은 방법 생각해 내고 공유해 주셔서 감사합니다.
　다시 뵙게 되는 1월이 너무 멀게만 느껴지네요. 정진해서 그때 뵐게요♡

(후기 4)
　선생님한테 세션 받은 뒤로 제가 참 많이 달라진 것 같습니다. 늘 점심 쯤 만성피로처럼 끈적하게 일어나서 나지막하게 뒹굴거리다가 출근하고 탈진해서 퇴근하고 다시 죽었다 살아나듯이 일어나고 무한반복하면서 "정말 바뀌어야 하는데 왜 못 바뀔까? 마약 같은 거구나." 하며 종종 자괴감에 빠졌었죠.

그런데 요즘은 아침 7~8시에 눈이 떠지고 매일 하려던 운동도 저절로 하게 되고 몸도 가볍고 일상생활 중간중간 갑자기 기분도 고양되는 느낌이 들고 여하튼 모든 걸 계획대로 하게 되고 있어서 옛날에 저와 비교하면 경이로우면서도 정상적인 삶으로 돌아온 것 같네요.

그동안 쌓인 감정이 꽤 많았나 봅니다. 물론 아직 생각은 많긴 한데 전에는 부정적인 생각이 70%였다면 요즘은 건설적인 생각이 대다수인 듯합니다. 좋은 일 하시는 분을 만나게 돼서 제가 참 복이 많다는 생각이 듭니다. 감사드려요 선생님 ^^

(후기 5)
소울디 님과는 두 번째 만남이었다. 소울디 님을 처음 알게 된 것은 고통을 온몸으로 앓고 계신분이 소울디 님을 통해 새로운 세계를 경험한 내용의 글을 통해서다. 그즈음 무언가 일어나는 나의 내면에 대해 알고 싶었고 그것이 극에 달해 있던 때라 이러한 것을 답해 줄 그 누군가를 애타게 찾고 있던 터였다.

글을 읽으며, "아! 소울디 님이다~"라는 탄성이 터졌고 즉시 연락을 드려 5월에 1회, 그리고 이번에 2회기 리딩을 받을 수 있었다. 참으로 놀라운 소울디 님이었다…. 원래 10월에 만남이 예약되어 있었으나 불가피한 개인적인 사정으로 8월 초에 하게 된 것이다. 그러나 소울디 님과의 만남이 앞당겨진 것이 참으로 자연스런 흐름인 것을 인식하게 되었다.

요즘 몸이, 온몸의 뼈들이 각기 제자리에 있지 않고 뒤엉켜 있다는 느낌이 들었고 그래서 몸이 고통스러웠다. 몸은 늘 축축하고 습기가 있는 듯하고 여름이라서가 아니라 늘 그런 상태이다. 마음은 무언지 모를 슬픔이 눈물로 고여 있는 느낌인데 그 이유를 알 수가 없었다.

내가 사람들을 치유해 주다 보면 늘 부착령(靈) 치유를 해 주게 되고 참 알 수 없는 일들이 일어나곤 했었는데, 오늘 리딩 2회 차를 통해 그 모든 것들을 이해하게 되었다.

소울디 님을 만나고 와서 서서히 내면의 변화를 느끼고 있고 감사한 마음 가득 담아 글을 보내고 싶은 마음으로 이 글을 쓴다.

소울디 님, 깨어나 주셔서 감사하고 존재해 주셔서 감사합니다.

(후기 6)
소울디 님 안녕하세요. 웬만하면 방문리딩 때 말씀드리려고 했는데 이번에는 너무너무 감사한 것들이 많아서 방문리딩 전에 꼭 말씀드리고 싶었어요.

저는 요즘 제가 원하는 것에 집중해서 기쁨 느끼기 하는 시간이 점점 늘어나서 이제 고진동 만트라를 하면서 30분 채우기가 가능해졌어요! 신기한 건 '천억 초탈 신' 주문으로 기쁨 느끼기를 하고 있는데 갑자기 가슴차크라를 중심으로 엄청나게 행복한 감정이 온몸으로 퍼져 나가는데 그게 너무 신기해서 행복 느끼기를 하면서도 "이게 뭐지? 신기하다 와… 너무 신기하다." 하게 되더라구요! 그걸 다시 한번 느끼고 싶어서 기쁨 느끼기 상태에 다시 집중하게 되고 기쁨을 느끼고 이게 반복되면서 또 느꼈어요. "아! 이걸 무한 반복 하면 되겠구나!"

그러면서 처음으로 진심으로 부모님께 감사함을 느꼈어요. 나를 이번 생에 태어나게 해 줘서 지금 여기 이 시기에 소울디 님을 만나서 초탈의 여정을 갈 수 있게 해 줬기 때문에 그것만으로도 엄청난 감사의 감정이 올라왔어요.

여전히 기쁨 느끼기가 조금은 막힐 때도 있지만 그래도 그 모든 순간을 그냥 받아들이면서 잘 안 느껴지면 "고진동 만트라를 30분이라도 더 하자!"라는 마음으로 하게 되고 그냥 그 모든 순간을 통과해 나가고 있는 느낌이 들고 있어요. 내가 하면 할수록 잘될 거라는 걸 이제는 알기 때문에 걱정할 시간에 저진동 풀고 고진동 만트라를 한 번이라도 더 하는 게 저한테 이득이라는 걸 너무나 잘 알고 있습니다.

또 이번에 소울디 님의 블로그 글을 읽고 또 한 번 변화하게 된 건, 여태까지 저진동을 전투적으로 비우기만 바빴는데 얼마 전 처음으로 두려운 마음 없이 나에게 피해를 주는 사람을 보면서 인정하게 됐어요. "아~ 나 저 사람 진짜 엄~청 싫어하는구나~~~ 나 저 사람 진짜 싫고 답답했네~~~" 제 안에 그 감정이 있는 걸 제대로 받아들이고 푸니까 마음도 편안해지고 더 잘 풀리고 기쁨도 더 잘 느껴지더라구용!

그리고 어제 압축풀기를 하다가 갑자기 문득 "아~ 지겨움… 오늘 지겨움 풀어 볼까? 풀어야 될 것 같은 느낌이 드는데…." 하고 날숨을 크게 내쉬면서 "지겨워~~" 했는데 갑자기 백회가 뻥~ 뚫리는 것처럼 시원해지면서 확 느꼈어요. "난 이 모든 저진동 감정 체험들이 정말 지겨웠구나. 저진동 감정에 휘둘리면서 그 안에서 카르마 체험을 하고 인간들 때문에 내 에너지를 지키지 못하고 당해 왔던 전생부터 지금까지의 그 모든 순간들이 그 체험들이 난 정말 너무 지겨운 상태였구나."라는 게 온몸과 마음에 와닿고 느끼게 됐어요. 저는 두렵기도 하고 분노하기도 하고 슬프기도 하고 혐오스러운 감정을 체험하면서도 이 모든 게 이제 너무나도 지치고 지겨웠던 겁니다.

이렇게 되니까 또 열심히 이 여정을 나아갈 수밖에 없는 구조! 어쩌면 제 설계안의 한 부분이 아닐까 하는 이 구조! 소울디 님께서 가르쳐 주신 이 찰떡같은 방법으로 내 권능을 되찾고 신으로 회복하고 초탈해 나가는 이 모든 것! 제 설계안의 한 부분 아닐까 생각해 봅니다.

이야기가 이것저것 너무 길어졌네요. 제가 이 모든 것에서 말씀드리고 싶은 건 정말 소울디 님께 감사하고 사랑하는 마음입니다. 함께 이 여정을 가 주셔서 다시 한번 정말정말 감사합니다. 소울디 님~ 날씨가 추우니 감기 조심하시고 다음 리딩 때 뵈어요.

(후기7)
　소울디 님! 안녕하세요. 추석을 맞이하여 이렇게 인사를 드려요.

　늘 한결같이 반갑게 맞이해 주시고 전심으로 도와주셔서 감사합니다. 소울디 님 덕분에 제 전 차원적 존재와 현생에서의 목표를 알 수 있어요.

　제게 소울디 님을 만나는 날은, 인간 삶을 사는 동안 도저히 못 견디겠다고 느낄 시점에 다다랐을 때, 쌓인 답답함을 해소시킬 수 있는 특별한 날이랍니다. 세션을 하고 다음 세션 사이까지 그 세션에서 나온 목표를 실현하기 위해 저는 정말 부단히 노력하고 있어요.

　제가 만날 수 있는 시간과 공간에 존재해 주셔서, 또 사람들의 초탈을 도와주시는 일을 해 주셔서 감사해요. 소울디 님과 소울디 님을 뵙는 제 영혼의 가족 모두의 행복과 사랑과 무엇보다 초탈을 기원합니다! (진짜로요!)

〈○○님의 일기: 인간 은퇴자의 안식〉

  나 지금 전율이 왔어.
  너무 부지불식간에 자연스럽게 스며든 일이라 스스로도 인식하지 못했지만, 살면서 이렇게 편해 본 적이 없는 것 같아. 안식을 취한다는 게 무엇인지 비로소 알 것 같아.

  아아… 살면서 이렇게 편해 본 적이 없다니…!!!! 오늘이 npc ○○이(npc = non player character, 사람이 직접 조작하지 않는 캐릭터) 살면서 제일 행복한 날이야.

  이걸 새삼스레 깨닫고 전율이 오고 또 기쁨이 샘솟는다.

  오늘은 npc ○○이 내가 살면서 그날이 오기를 바라고 바라고 영원히 오지 않았을 것 같은 그런 날이야.

  외부에 뭔가 그럴듯한 일을 피 토하는 듯한 심정으로 바라고 바랐지만, 결국에 실현된 건 내부가 바뀌면서였어. 앞으로 외부의 일이 어떻게 펼쳐질지는 모르겠지만, 일시적으로 그럴 때마다 싫고 좋고 그렇게 예고가 날뛸 수는 있어도 그 순간만 지나면 별로 상관없어.

  내 내면에 이렇게 카르마가 비워지고 우주의 꽃 한 송이가 blooming 해서 새 우주의 씨앗들을 발아시킬 수만 있다면, 매일매일 오늘과 같았으면 좋겠어.

이것은 인간 은퇴자로서 느끼고 누릴 수 있는 감정이야.

안식의 나날들이 이제 얼마 남지 않은 인간의 삶에 계속 이어질 거야.

강물처럼 흐를 거야.

축복이 강물처럼 흐르는 인간 은퇴자의 삶이야.

(후기 8)
안녕하세요, 소울디 님! 저번 주에 리딩받았던 ○○○입니다.

리딩받은 지 일주일 정도 지났는데 너무너무 괜찮아졌어요. 며칠에 걸쳐서 머리로 엄청 시원한 게 빠지는 게 느껴지면서 이제 좀 생각을 해도 괜찮아졌어요. 책도 읽을 수 있어요. (머리를 좀 써도 괜찮음)

미세먼지가 많은데도 하루에 네다섯 번씩 허벅지 터질 것 같아도 나가서 걸어서 몸을 순환시켜야 됐는데 이제는 하루에 두 번 정도만 걸어도 될 정도로 몸이 괜찮아졌어요!!! 감사합니다!!

그리고 단전 쪽, 골반 쪽 지압하니까 다리 차가운 거 확 괜찮아졌어요. 지압 열심히 하겠습니다. 몸이 괜찮아져서 마음도 편해지고 평화가 찾아왔어요. 너무 감사합니다!!!!

현실에 매몰되어 살다가도 소울디님한테 작업 받고 조언 받고 소울디님의 에너지를 받으면 "나는 신이야!!! 신이 될 거야." 하는 열정이 샘솟는 것 같아요. 그리고 항상 어릴 때부터 의미 있는 일을 하고 싶다는 생각이 있었는데 남들을 제가 (보이지 않는 차원에서) 돕고 있었다니 제 영혼에 감동해서 눈물을 흘렸습니다.

저 이번 생 초탈할 것 같은데요 아무래도 ^^ 제 인생 진짜 어릴 때부터 소울디 님을 만나기 전까지 노답이었는데 소울디 님 만나고 너무 행복해졌거든요. 작업해 주셔서 존재해 주셔서 감사합니다.

다음 에너지작업도 너무 기대됩니다. 행복하세요.

(후기 9)
소울디 님 안녕하세요, 크리스마스이브에 리딩받았던 ○○○입니다.

지난번 첫 리딩 때는 진입이 거의 안 되어 읽히는 게 없었던 관계로 따로 후기를 공유드리지 않았었는데요. 이번 리딩에서는 여러 가지 정보들을 알 수 있었고 저에게도 여러모로 뜻깊은 날이어서 요렇게 메일을 드립니다!

며칠 지나지는 않았지만, 리딩을 계기로 저는 정서적으로 굉장히 안정을 찾고 마음이 많이 너그러워졌음을 느낍니다. 저진동 처리 및 고진동 봉인 해제 작업이 이렇게 원래 즉각적으로 효과가 있나요!? 혹여 그게 기분 탓이라 할지라도… 어쨌든 지난 리딩에서 보이지 않았던 것들이 이번에 많이 보였다는 게 저에게 있어서는 굉장히 큰 의미인 것 같아요.

이게 정말 될까? 내 노력이 부족하지는 않을까? 하면서 계속해 왔던 압축풀기가 보이지 않는 에너지차원에서 실제로 영향을 일으키면서 차곡차곡 쌓여 왔다는 증거, 그리고 인간차원의 내가 모르는 것일 뿐 나는 '수정의 시대'를 불러올 더 커다랗고 위대한 '신'일 수 있겠다는 그런 희망, 내 삶은 정말 더 좋아질 수 있고 이 방향대로 계속 가는 것이 옳다는 확신 등등….

여러 가지 감정을 느꼈는데 결론적으로는 제 자신이 조금 더 소중하고, 기특하게 느껴지게 되었어요. 정말 감사드립니다.

소울디 님 덕분에 한 해를 너무 기분 좋게 잘 마무리할 수 있었습니다. 소울디 님을 찾아내고, 또 뵙고자 용기 내서 연락을 드렸던 게 작년에 제가 했던 가장 현명한 결정이었던 것 같아요.

올 한 해에도 꾸준히 숙제 내 주신 것들 열심히 하겠습니다!
그럼 저는 날 풀린 4월에 뵙겠습니다. 새해 복 많이 받으세요!

(후기 10)
소울디 님!!!! 안녕하세요, ○○○입니다. 좋은 소식을 전하려고 톡을 드립니다! 저요~!!! 취직했어요!!!!!! 근데 이게 다 말하자면 우여곡절이 많고 되게 긴데요. 말씀드리고 싶은 핵심은 제가 창조한 거라는 거예요!! (자세한 건 만나 봤을 때 말할게요 ㅎㅎ)

제가 의식과 무의식을 모두 집중해서 되고 싶은 것을 소리 내어 말하고 소리 낼 수 없는 상황이면 속으로 말하고 심지어 자기 전, 일어난 후에도 계속 그 문장을 되뇌었어요.
"피디 일 월 300 사랑해." (웹툰 PD란 직업이 되고 싶었고 월급 300만 원을 벌고 싶었습니다.)

그리고 그냥 그걸 가진 것처럼 기쁨과 행복을 느꼈어요. 솔직히 가능할까 싶었는데 그냥 내어 맡기고 오직 기쁨에 집중했더니 정말정말 예상치도 못한 방향으로 이루어졌습니다. 어제 일부러 떨어지려고 면접 본 곳에서 말도 안 되게 제 커리어를 인정받고 말도 안 되는 연봉을 아주 흔쾌히 받아 주셨어요.

저는 진짜 그야말로 어리벙벙해지고 무슨 일이 일어난 건지? 얼이 빠져서 배가 고픈지도 모르겠더라구요ㅋㅋ 어제 합격하기 전부터(물질로 형상화되기 전부터) 이미 저는 기쁨에 흠뻑 빠져 있었기 때문에, 언제든지 제 기쁨에 접속할 수 있어서 그것이 너무 너무나 오랜만에 되찾은 느낌이라서 소리 내어 말했습니다.

"그래 이게 내 본래 존재 상태야.

이게 나야!
난 드디어 나를 되찾았구나.
내 손으로 나를 구했구나.
감사합니다. 감사합니다."

저는 엉엉 울었어요. 너무너무 기쁘고 오랜 시간 동안 잊었던 그 무언가를 되찾은 느낌에 감동을 넘어 감격스러웠습니다. 너무 기뻐서 눈물이 펑펑 쏟아졌어요. 저는 사는 게 너무너무 어려운 존재였습니다. 제 빛은 큰 어둠의 카르마에 파묻혀서 온전한 창조를 하지 못했어요.

사실 월 100을 벌어 본 적이 거의 없습니다. 70~80 정도 벌며 그야말로 생계만 유지하는 수준이었어요. 근데 월 300이라뇨? 저는 3~4배의 돈을 창조한 거예요. 심지어 "피디 일 월 300 사랑해." 이 문장을 한 2주? 정도밖에 안 했는데도요. 물론 그동안 두려움 압축풀기와 함께 진행했습니다 ㅋㅋ 그래서 더 기쁨에 흠뻑 취할 수 있었을지도!

저는 우주에 내어 맡김을 이번에 그야말로 몸으로 체험했습니다. 사는 게 이렇게나 쉬웠던 적이 있었을까요? 이제야 모든 건 선택의 영역이라는 말이 절감되네요. 저는 이제 무엇이든 제가 원하는 것을 창조할 수 있어요. 이다음은 저 혼자 사는 집을 창조할 거예요 ㅋㅋㅋㅋ 그다음은 천 억 버는 웹툰작가, 뭐 그다음은 자동차, 사랑하는 존재 등등 뭔가 많이 있겠죠? 그러다 마지막은 초탈이겠구나… 자연스레 생각이 이어지더군요.

설계안 기가 막히다~ 내 영혼이 짰지만 참 잘 짰다. 제 에고가 기억하는 제 30여 년의 삶은 그야말로 완벽했습니다. 어둠의 카르마 진탕 속에서 헤매었던 제 삶이 이제야 완벽하고 아름답게만 보입니다. 단 한 번도 사랑이 아니었던 적이 없었습니다.

저는 단 한순간도 완벽하지 않았던 적이 없었어요. 저는 존재 자체로 완전했습니다. 너무 너무나 감사합니다. 그 말밖엔 떠오르지가 않아요. 소울디 님 우리가 지구에 와서 환생하며 정말정말 많이 고생했습니다.

그것의 압축판 같은 이번 삶만 봐도 제 3차원 의식으로도 충분히 알 것 같습니다. 우리가 왜 이 중요한 시기에 만나게 됐는지, 왜 소울디 님이 일반인들이 들으면 미쳤다고 할 신비체험들을 하게 되고 인식이 통합되어 글을 쓰고 책을 내고 에너지작업을 하고 있는지, 작년 5월 전만 해도 일반인이었던 제가 일부 권능을 되찾아서 그 기적감과 기쁨에 눈물을 펑펑 쏟고 있는지 아직은 우리의 3차원 의식으로는 알 수가 없어요.

아마 초탈하면 알게 될까요? 그 장대한 설계안을?? 일단 그것은 제쳐 두고 오로지 바로 지금 기쁨과 행복 속에 현존하며 아니, 기적감 속에 현존하며 소울디 님께 깊은 감사의 말을 전하고 싶습니다. 사실 감사하다는 말이 부족한 느낌입니다. 아~ 지구 언어의 한계가 아쉽네요.

우주적인 감사와 사랑을 보냅니다. 저는 지금 현존합니다. 기쁨과 행복과 이 기적감 속에 눈물을 펑펑 쏟으며 현존합니다. 그리고 보니 지난 리딩 때와 비슷하게 현실이 흘러갔네요. 그야말로 그림자 현실…. 새삼 제가 보고 듣고 말하고 있는 이 지구의 현실이 모두 환상이라는 것을, 매트릭스라는 것을 깨닫습니다.

지금도 제 가슴차크라에서 기분 좋게 두근두근 거리며 기쁨 에너지가 온몸으로 퍼지는 느낌이 들어요 ^^ (한 일주일째 이러고 있는 듯 ㅎㅎ)

저 완전 기감 둔한데 기쁨 에너지는 강력한 에너지인가 봐요. 제가 느낄 정도면. 제가 무엇을 하든, 누굴 만나든 제 기쁨에 집중하며 오는 모든 것들을 체험하겠습니다. 우주는 다정해서 이젠 저에게 그 어떤 카르마 체험도 감히 허락하지 않을 것 같아요.

우주를 믿고 제 모든 것을 내어 맡깁니다.

백번 말해도 부족한 말~ 감사합니다, 사랑합니다!

(후기 11)
안녕하세요, 소울디 님! ○○이에요.

6차 세션을 받은 지 한 달이 좀 넘게 지났는데요. 리딩 전 공황의 느낌이 올라오는 증상을 호소했었고 리딩에서 까만색 두려움으로 오염된 빛의 거인 5명들이 처리됐었는데요. 리딩 후 계속 불안과 초조함과 공포, 두려움의 에너지가 올라오고 머리로 시원하게? 냉기로? 하루하루 빠져나가는 게 느껴졌고 정화가 되는 동안은 거의 생각을 안 했어요. 생각을 하면 저진동들이 못 빠져나가고 머리로 과부하가 와서 긍정적 확언 같은 것도 하면 안 됐어요.

부정적이든 긍정적이든 중립적인 잡생각이든 간에 머리로 생각하기만 하면 머리가 무거워지고 과부하가 왔어요. 저는 부정적 감정(분노, 수치, 불안, 우울, 두려움)이 항상 올라오는 상태라서 진짜 저진동 압축풀기 몇 시간은 할 수 있는데 제 몸 상태가 그걸 허락하지 않네요.

걷는 거에만 집중한다든지 해야 하고 요가도 하고 하루에 꼭 8,000보씩은 걸으면서 몸에 계속 순환을 해 주어야만 과부하가 오지 않는 그런 상태였는데 이제는 좀 많이 정화됐는지 생각도 할 수 있고요. 책이나 영상 보는 것도 어지러워서 길게 못 즐겼는데 이제는 더 길게 즐기고요.

불안과 생각이 많아지면 과부하가 오고 어지러워서 힘든 게 제가 지난 1년간 겪었던 주된 증상들이였고 사람들 많은 곳을 가면 불안한 생각이 많아져서 외출은 동네 주변 아파트 단지 산책 정도만 할 수 있었는데 최근 생각을 좀 해도 머리에 과부하가 안 오고 멀쩡하고 그리고 제가 불안이 올라와도 부정적 생각을 자제하는 그런 스킬을 좀 터득해서 오늘 용기를 내서 혼자 영화관에 영화를 보러 갔어요 ^^

혼자 이런 번화가를 간 건 거의 1년 만인 것 같아요. 친구들이랑 6

개월에 한 번쯤 동네 근처에서 만나는 거 외에는 외출이 없었어 가지고 가기 전과 가는 길에 불안과 긴장이 많이 올라왔고 보러 가다가 또 아프면 어떡하지? 어지러워서 막 비틀거리면서 돌아오면 어떡하지? 하고 걱정했는데요. 옛날에는 불안이 올라오면 속으로 계속 걱정하고 이랬는데 이제는 현실에만 집중하고 생각을 끊으려고 노력을 합니다.

그래서인지 오늘 사람들 많은 지하철도 타고 사람들 많은 영화관에 있었는데도 몸 상태가 약간 힘들었지만 좀 힘들었을 뿐 크게 머리 아프고 어지러운 거 없이 무사히 집에 도착했습니다.

너무 행복해요 ^_____^

영화 보고 나서 집에 도착하고 좀 누워 있고 이러다가 한두 시간 뒤에 회복해서 잘 걸어다녔고요. 이제 밖으로 놀러 다닐 수 있게 된 건가 싶고요. 이제 동네 밖으로 좀 나갈 수 있을 것 같기도 하고요 ㅎㅎ 이제 현생을 좀 살 수 있게 된 건가? 이제 막 변화가 서점 같은 데 막 가도 되는 건가 싶기도 하고요. 1년 전부터 시작된 과부하 에너지 증상 오기 전에는 서점 가고 영화관 구경 가는 게 제 즐거운 일상 중 하나였거든요.^^

일상을 다시 찾게 되는 건가 싶어 행복해요.

근데 불안과 두려움이 그렇게 올라와서 처리됐는데도 아직도 사람들 많은 곳으로 가면 긴장과 불안이 한 바가지 느껴지네요. 사람들 많은 곳 가기 전부터 너무 긴장이 올라와 가지고 그냥 가지 말까? 막 이러다가 갔는데 아무튼 성공적이었습니다 ^^

사람들의 에너지 때문에 제가 무거워지는 게 아니고 사람들 자체를 무서워하는 그런 느낌이랄까? 사람들 에너지 때문에 무거워지는 느낌은 제가 가슴으로 답답함을 느끼는데요. 사람들 자체를 무서워하는 공포는 긴장하고 손을 달달 떠는 식이라 느낌이 달라요.

아직 처리될 게 많은가 봐요. 앞으로도 잘 부탁드립니다.

하지만 정말 (리딩에서 나온 자동으로 돌아가는) 제 사념의 세탁기들이 예전에 비하면 진짜 1,000에서 100으로 줄은 느낌이랄까요. 예전에는 제가 그렇게 생각이 많은 게 누구나 그러는 정상적인 상태인 줄 알았고 생각하는 걸 즐겼어요. 머리가 어지러운 증상이 생기고 사념의 세탁기들이 처리되고 나서는 생각을 강제로 못하게 되어 슬펐는데 이제는 단순해져야 하는 거구나 하고 받아들였습니다. 사실 가끔 빡칩니다. 생각하는 거 재밌는데 자유를 뺏긴 기분? 근데 신이 되는 게 먼저니까 우주의 뜻에 따르겠습니다.

아! 그리고 소울디 님 에너지작업 받기 전에는 항상 두통을 달고 살았는데 소울디 님 작업 받고 초반에 진짜 어지럽고 막 이랬던 증상들이 다 정화되었는지 최근에는 두통 거의 못 느껴요.

진짜 짱!! 소울디 님 너무 좋아요. 감사합니다. 행복하세요.

(후기 12)
사랑하는 소울디 님 안녕하세요~ ○○○입니다 ^_^

뭘까요? 한 4~5일째 너무 기쁘고 행복한 이 감정은~~~~ 저는 기쁨과 사랑 속에 현존하며 온전히 이 상태를 만끽하고 있습니다.

제가 저번 주말에 이틀을 집에서 쉬었거든요. 혼자 시간을 보내는데 문득 너무 행복한 거예요. 제 마음속 목소리가 "나! 내가 너무 좋다!!"라고 하더라고요. 제가 저라서 너무 좋은 그 영원한 기쁨이 제 가슴속에서 마구 솟아오르는 느낌이었습니다. 그러고는 저녁에 산책을 갔는데 너무 좋은 나머지 저절로 입에서 소리를 내고 있었어요 ㅎㅎ

"귀중해~ 소중해~ 사랑해~ 고마워~ 기특해~ 장해~ 대단해~ 최고야~ 너무 멋져~ 고마워~~~~"
제가 너~~~~~~무 귀하고 소중한 거예요!! 제 존재 자체가 너~~~~~~무 고마운 거예요!
"너무 오래 걸렸어~~ 정말 고마워~~~~!!"
저는 저를 되찾은 그 기쁨에 가슴이 울리고 눈물이 핑 돌 정도로 행복했습니다.

요즘 〈힘쎈여자 강남순〉이라는 드라마를 재밌게 보고 있어요. 앞부분 줄거리가 여주인공 강남순이 5살 때 몽골에서 아빠를 잃어버리고 20년이 지나 진짜 부모님을 찾으러 한국에 오게 되는데 우여곡절 끝에 부모님을 만나게 돼요. (메인 스토리가 따로 있어서 생각보다 빨리 재회해서 더 재밌었어요 ㅎㅎ) 20년 만에 만난 부모님과 남순이는 기쁨과 감동의 재회를 하는데 저도 눈물이 핑 나올 정도로 감동적이더라고요. 그러다 문득 가족을 되찾아도 저렇게 기쁜데 억겁의 시간 동안 잃어버린 나를 되찾은 기쁨은…? 눈물이 철철 나올 정도로 기쁘고 감동적이지 않을까?

저는 어제 마음속에서 '나를 찾은 기쁨!!!!!' 이렇게 소리치며 너무 너무나 기쁘고 행복해했어요. 제가 애쓰지 않아도 입꼬리가 저절로 올라가고 외부의 어떤 인물이, 환경이, 사건이 발생하지 않아도 그저 그 기쁨 속에 있었어요. 이유를 대라면 '나'! 그냥 제가 저라서 너무 기쁘고 행복했어요. 물론 지금도 그 기쁨과 행복 속에 현존합니다. 그리고 최근 제 마음속 목소리는 제 영혼의 목소리 같아요 ^_^ 그냥 문득 소리치거든요.

저는 축하했습니다! 이번에도 소리 내어 말했어요.
"축하해~~~ 너무 고마워~~~ 정말정말 진심으로 축하해~!"
제 영혼과 두 손을 맞잡고 덩실덩실 춤을 추며 서로 축하하고 고맙다고 말하는 장면이 저절로 떠오르고 입으로는 연신 축하한다고 말해줬어요. 저를 되찾은 기쁨의 자축의 파티를 했습니다!

이게 뭐예요~~~~? 너무 좋아요 정말~~~! 지구에서 이렇게 기뻐도 되는 건가요~~~?? 와~ 초탈하면 기쁨으로 기절하는 거 아닐까요??? 지구에서 인간에 갇혀 있는 제가 이렇게 기쁘고 행복할 수 있다니 기적 같아요~~~~!! 이 기쁨은 인간세상에서는(외부의 그 어떤 것으로도) 절대 느낄 수 없는 것 같습니다!

제 영혼이 진짜진짜 오랫동안 고대했던 순간이었나 봐요. 그래서 자연스레 고맙다고 에고인 저에게 말했던 것 같아요. 제 삶 속에서 이렇게 제가 저를 사랑하고 귀중하게 여기기까지 정말 하드코어한 카르마 체험들이 있었습니다. 그 속에서 저는 "죽고 싶다."가 아닌 "사라지고 싶다."를 외쳤어요. 죽는 게 아니라 처음부터 ○○○라는 존재가 이 세상에 없었던 것처럼 해 달라고. 저 자체가 세상에 존재하지 않았던 것처럼 사라지고 싶었습니다. 제 존재 자체를 부정하다 못해 그 어떤 흔적도 없이 사라졌으면 싶었어요.

이제 보니 그 생각과 감정은 영혼이 소멸하고 싶을 정도의 고통이었던 것 같네요. 하지만 어찌됐든 제 영혼의 설계안대로 저는 제 나름대로 이번 생에서 아주 지난한 과정 끝에 이렇게 말도 안 되는 기쁨과 사랑을 만나게 됐어요.

너무 고마워요. 정말 너무너무나 고마워요. 제 자신에게!!

버텨 줘서 고맙다고 포기하지 않고 와 줘서 고맙다고 존재 자체가 고맙다고 그 어떤 모습이라도 존재 자체로 사랑한다고 너무 기뻐도 이렇게 펑펑 눈물이 나는군요 ㅠㅠ 일생을 카르마 때문에 울다가 반대로 기뻐서 이렇게 울어도 보네요. 아~! 이게 제가 앞서 말한 나를 되찾은 기쁨의 눈물~~!! 감동! 기적~!!! 와~ 제한된 인간인 제가 이러는데 진짜 초탈하면 기절하겠네요.

저는 이제 제가 너무 귀중하고 소중해서 그 어떤 카르마 체험에도 저를 두고 싶지가 않습니다. 그래서 이 지구에서 저를 꺼내 본래 있었던 우주로 보내 주고 싶어요. 제 에너지와 가장 잘 맞는 곳으로, 제가 숨 쉴 수 있는 편안한 곳으로 저를 보내 주고 싶어요.

지구에서 바쁘게 돌아가는 희로애락의 카르마 체험~ 저는 지겨울 정도로 충분하니 사양하고 떠나렵니다. (왜? 내가 너무 소중하니까! 우주에서 가장 귀중하니까~!)

아이고~ 소울디 님께서 체험하고 제게 말씀해 주신 '내가 나라서 너무 좋은 이 기쁨! 나 하나면 충분한 이 기쁨!'은 그야말로 영원하군요~ 제가 인간 몸을 벗어나고 에너지가 되어도~ 다른 우주에서 다른 바디를 입어도~~ 저라는 영혼은 영원하니 저는 영원히 기쁘고 행복할 수 있네요.

(소울디: 어느 날 내가 너무 좋다는 느낌과 함께 이 감정이 너무 기쁘고 한없이 행복하다고 느낌. 그런데 나는 이 우주에서 체험을 하는 모습과 성격과 특징은 달라질 수 있어도 내 존재, 내 영혼은 영원할 테

니, 나는 단 한 번도 나와 헤어진 적이 없고 나와 헤어지지 않을 테니, 그렇게 영원히 너무 좋은 나와 함께 할 테니, 내가 너무 좋은 기쁨 또한 영원하겠구나~ 하고 깨달음. 이 깨달음을 ○○님에게 공유해 주었더니 ○○님이 같이 느끼고 체험함. 대단한 분임 ^^)

영원한 사랑을 만났어요. 드디어 저는 염원하던 완전무결한 사랑을 만났어요. 그건 바로 나!
외부의 그 어떤 대상이 아닌 나였습니다.

근원의 나!
영혼의 나!
영혼 자체로서의 사랑!

이렇게나 순수한 기쁨의 소식을 전하는 건 처음인 듯요!! 인간사에 무슨 좋은 일이 발생해서가 아닌 제가 너무 좋아서 행복한 소식을 전하는 건 기적 같은 일이네요!

이 소식을 전할 수 있어서 또 기쁩니다 ^_^!!

새삼 이 기쁨을 알아주는 존재가(소울디 님) 있다니 너무 감사하네요. 역시⋯ 존재 자체가 감사와 사랑인 제 지음이신 소울디 님~

소울디 님의 여정은 어떤지 또 궁금하네요. 저에겐 영혼이 깨어나는 인식과 제가 정말 나누고 싶은 영혼의 이야기를 나눌 수 있는 소울디 님의 존재가 감사합니다.

아~ 참! 이건 다른 이야기인데 저는 소울디 님 만나 뵙고 대화를 나누면 너무 기쁜 나머지 손에서 에너지가 느껴집니다 ㅎㅎ 전기가 흐르는 듯한 느낌의 에너지가~ (저 기감 둔한 거 아시죠 ㅎㅎ) 문득 의식하면 "이야~ 육체로도 기쁨을 표현하고 있네~~"라고 생각한답니다.

얼른 소울디 님 만나 뵙고 소울디 님의 여정 이야기도 듣고 싶습니다. (아니면 블로그에 글을 올려 달라~ 올려 달라~~ [시위 중]) 만나 뵙는 그날을 손꼽아 기다릴게요.

그동안 건강하고 행복하시길!^_^

소울디 님의 여정을 응원하고 지지하고 축복합니다. 감사합니다! 사랑합니다!

(끝)